近代日本と軍部
1868−1945

小林道彦

講談社現代新書

2564

はじめに

近代日本は「軍国主義」国家か

本書は、日本近代史（一八六八〜一九四五年）における「軍部」（ここでは政治権力としての日本陸軍のことを指す）の通史である。

明治維新に始まり、敗戦で幕を閉じるこの約八〇年の歴史において、陸軍が果たした政治的役割の大きさについては改めて指摘するまでもあるまい。維新の三傑――西郷隆盛、大久保利通、木戸孝允――のなかで、西郷（近衛都督・陸軍大将）が放っている政治的存在感は別格である。明治天皇が指名した元老八名の内、陸軍関係者は山県有朋、黒田清隆、大山巌の三名、海軍は西郷従道（隆盛の弟）の一名だけ、しかも、従道は長らく陸軍に在籍しており、陸軍卿なども歴任しているから、彼を含めれば陸軍軍人は全体の半数を占めている。

初代首相伊藤博文から敗戦直後の東久邇宮稔彦王まで、歴代三〇名の総理大臣のうち、陸軍関係者は一〇名、海軍は六名、組閣回数で見ればそれぞれ一三回と七回である。元老にはなれなかったが、通算首相在任日数戦前トップの桂太郎も陸軍出身である。日露戦争開戦時の首相は桂太郎、太平洋戦争開戦時は東条英機、二人とも陸軍大将である。「帝国の興亡」に陸軍が深く関わっていたことは、この単純な事実が雄弁に物語っている。

陸軍といえば派閥の存在は外せない。昭和期の統制派・皇道派はもとより、明治期には山県有朋を頂点とする長州閥が圧倒的な存在感を誇っていた。

長州閥の台頭は西南戦争による薩摩系勢力の凋落をきっかけとする。なかでも山県系官僚閥は陸軍はもとより、内務省・外務省・大蔵省などの官僚機構や貴族院・枢密院、そして宮中に至るまであまねく勢力を扶植・拡大し、政党勢力と鋭く対峙したといわれる。そして、その権力中枢を占めていたのが、山県有朋―桂太郎・児玉源太郎―寺内正毅―田中義一という長州出身の陸軍軍人たちであった。

彼らは急逝した児玉を除いて、四人全員が内閣総理大臣の印綬を帯びている。また、内相（山県、児玉、桂）、蔵相（桂）、外相（寺内、田中）、法相（山県）、文相（児玉、桂）、農商務相（山県）、朝鮮総督（寺内）、台湾総督（桂、児玉）といった要職も歴任している。

これだけ見れば、近代日本は立派な軍国主義国家である。昭和期における軍部の台頭を想起すれば、そうしたイメージに揺らぎはないように思われる。

山県閥陸軍と二大政党制――その密接な関わり

だが、国軍が威信を増大させた政治過程は、同時に政党が台頭する過程でもあった。早くも一八九八年（明治三一）には憲政史上初の政党内閣、第一次大隈重信内閣が成立し、一九〇〇年九月には政権担当可能な責任政党、立憲政友会が伊藤博文の手によって創立され、その直後に伊藤は政友会内閣を組閣している（一〇月、第四次伊藤内閣）。一九一八年（大正七）には衆議院議員原敬が本格的政党内閣を組閣し、一九二四年には護憲三派の連立政権、第一次加藤高明内閣が成立した。そして、日本憲政史はついに二大政党の時代を迎えるのである。

ここで注目すべきは、山県閥は二大政党制の成立に深く関わっていたという事実である。山県閥ナンバー2の桂太郎は晩年政党政治家に転身し、桂新党、後の立憲同志会を創立した（一九一三年、大正政変）。そして、この時桂の身の処し方を非難した田中義一も、高橋是清の跡を襲って政友会の総裁に就任している。

桂新党は立憲民政党（一九二七年成立）の直接的前身であり、戦前日本の二大政党制は政友会と民政党によって支えられていた。山県の政党嫌いは有名だが、その権力中枢にいた二人の軍人が政党指導者に転身しており、桂などは自ら新党を発足させているのである。これをどう評価すべきか。日本政党政治の「軍国主義的本質」の顕現と見るべきなのか。それとも、山県と山県閥陸軍の「民主的な」対応能力の発露として評価されるべきなのか。

統帥権独立とシヴィリアン・コントロール

山県系官僚閥と政党とが密接な関係を取り結んだ背景には、一見「専制的」な明治憲法体制の意外と柔軟な構造を見出すことができる。議会開設（一八九〇年）以来、衆議院に蟠踞した政党勢力はしばしば藩閥政府を苦しめ、軍備拡張予算もいくたびか否決の憂き目にあっている。第四議会の紛糾（一八九二年）などはその好例だろう。政党勢力は決して無力な存在ではなかったし、だからこそ、藩閥勢力は政党との妥協に踏み切ったのである。伊藤による政友会の創立は、政権担当可能な政党勢力の創出が憲法体制の円滑な運用上必須となっていたことを示している。しかも、伊藤は「大宰相主義」（総理大臣主体の内閣運営）を貫徹すべく、「憲法改革」を積極的に主導していたのである（瀧井一博『伊藤博文』）。

運用者の政治的意志のあり方によって、制度もまたその性格を変えていく。帝国憲法第一一条「天皇ハ陸海軍ヲ統帥ス」の存在それ自体が大日本帝国を滅亡に導いたわけではない。制度運用者、権力者の政治的意思のあり方こそが問題なのであって、内閣が参謀本部より好戦的な場合には、統帥権の発動による戦争拡大阻止の可能性すら生まれてくるのである。また、参謀本部が政党内閣と連携して出先軍の暴走を抑制した事例も存在する。

本書では、政治的意思がその中で発動される、制度のシステム的変遷にもできるだけ配意した叙述を心掛けた。その場合、国家の二大実力組織――忌憚なく言えば「暴力装置」――たる軍隊と警察の相互関係は、「近代日本と軍部」を論ずる場合逸してはならない分析視角であろう。しかしながら、筆者の能力的限界により、この問題には断片的にしか触れられなかった。今後の課題にしたいと思う。

二つの「国のかたち」

明治憲法体制の変遷を俯瞰する時、そこに二つの「国のかたち」を見出すことができる。一つは「天皇親政」であり、もう一つは「大宰相主義」である。前者は松方正義が、後者は伊藤博文がそれぞれ依拠しようとした憲法原理であった。

周知のように、明治憲法（一八八九年公布）には内閣に関する規定はない。内閣総理大臣の職権は不明瞭であり、憲法を額面通りに解釈すれば各国務大臣は天皇を直接的に輔弼する存在となる。この場合、天皇が政治的リーダーシップを発揮しなければ、内閣の内部分裂は避けられないだろう。

とりわけ問題なのは陸海軍大臣の存在である。内閣制度の導入（一八八五年）以前から、陸海軍は帷幄上奏権の範囲を意図的に拡大して、政治の介入から国軍を守ろうとしていた。総理大臣を経由しないで、陸海軍大臣は直接天皇に意見を述べることができたのである。天皇親政を志向すれば総理大臣は空虚な存在とならざるを得ないから、帷幄上奏権を有する陸海軍大臣の権力は肥大化し、軍部のコントロールは困難なものになりかねない。こういった弊害を除くためには、陸海軍大臣文官制の方がベターな選択となる。天皇親政と陸海軍大臣文官制との間には、意外な接点が存在していたのである。

一方、大宰相主義においては、内閣総理大臣は国務大臣を束ねる立場にあり、それは軍部大臣とても例外ではなかった。この場合、首相に政党政治家が就任する可能性も出てくるし、伊藤は政党内閣制の導入は不可避であると考えていた（伊藤之雄・瀧井一博両氏の一連の研究による）。政党（文官）による軍部支配である。「シヴィリアン・コントロール」はここに実現するが、政党指導者のあり方いかんによっては、軍隊のなかに党派性が持ち込まれ、結果的に政治は混乱・紛糾するであろう。こうした可能性の芽を未然に摘むためには、陸海軍大臣武官専任制を導入するに如くはない。そして現に、伊藤は武官専任制を支持していたのであった。

政党内閣制の下で文官大臣制を実現させるためには、政党と軍部の相互理解が必要不可欠である。だが、戦前の日本ではそれは実現すべくもなく、政治的テロルと対外戦争の衝撃のなかで政党政治は没落し（一九三六年、二・二六事件）、ついには政党内閣制それ自体が完全に葬り去られていった（一九四〇年、大政翼賛会の成立）。

一卵性双生児としての政党と軍隊

天皇親政運動は明治国家形成期に天皇側近グループによって担われたが、内閣制度が成立し、大日本帝国憲法が公布されると、運動は徐々に下火になっていった。

ところが昭和期に入ると、それは再び政治の表舞台に登場する。陸軍皇道派青年将校による国家革新運動がそれである。彼らは自らを明治維新の「志士」になぞらえて、「昭和維新」の断行を訴え、現にそれは実行に移された（二・二六事件）。この軍事クーデターは失敗に終わったが、それは政党政治復活への潮流を大きく押しとどめた。

それにしてもなぜ、青年将校は自らを幕末維新の志士と重ね合わせたのだろうか。この問題を政治史的に解明するためには、近代日本における徴兵制軍隊と近代的政党組織の来歴にさかのぼって考察を加える必要がある。なぜなら、日本の場合、軍隊も政党も士族集団の社会的解体のなかから形成されてきたからである。

私たちは軍隊と政党は水と油の関係にあり、両者の来歴についても全く異なるものとしてイメージしがちである。だが、考えてみれば陸軍大将西郷隆盛も自由党総理板垣退助もともに士族の出身であり、幕末には討幕軍を率いる軍人であった。また、洋の東西を問わず、革命政党は往々にして自前の武装組織を有している場合が多い。否それどころか、革命軍と革命的党派とはほぼ一心同体の関係にある。

もっとも、革命軍が革命政権の国軍たり得るかどうかは別の問題である。旧ソ連や中国の場合、途中数多の離合集散を経つつも、革命軍＝国軍という建前は守られたように思われる。ところが、「国民革命」を呼号したナチズムの場合、ナチ党（正式名称は国民社会主義ドイツ労働者党）の準武装組織たる突撃隊は国軍たり得ず、ヒトラーの警護部隊であった親衛隊が後に武装親衛隊として国防軍と並び立った。

それでは、近代日本の場合はどうであろうか。明治維新を成し遂げた革命政権の軍隊の実態はどうであり、それと徴兵制軍隊との関係はいかなるものであったのだろうか。一見水と油のように見える、近代日本の軍隊と政党は、実は士族という母胎から生まれた一卵性双生児なのであって、こういった来歴こそが、その後の日本の政軍関係や軍部のあり方にも大きな影響を及ぼしているのではないだろうか。本書が比較的多くの紙数を、影の主役たる政党に割いたのは以上の理由に基づいている。

歴史を「リアルタイムで」見ていくこと

歴史をその結果だけで繋いで見ていくと、一見説得的な予定調和的な枠組みが比較的簡単に出来上がる。征韓論・台湾出兵―壬午事変・甲申事変―日清戦争―日英同盟―日露戦争―韓国併合という歴史的系譜のなかに、日本の「一貫した対外侵略政策」とそのエスカレーションの過程を見て取ることは容易である。

特に日本が日清・日露の二大戦役に勝利し、その結果大陸に地歩を得、それが昭和期の戦争のきっかけとなったことは、こうした歴史認識に相当の説得力を与えた。大清帝国や帝政ロシアを相手に乾坤一擲の戦いを挑むほど、「日本帝国主義」の大陸侵略への衝動は強烈で、それが太平洋戦争に繋がっていったという理解の仕方である。

その場合、「天皇制国家」の非理性的な国家意思のあり方が強調され、戦前日本の政治体制も自ずと専制的な性格のものとして理解されてきた。そしてその盾の半面として、反体制運動は「民主的で平和主義的な」ものとして捉えられがちになり、体制と運動は截然と分離される。とりわけ、「日本軍国主義」の総本山たる日本の軍部、特に陸軍こそはこうした専制主義・侵略主義の権力的震源地であると考えられた。

しかしながら、近代日本における政党と軍隊の一卵性双生児的関係や山県閥陸軍と二大政党との密接な繋がりに思いを致す時、以上のような結果論的歴史認識と、そこから派生した一連の見方についてさまざまな疑問が湧き上がってくる。私たちは「正しい歴史認識」をいったん解体して、もう一度、実証的方法に則って、ジグソーパズルを組み立てるように歴史の断片を再構成すべき地点に立っているのではないだろうか。

その際大切なのは、歴史を「リアルタイムで」、つまり、その時々の人々の視線に立って再構成することである。[1] 未来はいつも薄明のなかに閉ざされているが、それは過去に生きた人々にとっても同様であった。いったい誰が五年後・一〇年後の日本の、あるいはアジアの、そして世界の姿を自信をもって予見できるだろうか。「皇紀二六〇〇年」の祝典（一九四〇年一一月、皇居前広場）に参列した人々の多くには、一〇年後の「占領下の日本」の姿などほとんど想像だにできなかったであろう。

いつの世でも人々は、敢然と「未来」に賭けたり、逡巡しながら選択肢を選び取ったり、あるいは不作為のまま荏苒時を費やしたりしているわけで、歴史を再構成する場合にはそうした営みに十分配慮しながら、作業を進める必要があるように思う。

さて、言うまでもなく本書は先行研究に多くを負っている。ただし、新書という発表媒体の特性上、本文中への注記および「参考文献」への記載は必要最小限に止めざるを得なかった。この点、関係者各位のご理解とご寛恕をあらかじめ乞う次第である。

1 「歴史をリアルタイムで見る」という表現は故高橋秀直氏に拠る。

目次

第一章　「非政治的軍隊」の創出

西郷隆盛

大久保利通

軍事革命の衝撃

一九世紀にヨーロッパで始まった軍事革命は、欧米列強の世界進出とともに非ヨーロッパ世界にも波及していった。もちろん、ペリー来航によって開国した日本（一八五四年、日米和親条約）もその例外ではない。軍事革命とは何か。それはライフル（前装式施条銃）の登場にともなう軍隊のあり方の根本的変容である。

ライフルは戦場の様相を一変させた。小銃の命中精度は著しく向上し、有効射程も急速に延伸した。一八六〇年代には後装銃の実用化と弾丸の改良（薬莢との一体化など）も進み、これによって低い体勢での弾丸の装塡が可能になり、身体曝露による被弾リスクは大幅に減少した。歩兵の火力と戦闘能力は飛躍的に強化され、陸上戦闘の成否は大量の火器を装備した歩兵部隊（銃隊）が握るようになった。

その結果、軍隊は武士階級だけでは賄えないものとなり、封建的身分制秩序を揺るがす大規模な軍制改革が必至となった。つまり、大量の非武士身分出身将兵の実戦投入が不可避となったのである（保谷徹『戊辰戦争』二六〜二九頁）。

幕末の土佐藩で軍制改革の第一線にいた片岡健吉——後の自由党領袖——の言を借りれば、「鉄砲の戦争になれば、士族の必要はない。百姓でも町人でも身体の強い、規律を能く守るもの」こそが立派な兵隊なのである（片岡「土佐藩兵制改革談」、『太陽』第七巻第一二号、一九〇一年一〇月）。

戊辰戦争（一八六八〜六九年）の激動のなかで、幕府も諸藩も大量の軍隊を新たに編成して戦場に投入した。そのなかには少なからぬ非武士身分出身の将兵が含まれていた。戦争が終われば、これらの軍隊は新たな平時状態へと移行しなければならない。革命政権は大規模な「軍縮」を遂行しながら、旧来の藩軍を近代的な徴兵制軍隊に置き換えて行かねばならなかった。

軍隊の復員問題は、「戊辰戦後体制」を考える場合には決定的に重要である。自由民権運動が「戊辰戦後デモクラシー」であったように（松沢裕作『自由民権運動』iv頁）、明治憲法体制はこの戊辰戦後体制のなかから誕生する。

身分制度の動揺

明治維新は平和革命などではなく、紛れもない内乱であった。文久三年八月十八日の政変（一八六三年九月三〇日）に始まる内乱の時代は、尊王攘夷を標榜する長州藩と禁裏を守る薩摩・会津両藩の激突から（一八六四年八月、禁門の変）、二度にわたる長州「征討」と幕府軍の敗北を経て、幕末維新の内乱、鳥羽伏見の戦いに端を発する戊辰戦争へと雪崩を打っていく。

一八六八年一月三日（慶応三年一二月九日）に出された「王政復古の大号令」は、「諸事神武天皇創業の始めに基づき、政府の高官や武人、殿上人や下級官人の区別なく、至当の公議を尽くすべきである」と高らかに宣言していたが（現代語訳）、それは徳川幕府のみならず、武家政権以前から存在していた摂政・関白をも廃絶することを意味していた。

王政復古は巨大なインパクトを日本社会の津々浦々にまで及ぼしていった。幕藩体制によって封印されていた、各地方固有の「歴史的古層」の記憶が一斉に解き放たれ、それまで眠り込んでいたさまざまな存在が自己主張を強めていった。神官、豪農、豪商、草莽等々は、「王政」への参画を求めて活発に活動し始めた。幕藩体制的身分秩序は大きく押し揺るがされたが、それは日本における軍事革命の恰好の培養基となった。

すでにこの時までに、攘夷戦争に起因する外国軍艦の下関砲撃（一八六三年六月）など、内外からの軍事的脅威に晒されていた長州藩では、高杉晋作の建言に基づく志願制銃隊組織、奇兵隊が編成され実戦に投入されていた（一八六三年七月）。そして、同様の軍事的組織が数多く作られた。それらを総称して「諸隊」という。

奇兵隊の登場

奇兵隊については、身分制度の制約を打ち破り、平民からの志願をも積極的に受け入れた革命的軍隊として、その「先進性」を高く評価する傾向が一昔前までは一般的であった。だが、それはやや極端な議論であろう。

奇兵隊将士の過半数は武士出身者が占めており（武士五〇%、農民四〇%、商人その他一〇%、一坂太郎『長州奇兵隊』八二〜八三頁）、彼らの主な志願動機は上位の社会階層（下士は上士へ、百姓は武士へ）へ駆け上ることにあった。

これら諸隊は、四民平等を建前とする近代的ナショナリズムの萌芽の産物などではない。それは封建的身分制秩序の存在を自明の前提とし、軍功を挙げることで士分や上士に取り立てられたいという民衆的エネルギーを軍隊として組織化したものであった。

彼らは藩庁の官僚的統制には容易に服さなかった。幕末の長州藩では、正義党と俗論党の二大派閥が対立しており、尊攘派の急先鋒であった奇兵隊は正義党政権の軍事的支柱でもあった。だが、彼らはしばしば正義党藩官僚の制止をも振り切って暴走した。俗論党政権打倒のきっかけとなった、高杉晋作の功山寺決起などはその好例である（高橋秀直「幕末長州における藩官僚と有志」）。

志願兵のなかには「荒くれ者」も多く、一般庶民との暴力沙汰やトラブルも絶えなかった。奇兵隊の奮戦の記録は数多いが、その旺盛な戦意を支えていたのは、戦勝の暁にはいずれ士分に取り立てられるだろうという期待感であった（一坂前掲書八四〜九四頁）。

とはいえ、諸隊だけでは十分な火力は確保できない。長州藩では、旧来の家臣団部隊を銃卒部隊に再編するとともに、新たに農商兵をも徴募してこれを実戦に投入していった。前者の兵力は八〇〇〇、後者は一六〇〇と推測されており、諸隊と合わせた長州藩の総兵力は一万一〇〇〇名余である（保谷前掲書四〇〜四三頁）。長州藩においてもまた、藩軍の主力は正規軍、すなわち家臣団部隊であった。

幕府や諸藩の軍制改革

軍事革命の衝撃は幕府をも揺るがす。第二次長州戦争の敗北後に断行された慶応改革（一八六六〜六七年）では、旗本の軍役は金納化され、幕府は江戸市中の人宿（ひとやど）（口利き業者）から銃卒を奉公人として大量に直接雇用した。新軍制では、伝統的な主従関係は雇用関係に取って代わられていたのである（保谷前掲書三〇〜三五頁）。

江戸時代には商品経済の発展により都市部の人口が急増しており、貧民層や「浮浪の輩（やから）」の存在は社会不安の要因となっていた。新軍制はこうした社会階層を兵卒の人的プールとしており、幕府の歩兵部隊は平民部隊、とりわけ、無頼の輩を中心に編成されるようになった。一八六八年（慶応四・明治元）四月、新政府軍参謀板垣退助が北関東で戦った旧幕府軍は「実質的に都市下層民の軍隊」であり、彼らの多くは刺青を入れた「破落戸（ごろつき）」の類であった（松沢前掲書一七～二二頁）。

以上、二つのケースはやや極端な事例であろう。それでは、もう一つの雄藩、薩摩藩の場合はどうだっただろうか。

薩摩藩では在地の半農的武士層（外城郷士層（とじょうごうし））が分厚く存在しており、また、城内における上士と下士の身分差もはなはだしかった。その慶応改革では、上士の分限高を大きく削減し、これを城下の下士層と外城の門閥有力者が購入できるようにし、彼らの石高を増加した上で新たな軍役が賦加された。提供すべき軍役の中身は西洋式施条銃と大砲・大砲輓馬（ばんば）・軍馬などであり、小銃自弁銃兵の大量動員がここに可能となった（保谷前掲書三六～四〇頁）。薩摩藩における軍事革命は膨大な郷士層によって支えられており、彼らの処遇は後にきわめて厄介な問題となる。

すでに幕末段階で、軍事革命は日本全国に及んでおり、身分制度もまた揺らぎ始めていた。財政状況や人口構成、身分制度のあり方等によって、藩ごとに軍制改革のあり方は異なるが、最新式の火器の導入による大規模な銃隊編成と伝統的な家臣団秩序に基づく部隊編制の見直しは、時間差を伴いながらも多くの藩で追求され始めていた。

それでは明治新政府の軍事力は一体どのように創出されていったのだろうか。また、それを統制する国家の仕組みはどうだったか。

草創期日本陸軍の実態

一八六八年一月、鳥羽伏見の戦いに始まった戊辰戦争は、以後戦域を越後から北関東へと拡大し、会津・庄内を戦火に巻き込んでいく。そして、函館五稜郭における榎本武揚軍の降伏によって、翌一八六九年六月、戦いはようやく終わりを告げた。全国で動員された兵力は新政府側だけでもおよそ一二万、旧幕府・奥羽越列藩同盟のそれは不明であるが、数万人に及んだことは確実であろう（保谷前掲書二八七～二八九頁）。これらの軍隊をどう「復員」し、統一的な国軍建設に繋いでいくか。新政府はこの困難な課題を解決せねばならなかった。

それでは、新政府軍の軍事力の実態はいかなるものであったか。

それは薩長土肥をはじめとする諸藩軍の寄せ集めであり、およそ近代軍の体をなしていなかった。政府内部ではこうした現状を踏まえて、藩軍を再編して国軍を建設しようとする大久保利通路線と、一挙に徴兵制を導入して藩軍に置き換えて行こうとする大村益次郎・木戸孝允・山田顕義路線とが鬩ぎあっていた（戸部良一『逆説の軍隊』二六～三〇頁、竹本知行『幕末・維新の西洋兵学と近代軍制』第四章以下）。

前者の藩軍再編路線は、一八六九年八月の「三藩徴兵」として実現した。ここで言う「徴兵」とは徴兵制度の謂いではなく、薩長土三藩の凱旋兵を太政官政府（兵部省）に提供させたことを指す。だが、それは惨憺たる失敗に終わった。

なぜなら、藩兵の帰属意識はあくまでも出身藩にあったからである。彼らは兵部省（一八六九年設置）の指揮には全く従わなかった。山口藩では、三藩徴兵の選に漏れた諸隊が大規模な反乱を起こした。いわゆる脱隊騒動である（大島明子「明治維新期の政軍関係」一一頁）。

脱隊騒動――奇兵隊の悲劇

一八七〇年一月、奇兵隊をはじめとする諸隊一二〇〇名余りの士卒が山口藩庁に対して反乱を起こした。その原因は、諸隊の処遇に手を焼いた藩庁が論功行賞も不十分なままに解散を命じたことにあった。

山口藩庁では、第二次長州戦争での占領地（石見国や豊前国企救郡）からの年貢収入を論功行賞に充てるつもりであった。だが、強力な中央集権国家の建設をめざす新政府がこのような「封建割拠」を認めるはずもない。政府は占領地の移管を強く求め、板挟みになった藩庁は諸隊を切り捨てて事態を収拾しようとした。

諸隊は山口の藩知事邸を囲み、その糧道を断った。この反乱を自力で鎮圧できなければ藩の沽券に関わる。参議木戸孝允は西郷隆盛からの支援申し出を断り、自ら現地に赴いて武力で鎮圧した。諸隊の抵抗も激烈をきわめた。小郡の戦い（三月）では、政府軍は一日で七万発あまりの弾丸を射耗している。

西南戦争と同じく、脱隊騒動もまた同朋相食む凄惨な戦いである。反乱は三月中に鎮圧されたが、政府軍の戦死者は二〇、負傷者は六四、脱隊兵は戦死者六〇、負傷者七三、死罪に処せられた者は一三〇名を超えたという。脱隊兵一八〇〇のうち、一三〇〇が農民や商人の出身であった（一坂前掲書一九八頁）。

脱隊騒動を武力で鎮圧したことで、山口藩内の「不平士族」の暴発エネルギーは相当程度減殺された。後に前原一誠らは中央政府に対して反乱を起こすが（一八七六年一〇月、萩の乱）、それが比較的小規模に止まったのは、不平分子のほとんどがすでに粛清されていたからであろう。したがって、長州出身の木戸や山県有朋は地元の不平士族の動向をあまり気にすることなく、「藩軍の解体＝徴兵制軍隊の建設」に邁進できた。ところが、薩摩や土佐ではそうはいかない。これら二藩、とりわけ薩摩藩では郷士層の存在感が大きく、それが整理されぬまま明治維新を迎えたことで問題はより複雑化した。また、前藩主島津久光の守旧思想は改革の大きな足かせとなった。大久保利通は木戸や山県に比べれば徴兵制度の導入により慎重であったが、薩摩の内情に照らせばそれはきわめて自然な成り行きであった。

高知藩における士族革命

ここで興味深いのが高知藩の動向である。高知藩は「薩長土肥」のなかで唯一、「人民平均」の名の下に士族の政治・軍事権力独占を自己否定する画期的な制度変革を平和裏に遂行している（一八七〇年一二月）。なぜ、そんな離れ業が可能になったのか（以下、松沢前掲書九〜一七頁参照）。

高知藩内においてもまた、幕末以来の政治的路線対立は尾を引いており、それは上士・下士間の対立と連動して、在京の板垣退助・後藤象二郎と国許の谷干城・片岡健吉らとの政治対立として表面化していた。士族・卒族（下級士族）の内部もいくつかの等級に区分されていた。

彼らはともに戊辰戦争で軍功を挙げた者同士でもあった。特に板垣は「戊辰の軍事的ヒーロー」として自他ともに認める存在であり、軍功によって家老格に取り立てられたこともあって、士族等級の維持・温存には強いこだわりを見せていた。

軍功による上位等級への抜擢を希求していた点では、彼らはみな同類であった。ところが、中央政府からは士族等級の廃止そのものを強く求めてくる。窮地に陥った板垣や後藤は人民平均の原理を導入し、能力主義的政治参加に道を開くことに政治的活路を見出した。

板垣らの軍功第一主義は、能力よりも家柄によって高位の官職が与えられるという封建的家格制度とは相容れないものであった。そして、その抑えようのない内的欲求がついに革命的軍制改革をもたらしたのである。能力主義の重視という点では板垣も後藤も谷も片岡も一致していた。こうして改革は平和裏に遂行された。

二つの政府軍――御親兵と四鎮台

話を三藩徴兵に戻そう。結局、それは空中分解してしまったが、統一的政府軍建設の必要性は減じたわけではない。一八七一年四月、薩長土三藩はあらためて藩兵を中央政府に供出して、政府直轄軍たる「御親兵(ごしんぺい)」を編成した。その際、三藩徴兵の失敗に鑑みて、藩主と将士との主従関係は断ち切られた。藩軍解体に向けての小さな、しかし重要な一歩が印されたのである。

この改革を主導したのは西郷、大久保、木戸、板垣ら中下級士族であり、強力な軍事力を擁しながらも、前藩主鍋島直正(なべしまなおまさ)(閑叟(かんそう))が藩内をよく統制していた佐賀藩は御親兵からは除外されている。藩内での「下剋上」の結果、実権を掌握した西郷らから見れば、閑叟率いる佐賀藩軍はきわめて厄介な存在だった（大島「明治維新期の政軍関係」一一〜一三頁）。

御親兵の圧倒的軍事力を背景に一八七一年の革命的大変革、廃藩置県は断行された。封建的割拠を打破し、中央集権国家を建設する国制上の枠組みが不安定ながらもここに創出された。だが、三藩徴兵同様の弊害は御親兵内部でも顕在化していた。藩兵、とりわけ薩土出身兵の同郷的結束は固く、彼らは他藩出身者の命令には全く服さなかった。藩軍内の階級秩序や内規には忠実であったが、統一的指揮命令系統に従う気はさらさらなかった。

とはいえ、新政府が頼れる軍事力は藩軍しかなかった。したがって、旧藩軍事力の流用はその後も続いた。喫緊の課題は日田（ひた）暴動（脱隊騒動が豊前国日田に飛び火して百姓一揆を誘発した事件）に象徴される地方治安情勢の急速な悪化にあった。そして、それを食い止めるために全国に設置されたのが四鎮台である（一八七一年）。

鎮台兵は御親兵と並ぶ〝もう一つの政府軍〟である。これは全国の藩兵を精選・再編成した部隊で、出身藩の人的つながりをいったんバラバラにして編成替えするという混合結隊方式が採用された。ただし、鎮西（ちんぜい）鎮台、とりわけ桐野利秋（きりのとしあき）配下の鹿児島分営はその例外で、彼らは兵部省の統制には全く服さなかった（戸部前掲書三二〜三六頁、大島「明治維新期の政軍関係」一三〜一五頁）。

危機に直面した新政府

御親兵や鹿児島分営のこうしたあり方はきわめて危険である。彼らは旧藩の指導者の命には従うが、政府のそれには従おうとしない。つまり、太政官政府が分裂した場合、軍隊もまた分裂・解体するリスクが高い。

それだけならまだしも、政府要路の人物が自らの手兵と化した軍事力を用いて、その政見や利益を追求しようとしたり、また、将兵が同郷の政府要人を動かして自分たちの要求を押し通そうとすれば、「軍も政府も分裂し、最悪の場合、孤立した勢力が『賊軍』となってしまうであろう（大島明子「一八七三（明治六）年のシビリアンコントロール」八頁）。

こういった内部分裂のリスクだけではない。廃藩置県は薩長土三藩軍を基盤とする連合政権を成立させたが、その結果、そこから疎外された諸政治勢力が旧佐賀藩軍などを中心に結束して政権交代を政府に迫ろうとする、そういった新たなリスクも生じつつあった。

士族の尻尾を引きずった軍隊は「政治的士族軍」（大島）となる危険性がきわめて高い。佐賀県士族は後に大規模な反乱を起こすが（一八七四年二月、佐賀の乱）、それに連なる政治的対立構造は、鍋島閑叟の死去（一八七一年三月）にともなう佐賀県内の諸党派の分立・混乱として表面化する。

不穏な権力状況を抜本的に解消するためには、「百姓町人」を主体とする徴兵制軍隊、旧藩の利害から切り離された、非政治的な国軍の建設が急務であった。しかしながら、そうした試みは第二、第三の脱隊騒動を誘発するかもしれない。危機回避のためのシステム改革、徴兵制の導入がより破局的な事態をもたらすことが予想されたのである。

権力は流動化し、軍の統制は取れない。新政府は文字通り累卵の危機に直面した（大島前掲論文一三～一八頁）。

太政官三院制――正院による軍事力掌握

明治天皇が天神地祇に誓った「五カ条の御誓文」（一八六八年四月）は、「広ク会議ヲ興シ、万機公論ニ決スヘシ」と高らかに謳い上げていた。それは幕末以来の公議政体論の系譜を引いており、有力諸侯をメンバーとする列藩会議の設立を想定していた。

列藩会議構想は、日本の政治的伝統たる合議システムそのものである。日本では専制的政治システムは長続きしない。専制が一時勝利を収めても、やがて合議の伝統が頭をもたげ、それに適合的な政治制度が作り出され、政治の実権は徐々にそれら諸機関に移っていく。そういったパターンが繰り返されてきたのである（佐藤進一「合議と専制」『日本中世史論集』三一三～三二五頁）。

廃藩置県に伴って採用された太政官三院制[1]では、各省の卿（後の大臣）は省務に専念するとされており、正院内閣（太政大臣、左右大臣、参議から成る）での最高意思決定には与れない仕組みになっていた。本来ならば、省卿が参議を兼ねて正院内閣に加わるべきだったのだが、官僚機構の未整備により、省卿は各省の日常業務をこなすのに手一杯だったので参議と省卿の分任制がとられた（一八七一年九月、「太政官職制」「兵部省職員令」）。

天皇親政という建前の下、政治権力の行使は参議の合議に委ねられており、参議には時期によって異動はあるが、この頃には、大久保利通、木戸孝允、西郷隆盛、大隈重信、板垣退助など、明治維新を主導した薩長土肥の革命政治家たちが名を連ねていた。とりわけ、西郷・板垣はそれぞれ東征大総督府参謀・東山道官軍総督として戊辰戦争で活躍しており、御親兵をはじめとする藩軍の信望も厚く、正院による軍事力の直接的掌握を可能にする存在であった。彼らはともに徴兵制の導入には消極的で、大村益次郎をはじめとする長州系政治勢力との政治的距離感には微妙なものがあった（大島前掲論文二～一〇頁）。

徴兵制の導入

周知のように、最も急進的な徴兵制論者は兵部大輔大村益次郎であった。大村は不平士族によって襲撃・暗殺されたが（六九年一一月）、その衣鉢を継いだ山田や木戸、そして山県によって徴兵制への道筋が付けられた。一八七二年一二月二八日、徴兵の詔と徴兵告諭が渙発(かんぱつ)され、翌七三年一月には徴兵令が布告された。

この間、御親兵は「近衛兵(このえへい)」とその名称を改め、七三年二月を期して兵卒の大幅な入れ替えが行われた。御親兵出身の多くの近衛兵が任を解かれ、諸鎮台からの編入者が日本全国から集められた。雄藩連合軍たる近衛兵は事実上解体され、「特定藩に由来しない宮城警備兵」になったのである(大島「明治維新期の政軍関係」一六頁)。

新政府は藩軍をなし崩し的に解体していったが、それは徴兵制軍隊が整備・拡充されていく過程でもあった。雄藩出身の士族、とりわけ薩長両藩の士族は新生日本陸軍の建設に携わり、その枢機を握っていく。だが、徴兵制軍隊の整備が進むに従って、彼らの古巣である旧藩軍もまた自らの解隊を迫られていった。戊辰戦争で「賊軍」の汚名を着せられた士族たちは、当の昔に特権の剝奪と身分的零落に直面していた。

革命はいったん軌道に乗るや、人々の思惑を超えた独自のダイナミズムで動き始める。士族の革命たる明治維新も例外ではなかった。新政府の「裏切り」に直面して、政府内外で士族の不満は急速に昂進していった。〝第二革命〟を呼号する声は急速に高まり、

1　太政官は正院、左院(立法機関に相当)、右院(各省高官の合議機関)から成っており、太政大臣の政治権力は有名無実であった。

それは地域社会での草莽層の動きやさまざまな外征論と連動して政府を大きく押し揺るがす（宮地正人「廃藩置県の政治過程」）。

列島周辺部での諸外国との軋轢

この時期、日本をめぐる国際環境もまた緊迫の度合いを高めていた。

北方では、樺太の領有権をめぐるロシアとの対立が深刻化していた。一八五五年の日露和親条約では樺太は両国の雑居地とされ、領有権問題は曖昧に処理されたが、ロシア官憲は樺太南部の日本人居留地に対する圧迫を強めており、その全島領有の野心は明らかであった。

朝鮮との関係も行き詰まっていた。当時の朝鮮の人々は西洋化した日本、つまり、明治政府との修好を好まず、両国の対立は徐々に高まっていった。一方、日本は朝鮮と国交を取り結ぶことで、清国中心の冊封体制に風穴を開けることをもくろんでいた。それは必然的に日清関係を緊張させた。

それだけではない。王政復古は記紀神話的歴史観（神功皇后の「三韓征伐」など）を活性化させ、明治新政府とその周辺では、王政復古したのだから朝鮮は日本に服属すべきであるとする議論さえ唱えられていた。

日清間には琉球問題も存在していた。一七世紀初頭の薩摩島津氏の出兵により、琉球王国はその実質的支配下に入ったが、清国皇帝の冊封をも受けており、事実上日清両属の関係にあった。明治新政府は琉球王国を正式に日本に編入すべく動き出していたが、清国がそれを認めるはずもなく、むしろ、「属国自主の国」たる琉球に対する支配権の強化に乗り出そうとしていた。

これらは単なる外交問題ではなかった。不平士族は外征論の熱心な主唱者であり、内政的危機は対外的危機と直結していた。近隣諸国との外交的軋轢は新国家建設のあり方と密接に連動した内政問題でもあった。しかも、一つの対外的危機が別の危機を誘発する可能性もあった。この複雑な危機の連鎖を効果的に断ち切り、問題を個別的に解決するには高度な政治的手腕が必要となる。果たして、雄藩連合政権たる維新政権(一八六八〜七一年)はこの問題を上手く処理できただろうか。

明治六年政変

一八七三年一〇月、朝鮮への問罪使節派遣の是非をめぐって雄藩連合政権は大分裂を引き起こした。西郷隆盛や板垣退助、江藤新平ら征韓派参議は一斉に野に下った。いわゆる明治六年政変(征韓論政変)である。

朝鮮側の度重なる「無礼」に憤った西郷は、自ら使節となってかの国に赴(おもむ)こうとしていた。彼が真に武力行使を望んでいたかどうか、この件については研究者の間でも見解は分かれている。ただ、西郷の使節派遣論は皇使派遣論であったから、朝鮮側の侮辱的態度をきっかけに開戦へと繋がる可能性は相当高かったはずである。西郷自身もそれは十分自覚していたと解釈すべきだろう（高橋秀直「征韓論政変と朝鮮政策」）。

太政大臣の三条実美(さんじょうさねとみ)は「陸海軍総裁」に右大臣の岩倉具視(いわくらともみ)を就けようとしており、作戦計画は参議の板垣や左院副議長の伊地知正治(いじちまさはる)によって立案されていた。山県陸軍卿は蚊帳(かや)の外に置かれていたのである（大江洋代『明治期日本の陸軍』一七六～一七七頁）。

八月一七日の閣議でいったん内決されていたはずの西郷の朝鮮遣使は、大久保や木戸ら岩倉遣外使節の帰国を待って再議されることとなり、さまざまな紆余曲折(うよきょくせつ)を経た後、岩倉具視の宮中陰謀めいた上奏（一〇月二三日）が決定打となって結局中止された。征韓派参議は相次いで下野(げや)し、西郷・板垣配下の将兵は一斉に軍を離れて帰県してしまった。建設途上の日本陸軍は崩壊の危機に直面した。

大村暗殺以降、徴兵制導入を推進していたのは陸軍省（一八七二年四月、それまでの兵部省を陸軍省と海軍省とに分けた）であり、陸軍大輔（後の次官）の山県がその実務を担っていた。ところが、西郷らの下野以前から陸軍はすでに混乱状態に陥っていた。

陸軍をめぐる権力闘争――正院内閣対陸軍省

一八七三年五月、各省委任事務を正院に引き上げる制度改革が行われた。いわゆる「政体潤飾」である。[2] それは太政官政府内部の権力闘争でもあり、大蔵省という巨大官衙の権力を恣にしていた井上馨大蔵大輔（山口）が辞任に追い込まれた。

当時、山県は山城屋和助事件（御用商人による官金費消事件）の責を負っていったん陸軍大輔を辞任していたが、陸軍省の瓦解を恐れた西郷の斡旋によって陸軍卿代理に就任した（四月二九日）。だが、山県はそれを喜ばなかった。大久保内務卿ら正院派は、藩軍に軸足を置いた国軍建設に舵を切ろうとしており、政体潤飾は長州系が推進していた徴兵制導入路線の中断を意味していたからである。

六月八日、山県は正式に陸軍卿に任ぜられたが、一三日には自らの陸軍卿兼官を解くよう天皇に上表している。陸軍省は正院内閣の下請け機関ではない。彼は自分の意に沿わない政策を、陸軍卿として推進する気にはなれなかったのである。だが、天皇はこれを却下

2　「潤飾」とは「改革」の意であり、岩倉遣外使節との約定に背いて大改革に踏み切った留守政府がそれを糊塗するために用いた造語である。

した。

明治六年政変はこういった混乱の渦中で起こった。危機を収拾するためには権力の集中が必要である。大久保や伊藤は山県陸軍卿に参議を兼任させようとした。しかし、山県は納得せず、逆に陸軍卿の辞任を申し出た。結局、木戸が山県を説得して辞意は撤回されたが、山県は正院への出仕だけは断乎として拒み続けた（以上、大島「明治維新期の政軍関係」[3]）。

外征論をめぐる対立は太政官政府の権力構造を直撃し、政府も陸軍も混乱状態に陥った。この間、板垣退助ら征韓派元参議を含む八名が左院に「民撰議院設立建白書」を提出した。自由民権運動のはじまりである（一八七四年一月）。ところが、さらなる危機が新政府を襲った。江藤新平ら佐賀県征韓派士族の暴発である（一八七四年二月、佐賀の乱）。

佐賀の乱――大久保内務卿による全権掌握

閑叟没後の佐賀はすでに混乱状態に陥っており、江藤は征韓派士族の暴発を抑えるために帰郷したが、かえって彼らに担ぎ上げられてしまった。

陸軍の態勢立て直しを待っていては手遅れになりかねない。今は断乎として鎮圧するとの「政府之気力」を天下に示すことこそ肝要である。参議兼内務卿の大久保は自ら全兵権を掌握して現地に赴いた（二月一四日）。彼は近隣諸県から三〇〇〇名を超える士族兵を徴募するとともに、東京警視庁からも二五〇名の巡査（大半は士族出身）を現地に派遣した。征討作戦には大阪・東京・熊本三鎮台の部隊が当たったが、実際にはそれをはるかに上回る士族兵と巡査が投入されていた。

頻発する農民一揆に際して、すでに各地の地方官は士族兵の徴募を勝手に行っており、大久保内務卿はそれを臨機処分権という名目で公然化したのである。徴兵制を推進していた陸軍省にとって、士族兵の動員は絶対に忌避すべきことであった。だが、正規軍の兵力不足ははなはだしく、鎮台兵の去就も定かではなかったので——政府は熊本鎮台（司令官谷干城）の動向を注視していた——、山県らはこうした措置を黙認するしかなかった（鈴木淳「官僚制と軍隊」、羽賀祥二「明治初期太政官制と『臨機処分』権」）。

この時、木戸は即座に「実に重畳なり」と答え、大久保の兵権掌握に賛意を表した。だが、それは白紙委任ではなかった。兵権行使の際には政府内での「一定之御決議」が肝要である。表面的な快諾とは裏腹に、木戸の内面的苦悩は深まっていった（一八七四年二月七日付伊藤博文宛木戸孝允書翰、『伊藤博文関係文書』4、二三四頁）。

3　翌七四年一月、陸軍の動揺が一段落を告げたのを見て、山県は陸軍卿の辞表を提出、陸軍中将兼近衛都督となった（二月八日）。陸軍卿代理には、隆盛の弟の西郷従道が就任している。

二月二三日、東京では征討総督と征討参軍が任命され、後者には山県が抜擢された。一見物々しい態勢であるが、これらは陸軍の体面を取り繕うための措置にすぎなかった。彼らが現地に着く前に反乱は鎮圧され（江藤は三月に高知県で捕縛）、大久保参議兼内務卿の勢威は陸軍を圧した。

大久保ら正院側は大量の士族を動員して、きわめて迅速に佐賀の「逆徒」を鎮圧した。山県ら徴兵制推進派は面目を失った。だが、それは政治的士族軍の発言力をも強めた。その結果、大久保は鹿児島県士族が要求していた台湾出兵を考慮せざるを得なくなる。

大久保はなぜ台湾出兵に踏み切ったのか

この時期の政治史で分かりづらいのが、征韓論に反対した大久保がなぜ台湾出兵を容認できたのかということである。この問題を理解するには、二つのポイントを押さえる必要がある。

まず第一に、「征韓反対＝内治優先」ではないということである。征韓反対派は木戸孝允のような内治優先論者ばかりではなく、そのなかには桐野利秋や黒田清隆のような外征論者も含まれていた。

一八七一年一二月、台湾南部に漂着した宮古島の漁民が先住民のパイワン族によって殺害される事件が起こり、これをきっかけに鹿児島県士族の間で「征台論」が俄然盛り上がった。桐野はその中心的人物であったが、樺山資紀（熊本分営長）や大山綱良（鹿児島県参事）も熱心な主唱者であった。一方、黒田清隆（開拓使長官）はロシア官憲から邦人を保護し、領有権を主張するための樺太出兵を唱えていた。彼に言わせれば、朝鮮に対する問罪などよりも樺太領有の方がはるかに重大な問題なのである。

結局、大久保政権は三方面（樺太、朝鮮、琉球・台湾）同時に「外寇」を受けるのを避け、北海道の領有を確実にするため樺太放棄に踏み切った。一八七五年五月、千島・樺太交換条約が締結され、北方からの脅威は外交的に封印された。

「征韓反対＝内治優先」というわけではなく、論者によっては、征韓反対は台湾や樺太への出兵論と表裏一体の関係にあった。征韓論争は明治国家の基本的航路――外征か内治優先か――をめぐる論争ではない。外征論者は不平士族であり、彼らは「百姓町人の軍隊」＝徴兵制軍隊の建設に強く反対していた（坂野潤治「征韓論争後の『内治派』と『外征派』」）。

二番目に留意すべきは、「征韓」は朝鮮との戦争を意味するが、台湾出兵は対清戦争を必ずしも意味しないということである。

台湾は多民族社会であり、非漢族系先住民族の居住地域である山岳地帯や台湾の東海岸には清国の統治権は事実上及んでいなかった。日本側ではそれらを「蕃地（ばんち）」と呼び、清国領台湾とは区別して考えていた。大久保や伊藤は清国領に上陸さえしなければ、蕃地出兵は日清間の武力衝突には至らないと考えていた（小林道彦「危機の連鎖と近代軍の建設」）。「蕃人」相手の軍事的懲罰行動は戦争ではない、しかし、征韓は立派な対外戦争である。征台と征韓の外交的位置付けは日本政府内部では画然と異なっていた。しかも、朝鮮半島をめぐる日清両国の軍事衝突は当時はまだ想定されておらず、大久保も対清開戦リスクには言及していなかった（勝田政治『大久保利通と東アジア』三六〜三七頁）。大久保にとって、台湾出兵のハードルは征韓に比べればはるかに低かったのである。

正院主導の外征態勢

この間、鹿児島県士族を中心とする台湾出兵への衝動はまさに爆発寸前だった。一八七三年一二月には、熊本鎮台鹿児島分営が不平士族の煽動による火災のため瓦解・解隊を余儀なくされていた。事態はもはや一刻の猶予も許されなかった。

大久保は「台湾蕃地処分要略」を参議の大隈とともに閣議に提出し、その了解を得た（七四年二月六日）。それは清国政府自ら「化外（けがい）の地」と認めていた蕃地への出兵方針を示すとともに、琉球人を殺害した「生蕃(せいばん)」を討伐することで、琉球が日本に帰属することを事実の上で明らかにするという意図をも含んでいた。

これに木戸は猛然と反対した。純然たる内治優先論者であった木戸は、山口に蟄居(ちっきょ)して強い抗議の意志を示した。

問題は、太政官政府発足後初めての外征をどのような態勢で行うかであった。征台は対外戦争ではないから、天皇の大纛(たいとう)（大本営）を動かす必要はないし、動かすべきでもない。大久保は正院主導による出兵態勢を大急ぎで作り上げたが、それは必然的に文武混淆(こんこう)型の組織となった。

外征軍司令官には西郷従道陸軍大輔が任じられ、その官職名は「台湾蕃地事務都督」とされ「文職」扱いとなった（四月五日。松下芳男『明治軍制史論』上、四五七頁）。正院には「台湾蕃地事務局」が置かれ（同日）、長官には参議兼大蔵卿の大隈重信が就き、軍人も出仕の形で勤務することになった。命令・布告等はすべて蕃地事務局から達するとされ、実際大隈は陸軍省の職掌にまで踏み込んだ権限を行使している（七月七日付「太政官への伺」）。

山県はこうしたやり方に不満であった。自分は「其籌策(そのちゅうさく)〔政府の政策決定〕に与(あず)からず」、したがって、政府の意図するところを知る由もない（山県「征蕃意見」、『山県有朋意見書』五九〜六一頁）。二月八日、山県は陸軍卿を再び辞任した。

ある程度予想されたことではあるが、文武混淆システムは上手く機能しなかった。鹿児島士族が大隈に従うはずもなく、参軍として西郷都督の帷幕に入った谷干城からは、早くも「事務局は文職だから軍事を扱うのはよくない」との抗議の声が挙がっていた（大島「明治維新期の政軍関係」三〇頁、大江前掲書一七七〜一七八頁）。

大久保の誤算——政治的士族軍の暴走

政治的士族軍を動員して佐賀の乱を鎮圧したことで、大久保は彼らの意を汲まざるを得なかった。政府は台湾出兵に向かって動き出した。

台湾遠征軍の主力は熊本鎮台兵であったが、鹿児島で臨時召募された坂元純熙ら不平士族の一隊もこれに加わっており、彼らには「殖民兵」の中核として占領地に永住するという特命が与えられた。戊辰戦争では叶わなかった知行地の加増を外征で実現しようというのである。ここだけ見れば、立派な〝封建制の海外輸出〟である。

ところが、いったん軌道に乗ったかに見えた台湾出兵はその後内外の強い抵抗に遭遇する。山県配下の陸軍は外征準備に非協力的で、外征軍は武器弾薬の調達にも苦心する有様であった。英米両国も出兵の正当性を認めず、船舶の貸与も断ってきた。政府は進退両難の窮地に陥った。大久保は再度兵権を掌握して（一八七四年四月二九日、委任状接受）、自ら長崎へ赴いて外征軍の進発を押しとどめようとした。
西郷都督にしてみれば、いまさら進発中止など論外であった。遠征軍は意気軒高、進発中止はその暴発を確実に引き起こすだろう。西郷は大久保の到着を待たずに、独断で遠征軍を率いて長崎を出港した（五月二日）。兵権を委任された大久保の勢威を以てしても、彼らを抑えることはできなかったのである。「士気強盛にして其の勢制し難（がた）」し。長崎で西郷を説得できなかった大隈はそう慨嘆している（『明治天皇紀』3、二四五頁）。木戸が危惧していた「兵隊為政」が、今や現実のものとなったのである。

台湾出兵の迷走

一八七四年五月一〇日、西郷率いる遠征軍は台湾最南端の恒春（こうしゅん）半島に上陸、六月には琉球人虐殺の舞台となった牡丹社（ぼたんしゃ）を攻略した。もっとも、「蕃族」相手の戦闘はここまでだった。現地ではやがてマラリアが猛威を振るい始め、八月中旬以降には全軍のほとんどが罹患（りかん）し、遠征軍三六〇〇名余の戦闘能力は実働三〇〇名以下にまで低下したという。この間、本土からの増援を得た清国軍は急速に戦力を増強し、現地では一触即発の雰囲気が高まりつつあった。

士族出身将兵固有の欠陥も露呈された。彼らは自らの武名を上げることのみに専念し、集団的統制には容易に服さなかった。糧食の荷揚げや陣地構築などの肉体労働は拒否し、わざわざ現地の苦力を雇ってそれを行わせた。坂元ら鹿児島徴集隊の士気ははなはだしく低下し、結局は交替させざるを得なくなった。

日清両国間の緊張も急速に高まった。清国政府は、台湾全土が清国領であると正式に表明するとともに、琉球は清国の従属国であり、琉球人の殺害に対する軍事的報復を「第三国」たる日本が行うのは不当であるとの見解を明らかにし、台湾からの日本軍の即時撤退を要求した。

政府は交渉決裂に備えて戦備を整え始めた。開戦の暁には西郷・板垣・木戸を政府に復帰させ、挙国一致体制を整えることも申し合わされた（七月、三条・岩倉「宣戦発令順序条目」）。太政官政府は、大元帥たる天皇自ら「六師〔全軍〕を統率」し大阪に本営を置く、という本格的な外征体制の構築を決定した。戦端を開く場合には、先鋒大総督を長崎に進め、陸海軍大参謀の画策によって戦略を定めるが、その枢軸は内閣と協議すべきこと、あらかじめ「進軍大条目」を決定し、陸海軍大参謀に示しておくこと、といった基本方針が決定された。陸軍に燻る不満に配慮して、「廟議における陸海軍の役割が明確化」されたのである（『明治軍事史』上、一六四〜一六五頁、大江前掲書一七九〜一八〇頁）。

大久保による危機の収拾

清国との緊張が高まるや、国内世論は俄然沸騰した。「上下皆開戦の近からんことを想ひ、争うて国難に殉ぜんことを請ひ、或いは金穀を献ぜんことを請ひ、闔国〔全国〕の意気大に振」るった（『明治天皇紀』3、三一二頁）。

大清帝国相手の一戦と聞いて、「生蕃」相手の戦いには気乗り薄だった全国の多くの士族も奮い立った。高知県士族は、立志社総代林有造の名で高知県令に「寸志兵編制願」を提出した（八月一五日）。自ら義勇兵となって国難に赴こうというのである（『自由党史』上、一五一～一五二頁）。この後、自由民権運動の高揚のなかで自由党土佐派を中心に義勇兵論が唱えられるようになるが、寸志兵構想はその最も早い例の一つである。

木戸や三条はこうした世情を深く憂慮していた。清国との間に和議が成立したとしても、「内地之野蕃驕敖」（士族の主戦論のこと）では、国家前途の目的は立たない（一八七四年九月二〇日付伊藤博文宛木戸孝允書翰、『伊藤博文関係文書』4、二四八頁）、台湾出兵は深刻な〝封建反動〟をもたらしつつある、もし、対清戦争に勝利でもしたら「驕兵」の勢いは止まるところなく、維新の大業も水泡に帰するだろう（三条談、『明治天皇紀』3、三二〇～三二二頁）。

周知のように、開戦は全権を帯びて北京に赴いた大久保の瀬戸際外交によって辛うじて回避された（八月一日、遣使決定。一〇月一〇日、最後通牒手交）。清国政府は日本の出兵を「義挙」と認め、「日本国属民等」に撫恤金を支払うことに合意した。蕃地や琉球の帰属問題が議論されることはなかったが、大久保は義挙の認定や撫恤金の支払いによって、琉球処分に向けて一歩を進めることができると考え、交渉を妥結させたのである（勝田前掲書一一一～一二八頁）。

もし、この時開戦していたら、日本軍は相当な苦戦を強いられただろう。現に西郷都督などは、遠征軍の全滅も覚悟していた（『西郷都督と樺山総督』二〇頁）。「明治七年の日清戦争」が日本の敗北に終わり、それが清国による琉球処分に帰結した可能性は高い。

挙国一致体制の成立——大阪会議

一八七四年一一月二七日、明治天皇は太政官代に臨幸し、大臣・参議・宮内卿らとともに帰国した大久保を出迎え、勅語を下賜してその功績を讃えた。大久保の政治的権威は、北京での談判成功によって完全に回復した。

台湾出兵の惨憺たる有様は、正院派が期した政治的士族軍に依拠する陸軍建設の限界を明らかにした。大久保もまた士族軍の欠陥を認め、徴兵制軍隊の建設に大きく舵を切った。山県との関係修復の機は熟した。

すでに山県は陸軍卿に復任した上で（七四年六月三〇日）、陸軍卿への権限移譲を政府が公然と表明することを待って、参議兼任を承諾していた（八月二日、正式な官制改正は翌七五年の「陸軍省職制及事務章程」）。八月二日、伊藤博文も内務卿代理に就任した。ここに大久保内務卿による兵権壟断の時代は終わりを告げ、大久保の北京での交渉をバックアップする政治態勢が出来上がった。木戸の政権復帰や板垣との提携も（七五年一〜二月、大阪会議）、こうした動きの延長線上に位置付けられよう。

大阪会議では左右両院の廃止と元老院（上院）の設置、地方官会議（下院）の開設など議会開設準備のための諸施策が講じられている。対外的危機は挙国一致の気運を促し、その結果一定の政治改革が進展したのである。

注目すべきは、元老院の議官に陸軍から鳥尾小弥太、三浦梧楼、津田出の三人（いずれも少将）が選ばれていることである（『明治天皇紀』3、四二六頁）。議官には勝海舟を筆頭に、加藤弘之、後藤象二郎、由利公正、陸奥宗光といった錚々たる面々が顔を揃えていたが、一三人の議官の内三人が陸軍少将で占められていたという事実は、長州閥陸軍の意向を立法過程に反映させるべきだとの大久保らの配慮の現れであろう。

専門的官僚制が成立する以前においては、生粋の陸軍軍人が立法行為に公然と関与していたのである。そして、元老院が開かれるや、元老院と地方官会議を立法機関として実質化しようとする板垣の意を受けた陸奥と、それに反対して漸進論を堅持していた木戸の代理としての鳥尾が一時激論を交わすことになる（『自由党史』上、一七六～一七七頁）。

士族社会の雰囲気も一変していた。台湾出兵の失敗は、彼らに外征の困難さを教えた。軽佻（けいちょう）な外征論はいったん影を潜めた。翌一八七五年の江華島（こうかとう）事件に際して、征韓論が盛り上がらなかったのはこうした事情によるところも大きい。

江華島事件と陸軍

台湾問題が終熄し、樺太問題に決着が付けられると（一八七五年五月、千島・樺太交換条約）、人々の外交的関心は自ずと朝鮮との修好問題に移っていった。台湾出兵の「余威」による日朝交渉の進展に人々は期待をかけていた（七五年四月、岩倉具視「外交の機務に就き上奏」、『明治天皇紀』3、四三九頁）。

ところが、朝鮮側の反日的態度には衰える気配はなく、かえって両国正規軍同士の軍事衝突が勃発した。江華島事件である（高橋秀直「江華条約と明治政府」）。

九月二〇日、漢城（ハンソン）（現ソウル）への入り口、漢江（ハンガン）下流の軍事的要衝たる江華島に接近した日本軍艦が守備兵と砲火を交えた。正規軍同士が交戦したのだから、激烈な征韓論が政府内外で噴出しても不思議ではない。ところが、かつて征韓を唱えていた板垣は外征よりも機構改革を優先すべきだと政府に迫り、参議・省卿の分離を主張して止まなかった。[4]三条はこれに対して、参議・省卿の兼任制は有事にこそ威力を発揮するとして、板垣の意見を斥けた。

板垣は鹿児島県士族の暴発を気にしていたが、肝腎の西郷隆盛はいたって冷静だった。彼は腹心の大山綱良に対して「朝鮮は五百年来の交誼ある国なれば、仮令彼発砲に及ぶとも一往は談判を試みて其の意旨を糺すべき」であったと漏らしている。たしかに陸軍は出兵準備を進めていた。だがそれは国内世論に押されたからではなく、朝鮮側のさらなる攘夷主義的対応に備えるためであった。士族の動員は当然のことながら慎重に避けられていた。ちなみに、この時の作戦準備全般は山県陸軍卿の主導の下に行われている。陸軍省はその専門能力を外部に認めさせつつあったのであり、官僚組織化への道は着実に進められていた（大江前掲書一九一～一九二頁）。

この時、国交回復交渉のため朝鮮に派遣されたのは、正使の黒田清隆と副使の井上馨である。黒田が派遣されたのは、井上と同じく避戦論者であり、士族の動員にも反対してい

4　板垣は参議が省務に追われ、国家の最高意思決定がなおざりになることを危惧していたが、その背景には元老院の立法機能の不備に対する不満が存在していた（『明治天皇紀』3、四六三～四六四頁）。

たからであった。「黒田も古の黒田」ではないとは、井上の当時の言である（一八七六年一月一六日付伊藤博文宛井上馨書翰、『伊藤博文関係文書』1、一四四頁）。

朝鮮に対する砲艦外交は対外戦争を引き起こすためのものではなく、軍事的威圧の下に交渉を早期に妥結させることを目的としていた。今般、政府使節を朝鮮に派遣した趣旨は「和平を主とする」にある（一八七五年一二月一三日付伊藤博文宛大久保利通書翰、『伊藤博文関係文書』3、二三三頁）。大久保は交渉意図をこう説明している。

清国の朝鮮への裏面工作もあって日朝交渉は比較的順調に進展し、一八七六年二月、日朝修好条規が成立した。周知のように、これは日本の領事裁判権や関税免除を認めさせた不平等条約であった。とはいえ、朝鮮が万国公法の枠組みのなかで「自主ノ邦」として位置付けられた意義も大きい。これによって記紀神話的イデオロギーによる朝鮮属国論もまたその存立基盤を失い、征韓論の論拠の過半は無効化されてしまったのである（月脚達彦『福沢諭吉の朝鮮』七五頁）。

外征から内乱へ――征韓論の鎮静化

それにしても、なぜ彼らは「征韓」に消極的になったのか。

第一に、征韓は朝鮮との戦争を意味するが、それは折角回避できた対清戦争を再び引き寄せてしまうリスクがきわめて高い。「軽挙積弊を除かんとせば、遂に清国に関係し不測の変を生ぜん」（前掲岩倉「外交の機務に就き上奏」、『明治天皇紀』3、四四〇頁）との危機感が広汎に存在していたのである。

第二に、台湾出兵の失敗は鹿児島県士族の外征エネルギーを消散させていた。外交よりも機構改革の方が重要である。この時、人々の関心は徐々に内政問題へと移っていった。

第三に、権力構造が変化していた。明治六年政変時、太政官政府には西郷という不平士族の強力な代弁者が存在していた。より正確にいえば、不平士族が西郷という存在を自らの「利益代表部」と見なしていたと言うべきだろう。彼らは外征で勲功を挙げればそれが政府によって認められ、何らかの政治的恩賞に与（あずか）れるはずだという期待を抱いていた。

だが、西郷は下野し、大久保も内治優先という立場を明確にしていた。板垣は自己の献策が容れられなかったことに不満を募らせ、再び参議を辞任していた（七五年一〇月）。正院内閣にはもはや不平士族の代弁者は存在しなかった。大久保政権はすでに、陸軍省「壮兵（そうへい）」（士族出身の志願兵）の逐次除隊方針を公にしていた（同年二月）。正規軍への道が閉ざされてしまっては、外征で勲功を挙げても意味はない。

外征ルートを塞がれた不平士族のエネルギーは国内で暴発しようとしていた。まず、反乱を起こしたのは熊本の神風連（しんぷうれん）であった。これは士族思想集団による原理主義的武装蜂起であったが、鎮台参謀児玉源太郎の活躍などによりわずか一晩で鎮圧された（七六年一〇月、神風連の乱）。

不穏な空気が日本全国に漲っていた。神風連の乱に呼応すべく、福岡や山口の一部の士族も決起した（秋月の乱、萩の乱）。だが規模も小さく、相互の連携も不十分だったので、それらは比較的容易に熊本・広島両鎮台によって鎮定されている。

問題は鹿児島県士族の動向である。もし西郷が立ち上がれば、北は津軽・庄内から南は高知・熊本にいたるまで、全国の不平士族は風を望んで蜂起するだろう。そうすれば全国的な内乱が勃発するかもしれない（二月一二日付山県陸軍卿「戦略上奏」、『明治天皇紀』4、六〇頁）。山県はそう危惧した。

一八七七年二月一五日、恐れていたことが現実となった。西郷は決起し、薩軍は鹿児島城下を出陣した。近代日本史上最大の内乱、西南戦争の始まりである。

西南戦争と陸軍

神風連に始まる一連の小規模叛乱では、陸軍省が作戦を立て廟議に諮るという意思決定ルートはほぼ円滑に機能しており、陸軍は内乱鎮圧の主役を担っていた（大江前掲書一九四〜一九九頁）。だが、九州の過半が戦場となった西南戦争ではそうはいかなかった。統帥システムが内戦の強度や規模に対応できず、戦争指導はしばしば混乱・紛糾した。

当時の鹿児島県は西郷ら私学校党の支配下に置かれており、事実上の半独立国状態であった。西郷は私学校をよく統制していたが、それは裏を返せば政府側の薩摩系将官との溝が深まっていたということでもある。現に西郷の決起が明らかになってからも、薩摩系有力将官のなかから西郷側に寝返ったものは出ていない。陸軍内部の混乱は収拾されていたといってよい。

明治天皇は京都に行在所（あんざいしょ）を設けたが、太政官の平時の業務は東京に残されていた。西郷軍征討のために有栖川宮熾仁親王（ありすがわのみやたるひと）が征討総督に任命され、山県陸軍卿と川村純義（かわむらすみよし）海軍卿がそれぞれ征討参軍を兼任した。陸軍卿代理には西郷従道が就任し、参謀局長の鳥尾小弥太が行在所の「所属軍人取扱」を拝命している。

鳥尾はこの後、大阪に進出した陸軍参謀部（後に陸軍事務所と改称）で「征討陸軍事務」を管轄するようになるが、この機関は現地軍司令部たる征討総督本営（博多～高瀬などを移動）と陸軍省との間のさまざまな事務手続き――諸兵の進退、軍資の経理、器械弾薬の製造購求など――に細大となく関わっていた。それどころか、天皇は鳥尾を戦地巡視のため現地に遣わしているのである（『明治軍事史』上、二七三～二七六頁、伊藤之雄『山県有朋』一五六頁）。

征討軍の軍事指揮権は有栖川宮が掌握し、それを参軍の山県と川村が補佐する建前になっていたが、実際には行在所に詰めていた大久保や伊藤が用兵の枢機を握っており、戦線が膠着すると山田顕義司法大輔や黒田清隆開拓使長官といった他省使の陸軍軍人（山田は少将、黒田は中将）も、野戦部隊の指揮官に任命され実戦に参加するようになった（伊藤前掲書二三九頁、大江前掲書一九九～二〇〇頁）。戦争の長期化・広域化に伴って、戦争指導もまた混迷の度を深めていったのである。

巡査部隊の投入——武官権威の動揺

西郷軍は陸路北上して熊本城を囲んだ（二月下旬）。薩将桐野利秋は一気に落城させるつもりでいたが、谷干城鎮台司令官率いる城兵の守備は固く、西郷はほどなくして熊本城攻囲に一隊を残し、主力を北上させ小倉から下関に突出する作戦をとった。

熊本城解囲をめざして南下する政府軍と西郷軍は熊本北方の植木・田原坂で激突した。この時、薩軍の白兵抜刀突撃が猛威を振るったことはよく知られている。だが、田原坂の堅塁を抜かなければ熊本への道は開けない。武士には武士で当たるしかない。山県は内務省警視局の巡査部隊を抜刀隊に編成して田原坂に送り込んだ。いわゆる「徴募巡査」である。

これは徴兵制軍隊の建前を突き崩しかねない措置であり、木戸をはじめとして反対論も根強かった。しかし、背に腹は代えられない。抜刀隊には多くの旧会津藩士も志願していたが、「戊辰の復仇（ふっきゅう）」に燃える彼らの士気はきわめて高く、その奮戦もあって政府軍は田原坂の堅塁を抜いた（三月二〇日）。

すでに警察は即戦力可能な士族を組織的に吸収しており、徴兵制軍隊と「士族の警察」との間には微妙な緊張関係が生じていた。黒田清隆率いる別働第二旅団（警視隊）の活躍や川路利良（かわじとしよし）大警視の陸軍少将兼任は、山県を頂点とする陸軍武官の権威を揺るがした（鈴木前掲論文二二〇～二二二頁）。「藩閥政府の爪牙（そうが）たる巡査」が「陛下の軍隊」の一翼を担っているという事実は、国軍に対する民権派の不信感をいっそう強めた。

とはいえ、士族の戦闘能力や士気もさまざまであり、徴募巡査による新撰旅団の編成（六～七月、管轄は陸軍省）に際しては、旧藩主との情誼を利用した半強制的な徴募が行われた。その結果、出征拒否や市中での乱暴狼藉、野営演習中の命令不服従といった不祥事件が続発した（大日方純夫『日本近代国家の成立と警察』二二〇～二二八頁）。台湾出兵時に見られたような、士族特有の軍紀・軍律の欠如が再び露呈されたのである。西南戦争での警視隊の活躍にもかかわらず、徴兵制軍隊の原則が揺るがなかったのはそのためであった。

統帥の混乱と参謀局の迷走

田原坂を突破した政府軍は、熊本城の囲みを解くべく急速に南下した。この間、別働第二旅団によって背面軍が編成され、新たに参軍に任命された黒田清隆が指揮を執り、同軍は熊本南方の日奈久(ひなぐ)付近に上陸した(三月一八〜二二日)。熊本方面の西郷軍主力を南北から挟み撃ちにする作戦である。

この時、統帥上の一大トラブルが起こった。黒田は熊本北方に布陣していた山県に、隷下(れいか)の兵力の一部を割いて南方に送るよう要請した。だが、山県はそれを断った。兵力不足は当方も同じであり、余剰兵力など存在しないというのである(伊藤前掲書一五〇〜一五二頁)。

黒田と山県の対立は行在所の大久保や伊藤をも巻き込む事態となった。行在所は統帥機関ではないのでこの種の命令は参謀局長経由で出さねばならない。伊藤らはそう考えた。ところが、肝腎の鳥尾は前線に出向いており、なかなか捕まらない。一方、黒田に言わせれば、そうした命令は本来有栖川宮征討総督だけが発することのできるものであった。結局、攻撃はそのまま続行され、四月一四日、黒田は熊本城に入城した(四月一三日付伊藤博文宛大久保利通書翰、『大久保利通文書』8、一三七〜一三九頁。四月一三日付三条実美・大久保利通宛黒田清隆書翰、同月一四日付大久保利通宛川村純義書翰、同右一四三・一四七頁)。

以上は統帥の混乱の一例にすぎない。こうした事例は程度の差こそあれ他にも数多存在していただろう。西南戦争の規模や強度（地理的広がりや投入兵力の多寡、電信などの情報手段の重要性）はそれ以前の士族叛乱とはスケールが異なっており、新たな統帥システムの制度設計は急務であった。とりわけ、参謀局の純軍令機関化は喫緊の課題であった。参謀局が兵站などの軍政部門をも請け負い、しかも、その長たる参謀局長が観戦武官さながらに戦場を転々としているようでは軍の統帥は確保できない。翌一八七八年、参謀本部は陸軍省から完全に自立するが、独立した軍令機関設置への道筋はこの事件をきっかけに山県らの胸中に固まってきたように思われる。

ちなみに、西南戦争での鳥尾の「縁の下の力持ち」的役割は特筆に値する。だが、鳥尾はそれに見合うだけの論功行賞を受けなかったと感じて、以後山県と急速に疎遠になっていく（伊藤前掲書一七四～一七五、一八二頁）。

黒田率いる別働旅団に背後を突かれた薩軍は一斉に退却を開始した。政府軍は熊本城を守り抜いた。以後、人吉や宮崎でも西郷軍は奮戦したが、近代的な火力と最新式の通信装備を擁する政府軍は終始有利に戦いを進めた。一八七七年九月、鹿児島城下の城山で西郷軍の残存部分は壊滅し、西郷も自刃を遂げた。

歴史的転機としての西南戦争

西南戦争の勃発は、明治新政府が戊辰戦争の「復員」業務に失敗したことを示している。社会を戦時状態から平時状態へと軟着陸させることは至難の業であり、第二次世界大戦後のアメリカを数少ない例外として（室山義正『アメリカ経済財政史』第二章）、大抵の国々ではそれは非常に深刻な社会不安や軋轢を引き起こしている。

とりわけ、内戦と体制転換が同時に進行した場合、復員兵の社会的受け皿を準備することはきわめて困難であり、その社会的混乱は長期にわたって体制を押し揺るがす。たとえば第一次世界大戦後のドイツでは、膨大な復員兵は「労兵評議会（レーテ）」運動を経て、義勇軍（フライコール）や左右両翼の軍事組織に流れ込み、ヴァイマル共和国はついにこういった諸組織を培養基として形成された暴力的政治風土を克服できなかった。

戊辰戦争後の日本もまた、この復員兵問題に直面していた。既存の政治経済システムはすでに混乱状態に陥っていたが、今や「文明国」標準によるそれらの全面的な刷新と再構築が急務となっていた。政治的士族軍の解体を進めながら、それと同時並行的に近代的国民軍とそれを支えるさまざまなシステム（戸籍制度や租税制度、行政制度等々）を作り上げるという、まるで手品のような大改革を明治の日本は行わねばならなかった。そう考えるならば、西南戦争が全国規模の内乱に発展しなかったことは明治国家にとってはまことに僥倖であった。

もっとも、不平士族のエネルギーがこの戦争で消散され、武力よりも言論による変革の時代が始まった、とするのはいささか早計に過ぎる。すでに民撰議院設立建白で種をまかれ、高知立志社の結成によって産声を上げていた自由民権運動は今まさに勃興期を迎えようとしていた。だが、この運動の中軸を担った土佐派＝自由党のなかには、武力行使への衝動が脈々と受け継がれていた。

立志社の徴兵制理解

山口・佐賀・鹿児島では、不平士族は暴発することで自ら滅びの道を歩んだ。ところが、高知では士族集団の大分裂＝内戦は回避され、その勢力は温存された。一八七四年四月、彼らは民権政社の嚆矢ともいうべき立志社を発足させた。

鹿児島の私学校と高知の立志社とはその士族中心の組織のあり方といい、士族の相互扶助を目的としている点といい、そして何よりも武道の錬成を重視している点において実は非常に似通っていた。片岡健吉ら幹部連も多くは元軍人であり、明治六年政変で板垣が下野するや、彼らはともに官途を辞して郷里に戻ってきたのであった（松沢裕作『自由民権運動』五一～五六頁）。

ここで注目すべきは、「潜在的な軍隊」（松沢前掲書六八頁）としての立志社が唱えていた徴兵制時期尚早論である。

立志社は徴兵制を否定していたのではない。それどころか、徴兵制は「立憲政体」の下でこそ真価を発揮できる「血税の良制」であり、専制政治とはまったく相容れない民主的システムだと理解されていた。西南戦争の最中に出された「立志社建白」（一八七七年六月）は、立憲国家では政府と人民とが協力して国是を定め、治安を保っているのであり、租税を負担して徴兵の義務を担う者だけが、「人民自治の精神」を涵養できるのだと謳い上げていた。

自由党土佐派――徴兵制軍隊に対する原理的敵対者

「専制政治」はもとより民主的システムたる徴兵制とは相容れない。徴兵制は「立憲政体」に相応しいシステムなのである。民権派が明治新政府を「専制政府」と見なしている限り、民権運動は反常備軍的思想、義勇兵構想をその内部で再生産し続けることになる。そして、義勇兵であるがゆえに、彼らは対外危機や士族反乱に鋭敏に反応する。

一八七四年、高知県士族は「寸志兵」を編成して台湾出兵に参加しようとしていた。西南戦争が勃発すると全国の士族、とりわけ高知県士族の動揺ははなはだしく、板垣は急遽高知に戻って事態の収拾を図った。その際試みられたのが「護郷兵」の編成である。板垣の真意は不明であるが、こうでもしなければ暴発リスクは避けられなかったのかもしれない。

護郷兵構想は林有造らの武装蜂起計画が発覚したことで頓挫するが（七七年八月、高知の大獄）、その後も徴兵制反対＝人民武装構想は自由党系政治勢力の中に脈々と受け継がれていく。なぜなら、この大獄によって同県士族は潰滅を免れ、その勢力はかえって温存されたからである。そして、彼らの鬱勃たるエネルギーは自由民権運動に流れ込み、立志社とその政党組織たる自由党（一八八一年結党）に「武」への執着を刻印した。自由党は強力な壮士集団を養って、官憲、特に警察との衝突に備えた。対外的危機に際しては、義勇兵を組織して自ら「国難」に殉じようとした。自由党土佐派は、徴兵制軍隊に対する原理的敵対者としての性格をその後も長く持ち続けることになる。

それでは日本陸軍と自由党との潜在的対立関係はその後いかに展開し、いかに克服されていったのだろうか。

第二章　政党と軍隊
——自由民権運動と士族

板垣退助

大隈重信

大久保没後の陸軍

一八七八（明治一一）年五月一四日、参議兼内務卿大久保利通は太政官への出仕途上、麹町紀尾井坂下清水谷で石川県士族島田一郎らによって襲撃・暗殺された。この事件は私学校党の壊滅と相俟って、明治政府での薩派の権力的位置に大きな打撃をあたえた。大久保の不在によって、明治一四年政変で伊藤博文の政治的主導権が確立するまで、太政官政府はしばしば動揺・迷走を余儀なくされた。

とはいえ、西郷隆盛抜きの陸軍運営はすでに常態化しており、太政官時代（～八五年）の陸軍主要ポストは薩長両藩出身者によってバランスよく分掌されていた。特に山県有朋と大山巌・西郷従道はこの時期阿吽の呼吸で徴兵制軍隊の建設を進めていた。

薩長には士族に分配可能な権力的資源、役職や利権があった。典型的な事例を挙げれば、鹿児島県士族にとっては東京警視庁をはじめとする警察機構がその有力なリクルート先となった。陸海軍の将校団もまた、薩長士族の受け皿となったことは言うまでもない。

陸軍の組織的整備が急速に進んだのもこの時期であった。参謀本部が独立した軍令機関として設置され、鎮台は師団へと改編され、国土防衛体制が強化された。また、西南戦争で膨れ上がった徴募巡査は憲兵に再編され、徴兵制軍隊の建前は辛うじて守られた（一八八一年三月、憲兵条例)。

憲兵隊の設置は陸軍と警察との緊張関係を緩和させた。西南戦争の敗北を受けて、不平士族の多くは民権運動に流れ込んでいったが、民権派壮士の武闘路線に対峙したのはもっぱら警察であり、陸軍の対内的武力行使は必要最小限に抑えられた。天皇の軍隊は藩閥政府の「走狗(そうく)」などではない、との建前を維持するためにも警察権力の充実・活用は喫緊の課題であった。ちなみに、東京に警視庁が再設置されたのもこの年(一八八一年一月)である。

近衛砲兵大隊の反乱——竹橋事件

一八七八年八月二三日午後一一時、皇居の東北、竹橋(たけばし)に駐屯していた近衛砲兵大隊の兵卒二六〇名余が突如反乱を起こした。彼らは大隊長を殺害して、大蔵卿大隈重信の邸宅に向けて発砲し、天皇に直訴すべく山砲二門を擁して赤坂仮皇居に向かった。だが、近衛歩兵連隊に阻止され、若干の小競り合いの後、多くは皇居の門前で捕縛された。

政府は近衛砲兵大隊の不穏な動きを事前に察知しており、陸軍省・内務省警視局に命じて皇居の守備を固めていた。歩兵連隊に内応者がいたため多少の混乱はあったものの、翌朝午前四時には反乱は全く鎮定された。これを竹橋事件という。

事件は陸軍裁判所で裁かれ、一〇月一四日、五三人が死刑に処せられた。翌年六月三〇日までに、将校一三人、下士四六人、兵卒三三五人、合計三九四人の処分（官位剝奪、自裁、死刑、徒刑など）が完了した。

もともと、近衛砲兵大隊は鹿児島・高知の壮兵で編制された部隊で、旧藩の気風を濃厚に引きずっており、徴兵もまたその弊風に感染して軍紀は乱れがちであった。そして、西南戦争での活躍が彼らをして、「傲慢・偏執、規律を重んぜざるの風」をいっそう強からしめた。

当時、西南戦争にともなう物価騰貴は国家財政を大きく圧迫しており、政府は経費節減を余儀なくされていた。陸軍では兵卒の被服や糧食、そして給与までもが削減の対象となった。しかも、西南戦争の論功行賞は将校には厚く、下士・兵卒には行われなかった。これが暴発の直接的原因となった。

それにしても、「帝都」の心臓部に駐屯し、皇居を警衛すべき近衛部隊が反乱を起こすとは、陸軍の権威を根底から揺るがす一大事である。九月一二日、山県は「精神の安静を要する」との理由から四週間の転地療養に入り、この間、参議兼文部卿西郷従道が陸軍卿を兼任することになった。

軍人訓誡の頒布

一八七八年一〇月一二日、山県の復任とともに彼の起草した「軍人訓誡」が全陸軍に頒布された（『山県有朋意見書』七五〜八三頁）。竹橋事件に衝撃を受けた山県は、軍人の内面的規律の確立こそ喫緊の課題であると考え、「忠実、勇敢、服従」という軍人精神の三要素を抽出し、それらを維持し、実践に移す場合の心得を示そうとした。

軍人訓誡は草創期陸軍の雰囲気を知ることのできる恰好の材料である。そこに通底しているのは、近世的な身分秩序意識、つまり「士農工商」や家臣団意識などを引きずっている将校や下士官・兵にいかにして近代軍の構成員としての行動準則、すなわち、軍紀・軍律を守らせるかということであった。

そこには、平民への丁寧な対応や警察官との「和諧」、帯刀の心得など、兵営内外での注意事項が細々と列挙されているが、とりわけ、「時事ニ慷慨シ民権ナドト唱へ……武官ニシテ処士ノ横議ト書生ノ狂態トヲ擬シ」てはならないこと、政治的活動や徒党の禁止が説かれていることは、竹橋事件の衝撃の大きさをまざまざと物語っている。

当時の陸軍では士官を中心とする「処士横議」の気風、すなわち、官に就いていることを弁えない、勝手気ままな政治談議好みの弊風が盛んであった。山県らは陸軍の政治不関与を標榜していたが、不平士族や民権派、さらには軍内不平分子から見ればそれはたんなる建前にすぎなかった。藩閥指導部は「玉」(天皇)を我が物にして、自らの政治的支配を正当化している。それならば、こちらも天皇に自らの真意を説明し、彼らから天皇を奪い返さねばならない。そうした雰囲気は後に谷干城ら四将軍派の形成を促すことになる。

果たして、「天皇の軍隊」は実質化できているのか。竹橋事件の勃発は山県の確信を揺るがした。軍人訓誡はその冒頭で、「軍人たるもの、天皇の御事に関しては、たとえそれが御容貌などの些事であっても話題にしてはならない」(現代語訳)と説いていたが、それは、天皇に対する士卒の「恭敬の念」に対する山県ら軍首脳部の確信が揺らいでいたことの現れであった。軍制・軍事行政ともに整備されていれば、兵士の規律等も自ずと調っていたはずである(一八七五年八月二五日付木戸孝允宛桂太郎書翰、『木戸孝允関係文書』3、六二一〜六三頁)。そう考えた陸軍首脳部は制度改革を加速化させていく。

陸軍の組織整備

一八七八年一二月五日、陸軍省から独立した天皇直隷の軍令機関として参謀本部が設けられ、参謀本部長は「天皇帷幄の機務に参画し、主として対内及び対外作戦準備を司る」とされた。参謀本部には管東・管西の二局が設置され、それぞれ東日本と西日本の地理政誌を研究し、各監軍部(後述)と連携して有事の日に備えることになった。同月一三日には新たに監軍本部の制が定められた。全国に東部・中部・西部の三つの監軍部長が置かれ（監軍本部長という職位はない）、各監軍部長は天皇に直属して、所轄軍管の検閲・軍令（軍事命令全般）を管轄するとされた。

陸軍首脳機関はここにその制を一新し、有事の際の監軍部長—鎮台司令長官という指揮命令系統が確立された。ちなみに、初代参謀本部長には山県有朋（長州）、参謀本部次長には大山巌（薩摩）が任命され、陸軍卿には西郷従道（薩摩）が山県の後を襲った。各監軍部長には、谷干城（土佐）、野津鎮雄（薩摩）、三浦梧楼（長州）が任じられた（『明治軍事史』上、三八二〜三八八頁）。

監軍部長とは聞きなれない言葉だが、これはいわば地方軍司令官であって、有事には各監軍部長は管下の二個鎮台を合わせて「師団」を編成し、敵軍に当たることになった。

広汎な免役規定や予算不足のため鎮台の整備は遅れており、全国六鎮台中（仙台、東京、名古屋、大阪、広島、熊本）、定数の三個歩兵聯隊を備えていたのは東京・大阪の二鎮台のみであり、歩兵・騎兵・砲兵・工兵という必要兵種を満遍なく揃えていたのは東京鎮台だけであった。そこで二個鎮台を統合して適正サイズにした上で、各監軍部長が指揮を執るという苦肉の策が採られたのである。

後に陸軍の整備が進んで、鎮台を戦略単位（＝一個師団）と見なせるようになると、過渡的措置としての監軍制度は廃止される（一八八六年）。そして、一八八八年には鎮台に代わって師団制度が全面的に導入されたのである（師団司令部条例）。日本陸軍は一貫して鎮台の充実＝戦略単位化を追求しており、その目的は内乱鎮定などの国内治安体制整備にあった。鎮台から師団への制度改編はそれに一定の目途が立ったことの証であり、「大陸侵攻作戦を目的とした編成替え」などではない（この件は後述。原剛『明治期国土防衛史』一四九～一五五頁）。

参謀本部の独立

それにしても、参謀本部はなぜこの時期に設置されたのだろうか。参謀本部は後に肥大化し、いわゆる「統帥権（とうすいけん）の独立」（憲法第一一条「天皇ハ陸海軍ヲ統帥ス」）を楯に、内閣の統制に容易に従わない気勢を示すようになる。参謀本部の設置それ自体も往々にして、そうした政治史的な文脈で理解されてきた。

だが、それはやや結果論に過ぎる見方であろう。既述のごとく、参謀本部の整備・独立は西南戦争時の統帥の混乱、とりわけ参謀局の迷走に由来するものであった（一八七八年一〇月八日付山県有朋「陸軍参謀局皇張之儀上申」、『明治軍事史』上、三八三～三八四頁。伊藤之雄『山県有朋』一七六～一七九頁）。まずは軍政（ミリタリー・アドミニストレーション、軍事行政）と軍令

(ミリタリー・コマンド)との区別を明確化し、軍令機関を陸軍省から完全に独立させねばならない。伊藤や山県は、近代的陸軍の活動が軍政と軍令に分かたれることは十分理解しており、西南戦争時の統帥の混乱は軍令機関の整備の遅れによると考えていたのである。

明治維新以来、藩閥政府はまったく新しい軍事システム、徴兵制度の導入に取り組んでいたが、徴兵制度は戸籍の整備や地方行政制度、租税徴収システムなどと同時並行的に整備されねばならず、政府はそれに多大の人的資源を投入していた。軍政機関たる陸軍省の規模拡大が先行したのはごく自然な成り行きであった。

しかるに、欧州文明国、特にドイツの参謀本部は規模も大きく、長官たる参謀総長の権力は陸軍卿にほぼ等しい。とにもかくにも参謀本部を陸軍省から独立させ、それ相応の予算を配分し、陸軍省に拮抗する存在にしなければならない(前掲「陸軍参謀局皇張之儀上申」)。そんな一種の強迫観念に、西南戦争後の政府と陸軍は支配されていたのである。

桂太郎の卓見

ところが、こうした参謀本部拡張論に異を唱える軍人がいた。後に山県の懐刀となる桂太郎である。

長州藩上士の家に生まれた桂は幼くして藩侯毛利元徳の小姓を務め、維新後は木戸孝允の庇護の下、新生日本陸軍の青年士官として二度にわたってドイツに渡って、その軍事行政を学理と実地両面から学んでいた。日本の参謀本部はこの俊才桂太郎の献策によって作られたと言われている。だがそれは必ずしも正しくはない。

桂は軍隊の「暴力装置」としての本質をよく弁えた軍人であった。桂は言う。陸軍はもとより「政府人民を保護するの一器械」に過ぎず、平時には「殆(ほと)んど無用」の存在である。しかも、軍事行政が宜(よろ)しきを得なければ、軍隊はかえって「政府之害」となるであろう。

昭和期の皇軍イデオロギーに立てば、「反軍思想」とも決めつけられかねない、忌憚(きたん)のない指摘である。桂は軍隊の有する潜在的な危険性を指摘し、「政府に対して陸軍の何者」たるかという権力的位置づけを明らかにし、さらに巨大組織である軍隊を維持・運営するための軍事行政を整えなければならないと説く(前掲一八七五年八月二五日付木戸孝允宛桂太郎書翰)。軍隊という実力組織は軍事行政によって維持・管理されねばならない。また、そうすることによって初めて近代的軍隊たり得る。分かりやすく述べれば、下士官兵の「福利厚生」や給与の円滑な支払いなどは、軍隊の内部規律を維持するための最低ラインだということである。

軍事行政の重要性

桂はアドミニストレーション（行政）の重要性を看破し、「軍事行政」という考え方を日本に本格的に導入した軍人であった。まず、軍事行政や経理を十分に研究し、軍政機関＝陸軍省を優先的に整備すべきであり、軍令＝参謀事務などはその残存部分にすぎない。参謀本部を肥大化させれば、「唯軍人政治となりて、徒らに不経済なる事を為すに至る」であろう（『桂太郎自伝』九一頁）。

これは非常な卓見である。長州閥陸軍の寵児であったはずの桂が「軍人政治」の弊害に警鐘を鳴らしている。軍事の政治に対する優越を主張する思想を「軍国主義」と呼ぶならば、桂こそは権力内部の反軍国主義者であった。桂は大陸軍省＝小参謀本部を強く志向しており、それはフランス陸軍の軍事システムにより近寄ったものであった。

桂の意見は山県らとは大いに隔たりがあり、到底受け入れられるものではなかった。桂は「田を往くも畔を往くも同じ道理なり」と割り切って、参謀本部の設立に尽力し、山県参謀本部長の下で管西局長の要職に就く（前掲書九一頁、九四〜九五頁）。

この世渡りのうまさ、割り切りのよさが桂の桂たる所以であった。後に首相となった桂は、児玉源太郎と連携して政軍関係の整理を試み、最晩年には陸海軍大臣文官制を導入して、政党政治のコントロール下に軍を置こうとするが、その伏線は早くもこの頃から見え隠れしている。

琉球処分と日清関係

一八七九年三月、日本政府は琉球藩を廃絶して沖縄県を設置した。いわゆる「琉球処分」である。なぜ、この時期にそれは強行されたのか。その背景には、鹿児島の半独立政権の存在が大きく影を落としていた。

西南戦争の勃発は私学校党による琉球出兵、それによる対清開戦リスクを高めた。士族救済のための従来型の挙国的外征論ではなく、東京政府に反抗し鹿児島県の半独立状態を強化しようとする、きわめて特異な地域的「外征」論が西郷周辺で唱えられていたのである。

すでに一八七六年、熊本鎮台は分遣隊を那覇に派遣して琉球藩の廃藩に備えていたが、そこには私学校党の暴発に備えるという意図も含まれていた。現に西南戦争が起こるや、西郷派の鹿児島県令大山綱良は琉球分営を襲撃して、分遣隊の武器弾薬や「金穀」(現金の類)を略取しようとした。だが、それは東京政府の機敏な対応——海軍による海上封鎖——によって未然に阻止された。

西南戦争と琉球処分との間には密接な因果関係が存在する。鹿児島県に内務省の直轄県政を確立して初めて、その外延部にあたる琉球の「内地」編入が可能になったのである（小林『児玉源太郎』三六頁）。

当然清国は反発し、琉球処分の無効を唱えて日本に迫った。折から外遊中のアメリカ前大統領グラントは日清間の調停を試み、琉球諸島の分割による妥協を明治天皇に提案した（七九年八月）。そして、この線に沿って以後日清交渉は行われ、翌一八八〇年三月、政府は宮古・八重山（やえやま）諸島を清国に割譲することを決定し、一〇月には両国間で合意が成立したかに見えた。だが、その直後に清国政府は態度を硬化させ、結局、琉球問題は未解決のまま日清戦争を迎えることになる。

山県有朋の「革命的」強兵論

日清両国の対立が再び顕在化するなかで、一八八〇年一一月、山県参謀本部長は本土防衛の急を天皇に上奏した。有名な「隣邦兵備略（りんぽうへいびりゃく）」である（『山県有朋意見書』九一～九九頁）。山県はそこで、一国の軍備を「国民の自由」や「国民の権利」と関連付けて論じている。

兵を強くして初めて、国民の士気も旺盛となり、「国民の自由」や「国民の権利」も議論することができる。また、外国との対等な交際を保ち、貿易の利益を確保し……その富貴を守ることができる。「富国と強兵」の間には相互的な因果関係が存在する。山県はこう述べて、経済第一、軍事は末節にすぎないとの議論は、私利を重んじ公利を蔑ろにし、国民精神を退廃させ、ついには国を亡ぼすものであると断ずる。後年「保守反動の権化」と見なされた山県らしいといえばそれまでだが、注目すべきは、強兵あってこそ国民の自由や権利ははじめて保障されると彼が説いていることである。

徴兵制＝国民皆兵論は四民平等原則と表裏一体の関係にある。身分制秩序が打破されたからこそ、兵役の義務は国民全体によって担われねばならない。広汎な免役規定や代人料[1]の存在が物語っているように、国民皆兵原則はいまだ建前に止まっていた。しかしながら、士族の特権が自己否定され、彼らの武備独占が破られたことはやはり革命的な出来事であった。

山県が国民の自由や権利に言及しているということは、近代軍の創設＝徴兵制の導入それ自体がもっていた社会革命としてのインパクトの大きさを示している。徴兵制軍隊を自由や権利の守護者として位置付けている点においては、薩長藩閥政府の山県も人民武装論を唱える自由党土佐派も実は同一平面に立っていたのであった。

軍事的脅威としての清国

ところで、右意見書にいう「隣邦」とはもちろん清国のことである。山県は、長年の迷夢から醒めた清国は軍備の近代化を急速に進めており、東洋の覇権を握るどころか、世界強国化するかもしれないと考えていた。露清両国の覇権争いに日本や朝鮮が巻き込まれ、彼らの領土的分割の対象となることを恐れていたのである。〝その後の歴史〟を知る私たちは、アヘン戦争以降清国は衰退の一途をたどり、その行きつく先が日清戦争の敗北であったと捉えがちである。だが、同時代人山県の目に映った清国の姿は勃興する超大国のそれであった。

東京湾や大阪湾に堅固な要塞を築いても、関門海峡や津軽海峡が清国軍に押さえられ、海上交通が寸断されれば、九州や北海道は占領されたも同然である。壱岐、対馬などの島嶼部を占拠されただけでも、日本はその患いに堪えられないだろう（「隣邦兵備略」）。当時、日本本土の要塞整備計画はその緒に就いたばかりであり、東京湾を扼する観音崎砲台の築造ですらも、工事の途中で予算は尽きていた。本土防衛すら危ういのに外征作戦などできようはずもない。

一方、桂太郎参謀本部管西局長は、一気に北京を衝いて清国を屈服させる対清短期決戦

1　一八七三年の徴兵令では、「一家の主人たる者」や嗣子・養子、官吏、医科学生、官公立学校生徒などには免役が認められ、代人料二七〇円を納めれば兵役が免除されていた（加藤陽子『徴兵制と近代日本』四六～四七頁）。

計画を立案していた。所要兵力は約三万、陸軍は北京を、海軍は清国海軍の根拠地福州をそれぞれ攻略するというものであった。わずか二万の英仏連合軍が北京に侵攻して清国を屈服させたアロー戦争の記憶は、人々の脳裏にいまだ鮮やかであった。だが、山県はそれを斥けている。現今の清国はアロー戦争当時とは面目を一新しており、北京攻略作戦など机上の空論である。今は限られた予算をやり繰りして、常備兵力や要塞の整備を進めると同時に、諸条例・諸規則の制定による近代陸軍としての組織整備に注力しなければならない。

西南戦争という危機的状況は乗り切ったが、新興明治国家の眼前には台頭する清国の軍事的脅威が迫っていた。日本陸軍の使命は「国内治安重視から国土防衛重視」へとようやく転換されようとしていた（原前掲書六八～八〇、九五～九八頁）。

谷干城と四将軍派の形成

さてこの頃、山県ら藩閥主流派に対する反感もあってか、陸軍の高官もしばしば意見書や建議を起草して、それを政府要路に訴えている。谷干城の一連の建議などはその好例である。

発端になったのが、谷が長崎県令内海忠勝の更迭を求めた長崎梅ケ崎墓地改葬事件（一八八一年三月）である。台湾出兵時の戦病死者の遺骨を県当局が粗略に扱ったことに対する義憤から谷はこうした行動に出たのだが、彼自身は、武官が政府に迫って文官の進退を左右するようになっては、かえって国家の大害となると考えており、自ら政治に関与した責任をとって陸軍中将を辞職しようとした。だが、谷に対する明治天皇の信任はきわめて厚く、それはすぐに却下された（小林和幸『谷干城』一〇六〜一一四頁）。

谷の辞任が許されていれば、それが前例となって軍人の政治活動には歯止めが掛けられたかもしれない。しかし、却下によって流れは変わった。谷とその周辺は政治的に活性化した。彼らは四将軍の名で（谷、三浦梧楼、鳥尾小弥太、曾我祐準）で「国憲創立議会開設の建白」（一八八一年九月）を要路に提出し、佐佐木高行（元老院副議長）ら天皇親政論者と合流して、中正党を結成した。

「党」という文字は、「徒党」を組むの「党」である。谷は自らの政治性を十分に自覚し、それを前面に打ち出していたのである。しかも、その政治的ウィングは佐佐木らを通じて宮中にまで及ぼうとしていた。陸軍四将軍派には東久邇宮嘉彰親王（中将）を筆頭に、山地元治（高知）・奥保鞏（小倉）・堀江芳介（長州）ら少将グループ、さらには井田譲（大垣）・原田一道（岡山）・福原実（長州）ら元老院在官非職少将グループが結集しており、土佐系軍人グループや長州の反主流派もこれに加わっていた。彼らは藩閥批判勢力であったがゆえに出身地はバラバラであり、学理を重視する尉官級若手将校の組織化にも乗り出していた（大澤博明『近代日本の東アジア政策と軍事』一八～二二頁）。

明治天皇と陸軍

西南戦争をきっかけとして、明治天皇と藩閥主流派との間には微妙な隙間風が吹いていた。かつて、西郷隆盛が近衛都督として天皇に近侍していた頃（一八七二年八月～七三年一〇月）、両者の間には故事にいう「君臣水魚」の親しみがあり、周囲はそれに深い感銘を受けていた。だがその西郷は「賊魁」の汚名を蒙り、城山で非業の最期を遂げた。天皇の精神的喪失感は大きかった。彼は大元帥としての職務に不熱心になり、藩閥主流派、とりわけ軍人グループに対して冷淡な態度を示すようになった。

　これに危機感を抱いた大山巌と西郷従道は、宮中に新たに「侍中武官」を設置して天皇と軍との親密化を図るとともに、天皇が積極的に軍隊と関わることを懇願した（一八七九年五月）。具体的には、陸軍始・天長節飾帯式・東京附近における実地大操練等に臨御のこと、参謀本部長・陸軍卿・監軍部長等の軍幹部に時々謁を賜うこと、日を定めて近衛兵調練に臨御し軍事を講究されること等々である。

　儀式・典礼を軽んじてはならない。それは権力の所在を公示するものであり、軍幹部の拝謁も忠誠心の涵養や君臣間の円滑な意思疎通に直結する。侍中武官の設置は実現しなかったが、大山らの上書は天皇を動かし、天皇は再び軍隊と接触する頻度を高めた（坂本一登『伊藤博文と明治国家形成』三八〇～三八七頁）。だが、火種はなお燻っていた。

藩閥内対立の激化――海軍省廃止論

一八八一年二月、海軍省で紛議が起こった。榎本武揚（旧幕臣）の海軍卿就任に不満をもつ薩摩系将官が、新たに海軍参謀本部を設けて、その長官に前海軍卿で参議の川村純義（薩摩）を擁立し、海軍の実権を掌握しようとしたのである。

海軍参謀本部設置論はすでに前年から議論されており、山県・西郷両参議は、統帥の混乱を招くとしてそれに真っ向から反対するとともに、むしろ海軍省そのものを廃止して、よりコンパクトな「海軍本部」を天皇の下に設置すべきだと逆襲に転じた。海軍建設の模範国を英国からドイツに転換せよというのである（一八八〇年一二月、「海軍参謀本部不用論」、『山県有朋意見書』一〇〇～一〇二頁）。

こうした陸主海従論は意外な広がりを見せており、大木喬任（参議）なども海軍省そのものの廃止と陸軍省への合併を主張していた。事態は薩長の正面衝突の様相を呈し始めた。薩摩系将官は榎本海軍卿の更迭＝川村の復任という人事要求を突きつけたが、これに反発した伊藤や大隈は陸軍中将兼参議の山田顕義に海軍卿を兼任させようとした。陸軍軍人による海軍管理である。当然、薩摩系は猛反発し、榎本は更迭され川村が海軍卿に就任した（四月七日）。

この事件の背景には、大久保没後の太政官内閣で伊藤の発言力が増大したことに対する黒田清隆ら薩摩出身参議の反発があった。彼らはしばしば正院に出仕せず、内閣の意思決定には大きな支障が生じていた。川村が復任すれば、黒田らはそれに気をよくして出仕するようになるかもしれない。内閣の統治能力を高めるためには、伊藤は薩派軍人グループの協力を取り付けねばならなかった。

一方、佐佐木高行ら侍補グループは、事態を天皇親政という理想実現の好機として受け止めていた。しばらく待てば薩長の抗争によって内閣は機能不全に陥るだろう、その時こそ、「［陛下が］大権を掌握したまふべき好機」である。佐佐木はそう上奏して、天皇の背中を押した（『明治天皇紀』5、三一六～三一九頁）。宮中の制度化をめぐる権力闘争の幕が切って落とされようとしていたのである。

自由民権運動の勃興

この間、西南戦争にともなう米価の上昇は地主の租税負担を著しく軽減し、生活にゆとりの生じた彼ら地方豪農層は政治的権利の拡大に熱い視線を注いでいた。自由民権運動は運動の拡大期に入ろうとしていたのである。

一八七八年四月、立志社は愛国社再興のための全国遊説を開始し、九月には愛国社再興第一回大会が大阪で開催され、以後、愛国社は徐々に地方政社を糾合して国会開設運動を展開していく（一八八〇年四月、社名を国会期成同盟に変更）。一方、福沢諭吉ら交詢社グループは英国を範とする議院内閣制の導入を鼓吹してやまなかった

政府の側も議会制度の導入や憲法制定にむけて動き始めていた。議院内閣制の導入を論じて、伊藤や井上・大隈、そして福沢が大いに盛り上がったのは一八八一年一月のことであった（熱海会議）。すでに政府は各参議に立憲政体に関する意見書の提出を命じていたが、それに最初に答えたのは、意外にも参議兼参謀本部長の山県であった（一八七九年一二月「国会開設に関する建議」、『山県有朋意見書』、八三～八九頁）。

それでは、山県の建議はどのようなものだったろうか。そこには、彼の徴兵制理解と呼応する漸進的議会開設論が開陳されていた。

山県の漸進的国憲制定論

山県は言う。維新この方、政府の近代化政策は多大な成果を生み出してきたが、あまり

に急進的であったため変革は外観に止まり、そこから取り残された人々――零落した士族・豪農など――の政府に対する不満はかえって高まっている。それでは、民心を国家に繋ぎとめるには何が必要か。山県は喝破する。「民心をして政府に帰向せしむるは（中略）則ち国憲を確立するに在るのみ」と。

その場合、重要なのは行政、立法、司法の三権分立をいっそう厳正にし、「行政権をして他の二権を掣肘することなからしめ」ることである。山県は行政権の突出に警鐘を鳴らして、三権分立の徹底を求めているのである。したがって、立法機関の整備が急務となるが、民会の設置は国憲制定の頭脳を作るに等しいから慎重に進められねばならない。具体的には、全国の府県会議員のなかから「徳識ある者」を選抜して「特撰議会」を開き、まず、憲法の条件について議論を闘わさせ、あわせて立法に関する諸種の事柄をも審議させて、数年間の試行期間を経た後、頃合いを見計らって特撰議会を民会にすべきである。

特撰議会の召集・解散権は最初は政府が掌握し、議決事項も必ず行われるべき義務はない。特撰議会などたんなる諮問機関にすぎない、山県の意見をそう切って捨てることもできよう。だが、特撰議会には制度的進化という仕組みが導入されており、最終的には民会へと進歩・発展することが企図されていたのである。特撰議会での「オープンな」審議を通じて憲法もまた漸進的に形作られていく。そうすれば、国憲制定に関わることを通じて、政府の方針も自ずと定まり、民心も緩やかに安定していくだろう。山県のもくろみでは、急速な近代化の弊害は議会の漸進的成長とともに取り除かれていくのである。

徴兵制の民主化効果

西南戦争直後の山県は、議会制度の漸進的導入による憲法制定に楽観的であった。意見書の行間からは、治安維持に対する自信が滲み出ている。民権派の取り締まりには主に警察力を当てれば十分であるが、対症療法的な弾圧策よりも、漸進的な憲法政治の導入という根本療法によって民心の安定は可能となる。

大隈重信の急進論（後述）に比べれば、山県は明らかに漸進主義である。だが、オープンな国憲審議や民会への制度的発展を想定している点は、当時の藩閥政治家のなかでは出色であり、その柔軟な発想は特筆に値する。ちなみに、黒田清隆や山田顕義といった陸軍関係者の建議には特撰議会における憲法審議という発想はない。

なぜ、山県は「進歩的」たり得たのか。おそらくそれは徴兵制の導入と関係がある。徴兵制を導入して平民に兵役を課し、地租改正（一八七三年）によって直接国税を中央政府に納めさせたからには、国家はそれに見合うだけの対価を国民に支払う必要がある。国民の政治参加がそれである。だが、急躁な政治参加は政治の混乱を引き起こしかねない。まずは漸進的にことを進めねばならない。

徴兵制導入の先頭に立った山県は、国民に対する政治的反対給付の必要性を強く認識していた。はるか後年のことではあるが、山県は「自分は徴兵制度を主張したるときの趣旨より考ふればとて絶対に〔普通選挙に〕反対の出来ぬ様に云」い、政党政治家原敬(はらたかし)を驚かせている(『原敬日記』一九一九年一一月六日)。四民平等原則の上に成立した徴兵制は、国民の政治参加を促す一定の民主化効果を藩閥政府に及ぼしたのである。

だが、山県の楽観論は明治一四年の政変(一八八一年)を経て落胆と失望に変わる。

明治一四年の政変と陸軍

明治一四年の政変は日本憲政史上の一大転換点である。その政変のきっかけとなった大隈建議は、政党内閣制の導入と選挙による政権交代を骨子としており、年内に憲法を制定し、二年後の一八八三年に議会を開設するという非常に切迫した政治日程が明記されていた。大隈は福沢系知識人集団の力を借りて、一気に政権を奪取しようとしているのではないか。建白書を入手・閲覧した伊藤らは驚愕した。折から財政金融政策でも大隈の積極財政は松方正義ら緊縮論者の批判にさらされており、政治的緊張はここに急速に高まった。

こうして、開拓使官有物払下げ事件という薩派系の政界スキャンダルをきっかけに、伊藤・山県ら藩閥主流派は大隈・交詢社系グループを政権から追放する（一〇月一一日）。そして返す刀で、一八九〇年に国会を開設するとの勅語が出された。憲法制定の主導権を伊藤は掌握し、一八八二年からの一年半にわたる独墺両国での憲法調査を経て、一八八九年二月、大日本帝国憲法が公布された。

憲政史上の一大転換点となった明治一四年政変ではあるが、政軍関係レベルではそのインパクトは比較的小さい。大隈には実力行使で政権を奪取する気はなかったし、その政党内閣構想でも、太政大臣と左右大臣および「軍官・警視官・法官」は一種の終身官たる「中立永久官」とされており、軍人が政党に関与することは固く禁じられていた。国内の治安・公平を保持するために、軍人には不偏中立性が求められるからである（『明治天皇紀』5、三〇八〜三一三頁）。政党の統制下に軍を置こうとする意図はそこにはなかった。

四将軍と中正党

管見の限りでは、大隈とその配下が陸軍内部の特定のグループと連携して事を起こそうとした形跡はない。伊藤にとって大隈は最大の政治的ライバルであったが、山県にとってはそうでもなかった。山県・大山ら陸軍主流派にとって潜在的脅威だったのは、むしろ、軍内に政治的党派性を持ち込みかねない「獅子身中の虫」たる陸軍四将軍であった。

一八八一年九月一二日、鳥尾小弥太・三浦梧楼・谷干城・曾我祐準の四将軍は「国憲創立議会開設の建白」を提出し、一、開拓使官有物の払下げを再議に付すること、二、立法大権を元老院に委ね、天皇親臨の下に法令を審議し、その決するところに従って親裁の後、内閣をしてこれを施行せしめること、三、元老院に「国憲創立議会」を開設し、各府県会議員若干名を徴集して国憲を制定すること、といった政治改革を建言した。

国民の政治参加によって憲法を制定するという発想は山県と同じだが、元老院を立法機関として明確に位置付け、その憲法制定議会化を明言している点はより「進歩的」である。

中正党グループは民権派とは一線を画していたが、その影響力は陸軍はもとより、宮中・官界・言論界にまで及んでおり、谷個人は馬場辰猪（ばばたつい）や小野梓（おのあずさ）らの都市型民権政社「共存同衆」とも接触を保っていた（小林和幸『前掲書』一一三頁）。しかも、前にも触れたように天皇は谷を通じて四将軍派に親近感を覚えつつあり、佐佐木や元田永孚（もとだながざね）は侍補として天皇に近侍し、つとに天皇親政運動を展開していたのである。

黒田清隆「宮中乱入」の噂

当時、開拓使長官黒田清隆が皇居に乱入し、明治天皇に迫って払下げ中止の勅命を出させようとしているとの噂があり、近衛将校のなかには動揺が広がっていた。近衛都督東伏見宮嘉彰親王（後に小松宮彰仁親王と改名）は決死の覚悟を固め、腹心の近衛将校一、二名を侍従として君側に近侍させ、昼夜を分かたず天皇を守り抜こうとしていた。

噂を漏れ聞いた副島種臣（侍講）は憤慨し激昂した。彼は警備が不足なら樺山資紀（警視総監）、谷・鳥尾・佐佐木らをして「宮禁〔宮中〕奉護」の任に就かせ、板垣退助を陸軍大将兼陸軍卿に任じ、北海道開拓には片岡健吉や田口卯吉を当たらせて断乎として官有物払下げを行うべし、との書翰を左大臣有栖川宮熾仁親王と大隈に送りつけた（一〇月五日）。

黒田の宮中乱入云々はもちろん流言の類であった。天皇は副島の昂奮ぶりを受け流し、彼は引き続き侍講の地位に留まった（『明治天皇紀』5、五五二～五五四頁）。この喜劇的事件は旧征韓派（副島・板垣）―民権派（板垣・片岡）―天皇側近グループ（佐佐木）―四将軍派（谷）という「追放組」再結集と大隈との連携という最悪事態を伊藤や山県に予感させた。四将軍派の存在感はそれだけ大きくなっていたのであり、彼らが大隈や板垣と結んだ場合の政治的影響力には恐るべきものがあった。

伊藤・山県ら七参議が大隈免官時に行った奏議（一〇月一一日付）には、「立憲君治の国」の基を強固にすべしとして、元老院の更張＝上院化と並んで、陸海軍天皇親率原則の確立が改めて掲げられている。「軍人は王室の爪牙」であり、党与を結んで政治を議論する権利はない、というのである（『明治天皇紀』5、五四〇〜五四三頁）。四将軍建議の藩閥主流派に与えた衝撃の程がうかがわれる。民権派の勢力は直接宮中や軍には及んでいないが、もし、彼らが谷を通じて陸軍の反主流派や天皇側近グループと連携して事を起こしたらどうなるだろうか。谷や佐佐木の宮中工作によって「玉」は藩閥主流の掌中からこぼれ落ちるかもしれない。山県は戦慄した。

翌一八八二年一月、天皇自らが直接陸海軍の将卒に訓戒を垂れるという異例の形式で「軍人勅諭」[2]が出されたことの背景には、以上のような切羽つまった事情が存在していた。なんとかして、こうした連携だけは断ち切らねばならない。以後山県や伊藤にとって、明治天皇との関係修復は喫緊の政治課題となったのである。

山県陸軍中将の参事院議長就任

一八八一年一〇月、太政官に参事院を置き、参議・省卿兼任制も復活させるという政治改革が行われ、大規模な人事異動が行われた。参事院とは「内閣の命に依り、法律・規則の草定・審査に参預するの所」であり、内局と外務・内務・軍事・財務・司法・法制の六部からなっていた。

この時、陸軍中将として参議兼省卿に就いたのは、西郷従道（農商務）、山田顕義（内務）、大山巌（陸軍）、川村純義（海軍）、山県有朋（参謀本部長）、黒田清隆（開拓長官）であったが、参謀本部長という軍令機関の長が参議として政治に直接関与することには多くの者が反対した。しかし、山県抜きの国政運営などは考えられない。結局、参事院議長に就任した伊藤が右大臣の岩倉具視を説得して、山県参謀本部長の参議兼任が実現した（『明治天皇紀』5、五五八〜五五九頁）。後に伊藤が憲法調査のため洋行すると、第二代の参事院議長には山県が参議兼任のまま就任している。だが、さすがに軍令機関のトップによる議長兼任は憚（はばか）られたものと見え、この時、山県は参謀本部長の兼任を解かれて「参謀本部御用掛」とされている（八二年二月、伊藤『山県有朋』一九〇頁）。

ともあれ、山県は現役陸軍中将のまま、法令全体の制定に関与できるようになったわけだが、このことは山県の政治的台頭を意味するだけでなく、藩閥主流派内部における文官・武官相互間の信頼関係の強さをも物語っている。

2　軍人が守るべき五つの規範として、忠節・礼儀・武勇・信義・質素を挙げている。渙発のイニシアティブをとったのは山県有朋で、訓諭冒頭（「忠節」の項）の「世論に惑はず、政治に拘（かかわ）らず」との文言は山県の意によって挿入された（『明治天皇紀』第五巻、六〇〇〜六〇七頁）。

一八八三年八月に伊藤が帰国すると、山県はほどなくして参事院議長の兼任を解かれ内務卿に就任した（同年一二月）。そして、八四年二月には参議・内務卿兼任のまま参謀本部長に復任している（八五年八月まで）。これは大山巌陸軍卿兼参謀本部長の洋行にともなう臨時の措置であり、その背景には清国との緊張の高まりも存在していた（『明治天皇紀』6、四七一頁）。もっとも、大山（陸軍中将）は陸軍卿のまま参議となり（八一年一〇月）、さらには参謀本部長をも兼任している（八二年九月〜八四年二月）。山田顕義（陸軍中将・参議）にいたっては、工部卿・内務卿・司法卿を歴任している（七九年九月〜八五年一二月）。山県だけが突出した権力を握っていたわけではない。

太政官内閣では、現役陸軍中将が陸海軍以外の省卿ポストに就くのは当たり前であった。当時の文官・武官はともに士族としての気風を色濃く残しており、相互の対立感情よりも同族意識の方が強かった。文官・武官の間に微妙な隙間が生じるのは、政党勢力の猟官が活発化する日清戦後のことである。なお、薩派の大山が陸軍という枠の中に納まっていたのに対して、長州閥の山県や山田は内務・司法行政や法令の起草などに積極的に関与している。薩派陸軍と山県系官僚閥という薩長両派のあり方の相違は、すでにこの頃から芽生え始めていたのであった。

岐阜の凶変

さて、藩閥政府も武張っていたが、対する民権運動、特に自由党系もまた「武」へのこだわりを強めていた。そのきっかけとなったのが、岐阜における板垣遭難事件である。

一八八一年一〇月一八日、国会期成同盟は土佐派を中心に自由党を結成した。総理には板垣が推戴されたが、土佐派に批判的な都市知識人グループは大隈重信を総理とする立憲改進党に結集し始める（八二年三月趣意書発表、四月結党式）。自由党はそれに対抗すべく全国遊説を開始し、総理板垣自ら岐阜へ乗り込んだ。ところがここで一大事件が突発する。板垣暗殺未遂事件である（八二年四月六日）。

この日、演説を終えて旅宿に戻ろうとした板垣を暴漢が襲撃した。板垣は短刀の一撃をかわしながら、咄嗟に肘で凶漢の胸部を強打した。そして、揉み合っているうちに左胸に傷を負った（『自由党史』中、一三六頁）。刺客は愛知県士族相原尚褧。遺書を認めた上での凶行であった。板垣が難を免れたのはかつて学んだ竹内流小具足組打の術を用いたからだと喧伝され、それを喜んだ竹内流は板垣に免許皆伝の免状を発給した。自由党系メディアの宣伝もあって、「板垣死すとも自由は死せず」との言葉とともに「武人板垣」の令名は再び全国に轟き渡った。

板垣刺されるの報に自由党系政社は震撼した。彼らは凶行の背後に政府の影を見て、一斉に武装して要所に集まった。『自由党史』はその有様を生き生きと伝えている。

尾張・美濃・三河の有志人民は小は一〇〇～二〇〇名、大は七〇〇～八〇〇名の集団がそれぞれ要地に屯して、命令一下決起の準備を進めた。愛知交親社は社員三〇余名を出して、交代制で昼夜警衛を行い、旧加納藩士百余名もまた、山県郡の有志八〇〇を団結して非常事態に備えた。彼らは日本刀や鉄鞭・棍棒、果ては鎖鎌や銃器で武装していたが、なかには鉄蓋を被り、長刀を肩にして馳せ参ずる者もおり、その光景はあたかも戦場にいるようであった（『自由党史』中、一四二頁。適宜省略して現代語訳した）。

政府が対応を誤れば、自由党は暴発するかもしれない。陸海軍は要地の警戒を厳にし、非常事態に備えた。明治天皇はすぐさま岐阜に勅使を差遣して、板垣の様子を問わしめた（四月八日）。板垣は「是れ聖恩〔陛下の恩義〕の微臣〔板垣〕に及ぶものなり」と感涙に咽んだ。自由党の一部にはこの機に名古屋城を奪取せんとの策謀を回らす者もあったが、すべてはこれで雲散霧消した。

「海陸軍及警視の勢威を左右に提げ……」

山県は一連の流れを冷静に観察していた。党員の粗暴な振る舞いによって、名望家たちは自由党を見放すだろう。自由党は「下等の人民を籠絡し、過激粗暴の士を」集めて暴発するかもしれない（八二年六月一五日付伊藤博文宛山県有朋書翰、『伊藤博文関係文書』8、一〇五～一〇六頁）。

すでに一八七八年、政府は三新法（郡区町村編制法、府県会規則、地方税規則）を制定して、身分制解体にともなう新たな地方自治の枠組みを創出しようとした（松沢裕作『自由民権運動』一三九～一四一頁）。だがそれは逆効果となった。地方社会は政治的に活性化し、府県会は民権運動の恰好の舞台となった。福島県では河野広中率いる自由党が県令三島通庸と県会で激しく対立し、ついには官憲と農民数千名との大規模な衝突事件にまで発展した（八二年一一月、福島事件）。

この時、右大臣の岩倉具視が「海陸軍及警視の勢威を左右に提げ、凛然として下に臨み、民心をして戦栗する所あらしむべし」と、その武力を背景に府県会の中止を主張したことはよく知られている（八二年一二月七日付「府県会中止意見書」、『岩倉公実記』下、九四九頁）。露骨な武断政治の主張である。

内憂外患こもごも至る。すでにこの年の七月、朝鮮では壬午事変が起こり、日清両国の緊張は急速に高まっていた。こうした状況の中で、山県もまた政党に対する不信感を露わにし始める。彼らの政府転覆企図は明らかであり、政党を一刀両断的に処分しなくては我が帝国の独立も覚束ない（八三年一月二三日付伊藤博文宛山県有朋書翰、『伊藤博文関係文書』8、一〇九頁）。かつての特撰議会論に見られたような、民意に対する楽観論・信頼感はここにはその片鱗すら見られない。

だが、この時すでに民権派の内部分裂は深刻化していた。伊藤の憲法調査に対抗すべく、板垣と後藤象二郎も洋行を決意するが（一一月渡欧）、その是非をめぐって党内の対立は激化した。改進党はここぞとばかりに自由党の「醜聞」を暴きたて、自由党も星亨（ほしとおる）を中心に「偽党〔改進党〕撲滅」キャンペーンを繰り広げた（八三年五月）。まさに泥仕合である。

半年前に政府中枢を脅かしていた危機感は雲散霧消した。東京府下をはじめ全国は平穏である。福島県「暴徒」の件は一過性の風潮に過ぎず、民権派勢力は全体的に衰弱しており、もはや格別の事も起こらないであろう（八三年二月二三日付伊藤博文宛岩倉具視書翰、『伊藤博文関係文書』3、一一三頁）。民権運動は急速に退潮しつつあり、指導部から見放された自由党員は暴発路線に活路を見出そうとしていた。松方財政の余波は生糸価格の暴落を引き起こし、産地農民の生活を困窮化させた。一八八四年五月、群馬県では自由党員と農民数十名が蜂起した（群馬事件）。世情騒然たる中で、自由党系政社ではやみくもな武装蜂起への衝動が強まりつつあった。

自由党の準軍事組織化——有一館の開設

一八八四年八月一〇日、自由党は「活潑有為の士」を養成するための「文武館」として、東京築地に「有一館」を開いた。開館時の館員は五六名。各県からの醵出金の多寡に応じて館員数は定められていたが、関東・東北・高知の出身者が多かった。

この日、執り行われた開館式はすぐに武術大会の様相を呈した。まず、北辰一刀流・神道無念流などの剣道諸流派がそれぞれ居合術を披露し、満座の喝采を浴びた。ついで、有一館の館員数十名による撃剣試合が行われた。会場が大いに盛り上がるなかで、自由党総理の板垣は悠然と登壇して祝詞を述べた。本館設立の趣意は「文を修め武を講ずるに在りと雖ども（中略）其主とする所は武に在るなり」。板垣は、有一館は武道鍛錬施設であると断言し、さらに続けて、「武力で自らの尊厳を守れなければ、人はその権利を全うし、自由を享受することはできない。それゆえに、有一館では武の錬成に力を注ぐのである」（要約）と獅子吼した。

全国から集まった五百余名の会衆は文字通り沸き立った。有一館の設立は自由党系地方政社の武術熱に火をつけた。信州小諸の文武館、常州下館の有為館、土佐高知の聯合各社など、全国の自由党系政社では一斉に有一館にならって、武術の錬成を大いに推奨・実践するようになった（『自由党史』中、三七七〜三八四頁）。ちなみに、文武館の創立者石塚重平は飯田事件で拘引され、大阪事件に連座しており、有為館の館長富松正安は加波山事件に連座して処刑されている。これらの事件はいずれも自由党員による武装蜂起（未遂を含む）である。板垣は暴発路線を否定していたが、各地の武道錬成組織が結果的にこれら激化諸事件の培養基となったことは否定できない。

当時の密偵報告は、板垣は秘密裏に自由党の準軍事組織化を進めており、陸軍の部隊編制に則った実力組織を作ろうとしていると述べている。板垣は同志との内輪の会合では、目下の人心を奮い立たせるためには非常の措置に出るしかないと激語していたという（「自由党ノ政略及内情」、『三島通庸関係文書』五一〇―6）。地方の自由党員の中には政府要人に対するテロルや大規模な大衆騒擾を企てる者もおり、現にそれらの一部は実行に移された。だが、激化諸事件の多くは地方的な騒擾に止まり、秩父事件（八四年一〇〜一一月）を例外としてほぼ警察力だけで鎮圧されている。こうして自由党急進派の暴発は鎮圧された。鎮圧の主体はあくまでも警察であって軍隊ではなかった。

板垣退助と植木枝盛の軍備構想——統帥権と志願兵制

直接行動主義は冷徹な革命戦略に基づくものではなく、党運営に嫌気がさしていた板垣ら自由党首脳部の半ば自棄的な心情の表出だったのかもしれない。彼らにとって、激化諸事件は解党への最後のきっかけを与えたにすぎなかった。一八八四年一〇月二九日、自由党は解党した。有一館も資金難のため一八八六年一二月に解散した。だが、土佐派を中心とする民間政社には実力行使の気風がその後も脈々と受け継がれており、それは「壮士」と呼ばれる血気盛んな人々によって担われることになる。とはいえ、板垣らの武へのこだわりは決して表面的なものではなかった。

一八八三年八月、欧州旅行から帰国した板垣はその帰朝演説のなかで、一般人民による、人民のための「自由兵」を編成し、対内的軍事力たる陸軍常備兵を縮小すれば、その分海軍を拡張することができると説いた。強力な海軍力を条約改正交渉の後ろ盾にすべしというのである（八三年八月、「欧州観光の感想」、『自由党史』中、三二五〜三二八頁）。

こうした義勇兵構想は政論レベルに止まることなく、この時期各地で起草された私擬憲法草案にも明記されている。例えば植木枝盛である。植木の「東洋大日本国国憲案」（一八八一年八月起稿稿本）は、人民武装権や革命権を明記した画期的な私擬憲法草案として世に知られている（第七一・七二条）。立志社の名で公表されたこの憲法草案では、日本国に聯邦制（旧国制を基にした七〇州。琉球州と対馬州を含む、北海道は連邦直轄州）を布き（第七・一〇条）、聯邦には「常備軍」を（第二六条）、各州には「常備兵」「護郷兵」を置くとされていた（第三五・三六条）。

「兵馬の大権」は天皇が掌握して（第七八条）、軍備を整える（第八五条）が、「聯邦に関する兵制」は聯邦立法院が議定する（第一二三条）。徴兵制は否定され、常備兵は法律に基づいて、皇帝の呼びかけに応じた者から編成され（第二〇九条）、非常時には皇帝は常備軍以外から志願兵を募る（第二一〇条）とされていた。護郷兵に関する規定は特にないが、憲法草案が各州に広範な自治権を認めていたことを踏まえれば、護郷兵の編制には各州に相当の自由裁量権が与えられていたと見るべきだろう。あるいはこの護郷兵こそは、専制政府に対する革命的軍事力（第七一条）[3]の担い手として想定されていたのかもしれない（家永三郎編『植木枝盛選集』八九～一一一頁）。

後で述べるように、植木の人民武装論はたんなる机上の空論ではなかった。それは現実政治のなかでも、自由党系政社の政治活動のなかに長くその命脈を保っていくのである。

壬午事変――朝鮮における日清対立

この間、朝鮮半島情勢もまた急速に流動化していた。一八八二年七月二三日、朝鮮の首都漢城で旧軍のクーデターが勃発した。当時の閔氏政権は日本人軍事教官による軍制改革に着手していたが、これに反発する旧軍が反乱を起こし、日本人教官を殺害して日本公使館を焼打ちした。いわゆる壬午事変である。花房義質公使は漢城から仁川、さらには海上へと逃れて、這々の体で長崎へ戻った（二九日）。

日本政府の反応は抑制されたものであり、井上馨外務卿は黒田清隆らの強硬論を抑えて外交的解決を模索していた。ところが、閔氏政権はほどなく崩壊し、暴動を教唆・煽動した大院君が政権を掌握した。八月七日、新たな対応策を協議するための閣議が山県参事院議長によって召集された。席上、黒田らは和戦の決を全権に委ねることを主張したが、山県はそれを抑え、交渉は井上と花房に任せられた。

清国政府の対応は敏速かつ強硬であった。八月九日、黎庶昌清国公使は外務大輔吉田清成に対して、朝鮮はわが属国であるから陸海軍を派出して事態の収拾に当たると通告した。こちらの出方によっては清国との戦になりかねない深刻な事態である。閣議は恐慌状態に陥った（八月一〇日）。もし、対清戦争が不可避なら、清国の戦備が整っていない今こそ開戦すべきであり、我ら軍人にはその覚悟はできている。山県は自らの心境を三条にそ

3 「政府威力を以て擅恣暴逆を逞ふするときは、日本人民は兵器を以て之に抗することを得」。

う漏らしている（八月一九日付山県建議、『三条実美関係文書』76―6）。

大院君政権と花房公使との交渉はすぐに行き詰まった。そこで花房は清国側代表の馬建忠と協議して、大院君政権を清国が打倒して事態の収拾を図ることにした。八月二六日、清国軍は大院君を拉致し、朝鮮政府に対日妥協の圧力をかけた。その結果成立したのが済物浦条約である（三〇日）。朝鮮側は事実上の賠償金五〇万円の支払いと、公使館警備のための日本軍の漢城駐留を認めた。

日本軍の駐留権は井上も山県も望んではおらず、井上は朝鮮軍による公使館警備を妥当だと考えていた。駐兵権獲得は、清国軍による日本公使館警備の可能性を排除するための花房公使の独断的交渉の産物であった。日本政府はそれを追認したが、その結果、漢城において日清両軍が対峙するという不穏な状況が作り出された。

壬午事変の一部始終を通じて、山県率いる長州閥陸軍は抑制的な態度に終始し、穏健派の井上や伊藤とよく連携していた。薩派の主戦論には国策を左右するだけの説得力はなかった（高橋秀直『日清戦争への道』二九～五四頁）。

甲申事変と日本の反応

壬午事変後、朝鮮では清国の存在感が飛躍的に高まった。開化派は分裂し、金玉均ら急進開化派（独立党）は日本政府に清国勢力排除のための援助を打診してきた。だが、日本政府の反応は相変わらず消極的なものであった。井上外務卿は対清協調を優先し、急進派への援助要請には一貫して否定的であった。山県は井上に比べれば朝鮮独立論にこだわっていたが、それでも対清開戦などは考えてもいなかった。国土防衛ですら覚束ないのに、外征戦争などできようはずもないからである。

実際のところ、日本政府は段階的撤兵に舵を切っていた。一八八三年七月、まず日本軍が兵力半減に踏み切り、翌年には清国もそれに呼応した。だが、両国の相互不信は強く、それ以上の撤兵は行われなかった。

一方、竹添進一郎駐朝鮮公使は急進開化派への関与を深めており、クーデター計画への援助を政府に打診してきた（八四年一一月一二日）。日本政府の態度は鮮明であった。「我政府は朝鮮政党の一方を助け、或は公けに之れに干渉することは取らざる所なり」というのである（一一月二八日付竹添進一郎公使宛伊藤博文参議・吉田清成外務大輔電信、『日韓外交史料』7、一六四頁）。

だが、回訓が漢城に届く前に事態は動いた（当時は船便を使用）。一二月四日、金ら独立党は漢城でクーデターを起こし、竹添は自ら日本軍守備隊とともに朝鮮王宮に入った。清国軍は即座にそれに反撃し、日本軍は王宮からの撤退を余儀なくされた。公使館は兵火に焚かれ、竹添は仁川へ退去した。世に言う甲申事変である（高橋前掲書五五〜七四頁、一一二〜一四八頁）。

開化派に対する朝鮮政府の処罰は一族郎党に及ぶ苛烈なものであり、それを伝え聞いた日本国内の輿論は沸騰した。福沢諭吉は「文明」の立場から朝鮮政府を激しく非難し、薩派では高島鞆之助・樺山資紀ら中堅軍人グループを中心に主戦論が声高に唱えられ始めた（高橋前掲書一六四頁）。地方では、自由党系地方政社を中心に義勇兵運動が勃興した。それは鹿児島、長野、福島、富山、高知等で盛んであり、板垣と片岡健吉は高知全県の人心を収攬して、各社各郡の有志からなる義勇兵を編成し、昼夜を分かたず操練に怠りなかった。片岡は「全軍」を率いて同県仁淀川河畔で演習を行い、その力を誇示している（前掲『自由党史』下、一三二頁）。

民心は大いに激昂し、清国を懲らしめよとの声も盛んであった。しかし、征韓論政変の再燃は避けねばならない。三条実美太政大臣は天皇の内諭を各省卿・諸院諸局長ならびに地方長官に発して、人心の鎮撫と軽挙の抑制に努めた（八五年二月二七日、『明治天皇紀』6、三七二〜三七三頁）。

天津条約の成立

一八八五年四月一八日、伊藤博文と李鴻章（直隷総督）との間に交渉がまとまり、日清両国間に天津条約が成立した。条約の要点は、一、日清両軍は速やかに朝鮮から撤兵し、二、将来朝鮮国に変乱や重大事件が起こって出兵を要する場合には互いに通告し合うこと、三、事態が鎮静化したら速やかに撤兵すること、以上三点である。日清両国は対等の立場の下に朝鮮への再派兵権を留保したが、交渉の初発に伊藤が再派兵権の相互封印を唱えていたこともあり、山県はこれはあくまでも例外規定であり、天津条約は日清両国の派兵を相互に禁止したものであると解釈していた（山県「外交政略論」、『陸奥宗光関係文書』六九-2）。

安南（ヴェトナム）の支配をめぐってフランスと戦っていた清国は、朝鮮で日本と事を構えるつもりはなかった（八四年六月～八五年六月、清仏戦争）。それは日本側も同様であった。両軍の全面撤兵と再派兵権の相互承認はそういった状況の産物でもあった。

清国が日本との武力衝突を避けなかったという事実は、日本政府をして日本列島の外縁部、対馬・五島列島・沖縄先島諸島の防衛体制に対する不安感を抱かせた。一八八六年から翌八七年にかけて、山県や伊藤・大山らは相次いでこれら島嶼部への視察旅行を行っている。また、海軍部内では極秘裏に、清国軍が対馬・五島列島を経て九州に侵攻する事態を想定した「対清作戦計画」の検討を始めている（八四～八五年頃、原前掲書一六三頁、一七三

～一七六頁)。

もはや、朝鮮半島情勢に介入する余裕など日本にはなかった。明治政府は国土防衛体制の整備に全力を傾注するとともに、清国の軍事的脅威から列島を防衛すべく甲鉄艦導入を推し進めていく。そして、こうした危惧は決して杞憂ではなかった。一八八六年八月一三日、衝撃的な事件が起こった。清国北洋水師による長崎事件である。

清国北洋水師の軍事的脅威——長崎事件と海軍建設

この日、清国北洋水師の甲鉄艦「定遠」「鎮遠」ならびに「威遠」「済遠」の四隻からなる艦隊が、ウラジオストクからの帰路長崎に入港した。二〇〇名あまりの水兵が休養のため上陸したが、その際、一部の水兵が丸山遊郭等で日本人巡査と衝突し、乱闘騒ぎを引き起こした。思慮深い提督なら、以後の上陸は禁止しただろう。ところが、北洋水師提督丁汝昌は一五日、日本側地方官憲の許可を得ないまま六〇〇名もの水兵を上陸させた。

事件は起こるべくして起こった。清国水兵と巡査、さらには一般住民をも巻き込んだ市街戦さながらの騒擾がおよそ三時間にわたって展開され、双方に多くの死傷者が出た(『日本外交文書』20、五二九～五七五頁)。定遠・鎮遠はドイツで建造されたばかりの最新式の甲鉄艦であり、三〇・五センチ砲四門を装備していた。その気になれば、長崎市街を砲撃・壊滅させることも可能である。

事件の処理は難航した。清国政府の強硬姿勢に日本政府は「戒慎(かいしん)」せざるを得ず、交渉はドイツ公使の仲介によってようやく妥結した(翌年二月)。事件の容疑者は各々自国の法律によって裁かれ、双方の死傷者には互いに賑恤金(しんじゅつきん)を支払うことになった。丁汝昌の責任は一切問われなかった(『明治天皇紀』6、六二七頁)。

長崎事件の一部始終を通じて、清国側の大国主義的な振る舞いにはさすがに目に余るものがあり、それは士族を始めとする日本各層の強い憤激を引き起こした。この時初めて、多くの日本人は清国の軍事的脅威を目の当たりにしたのである。後に山県は当時を回顧してこう述べている。「急報一度至るや、朝野は愕然として長年の迷夢から目覚め、国防充実の急をにわかに感じるようになった」と(現代語訳、山県「国防方針改訂意見書」一九一八年六月、『山県有朋意見書』三六七頁)。

一八八七年三月一四日、明治天皇は海防の勅語を発し、御手許金三〇万円を政府に下賜した。同二三日、時の第一次伊藤博文内閣は府県知事を鹿鳴館に招集して、勅諭を伝えると同時に各地の富豪に海防費の献金を求める旨訓示した(『明治天皇紀』6、七一九~七二〇頁)。すでに前年六月には海軍公債証書条例が発布され、一七〇〇万円余を三年間に発行し、海軍建設の資に充てることになっており、一〇月には臨時砲台建築部が設けられ、山県自ら建築部長に就任して砲台建設の陣頭指揮に当たっていた。長崎事件は、こうした動きへの決定的な追い風となったのである。

甲申事変で日清両軍が衝突しても、大方の日本人にとってそれは「遠い海の向こうの出来事」にすぎなかった。長崎事件をきっかけに日本人の危機意識は急速に高まり、歴代内閣は陸海軍の整備に本腰を入れはじめる。

陸軍建設の立ち遅れ

征韓論の勃興以来、日本は一貫して朝鮮侵略の野望を抱き続け、軍備拡張に狂奔していたとのイメージは、「明治政府＝専制政府」論と相俟(あいま)って今日でも一定の影響力をもっているように思われる。だが、一次史料の公開・利用に基づく実証研究の着実な進展によって、そうしたイメージは覆されつつある。西南戦争以降の日本の軍備の実態を見てみよう。

壬午事変の勃発によって、明治政府の軍備整備はようやく軌道に乗った。西南戦争後の陸軍は財源不足のため定員四万人という目標すら充足できず、海軍もまた当初有していた対清優位は崩れて、一八七九年に始まる清国海軍の増強によって日清間の海軍力バランスは清国側優位へと急速に傾いていた。甲鉄艦定遠・鎮遠の出現はこうした趨勢(すうせい)の象徴であった。

当時の松方正義大蔵卿は大隈財政の紊乱収拾のための強力な緊縮方針をとっており、軍備計画は紆余曲折の末にようやく成立した（一八八三年一月・五月）。陸軍は各鎮台の戦略単位化を実現すべく、歩騎砲工四兵種と輜重兵の充実・配備に本格的に着手し始める。

一八八四年五月、「諸兵配備表」ならびに「七軍管兵備表」が定められ、各鎮台は二旅団（四聯隊）を整備し、屯田兵制度を布いていた北海道（第七軍管）を除いて、全国に一二旅団＝歩兵二四聯隊が配備されることになった。内、一〇個聯隊は新設である（近衛兵は鎮台兵とは別枠で整備）。

諸兵配備表に基づく軍備整備は歩兵・砲兵から先行的に着手され、以後、輜重兵・工兵・騎兵の順番で整備が進められた。そして、九三年度までに全兵種の編成が完了し、ここに平時七個師団態勢が成立する。師団衛戍地は東京（近衛・第一師団）、仙台、名古屋、大阪、広島、熊本である（室山義正『近代日本の軍事と財政』九七〜一三八頁、高橋前掲書七四〜一〇五頁、原前掲書一三〇〜一五八頁）。

大山陸軍視察団――桂太郎と川上操六

明治一四年政変の結果、国会開設のタイムスケジュールは確定したが、それは取りも直さず、議会開設までに陸軍軍事システムの整備を終わらせておく必要が生じたことを意味する。とりわけ、システム運用者たる幹部将校に欧州で師団運用の実態に触れさせることは焦眉（しょうび）の急であった。

一八八四年二月、大山巌率いる陸軍視察団が一年にも及ぶ大旅行に出発した。行く先は独仏露をはじめとする欧州大陸諸国と英米である。視察団には各兵科から満遍なく人材が選ばれており、事実上の次席代表には長州出身の三浦梧楼が抜擢されていた。もっとも、この洋行をその後のキャリアアップに活かせたのは、桂太郎（長州）と川上操六（かわかみそうろく）（薩摩）の二人であった。

川上は桂と同い年の当時三六歳、野戦指揮官としてのキャリアを長年積んでおり、学理重視の桂とは「水と油の関係」だと見なされていた。だが、彼らの融和なくして陸軍の未来はない。大山の期待に彼らもよく応えた。「子（し）〔川上〕は軍事を担当せよ。我は軍事行政を担当せん」。桂はそう川上に告げ、軍事行政は桂が、軍令は川上がそれぞれ分担して研究することとなった（『桂太郎自伝』九八～九九頁）。薩長藩閥主流派の連携はさらに強固なものとなり、彼らは帰国後精力的に陸軍改革の衝に当たった。

大山視察団の派遣をきっかけに、日本陸軍はドイツ陸軍への傾斜を深めていく。参謀将校クレメンス・メッケルの招聘（しょうへい）とその日本の実情に即した一連のアドバイスによって、多くの軍人たちは近代軍の何たるかを初めて理解した。特に児玉源太郎と寺内正毅という長州閥陸軍の二人の俊秀が、それまでのフランス一辺倒[4]の考え方を改めたのは大きかった。

こうして、陸軍内部には山県・大山─桂・川上─児玉・寺内という権力核が形成され始める。だが、それは反主流派たる四将軍派の反発を招いた。

明治天皇と陸軍主流派の軋轢

一八八二年二月、四将軍派の三浦と曾我はそれぞれ監軍部長（地方軍司令官）の座から追われた。これは、政治に口を出す者を直接、軍隊統率の職に置くのは面白くない、という理由に基づく更迭であった。前年の四将軍建議が祟（たた）ったのである。この間、谷と鳥尾はすでに軍籍を離れていた。

もっとも、忌避されたのは実兵指揮だけであり、彼らを飼い殺しにする意図は山県らにはなかった。曾我は参謀次長に異動したが（三浦は士官学校長）、歴代本部長（大山・山県）

4　一般的に日本陸軍はドイツ陸軍を範として建設されたと言われている。たしかに、参謀本部の分離・独立が図られた点などはそうであるが、ドイツ帝国は明治国家よりも分権的性格が強く、バイエルン王国など個別の王国が軍隊を有しており、統一的国軍が存在していなかったことなど、国制上の相違点も大きい。本書では「ドイツ式（フランス式）陸軍」といった類の用語の使用は控えたが、それは以上の理由による。

が兼官のため多忙をきわめたので、参謀本部の実権は自ずと次長が握るようになった。曾我は師団制の導入などに大いに尽力し、本人も愉快に奉職したと回顧している。この時点では、対立はまだ決定的なものではなかった（曾我「自叙伝」第三篇）。

一八八五年五月一八日、大山の帰国と朝鮮情勢の小康とを待って、山県は以前のように大山陸軍卿に参謀本部長を兼任させようと考え、天皇にその旨上奏した。当時、政府内部には陸軍軍縮もやむなしとの空気が広がっており、それに不満な山県は参謀本部長を辞めて、内務卿の職務に専念しようとしたのである。

ところが、大山兼任案を天皇は裁可しなかった。人事の停滞の背後には内閣制の導入にともなう、明治天皇と藩閥主流派との軋轢の増大があった。この頃、天皇は政務を事実上放擲（ほうてき）し、侍従長（徳大寺実則（とくだいじさねつね））や侍講（元田永孚）との「御用談」に時を費やしていたのである（『明治天皇紀』6、四四六〜四四八頁）。

軍団制への移行

山県の上奏と同じ五月一八日、鎮台の戦力充実に対応すべく「鎮台条例」「監軍本部条例」「陸軍検閲条例」が改正された。鎮台司令官（中少将）は平時には管内の軍令・軍政を統括し、有事には師団長として管下二個旅団の指揮を執ることになり、監軍（監軍部長を改称、天皇に直属、大中将）は、「平時管下の軍令、出師の準備、軍隊の検閲を管掌」し、戦時には軍団長として管下二個師団を統率するとされた（『明治軍事史』上、六五四〜六五五頁。原前掲書一五二頁）。

鎮台の戦力充実（師団化）によって、監軍は欧州陸軍国なみの大兵力を率いるポストに繰り上がり、平時における軍隊の検閲権を握ることによって、全国の鎮台に対して絶大な影響力を振るえるようになった。軍備の充実が軍内権力バランスを突き崩そうとしていたのである。だが、山県や大山は事の重大さにしばらく気付かなかった。

三人の監軍人事は人々の関心を集めた。その際、もっとも自然で無難なのは三監軍部長（三好重臣（みよししげおみ）・黒川通軌（くろかわみちのり）・高島鞆之助）の昇格であろう。ところが三監軍ポストは欠員となり、監軍部長は全員鎮台司令官へ転補させられた。

四将軍派の権力中枢復帰への流れ

なぜ、こうなったのか。それは明治天皇による陸軍人事への注文が厳しさを増していたからである。天皇は「監軍適任者」として鳥尾・谷・三浦の名を挙げて人事の進捗を三条太政大臣に促し、さらに近衛旅団長の内定人事をあえて覆して、四将軍派の堀江芳介を任命するよう山県と大山に迫った。

後者は通ったが、監軍人事では軍首脳部は抵抗した。五月二三日、天皇は再度、その進捗状況を質し、六月九日には「永世平時には監軍を置かざるの規定なるか」と人事の停滞に強い不満を漏らした。また、大山陸軍卿の参謀本部長兼任にもあらためて不承認の意思を示した。

ほどなくして、天皇の真意は明らかとなった。七月二一日、宮中で挙行された東京鎮台歩兵第一五聯隊の軍旗授与式において、天皇は前例を破って自ら鎮台司令官の三浦に軍旗を与えた（通常は聯隊旗手に親授）。軍旗親授式は「天皇の軍隊」を象徴的に示す大変重要な儀式である。天皇は破格の行為に出ることによって、四将軍派への並々ならぬ好意の程を公然と示したのである。「お上」は自分（三浦）を参謀本部長にせよと仰せられていた。三浦は後にそう回顧している（三浦『観樹将軍回顧録』一九七頁）。

この頃、参議（外務卿）の井上馨も三浦を参謀本部長に推挙すべく動き始めていた（八月二〇日付伊藤博文宛井上馨書翰、『伊藤博文関係文書』1、一九二～一九三頁）。だが、それは実現しなかった。八月三一日、山県はあらたに「参謀本部御用掛」に任じられ、実務は参謀本部次長の川上操六の処理に委ねられた。山県らの巻き返しによって、参謀本部長の後任人事もまたいったん棚上げされたのである（『明治天皇紀』6、四一〇～四一一頁、四四二～四四三頁、四七一～四七二頁）。

財政逼迫と井上軍縮案

山県の参謀本部長退任の裏には、陸軍整備計画の大幅な見直しへの動きがあった。当時、不況の深刻化による税収減によって、政府は陸軍整備の大幅な見直しを迫られていた。井上馨は陸軍の定員をわずか二万人にまで縮小し、その兵力の範囲内で歩騎砲工四兵種と輜重兵を全備し、有事即応の少数精鋭部隊を漸進的に整備するという軍備構想を立案し、すでに山県への根回しを進めていた。これは事実上の軍縮案である。財政逼迫の現状に直面した山県は「実に尤至極」であると答えたが、さすがに今までの行き掛かり上、参謀本部長であり続けることはできないと申し立てた。山県の内相専任にはそうした裏事情もあったのである。

一方大山陸軍卿は、井上案は「我が軍隊を破壊」するものであると猛反発しており（「大山陸軍卿陸軍経費定額減削し能はざる理由の上奏」、『秘書類纂・兵政関係資料』二五五頁）、業を煮やした井上は組閣リストから大山を除外し、井上案に好意的な西郷従道を陸軍卿（陸軍大臣）に、三浦を同大輔（次官）にそれぞれ据えようと画策し始めた（一八八五年一〇月一九日付伊藤博文宛井上馨書翰、『伊藤博文関係文書』1、一九四〜一九六頁）。

井上の二万人構想は三浦梧楼の「兵備論」（一八八九年公刊、伊藤『山県有朋』二一〇〜二一一

頁）ときわめてよく似ている。また、三浦に対する井上の執心は一時的・突発的なものではなく、参謀本部長や陸軍大輔に何度も彼を抜擢しようとしている（八〜一〇月）。井上軍縮案の背後には、あるいは三浦が控えていたのかもしれない。だが仮にそうだとしても、伊藤・井上と四将軍派との連携可能性を過大評価はできない。なぜなら、三浦の兵備論は陸軍常備兵力の寡少を民間の義勇兵によって補塡するというもので、自由党系の人民武装論とほとんど同工異曲だったからである。

井上軍縮構想の撤回

三浦の軍備構想は師団システムの否定どころか、山県や大山が営々と築き上げてきた徴兵制軍隊そのものの自己否定に繋がりかねない、薩長藩閥主流派から見れば到底受け入れがたいものであった。

後に中江兆民（なかえちょうみん）は「土著兵論（どちやくへいろん）」（『東雲（しののめ）新聞』一八八八年五月一六〜一八日）を著して人民総武装を唱えたが、それは「某将軍」（三浦梧楼と推測される）の「一挙五十万の兵を得るの策」（『朝野新聞』同年五月一〇日）に触発されて書かれている。また、議会開設直前には三浦や鳥尾は自由党土佐派の片岡健吉や植木枝盛と密かに接触し、板垣退助との政治的連携の可能性を探っている（一八八九年一二月付「憲兵司令部密偵報告」、『桂太郎関係文書』八六―36）。ただし、こうした政治的共闘関係が一八八五年当時から存在していたかどうかについては定かではない。

いずれにせよ、政府内での意見調整の結果、井上の二万人構想は撤回され、師団制の導入と七個師団整備という既定路線は変えずに、兵役期間の短縮や大隊定員の縮小といった弥縫策を採ることになった。また、完成年度も一八九五年度に繰り延べされた（前掲一〇月一九日付伊藤博文宛井上馨書翰、伊藤前掲書二〇八～二一二頁、大澤前掲書九三～九四頁）。

財政逼迫は軍備整備財源を直撃し、それを政府内で議論しているうちに、今まで封印されてきたさまざまな問題が一斉に噴出してきた。その結果、宮中や内閣をも巻き込む一大権力闘争が陸軍を舞台に起こった。「明治一九年の陸軍紛議」である。

第一次伊藤内閣と陸軍

一八八五年一二月二二日、太政官制に代わって内閣制度が施行された。宮中と府中は明確に分離され、ここに公家政治の残滓は完全に払拭された。各省の大臣が内閣を構成することになり、行政の効率性は飛躍的に高められた。

伊藤博文は初代内閣総理大臣の印綬を帯びるとともに、大宰相主義の原則を明確化した。内閣総理大臣は「各大臣の首班」として国制上に位置付けられ、「大政の方向を指示し行政各部を統督す」（「内閣職権」第一条）とされ、さらに「凡そ法律命令には内閣総理大臣之に副署」す（第五条）と明記された。

第一次伊藤内閣の閣僚九人の内、陸軍中将は五人（山県有朋内相、大山巌陸相、西郷従道海相、山田顕義司法相、谷干城農商務相）、海軍中将は一人（榎本武揚逓信相）、計六人が現役の軍人である。大臣の選定は伊藤の奏薦によるものであり、山県の内相専任は伊藤の希望するところでもあった（前掲山県「国防方針改訂意見書」）。薩長の均衡が図られ、四将軍派の谷も台閣の一角を占めた。天皇と藩閥主流派との関係にも改善の兆しが見え始めた。民権派に対峙する挙国一致体制が成立したかのように思われた。

明治一九年の陸軍紛議

ところが、思わぬところから均衡は崩れる。きっかけとなったのが、一八八六年三月の〝統合参謀本部〟の発足である（「参謀本部条例」改正）。陸海軍の軍令機能はここに参謀本部長の下に統合され、陸軍部次長と海軍部次長とが並立して隷属することになった。

これはもともと西郷従道の発案に基づくもので、すでに前年には国土防衛の審議機関として、宮中に陸海軍将官を議員とする「国防会議」が設けられており、統合参謀本部の開設はそうした流れの延長線上にあった（一八八五年四月、『明治天皇紀』6、三九一～三九二頁）。

陸軍部次長には曾我祐準、海軍部次長には仁礼景範がそれぞれ任命された。曾我の抜擢は、かつての参謀次長としての働きぶりによるものだろう。だが、当の本人（仙台鎮台司令官）は師団制の導入にともなう実兵訓練に専念するつもりであり、この人事には大いに不満であったという（曾我「自叙伝」第三篇）。曾我本人に政治的野心は稀薄だったようだが、川上操六参謀本部次長は近衛歩兵第二旅団への転出を余儀なくされた。曾我は四将軍の一員である。本人の心事とは関係なく、周囲はこの人事を政治的な文脈で解釈し始める。

まずは山県の膝下から不満が噴出した。陸軍次官の桂太郎はその急先鋒で統合参謀本部の廃止を画策していた。前年一二月、桂は川上と連名で、陸軍の軍備は欧州列強と同じく、受動ではなく「他動の兵」を養うべきであるとの意見書を大山に提出している。川上の更迭人事に、桂が手をこまねいているわけがなかった。

四将軍派の反発――監軍廃止問題

そうした動きとあたかも連動するかのように、大山陸相の下で監軍部の廃止が検討され、やがてそれは実行に移された。「陸軍検閲条例」の改正がそれである。

監軍が戦時軍団長となり、隷下二個師団、すなわち二鎮台を率いて敵軍に当たるという軍事システムは欧州列強の軍制、特に大陸軍の一挙的動員を計画していたドイツのそれを模したものであり、島嶼防衛を主とし、敵上陸地点への比較的小規模な兵力の集中を必要とする日本の国土防衛には適合していなかった。日本のような平野部が狭小な島嶼の場合、戦略単位は師団で十分なのである。軍団編制はあまりに過大であり、それを指揮する監軍も不要であるとの意見はすでにメッケルが強く主張し、桂や児玉もそれを支持していた（原前掲書一五三〜一五五頁）。

また、戦時軍令機関の基幹部分を平時から設置しておき、平時には軍政機関として諸隊の検閲などにも当たらせるという監軍部システムはいかにも中途半端であった。桂は検閲・教育を専掌する専門機関を別途設けて、監軍部は廃止すべきであるとの意見書を提出した（一八八五年冬「軍事行政釐革の議」、『公爵桂太郎伝』乾、四三〇〜四三三頁）。

こうした動きに四将軍派は激しく反発した。直隷機関たる監軍部の廃止は、天皇の大権を削って、これを一介の陸軍大臣に付与するものだというのである。特に参謀本部の曾我は強く憤り、ことは参謀本部と陸軍省の権限争いにまでエスカレートしていった（曾我「自叙伝」第三篇）。

ついで、「陸軍武官進級条例」の改定でも藩閥主流派と四将軍派は正面衝突した。大山の意図は「超級昇進」を排して「停年順序」に重きをおくことで軍内秩序を保とうとするもので、それは前近代的な「遅れた将官」を多く抱えていた薩派の利害に適っていた。一方、薩摩の「芋賊」征伐を標榜する四将軍派は、新知識に秀でた軍事エリートの抜擢昇進に道を開こうとしていた（大澤前掲書一二七〜一三二頁）。

監軍部・軍団制の廃止

政治的磁場の中での制度改革は権力闘争を誘発しやすい。しかも、それは武官内部の権力闘争である。さすがの伊藤もこの対立には手を焼いた。彼は天皇に採否の決を委ねたが、天皇は、条例改正は当分延期し、今年の検閲は旧のごとく鎮台司令官が行うべしと採決した（一八八六年七月一二日）。監軍部の廃止は事実上棚上げされたのである。

今ここで引いたら、陸軍は四将軍によって牛耳られかねない。大山陸相は自らの進退を賭して、「聖意」に猛烈に抵抗した。薩派も文武官一丸となって大山を支援し、事と次第によっては連袂（れんべい）辞職も辞さないとの強硬姿勢に打って出た。七月二四日、天皇は将来監軍を再設置するとの条件の下に両条例を裁可したが、この落としどころは伊藤が天皇の意向を尊重しつつ、大山を説得して捻（ひね）り出したものであった（坂本前掲書二三三〜二三四頁）。微妙な緊張感を伴いながらも、天皇と藩閥主流派との関係は徐々に修復されていった。

こうして監軍部と軍団制にはピリオドが打たれ、鎮台制度もほどなく廃止された（一八八八年五月、「師団司令部条例」制定）。各鎮台の戦力充実によって、平時から師団制を採ることが可能となったことのそれは必然的な帰結であった。全国の六鎮台（東京・仙台・名古屋・大阪・広島・熊本）はそれぞれ第一〜第六師団へと改称された。平戦両時の師団番号はここに統一され、出師準備の立案・実行は格段に容易となった（原前掲書一五五〜一五六頁）。

治安維持から国土防衛へ――師団制の導入

鎮台制度は各軍管が独立して治安維持に当たるための軍事システムであって、鎮台間で兵力を機動的に運用して敵上陸軍を迎え撃つためのものではなかった。ところが、鉄道を始めとする交通機関の整備や歩騎砲工四兵種の充実が進捗し、なおかつ、警察力による治安維持に目途が立つようになると、清国北洋水師の軍事的脅威も相俟って、軍隊を列島規模で移動させ、敵上陸地点に迅速に兵力を集中するための新たな軍事システムの構築が必須となる。鎮台から師団へのシステム改変の背景には、こうした事情もまた存在していたのである（戸部良一『逆説の軍隊』一一一〜一一四頁、原前掲書一四九〜一五八、一八七〜二〇八、二四七〜二七二頁）。

制度のあり方は時代によって変遷する。また、その運用者の政治的意思のあり方いかんで制度の意味合いも変わってくる。一九三七年に始まる日中戦争は一〇〇万人余りもの大兵力を動員した戦争であったが、それは長年にわたる徴兵制度の運用によって、戦時動員可能な人的資源が着実にプールされていたからこそ遂行できた戦争であった。しかしだからといって、師団制度そのものが「大陸侵略」用に特化した軍事システムだったわけではない。当時の陸軍は国土防衛体制の整備に着手したばかりであり、要塞建築などの本土防衛に汲々としていたのである。[6]

山県系陸軍権力中枢の形成

一連の権力闘争に敗れた三浦や曾我は自ら陸軍を去っていった。だが、問題はこれだけでは済まなかった。四将軍派の学理重視・実力本位の昇進方針は、折から湧き起こりつつあった陸軍近代化運動と連動しており、彼らに共鳴する将校は陸軍内の兵学研究団体「月曜会」に結集しつつあった。

桂は四将軍派の追放を待って月曜会の解散に乗り出した。これより以前から、陸軍には

5　一例を挙げれば、東海道線の新橋—神戸間の開通は一八八九年七月であり、九四年七月の日清戦争開戦時にはようやく広島まで開通していた（原前掲書二五〇～二五一頁）。

6　一八八八年当時、整備が進んでいたのは東京湾要塞だけで、下関・対馬両要塞は八七年四月から、大阪湾口を扼する紀淡要塞の整備は八八年四月から開始されたばかりであった。長崎や佐世保の要塞建築はいまだ着手すらされていなかった（山県前掲「国防方針改訂意見書」）。

将校の修養団体たる偕行社が存在していた。これを利用しない手はない。桂は自ら幹事長に就任して、偕行社を半官製組織として再組織することで月曜会を解散へと追い込んでいった（一八八九年二月）。

明治一九年の陸軍紛議は、民権運動や侍補グループと連携して、君側に迫る可能性のある軍人グループの陸軍からの追放に帰結したが、それはそのまま、長州閥陸軍が山県閥へと変容を遂げていく過程でもあった。山県―桂―児玉・寺内という山県閥陸軍の権力中枢がこの時形成されたのである。

特に桂陸軍次官の活躍は目覚ましかった。彼は川上や仁礼、樺山などの薩摩系将官と結び、青木周蔵外務次官、野村靖逓信次官等としばしば会合して、薩長間および山県系官僚間の意思の疎通を図り、一致団結して四将軍派と対峙した。田中光顕に言わせれば、陸軍紛議の首謀者は桂だということになる（一八八六年七月二三日付伊藤博文宛田中光顕書翰、『伊藤博文関係文書』6、一〇四～一〇五頁）。

一八八七年の政治危機――四将軍派・宮中勢力・自由党

こうして、四将軍派は陸軍から追放された。だがそれは彼らに新たな、より広汎な政治的活躍の舞台を与えたにすぎなかった。一八八六年三月、谷干城は農商務大臣在任のまま一年有余に及ぶ欧米視察旅行に赴いた。この旅行で谷が何を感得したかは差し当たり問題ではない。ここではただ、帰国後の谷が著しく民権論に近づいていたという事実を確認すれば足りる（小林和幸前掲書第四章）。

翌八七年七月、谷は自ら参内して、伊藤内閣の失政、とりわけ井上条約改正案を糾弾する上奏を行った。休職中とはいえ谷は現役陸軍中将である。これは軍人の政治関与の最たるものであろう。しかし、谷らに言わせれば、藩閥主流派が「玉」（天皇）を囲い込み、自らの政治性を隠蔽していることこそ問題なのである。「寵臣」谷の参内上奏は、藩閥支配の正当性を揺るがしかねない政治的一大事であった。

実際、それは曾我祐準・鳥尾小弥太ら四将軍はもとより、佐佐木高行ら天皇親政論者や自由党系に至るまでの幅広い国民的共感を呼び起こした。その結果、伊藤・山県ら藩閥主流派に対する朝野縦断的な政治運動が澎湃と湧き起こった。

逼塞していた旧自由党系も目を覚ました。当時、自由党系では星亨率いる関東派が台頭しつつあった。その「腕力」、三多摩壮士は彼の配下であり、星の私擬憲法草案には義勇兵構想が色濃く反映されていた。「凡ソ国民ハ武器ヲ貯蔵シ及携帯スルノ権ヲ有ス」（第一二条）。これは人民武装権そのものであり、同様の規定は立志社の憲法見込案にも見られる。星は義勇兵構想に憲法上の裏付けを与えようとしていたのである（有泉貞夫『星亨』一一二〜一一六頁)。

政府は建白運動の背後にテロリズムと革命の匂いを嗅いだ。危機は目睫の間に迫っていた。

三大事件建白運動と義勇軍構想

この好機逸すべからず。星亨と片岡健吉は旧自由党系の再起を図るべく、その総力を結集して首都東京で革命的騒擾を引き起こそうとした。三大事件建白運動である。[7] この直接行動を主導したのは、壮士集団を擁する関東派と武断的な土佐派であった。

各府県の代表は続々と上京して政府要路に建白書を提出し、東京市内には仕込み杖を撫した壮士が充満した。爆弾テロの噂も頻々と流れていた。世情騒然たる中で、星と片岡は元老院を動かして上書を天皇に奉呈すると同時に、伊藤首相に直接面会してその辞職を迫るつもりでいた。元老院議官の鳥尾小弥太や尾崎三良らは自由党の動きに呼応しようとしており、特に尾崎は伊藤の憲法草案の元老院での審議を強く主張していた(『尾崎三良日記』一八八七年一二月二〇日)。

三大事件建白運動の底流には民兵構想が存在していた。紙幅の関係上、ここでは高知県総代提出の「三大事件建白書」(一八八七年一〇月)に触れるに止めるが、そこでは、「政府は人民を敵視して恐れているから、常備軍で自らの身を守らねばならない。だが、もし政府が軍制を改革して『非常兵』となし、人民をして自らその国土を守らせるようにすれば、費用は安くすむし、その効果も大きい」と、常備軍の解体と民兵制度の導入が公然と主張されていた（『自由党史』下、三〇一頁、現代語訳）。

自由党はついに武力行使に踏み切るのか。事態は革命前夜を思わせた。伊藤に言わせれば、板垣は「所謂アナルキストかソシアリストと同一主義」者なのである（一八八七年六月五日付井上馨宛伊藤博文書翰）。山県内務大臣はロシア虚無党に対する弾圧法規の研究を清浦奎吾内務省警保局長に行わせ、保安条例を制定して三大事件建白運動に痛撃を加えようとしていた。

保安条例と戒厳令

一八八七年一二月二五日、政府は近衛兵二大隊で仮皇居を守護し、憲兵・警察官を増派して要所を固め、大蔵省や軍工廠・陸海軍火薬庫などの警備を厳にした。そして保安条例を発令して、旧自由党員、とりわけ土佐人を中心とする四五一名を皇居から三里外に追放

7 「三大事件」とは、外交失錯の挽回・言論集会の自由・地租軽減のことである。

した。星や片岡、そして中江兆民も追放の対象となった。建白運動は一夜にして潰えた。この時、逡巡する三島通庸警視総監を叱咤して、保安条例を断乎として実施させたのは山県内務大臣であった。一説によれば山県は「貴官がこれを行なえないのなら、余は軍隊、憲兵の力によって保安条例を実施せん」と三島に迫ったという（『板垣退助君伝記』2、五三〇頁、現代語訳）。

すでに、政府は戒厳令を制定しており（一八八二年、太政官布告）、その気になれば東京に戒厳令を布くことも可能であった。そして現に、黒田清隆（農商務大臣）は三島に対して、「近い内に戒厳令も布かれるだろうから、機密の保持に万全を期すように」と注意喚起している（八七年一二月二三日付三島通庸宛黒田清隆書翰、『三島通庸関係文書』一六二‐49）。

戒厳令が出されれば、特定の地域の行政・司法権は戒厳司令官の管理下に入り、軍法による支配が可能となり、言論集会の自由も制限される。いわば治安維持のための伝家の宝刀、劇薬である。だが、第一次伊藤内閣（山県内相・大山陸相）はついにそれを抜かなかった。

自由民権運動の全期間を通じて、鎮台制陸軍は草賊鎮圧用の軍事力として警察力を背後から支える役割を担っており、山県や大山は陸軍の治安出動には終始慎重であった。三島に対する山県の叱咤は、「天皇の軍隊」――陸軍の政治不関与――という建前を守ろうとする彼の強固な意志の発露だったといえよう。

内閣制度の動揺

以後の経緯については触れるまでもあるまい。伊藤は権力のウィングを伸ばすべく大隈重信を外相として招いたが、ほどなくして政権を黒田清隆に譲り渡した(一八八八年四月)。一八八九年二月一一日、大日本帝国憲法が公布された。ところが政局は安定するどころか、むしろ条約改正問題によって流動化し始める。黒田は条約改正を強引に推し進めたが、その内容——外国人裁判官の大審院任用を認めていた——が漏れるや世論は激しく反発し、ついには対外硬派のテロルを誘発した(八九年一〇月一八日、大隈暗殺未遂事件)。黒田内閣は機能不全に陥った。

首相に広汎な政治的リーダーシップを認めた内閣制度は果たして日本に適合的な政治システムだったのか。伊藤・黒田両内閣の迷走はそれとは逆の事態を示しているのではあるまいか。こうして、「大宰相主義」はもとより、内閣制度それ自体の見直しを求める空気が広がっていった(坂本「明治二十二年の内閣官制についての一考察」)。

一八八九年一月、徴兵令の改正によって戸主の徴兵猶予などは廃止され、国民皆兵主義が実現した。帝国議会の開設を一年後に控えて、陸軍のシステム整備は一段落を告げてい

た。

第三章　日清戦争の勝利
——徴兵制軍隊の確立

伊藤博文

山県有朋

大宰相主義の修正――第一次山県内閣の成立

一八八九（明治二二）年一二月、第一次山県有朋内閣が成立した。伊藤・黒田両内閣の機能不全の後を受けて、内外の課題に処するには山県の力に俟つしかなかった。組閣に際して、山県は天皇の特旨（特別な思し召し）によって、特に現役軍人に列せられている（『明治天皇紀』7、四四四頁）。内閣制度の見直しは急務であった。

すでに各省からは大臣の自立化を望む声が数多く上がりつつあり、大宰相主義の修正は政治的趨勢となっていた。「一介の武弁」を自ら標榜していた山県もまた、強力なリーダーシップを発揮するよりも、衆議を集めてそれを取りまとめるという政治スタイルを好んでいた。

一二月二四日、「内閣職権」に代わって「内閣官制」が公布された。大宰相主義は緩和され、首相権限から「大政の方向を指示」するとの文言が削除された。また、各省分任主義に基づいて、専任の行政事務に関する命令については各大臣が単独で副署することとなった（坂本「明治二十二年の内閣官制についての一考察」）。各省分任主義は軍部の政治的位置に大きな影響を及ぼした。なぜなら、帷幄上奏勅令の発出が軍部大臣の副署だけで可能となり、内閣からの軍部、特に陸軍の自立化傾向に法制的な裏付けが与えられたからである。「事の軍機・軍令に係り奏上するものは、天皇の旨に依り之を内閣に下付せらるるの件を除く外、陸軍大臣海軍大臣より内閣総理大臣に報告」するだけで構わないとされたのである。

陸軍の法制的自立化

帷幄上奏とは陸軍大臣や参謀本部長が閣議を迂回して、直接「帷幄」、すなわち、天皇に上奏することをいう。それは太政官時代から慣例的に行われており、その結果、本来一般国務と切り離せないはずの軍事関係法規などが、閣議のチェックを経ないまま制定されてしまうという弊害が生じていた。

薩長の一体感が保たれている間は、それは大した問題にはならなかった。井上馨の軍縮案は陸軍紛議の呼び水となったが、この時の井上の行為それ自体を越権行為だとして論難する風潮は皆無であった。ところが、第一次伊藤・黒田両内閣期に薩長間の不協和音が高まると、薩派、とりわけ大山巌陸相は帷幄上奏の範囲を徐々に拡大して文官内閣との間に軋轢を引き起こすようになる。

一八九〇年一二月、大山陸相は帷幄上奏によって「陸軍定員令」(勅令二六七号)を制定した。従来は半ば慣習的に「達」という特別な法令形式で定められていた陸軍平時編制が、「勅令」に格上げされて制定されたのである（伊藤孝夫『大正デモクラシー期の法と社会』一九六～二二三頁）。

陸軍平時編制（七個師団）は兵役の義務（憲法第二〇条）と不可分であり、国家財政にも至大な影響を及ぼす。つまり、一般国務事項として閣議に諮（はか）られるべきものだったのだが、大山はそれをあえて帷幄上奏で処理し、しかも勅令で公布したのであった。陸軍がこの調子で帷幄上奏の適用範囲を拡大していけば、文官内閣と軍人内閣という二重内閣制が事実上成立し、国家運営に支障を来すことになるだろう。

伊藤はこうした事態に危機感を募らせていた。大宰相主義の見直しの気運は第一次松方内閣でピークに達するが、それは伊藤による統帥権改革のきっかけとなる。

山県有朋の主権線・利益線論――ロシア脅威論の台頭

一八九〇年七月、第一回衆議院議員選挙が行われた。最初の帝国議会を恙（つつが）なく開会するために、政府も政党も穏健にふるまった。第一議会は同年一一月に召集されたが、立憲自由党（一八九一年三月、自由党と改称）と立憲改進党からなる民党勢力は議会の過半数を占めており、民力休養論（減税論）を唱えて時の第一次山県有朋内閣と対立した（いわゆる「土佐派の裏切り」）。だが、若干の紛糾と混乱の後、板垣ら自由党土佐派が政府支持に回ったことで予算案は成立した。憲法政治の運営能力を諸外国から疑われてはならない。文明国である証を立てるためにも、第一議会は円滑に運営されねばならなかった。

第一議会開会時の山県は内政の混乱による外交政策の動揺を憂慮していた。国家の独立を維持することは帝国臣民の共同目的であり、外交的動揺は国家の安危と密接に繋がっている。議会の開設＝立法機関の突出によって、日本の外交政策が動揺してはならない。あたかもこの時期、ロシアの極東進出や日清両国の海軍拡張によって、極東情勢、とりわけ朝鮮半島情勢は不安定化の兆しを見せ始めていた。果たして、朝鮮半島に日本はどう向き合うべきか。一八九〇年一二月六日、第一議会の開会劈頭（へきとう）、山県総理大臣は「主権線・利益線論」として有名な施政方針演説を行った。

蓋（けだし）国家独立自衛の道に二途あり。第一に主権線を守護すること、第二には利益線を保護することである。其の主権線とは国の疆域（きょういき）〔領域〕を謂ひ、利益線とは其の主権線の安危に密着の関係ある区域を申したのである。

山県は続ける。列国の間に立って日本が独立を維持するためには、主権線を守護するだけでは足らず、必ずまた利益線を保護しなければならない。この年早々に著した意見書

「外交政略論」（前掲）のなかで、山県は「我邦利益線の焦点は実に朝鮮に在り」と喝破していた。ちなみに、利益線をより詳しく定義すれば「隣国接触の勢、我が主権線の安危と緊しく相関係するの区域」ということになる。

高橋秀直の画期的な史料解釈が登場するまで、この主権線・利益線論は日本の朝鮮侵略意図を赤裸々に示すものとして理解されてきた。果たして、そういった単線的な読み方で山県の意図を捉えきれるのだろうか。彼の論理を追ってみよう。

当時、山県は天津条約を尊重しつつも、その限界を徐々に認識しつつあった。そのきっかけとなったのが、シベリア鉄道の建設に象徴されるロシアの極東進出である。天津条約は同盟条約ではないので、ロシアの朝鮮侵略には対応できない。しかも、肝腎の清国は朝鮮内政への干渉の度合いを強めている。「外交政略論」から遡ること二年前、一八八八年に書かれた意見書の中では、山県はまだ明確な戦略的方向性を提示できていなかった（山県「軍事意見書」、『山県有朋意見書』一七四〜一八五頁）。

山県の朝鮮永世中立国化構想

ところが二年後の「外交政略論」では、山県はロシア脅威論を全面に打ち出すようになる。そして、「朝鮮の独立」を前提とする永世中立国化構想を唱え始める。朝鮮を欧州におけるスイス・ベルギーのような「恒久中立」国にし、それを日清英独四ヵ国が保障することで、ロシアの侵略を未然に抑止しようというのである。

この場合、もしロシアが朝鮮の中立を侵犯したならば、四ヵ国は実力を行使しなければならない。ということは、日清両国の派兵を禁止した天津条約に抵触するということである。山県は言う、日清間の均衡を重視する天津条約体制を維持するか、それとも朝鮮永世中立国化＝日清英独による連合保護策に舵を切るか、慎重な検討が必要である、と。

ここでの山県は、日清関係の前途には非常に楽観的である。清国はロシアに対抗しようとしており、李鴻章も中立化構想に乗り気になっている。「朝鮮の共同保護主」になれば、日清両国関係も自ずと改善し、琉球問題のごときも自然に解決するであろう。山県はそうも述べている。

主権線・利益線という刺激的な表現とは裏腹に、「外交政略論」は日清融和を前提とする議論であった。それは日清開戦論の対極に位置しており、ましてや日本の朝鮮単独支配を正当化し、目標とするものではなかった（高橋秀直『日清戦争への道』二三五～二四一頁）。

だが、ロシアの極東進出が緩慢な場合、それでも英独両国は朝鮮問題に特段の関心を示すだろうか。四ヵ国による連合保護策は結局のところ日清両国による保護策となり、日清間の軋轢はかえって増大するのではあるまいか。そもそも、清国は永世中立国化の前提としての「朝鮮独立論」を本当に容認するだろうか。

主権線・利益線論の国際的・歴史的比較

主権線・利益線論は、オーストリアの国制学者ローレンツ・フォン・シュタインの国家観に触発されたものであった。自国の周辺に利益線を設定し、利益線防衛のための一貫した国家戦略を持たない国はそもそも独立国とはいえないし、列国の尊敬を受けることもできない。シュタインはそうも述べている（加藤陽子『戦争の日本近現代史』八三〜九七頁、瀧井一博『文明史のなかの明治憲法』一七四〜一七五頁）。

「帝国主義」と見紛うばかりのこうした論理は、この時代に特有のものではない。自国領土の周辺地域に戦略的緩衝地帯を想定する安全保障観それ自体は、洋の東西を問わず史上頻繁に見られるものである。

たとえば、大英帝国の欧州正面における利益線はいわゆる低地地帯（ベネルクス三国）であった。英国はこれら地域が敵対的な諸国家（ナポレオンのフランス、ドイツ帝国、ナチ・ドイツ）によって占領された場合には、必ず欧州の大戦に介入している（北岡伸一『日本政治史』一〇二頁）。二一世紀中国のいわゆる「第一列島線」「第二列島線」はどうであろうか。前者には日本列島と琉球列島弧が入り、後者にはアメリカ領グアムまでの西太平洋が包摂されるという。山県の利益線論との対称性は明らかだろう。

「利益線＝対外侵略目標」とは必ずしも言えないことは、英国のケースに典型的である。右のすべての戦争に英国は勝利したが、低地地帯を自国領土には編入していない。一方、ソ連による利益線の設定が、その東欧に対する帝国支配に他ならなかったことは、一九八九年秋の東欧革命が雄弁に物語っている。問題は各国の利益線によって囲い込まれる地域が重なっている場合、国際紛争の火種になりやすいということである。また、利益線防禦のための軍事力行使が「赫々（かっかく）たる」戦果を挙げた場合、戦勝国は当初の守勢的姿勢を放棄して、領域の帝国的支配に突き進みがちである。主権線・利益線論は対外侵略論とつねにイコールではない。だが、それは対外侵略を正当化する論理に転化する可能性をつねに孕（はら）んでいる。

平時七個師団体制

一八九三年一二月末の日本陸軍の現員数は、要塞砲兵・対馬警備隊・屯田兵・軍楽隊・憲兵隊をも含めて総計わずか六万三三六八人、七六年一二月末が三万四一二三人、壬午事変直後の八二年一二月末が四万一八七七人である。一八八二年末に比べれば一・五一倍の増加である。予備役以下の動員可能兵力や諸兵種の整備を合算すれば、壬午事変以降、日本陸軍の総合戦力は着実に向上していたといえよう（原剛『明治期国土防衛史』一三〇〜一四九頁）。

とはいえ、それ以前の軍備はおよそ近代軍の体をなしていなかったし、また山県も述べているように、七軍管＝七個師団を完全に整備し、予備役・後備役をも含めた戦時動員可能兵力が二〇万人に到達するには、毎年の徴兵による人的資源の着実なプールが必要なのであって、目標達成には「将来二十数年を期」さねばならなかった。そして、この「現今七師団の設は以て主権線〔国境線のこと〕を守禦するを期す」と明確に位置付けられており、「利益線」（朝鮮半島）の確保は当面のところ任務の範囲外であった（前掲「外交政略論」）。日清戦前の日本陸軍は治安維持軍から国土防衛軍への進化の途上にあり、基本的に国土防衛のための軍隊であった。

陸軍大臣武官専任制の廃止

さて、話を国内政治に戻そう。議会開設に伴う政党勢力の政治的攻勢はやがて藩閥権力の動揺と分裂を誘発し、明治政府は「末路の一戦」に追い込まれていく。

第一議会が憲政の予行演習なら、翌年の第二議会こそは本番であった。この間、内閣は第一次松方正義内閣に代わっていたが、健全財政主義を標榜する松方は統治構造改革に非常に意欲的であった。その方向性を一言で言えば、天皇親政的統治システムの模索であり、陸軍権力の抑制である。

第一次松方内閣は各省官制通則および各省庁官制、その他官吏俸給令等に大規模な改定を加え、冗官の淘汰と冗費の節約による経費の大幅な削減を図った。天皇はこの大改革に並々ならぬ関心を寄せ、各条について自らその可否を考察し、かつ慎重な審議を尽くさせた。一八九一年七月二四日、全七六件もの関係勅令が裁可・公布された。

この大改革の最大のポイントは、旧官制で規定されていた、「主任の事務」に関する各省大臣の総理大臣への報告義務が解除されたことである。その結果、内閣の凝集力はいっそう弱められ、各省の自治が強化された。一見唐突なこの制度改革は、連帯責任制を否定することを通じて、一省レベルの失錯が内閣総辞職のきっかけになるのを未然に防止し、政権の安定度を高めようとするものであった。

だが、各大臣の権限を強化するこうした措置は、陸軍大臣武官制が維持されている限り、二重内閣制のリスクを高めることになる。そこで、松方は陸軍大臣および次官の武官専任制の撤廃に踏み切った（七月二四日、「陸軍省官制」改正）。文官大臣・次官による軍事行政の掌握はここに制度上可能となり、帷幄上奏権が有名無実化する可能性が出てきた。陸軍から見ればまさに由々しき事態である（『明治天皇紀』第七巻、八七六〜八七八頁）。

松方正義による陸軍権力抑制の模索

それにしても、松方は政党員の陸海軍大臣就任という政治的リスクに気が付かなかったのだろうか。

恐らくそうではあるまい。松方は、明治天皇がそんなことを認めるはずもないと考えていたようである。先の官制改正の趣旨――各省自治の強化、内閣の連帯責任制の否定――とあわせて考えれば、彼は大政の総攬者としての天皇の政治的役割をそれだけ重視していたといえる。天皇親政体制への接近である。

明治一四年の政変によって大蔵卿に就任した松方は、不換紙幣の銷却を推進してインフレを終熄させ、日本の財政危機を収拾した。その財政家としての手腕には定評があるが、政治家としての評価は必ずしも高くはない。「後入斎」――後から聞いた意見にすぐ影響され、意見がブレやすい――という松方の渾名はそれをよく示している。

たしかに政局レベルでは、松方の意見は一貫性に欠けている。だが、首相としての松方はこの時期一貫して陸軍権力の抑制に腐心していた。詳しくは後で触れるが、日清戦後の第二次松方内閣でも、松方は台湾総督の武官専任制を廃して文官総督制を導入しようとしているのである。

こうして見れば、松方がなぜ選挙大干渉事件（後述）を押しとどめられなかったのか、その理由の一端がうかがわれよう。松方の官制改革は藩閥権力内部に深い亀裂を生じさせており、その結果、彼は警察権力の暴走を抑止できなかったのである。

伊藤の統治改革構想

大宰相主義の復活を期していた伊藤は、第一次松方内閣の官制改正に強く反撥した。そして天皇も大臣武官専任制の撤廃について、いまさらながら不安を感じ始めており、その可否を伊藤に質した（一八九一年八月一五日）。「是れ不可なり」。伊藤の奉答は明快であった。

もし、政党員が陸海軍大臣に就けば、軍隊は政界の余波をまともに受けるようになり、統帥大権は形骸化し、やがてそれは政治家の掌握するところとなるだろう。その結果、軍隊の政治化という忌まわしい事態が引き起こされるかもしれない。立憲君主制国家においては、君主による兵権掌握と大臣武官専任制が必要なのである。こう伊藤は説き、さらに海軍将官の寡少に鑑み、当面は陸海軍共通の大臣職を設けて人材豊富な陸軍から大臣を抜擢すべきであると述べた。

伊藤の意見はもっともであったが、朝令暮改を嫌う天皇は官制改正には消極的であった。結局、第二次山県内閣の官制改正（一九〇〇年五月）まで武官専任制は復活しなかった（『明治天皇紀』7、八九九～九〇〇頁）。

伊藤は政党内閣の登場は国制上不可避であるとしており、自ら新政党を組織することまで考えるようになる。だが、彼は「人治の人」ではなく「制度の人」（瀧井一博）であった。伊藤が作った新党であろうと政党に変わりはない。政党員の陸海軍大臣就任は、伊藤や山県が維新以来一貫して追求してきた非政治的軍隊の建設という目標を水泡に帰せしめかねない。

文官陸軍大臣の登場は差し当たり天皇がそれを阻止するにしても（現にその後も文官陸軍大臣は登場していない）、二重内閣制の弊害は制度的に除去されねばならない。こうして伊藤は大宰相主義の再導入と帷幄上奏権の縮小に乗り出していくのである。

選挙大干渉事件――薩派の暴走

一八九一年一一月に召集された第二議会では、民党勢力は減税論を引っ提げて政府に肉迫した。同年一二月、政府は建艦予算否決を受けて衆議院を解散し、藩閥政府と民党との対立はその頂点に達した。第一回選挙では自制・封印されていた、日本の政治風土の暴力性がこの時一気に溢れ出た。

明治天皇は、同一議員の再選が繰り返されれば、政府は解散に次ぐ解散を余儀なくされるだろうがそれは望ましくない、各地方長官を戒めて将来「良民」をして議員たらしむるように務むべきだ、との意向を松方に繰り返し述べた。松方は文字通り「聖旨を拝し」て各大臣を戒めた。その結果、官憲による公然たる選挙干渉が行われたのである（『明治天皇紀』8、五頁）。

翌年二月一五日の臨時選挙に向けて、日本全国で警察と民党、吏党（国民協会）と民党が暴力的衝突を繰り返した。放火や暴行も行われたが、とりわけ、高知・佐賀や熊本・石川・富山・福岡での衝突は激しかった。世にいう品川弥二郎（内務大臣）の「選挙大干渉」である。

この事件については、従来「藩閥専制」の恰好のエピソードとして扱われることが多かった。だが、そうした見方はやや皮相にすぎる。実はこの事件によって、藩閥政府は内紛と崩壊の危機に瀕していたのである。

この時、実際に干渉を主導したのは、松方―樺山（資紀、海相）・高島（鞆之助、陸相）という薩派ラインであった。「壮士次官」との異名をとっていた内務次官白根専一が指揮を執ったが、その配下の薩派系地方官の多くは勲功競争に逸りがちで、それが干渉をエスカレートさせた（佐々木隆『日本の歴史21・明治人の力量』七九～八〇頁）。

一方、伊藤博文や陸奥宗光は選挙干渉には批判的であり、とりわけ伊藤は自ら政党を組織して衆議院に多数を占めなければ、憲法体制は安定化しないと看破し、天皇に政党組織の意を上奏した。だが、天皇はそれを許さなかった（『明治天皇紀』8、一〇～一一頁）。

選挙干渉は藩閥勢力の総意によるものではなかった。干渉には予戒令（壮士取締令といわれた）や保安条例が適用され、警察がその前面に立った。高知、熊本、佐賀三県には憲兵隊も出動したが、後述する高知県の事例に見られるように、その取り締まりは多くの場合中立的であった。

政党側の戦意もきわめて旺盛であった。日本刀や仕込み杖、果ては拳銃で武装した壮士はこの戦いでも大いに活躍した。斬り込みや発砲は日常茶飯事であった。全国で死者二五名、負傷者三八八名を数えたというが、官憲に届け出るのを憚って隠蔽された事案も多かったというから、実数ははるかにこれを上回るだろう。

自由党と国民派の武闘――高知県幡多郡

ここで、特に衝突が激しかった高知県第二区幡多郡の例を見てみよう。

板垣退助の故郷高知県は自由党揺籃の地である。ところが、県内には坂本龍馬と土佐勤王党の系譜に連なる国民派（保守系）が存在しており、県知事は薩摩出身の調所広丈であった。幡多郡では国民派が優勢であり、自由党幹部林有造の出身地宿毛村は「敵中」に孤立していた。自由派は海上から武装した壮士の一隊を送り込んで、同村と連絡を付けようとした。

自由派は幡多郡を乗っ取ろうとして、一〇〇人の党員を差し向けたが、それを聞き込んだ国民派は同郡中村に屯していた党員四〇〇名で銃隊を編成し、さらにその中から二〇〇名の壮士を選抜して抜刀隊をつくった。彼らは水盃を交わして「壮士一たび去ればまた還らず」との意気込みで出陣し、佐賀〔幡多郡の漁村〕の埠頭に放列を布いて、「敵船」の来襲を今や遅しと待ち受けていた。

自由党員の乗った汽船が海岸に接近し、まさに上陸しようとした時、国民派はそれに一斉射撃を加え、弾丸は雨霰のごとく飛び来った。船には憲兵が乗り込んでいたが、彼らは危険を冒して、上陸せんとする自由党壮士を取り鎮め、同所を抜錨して下田港〔幡多郡〕に引き返させた（「大阪朝日新聞」、季武嘉也『選挙違反の歴史』六一～六四頁より現代語訳）。

これはもはや、立派な局地的戦闘である。しかも、右の事例は氷山の一角に過ぎなかった。林有造によれば、巡査は壮士を引き連れて有権者に国民派への投票を強要し、それに応じなかった者にはその場で暴行を加えたという。高知県では「警察官之尻馬に〔乗り〕、彼の国民派と唱る者、共に〔自由党員に〕暴行」を加えている。林はそう述べている（一八九二年二月一一日付小野義真宛林有造書翰、『小野梓関係文書』六三）。

憲兵隊の中立的介入

ここで興味深いのは、大阪から派遣された憲兵隊が選挙戦に「公平に」介入し、高知県民の多くがそれに強い印象を受けていることである。佐賀港の銃撃戦では、憲兵はあたかも自由派壮士を守るかのごとく汽船に同乗し、激昂する彼らを取り鎮めて下田港に無事引き返させている。また、郡内での巡査の暴状を宿毛村村長から憲兵に訴え出たところ、憲兵は有権者の保護を約束し、保安条例を県下に適用したのは自由派弾圧のためではなく、民間に出回っている武器を没収するためだと説明した。

これを一概に「弁明」だと決めつけることはできない。憲兵隊の介入によって「暴徒」の活動も鎮静化し、県官の方針も少しく変化したように見え、大いに安心した。林の証言である（前掲林有造書翰）。ちなみに、あまりの暴状に嫌気がさしたのか、高知県知事は選挙戦の最中に自らの更迭を松方に申し出ている（一八九二年二月六日付松方正義宛調所広丈

書翰、『松方正義関係文書』8、四七三～四七四頁)。

自由派側によれば、憲兵の公平な態度に接した高知県民は、あたかも「無間地獄に大悲の菩薩に逢へる思をなし」、感謝の念は湧くがごとくであったという(『板垣退助君伝記』3、二八二～二八三頁)。自由党側の言い分なので割り引きは必要であるが、陸軍に対する土佐派の感情好転の様子は十分うかがえよう。

山県と板垣の接近

第一議会での「土佐派の裏切り」以来、山県とその配下の勢力は板垣との接近を水面下で画策していた。憲兵隊の中立的態度は、薩派と警察の暴走に対する長州系の牽制的態度の表れであった。

警察の暴走は東京でも起こっていた。警視庁(警視総監は薩派の園田安賢)が政府に無断で、板垣を官吏侮辱罪で告発したのである(一八九二年一月一二日)。松方はこれを黙認したが、それを聞き及んだ伊藤の一喝に会い、結局告訴を取り下げている(佐々木隆前掲書、八一～八二頁)。

ちなみに、山県は総選挙を二回連続で行えば反政府勢力は打破できると考えており、樺山資紀などは「二度も三度も解散、終に〔憲法〕停止」と息巻いていた(一八九二年三月五日付山県有朋宛品川弥二郎書翰、『山県有朋関係文書』2、二〇〇～二〇一頁)。この場合の憲法停止とは具体的に何を意味していたのか、憲法第一四条戒厳大権の発動を考えていたのか、実態は不明である。だがいずれにせよ、それは行われなかった。文明国標準の立憲国家たらんとすれば、みだりに憲法停止などはできなかったのである。

参考までに記せば、当時の憲兵司令官は旧長岡藩士の三間正弘(みつままさひろ)である。三間はもともと警視庁に出仕していたが、西南戦争出征時(別働第三旅団参謀)に陸軍少佐の身分を与えられ、その後憲兵隊に転じて初代憲兵司令官に就任した。第二次伊藤内閣で石川県知事に抜擢されたが、第二次松方内閣の成立後ほどなく更迭されている。

そして、板垣もまた第二次伊藤内閣に内務大臣として入閣する。長州閥と自由党土佐派との提携への流れはすでに選挙干渉時から現れていたのであり、双方の関係はこれ以降急速に好転していく。

松方と薩派陸軍の対立

選挙干渉は政権内部の亀裂を深め、閣僚の辞任が相次いだ。松方もしばしば辞意を表明したが、天皇はそのつど慰留している。官制改正は完全に裏目に出て、松方は内務省の暴走をまったく抑えられなかった。品川は選挙干渉の責を引いて辞任したが、その後任人事は紛糾した。特に河野敏鎌（もと立憲改進党副総理）の内務大臣就任問題は大きく政局を揺るがした。

河野の入閣（この時すでに農商務大臣兼司法大臣であった）は、広く人材を藩閥外からも募りたいという天皇の意向によるものであった。内相就任に際して、河野は白根ら選挙干渉関係者の更迭を求めた。薩派の海軍大臣樺山資紀と陸軍大臣高島鞆之助はこれに強く反撥、河野の内相就任を阻止しようとして枢密顧問官井上毅を動かした。松方は動揺した。だが、天皇の意思は変わらず、河野は内相を兼任した（一八九二年七月一四日）。

ところが、今度は樺山と高島が辞表を提出した（二八日）。政権担当意欲を失っていた松方は即座に辞意を表明した。しかし、天皇はこれを許さなかった。松方はその施政方針を質した上で河野の内相就任を奏薦したはずである、「卿決して辞すべからず」。むしろ、陸海軍大臣の後任を速やかに選定すべきである（『明治天皇紀』8、一〇五～一〇七、一一〇頁）。

天皇の意見はまことに正論である。この時、松方が踏み止まっていれば、天皇が弱体の首相を支持して軍部大臣の横暴を抑えるという政治的先例ができたかもしれない。陸軍大臣武官専任制はすでに撤廃されていたのである。

だが、そうはいかなかった。二日後、松方はまたも辞表を奉呈した。大山巌・川上操六という薩派陸軍の重鎮二人が松方に辞職を勧告し、松方はそれを容れてしまったのである。陸海軍は後任大臣を出すどころか、それを拒否して松方の首をとった（御厨貴『日本の近代3・明治国家の完成』二六〇〜二六二頁）。

伊藤博文による陸軍定員令への介入

陸軍大臣の辞職による倒閣、あるいは陸相後任候補の奏薦困難を口実とする組閣妨害という政治手法は、この後、昭和期の陸軍によって踏襲されるようになる。もし、この時松方が持ち堪えていればと、つい「歴史のイフ」に思いを馳せたくなる。だが、それもまた歴史の後知恵であろう。

憲法運用の試行期間ともいうべきこの時期においては、政府と軍との関係はなお流動的であった。例えば、この頃天皇は近衛諸兵の編制改定（二大隊＝一連隊を他の師団並みの三大隊にする）に執心しており、なかなか実現しないのに業を煮やしてそれを枢密院議長の伊藤に諮っている（八九年月日不明）。天皇の意向は帝国議会での審議開始にあったが、伊藤はそれを承諾せず、結局、三大隊編制は実現しなかった（九〇年三月、『明治天皇紀』7、四九七〜四九八頁）。

一八九一年、天皇は三大隊編制を陸軍大臣の高島に諮ったが、彼は近衛改編には消極的であった。そこで、天皇は再度伊藤にその意見を質した（一八九一年八月、『明治天皇紀』7、八八三〜八八四頁)。陸相の意見を超えて、天皇が文官たる伊藤博文個人に陸軍定員令の細目について質しているのである。この時の伊藤の奉答の内容は不明であるが、いずれにせよ、天皇は伊藤による陸軍定員令への介入を認めていたのである。

伊藤は「陸海軍の編制及常備兵額」は閣議に諮るべきだとの持論を有しており、それを制度化しようとしていた(九三年、伊藤「内閣官制改正案」『伊藤博文関係文書』、小林「児玉源太郎と統帥権改革」八六頁)。天皇の伊藤への下問は、実は伊藤にとってきわめて好都合だったのである。ことほど左様に、当時の政軍関係は流動的であった。したがって、第一次松方内閣を打倒したこの政治手法を薩派陸軍が踏襲・悪用することもなかった。

明治政府末路の一戦——内政的危機の切迫

選挙という「文明的」制度の運用において、日本の政治風土の暴力性が露(あらわ)になったことは真に衝撃的であった。代議制システムの導入は時期尚早だったのではあるまいか。文明的政治システムの精華たる憲法の運用にも暗雲が垂れ込めた。内閣は大揺れに揺れ、閣僚の辞任が相次いだ。長州出身大臣はいなくなった。

「暴力と憲法とは両立併行すべきもの」ではない(第二次伊藤内閣「大政の方針要目」、『秘書類纂・帝国議会資料』下、六九〜七七頁)。伊藤の受けた衝撃は大きかった。山県も伊藤に呼応した。松方の無為無策は「大権之根軸を破壊し、行政之基礎を紊乱し、国家禍乱を惹起する」ものである（九二年四月一六日付品川弥二郎宛山県有朋書翰、『品川弥二郎関係文書』8、七八〜七九頁）。混乱の中で第一次松方内閣は退陣し、最後の切り札として、憲法制定者の伊藤が山県ら元勲集団を率いて第二次内閣を組閣した（一八九二年八月）。組閣に当たって、伊藤は「明治政府末路の一戦」を呼号したが、それは誇張でも何でもなかった。元勲総出で藩閥の内部対立を抑えなければ、行政権力それ自体が瓦解しかねなかったのである。

とはいえ、それは短期的な弥縫策に止まる。藩閥勢力の再結集を図りながら、伊藤は中長期的な体制安定策として大宰相主義の復活をもくろんでいた。九三年三月、彼は「大政の方針要目」を作成して、新たに設けた行政整理委員会に示したが、その項目のなかには「憲法擁護」と並んで「軍人をして濫に政事に関係せしめざる事」が挙げられていた。この時、伊藤による改革の陸軍側の受け皿となったのが陸軍次官の児玉源太郎である。

制度改革者児玉源太郎の登場

一八九二年の選挙大干渉を遠くヨーロッパから、強い危機感をもって見つめていた軍人がいた。陸軍動員システム調査のため欧州に派遣されていた旧徳山藩士児玉源太郎である。パリで騒乱の報に接した児玉は、急遽予定を変更して帰国の途についた。

児玉は自由民権運動には強い反感を覚えており、民権派地方政社の勃興を、青少年を政談に熱中させ、その前途を誤らせる「悪風習」として捉えていた。民権運動によって混乱した社会は、政府による「強硬の政策」によって整頓されねばならない。さらに児玉は、政治談議の風潮が陸軍内部に広がることを深く憂慮していた。軍人は政治とは一線を画し、天皇という普遍的・超越的存在に直結しなければならない。また、深く広い教養を身につけた貴族的軍人であらねばならない。軍人が壮士になってはならない。

古来日本では皇位簒奪陰謀はあっても、天皇の存在そのものを原理的に否定する政治思想は存在しなかった。政治がいかに有為転変しようとも、天皇に軍隊を直結させておけば、軍隊の政治化には一定の歯止めがかかるに相違ない。開国進取の国是を定めた今日、もはや尊攘論の暴走はあり得ないし、天皇の存在が革命原理となることはない。児玉はそう考えていた。

この一見反動的な見解の背後には、児玉の少年期の体験が深く影を落としている。彼は徳山藩の内紛で義兄を惨殺され、一時は家名断絶の憂き目を見た。ところが、高杉晋作のクーデターで藩論が一変するや、児玉家は一転して「功臣」となり、源太郎も徳山藩士として戊辰戦争に出征し、数々の勲功を挙げることができたのである。

昨日の逆賊は一夜にして功臣となる。ちょっとした運命の悪戯で、なんと多くの人々が政治に翻弄され、動乱のなかで斃れていったことか。義兄の暗殺とその後の児玉家の有為転変は源太郎に大きな影響を与えた。政治的なるものや政治的イデオロギーに対する強い違和感である。山県の尊王思想とはやや違う経路で、彼は天皇の軍隊こそが非政治的軍隊＝体制的安定装置たりうるとの結論に到達した（以上、小林『児玉源太郎』第三章）。

伊藤・児玉による陸軍権力縮小の試み

民権運動の攻勢の前に軍隊が政治化してはならない。ましてや、内部分裂など以ての外である。児玉の改革構想を要約すれば右の一言に尽きる。とりわけ、児玉が危惧していたのは、現在進行中の軍事案件に対する山県の極端な秘密主義であった。それは伊藤―山県間に疎隔を生じさせ、政戦両略の分裂を招き、その間隙を突いた政党勢力の容喙を招きかねない。

近い将来、伊藤内閣が成立した暁には、ぜひとも陸軍首脳部の更迭を断行して、天皇親臨の「国防会議」を設置しなければならない。伊藤・井上・山県といった「一二三伯の間」で議論を遂げ、政戦両略の密着を期し、経済状況を勘案しながら国防政策を策定すべきである。

以上の意見は井上馨経由で伊藤に伝えられた（九二年七月八日付井上馨宛野村靖書翰、『伊藤博文関係文書』6、三五一〜三五六頁)。伊藤はそれを深く意に止め、自ら組閣するや児玉を行政整理委員会の委員に抜擢した。同委員会には原敬(外務省通商局長)も出席しており、二人はこの事実上のシンクタンクのメンバーとして、伊藤の「大政の方針要目」に従って積極的な議論を交わしている。

第二次伊藤内閣は「内閣官制改正案」を秘かに起草して(九三年)、帷幄上奏の範囲を「凡そ戦略上事の軍令に関するもの」に限定し(第九条)、「陸海軍の編制及常備兵額」は必ず閣議を経て決定しようとした(第八条)。そして、陸軍側では児玉が中心となって対案を作成した。

児玉の対案には、陸軍の政治的突出を自己抑制するという意図が示されていた。帷幄上奏の主体は原則として参謀総長と監軍に限られ、参謀総長の帷幄上奏も「出師計画及団隊の編制(戦時)に関する事項」と「国防及作戦計画並に陣中要務の規定に関する事項」に限定された。そして、陸軍平時編制は「総長の起案発議を取て大臣より閣議へ提起」することになった。要するに閣議決定事項とされたのである。

また、「法律及法律施行に係る勅令並に行政に係る勅令案等」や「官制・条例・定員令の創設及改正に係る勅令案」はすべて陸軍大臣から閣議に諮ることになった。大山が推し進めてきた帷幄上奏勅令の範囲拡大路線は明確に否定され、軍政と軍機・軍令はここに具体的に区分された。

だが、この児玉案は陸軍省の省議として決定されなかった。児玉は行政手続きの簡素化を強調してこれを呑ませようとしたが、日清戦争の勃発もあってこの問題は曖昧なまま放置され、その後も帷幄上奏権の拡大・濫用は続いた（小林「児玉源太郎と統帥権改革」）。

防穀令事件と金玉均の謀殺

さて、甲申事変以降、歴代内閣は清国に対する宥和外交を展開し、外交的対立の回避に極力努めていた。だが、一八九三年頃から状況は徐々に悪化し始める。その発端になったのが防穀令（ぼうこくれい）事件である。

この事件の本体は、朝鮮咸鏡道（ハムギョンド）の地方官による穀物移動禁止措置によって損害を被った日本人商人に対する補償金問題であり、自由党系の素人外交官、大石正巳（おおいしまさみ）駐朝鮮公使の拙劣な交渉が事態を混乱させなければ、それは比較的簡単に解決されたはずであった。ところが、交渉の停滞は日本の国内世論を刺激し、伊藤内閣もまた出兵による外交圧力の強化を決意する（五月一七日）。当然、清国側も対抗出兵の意向を明らかにした。日朝間の小さな紛争は武力衝突に発展する兆しを見せ始めた。

もとより、出兵は伊藤の望むところではなかった。彼は李鴻章・袁世凱（えんせいがい）（駐韓清国總理）

ルートを通じて交渉妥結を図り、それが功を奏して朝鮮政府は日本商人への賠償金増額に応じた（五月一九日、高橋前掲書二四五〜二五二頁）。

防穀令事件は朝鮮をめぐる日清関係が薄氷の上にあることを示すと同時に、李鴻章ルートが日清提携軸として有効なことを実証した（五月一九日）。そして、それに勇気づけられた伊藤は、日清共同による朝鮮内政改革を推進すべく、腹案の作成に入った。極度の紊乱状態にある朝鮮宮廷とその政治システムに対して、日清共同で干渉・改革のメスを入れ、その混乱を未然に防ぎ、来るべきロシアの南下に備えようと考えたのである。

その際、問題になったのが日本に亡命していた金玉均の処遇である。朝鮮・清国両政府はこの「危険人物」の処分を日本政府に要求していた。そして、伊藤内閣は金の身辺に危険が迫っていることを承知しながら、その上海への密航を政略上わざと見逃した。体のよい厄介払いである。

一八九四年三月二八日、金は上海で朝鮮人の刺客の手にかかった。民党勢力は激昂して内閣に迫ったが、日清提携への環境作りを重視した伊藤は一切頓着しなかった（高橋前掲書二五五〜二五七頁）。山県と同じく伊藤もまた、日清提携の可能性には楽観的であった。

だが、その直後に半島情勢は急変する。同年五月、朝鮮南部で大規模な農民反乱が勃発し（東学党の乱）、同国は未曾有の混乱状態に陥った。

日清戦争の開戦経緯

近代日本の戦争のなかで、日清戦争ほど開戦経緯が混沌としている戦争はない。「大清帝国」との開戦に直面した伊藤や陸奥宗光（外相）はさすがに逡巡・動揺し、限定的出兵決意から宣戦布告まで二ヵ月もかかっている。しかもこの間、衆議院における内閣弾劾上奏案の可決を受けて、第二次伊藤内閣は衆議院の解散・総選挙に打って出ている。まさに内憂外患である。

東学党は燎原の火のように勢力を拡大し、五月三一日には農民軍は全州を占領した。六月三日、朝鮮政府は清国に反乱鎮圧のための出兵を要請、翌四日、李鴻章は朝鮮への派兵を命じた（八日、清国軍、牙山へ上陸）。事態を傍観すれば、朝鮮「独立」は空文に帰すだろう。六月二日、伊藤内閣は漢城（現ソウル）への出兵を決定した（混成旅団一個約八〇〇〇名を二度に分けて派兵）。これは対清開戦決意ではなく、清国の朝鮮単独支配を牽制し、日清共同朝鮮内政改革のきっかけを作るための限定的政略出兵であった。

第六議会では、自由党を除く衆議院の硬六派（立憲改進党、大日本協会、国民協会などの対外硬派の総称）は内閣弾劾上奏案を可決、伊藤は議会を解散してこれに応えた（六月二日）。弾劾の対象は条約改正問題であり、朝鮮問題ではなかった。だが、議会の解散は対清外交に大きな影響を与えた。

この間、漢城情勢は落ち着きを取り戻しつつあり、日本政府は出兵の名目を失ってしまった。混成旅団の半数はすでに出発していたが、第二次輸送部隊四〇〇〇の派兵は急遽中止された（六月一一日）。清国政府の反撥も強く、伊藤は、内乱の完全鎮定を待って日本軍は撤退し、その上で清国と内政改革問題を協議するという方針を定めた。

六月一五日、閣議は対清軍事対決を覚悟しながら、内政改革を日清共同で行うという方針を決定した。もっとも、内政改革が完了するまで日本軍は現地に止まるとされ、さらに日本単独での内政改革も辞さずという強硬な方針も付け加えられた。総選挙は九月一日に予定されており、国内世論は対清強硬論で盛り上がっていた。政府も自ずと世論の動向に配慮せざるを得なくなり、世論が対外政策を拘束し始める。山県が「外交政略論」で危惧していた事態、議会開設にともなう外交政策の不安定化は今や現実のものになろうとしていた（高橋前掲書三一〇～三七七頁）。

日本政府の動揺・逡巡

危機的状況に直面して外交的対応を積み重ねていくうちに、それが中長期的な国家目標から次第に乖離していってしまうという現象は間々見られるが、日清開戦外交などはその好例であろう。

いったん出兵したからには、何らかの成果が得られねばならない。世論の動向もあって外交方針は次第に尖鋭化し、対清妥協の可能性は急速に狭まっていった。すでに大本営も設置され、一朝有事に備えるための態勢もとられつつあった（六月五日）。六月二一日、清国政府は共同内政改革を拒否、翌二二日、御前会議は第一次絶交書と第二次輸送部隊の派遣を決定した。

以後約一ヵ月にわたって、日本政府は開戦と避戦との間で動揺・逡巡する。英露両国の介入、特にロシアの介入（六月三〇日）は政府を震撼させ、開戦方針は一度は撤回された。だが、ロシアに武力干渉の意思はなかった。

ところが、清国はロシアの後援を当てにして、日本軍の撤退を一方的に要求し、内政改革の必要性も否定してきた（七月九日）。日本政府は再び態度を硬化させ、第二次絶交書を清国政府に提出、日清関係は開戦瀬戸際の状態に立ち至った（七月一四日）。伊藤は依然として開戦には慎重であったが、陸奥外相は強硬策に傾きがちであった。明治天皇も開戦には慎重な態度を示していた。ところが、出先の大鳥圭介（おおとりけいすけ）公使は王宮包囲による開戦外交を画策しており、陸奥は大鳥に大幅な自由裁量権を与えていた。

当時の国際通信は大変不安定で、東京―漢城間の電信線はしばしば落雷その他の事故により不通になった。特に七月二三日～八月一五日の電信不通は致命的で、この間、東京の政府は現地の状況を把握できなかった。伊藤はなおも手探りで開戦回避を模索していたが、すでに現地では日清両軍の武力衝突が始まっていた（二三日、日本軍王宮を占領、二五日、豊島沖海戦）。八月一日、日本政府はついに対清宣戦布告に踏み切った（高橋前掲書三一〇～四八一頁、佐々木雄一『帝国日本の外交』一八～二四頁）。

伊藤博文による戦争指導

日清戦争の開戦過程を通観すると、陸奥外相と川上操六参謀次長の開戦へ向けての積極的姿勢が目に付く。しかしながら、伊藤と陸奥との外交路線の相違を過大評価すべきではない。陸奥外相に独断専行の気味はあったが、その外交能力を高く評価していたからこそ、後に伊藤は陸奥を帯同して下関講和会議に臨むのである。

軍部にしてもそうで、たしかに大山巌や川上、樺山といった薩派の将官たちは開戦には積極的であった。だが、開戦か避戦かという危機一髪の間において、伊藤首相は自ら統帥権に公然と介入して、出先の指揮官に命令を発出している。伊藤は勅命によって大本営に参列し、戦争指導にも直接関与していたのである。

日清・日露戦争時には、およそ、昭和期には考えられないような統帥権の運用がなされていた。大本営が設置されたからといって、軍部が内閣の裏をかいて開戦外交を推進することなど不可能だったし、山県や大山にもそうした意思は毛頭なかった（高橋前掲書五〇一〜五〇九頁、平野龍二『日清・日露戦争における政策と戦略』第二章）。

義勇兵運動の全国的展開

東学党の乱が勃発し、清国の出兵が報じられると、日本全国で義勇兵運動が澎湃と湧き起こった。

選挙大干渉の余燼は依然として日本全国で燻っていた。一八九三年七月には神奈川県高座郡で県会議員選挙をめぐって民党同士の武闘が展開された。自由党も改進党も互いに壮士を動員して、候補者宅や選挙事務所への殴り込みを仕掛けた。ここでも日本刀や拳銃が使用され、言論よりも暴力がまかり通る有様であった（『武相自由民権史料集』3、二一八〜二二九頁）。

殺伐とした雰囲気が全国に漂っていた。防穀令事件や金玉均暗殺事件でただでさえ憤激していた民権派や旧士族は義勇兵運動に雪崩を打った。高知では練武館八〇〇名の館員が義勇兵を志願した。旧水戸藩ならびに須坂藩復権士族二六八名は抜刀隊を編成し、朝鮮への出征を陸軍省に願い出た。東京府下では侠客高橋文吉が無頼の輩一〇〇〇人を糾合し、自らそれを統率して従軍しようとした。幕府の銃卒を支えた、江戸の無宿人たちの勇み肌はいまだ健在だったのである（渡辺幾治郎『明治天皇と軍事』二〇六〜二〇八頁）。

自由党本部は各地方支部に対して檄文を発して、「有事の際に処するの備（そなえ）」をなすよう号令した（六月一〇日、『板垣退助君伝記』4、五七〜五八頁）。自由党総理の板垣もまた軍人としての血が騒いだ。彼は「話が朝鮮の変乱に及ぶごとに声を高めたが、その際、『髪堅（た）ち皆（まなじり）裂くる』有様〔興奮して決意を固めた様子〕になった」という（『自由党党報』62、三〇〜三一頁）。

自由党党報には義勇兵組織を促す記事が躍った。一方、立憲改進党党報には義勇兵を募る記事は見られない。義勇兵運動をめぐる自由党と改進党の温度差は明らかである。

総選挙と運動の鎮静化

もっとも、九月一日総選挙という政治日程に鑑みれば、自由党全党挙げて義勇兵運動に狂奔するわけにはいかない。党本部は運動を抑制せざるを得なくなった。「わが党の同志が韓国のことにばかり注目し、力を選挙戦に振るわなければ、狡猾（こうかつ）な反対党はその虚を衝いて、勝敗を一気に決せんとする術策に出るかもしれない」からである（「党報・朝鮮問題と総選挙」、『自由党党報』63、二七頁、現代語訳）。

八月一日、宣戦の詔勅が渙発されるや、清国に対する敵愾心はその絶頂に達した。肥前平戸では旧藩士族が義勇団を組織し、一五〇〇振りの日本刀を用意して万一に備えた。同様の動きは日本全国で見られたが、それらは往々にして常軌を逸しており、その熱狂ぶりもあまりに極端であった。天皇はついに「義勇兵ノ如キハ現今其ノ必要ナキヲ認ム」との詔勅を発した（八月七日、『明治天皇紀』8、四七八頁、渡辺前掲書二〇六～二〇九頁）。その効果は覿面だった。運動は急速に鎮静化し、第四回総選挙も戦時気分のなかで平穏に行われた（九月一日）。民党優位の議席配分に変化はなかった。

日清戦争の勃発は旧士族社会や民党を奮い立たせたが、その根底には徴兵制軍隊を「百姓町人の軍隊」として蔑む心情がわだかまっていた。藩閥政府、とりわけ陸軍が自らそれを払拭するためには、大清帝国の軍隊を撃破して戦争を勝利に導くことが必要であった。

日清戦争と内政要因

第六議会の紛糾に直面して、山県らはまたもや「憲法停止」を周囲に漏らし始めた。しかしながら、戦時下の挙国一致的気分によってこうした議論はすぐに雲散霧消する。対外硬運動の主力は硬六派であり、自由党はそれとは一線を画していた。しかも、自由党本部は義勇兵運動の鎮静化に努めていた。旧藩地方士族が多少騒いだところで、政党組織を媒介としなければ中央政局を直接揺るがすことはできない。

一八九二年の選挙大干渉は各地で武闘を引き起こしたが、九四年夏の対外硬・義勇兵運動の「敵」は清国であり、藩閥政府や対立党派との武力衝突が予期されていたわけではない。運動のなかには、陸軍省への嘆願という形式を踏んでいるものさえあったのである。条約改正の成功＝治外法権の撤廃（七月一六日、日英通商航海条約調印）は対外硬運動の矛先を政府から清国へと逸らさせるのに大いに役立った。硬六派の中心、立憲改進党の党報（九四年六〜八月）を見ても条約改正を非難するコメントは見当たらない。

初期議会期（一八九〇〜九四年）における政治対立は、「富国強兵」の藩閥政府対「民力休養」の民党といった、相互に妥協困難な全面的対立ではなかった。歴代内閣は松方デフレによる地租の過重負担——法定地租は金額が固定されており、米価が下落すると地主の実質的負担は増大する——に十分自覚的であり、地租負担の軽減＝民力休養を推進していた。また、政府よりも対外硬的な民党は当然海軍拡張には賛成であった。それにもかかわらず、彼らが海軍拡張費を否決したのは（第四議会）、ただ単に藩閥政府に対する政治的不信任を表明するためであった。

内政危機のレベルダウン

政府が海軍拡張と民力休養を並進できたのは、松方財政に始まる健全財政主義によって毎年膨大な財政剰余金が発生していたからである。陸軍は一八九〇年にはすでに平時七個師団という軍拡目標を達成しており、初期議会期にはその質的充実とともに国内の要塞整備に重点が置かれていた。清国北洋水師の脅威は官民ともに痛感しており、したがって、要塞整備問題が政治争点化することもなかった（高橋前掲書二五八〜二九四頁）。

第一次松方内閣を危機的状況に追い込んだ藩閥勢力の大分裂も、元勲総出によって相当程度修復されていた。たしかに、陸奥宗光外相や川上操六参謀次長は早い時点から開戦論に傾いていたが、総体としてみれば、伊藤と山県・大山はよく連携していた。玉（天皇）を握っているのは彼らであり、詔勅政策の有効性は第四議会ですでに証明済み――明治天皇は建艦詔勅を発して民党の反対を鎮静化させた――であり、義勇兵運動もそれで治まった。付言すれば、一八九四年の総選挙には保安条例は適用されていない。

一八九二年に比べれば、明治政府をめぐる権力状況は好転していた。もちろん、国内世論の動向は政府の対外政策を拘束していた。だが、果たしてそれが決定的要因となって、日本は対清戦争に踏み切ったのだろうか。内政危機と半島有事とが相乗的に作用して、危機を螺旋状に増幅・拡大していったと見るべきだろう。

開戦時における長期戦予想

伊藤や山県が容易に開戦に踏み切れなかったのは、彼らが清国の実力を高く評価していたからでもあった。伊藤も井上も山県も、そして強硬外交を推進した陸奥でさえも戦争の長期化を覚悟していた。

一八九四年九月の時点で伊藤はこう述べている。短期決戦の見込みはいまだ立たない。もし、戦争が長期化すれば「内外の人民恐らく其緩慢に厭却(えんきやく)し、終に我為す所なきを公認するに至らん」。彼は戦争が膠着状態に陥り、厭戦気分のなかで、国民の多くが政府の無為無策を受け容れるような事態に陥ることを懸念していた（『続・伊藤博文秘録』一〇一頁）。それは井上も同様であった。井上は言う、日本人は一時的に沸騰するが忍耐力に乏しい、清国が「亀の子手段〔長期持久戦〕」に出れば日本は「泣寝入之姿」に陥るのではないか、と（年欠八月六日付原保太郎山口県知事宛井上馨書翰、『原保太郎関係文書』一三‐一二）。

彼らは、この戦争がどうなろうとも、清国の地域大国としての地位に揺るぎはないと考えていた。日清戦後に現実のものとなった、清国の没落・崩壊とその朝鮮半島からの全面撤退というような事態は、伊藤らにとって全く意想外の出来事だったのである（高橋前掲書四八二〜五〇〇頁）。

戦勝による戦争目的の変化

ところが、迅速な勝利によって政府の雰囲気は一変する。九月一六日、日本軍は清国軍を破って平壌(ピョンヤン)を占領した。翌一七日、今度は海軍の捷報が飛び込んできた。聯合艦隊が黄海で清国北洋艦隊を撃破し、以後、定遠・鎮遠は威海衛に逼塞(ひっそく)して活動を停止してしまったのである。「平壌陥落は実に意外之結果にて(後略)」、山県は予想外の勝利に欣喜雀躍(きんきじゃくやく)したが(一八九四年一〇月九日付井上馨宛山県有朋書翰、『井上馨関係文書』所収)、それは伊藤や井上にしても同様であった。陸軍は敗走する清国軍を追撃して満州に進攻した。

「一国が他国と戦争するときよくみられることだが、勝利を予想している国家は敗戦国との力関係の変更を恒久化するための政策を追求する。この場合国家は戦争勃発時の目的とは無関係にこの政策を追求するであろう」。「防衛戦争」はこうして「帝国主義戦争」へと転化するのである(モーゲンソー『国際政治』上、一四八～一四九頁)。

日清戦争がまさにそうであった。当初は、韓国の独立の保全もしくは保護国化をめざしていたのだが、「赫々たる勝利」の結果、それは清国領土およびその周辺部分の分割要求にまでエスカレートしていく。

朝鮮の鉄道はインドに通ずる大道なり

その兆しは山県の「朝鮮政策上奏」（一一月七日、『山県有朋意見書』二二三～二二五頁）に表れていた。この時、山県は自ら第一軍を率いて清国領内に進軍しようとしており、その高揚した気分のなかでこの上奏文は起草された。山県は言う、「朝鮮の独立」は列国に対する日本の義務であり、世界の信頼を繋ごうとするならば決してそれを違えてはならない。

だが、朝鮮の現状は国民挙げて「進取の気象」に乏しく、一時の安逸を貪って「則ち眠るの風習」があり、日本の干渉なくしては到底その独立を維持することは困難であろう。こうして、山県は日本による朝鮮縦貫鉄道（釜山～義州）の敷設と平壌以北への日本人の移民を提言する。朝鮮の独立を鉄道敷設と沿線地帯への日本人の入植によって担保しようというのである。ここには早くも、目的と手段の顚倒――やがて、朝鮮への「殖民」それ自体が目的となる――の気配が濃厚に現れている。

しかもここで注目すべきは、山県が「我が邦にして覇を東洋に振ひ永く列国の間に雄視せんと欲せば、亦須らく此の道〔朝鮮縦貫鉄道〕を以て直ちに印度に通ずるの大道」となさねばならないと述べていることである。インドうんぬんはレトリックの類であろうが、この一文は山県の心中に「東洋の盟主」意識が急速に高まっていたことを示している。

台湾・遼東半島・山東半島領有論の登場

国家理性の体現者たる山県（丸山眞男『忠誠と反逆』一二八頁）ですらそうなのだから、政党に至ってはなおさらであろう。年が明けて休戦から講和への道筋が見え始めると、自由党も改進党も講和条件を公表し始めるが、その内容は開戦時の戦争目的――朝鮮の独立擁護――からはかけ離れたものであった。自由党は吉林、盛京、黒竜江の三省および台湾を、改進党は清国の崩壊を前提に山東、江蘇、福建、広東の四省をそれぞれ我が国に割譲させるべしと論じていたのである（陸奥宗光『蹇蹇録』一二五頁）。

戦勝熱は軍人の間にも広がっていた。当初、海軍は遼東半島割譲よりも台湾領有を重視しており、樺山資紀海軍中将などは、遼東半島を朝鮮の領土に編入し、日本は朝鮮からそれを借り受ければ十分だとの見解を有していた。なんと朝鮮による南満州併合が構想されていたのである。一方山県などは、遼東半島は我が軍が多大の犠牲を払って略取した土地であり、なおかつ、同半島の地政学的な重要性――朝鮮の背後を押さえ、北京の喉元を扼する――に鑑みても、「是非ともにこれを領有せざるべからず」と主張していた。樺山・川上両中将は遼東半島に加えて山東半島の大部分をも併合すべきであるとの意見を御前会議で開陳している。樺山は遼東併合容認論に意見を変えたのである。

南進論の潮流も存在していた。陸軍でそれを唱えていたのは児玉源太郎と恐らくは桂太郎である。児玉は山県が北京攻略作戦（後述）を唱えていた頃から台湾攻略の急務を訴えており、桂は第三師団長として満州内陸部の海城で越冬した時の経験から、遼東半島の領有は経済的に引き合わないとし、領有反対論を部内で唱えていた（以上、陸奥前掲書二二三〜二二四頁、『桂太郎自伝』一三三〜一三四頁、一八九四年一一月七日付川上操六宛児玉源太郎書翰、『川上操六関係文書』所収）。ちなみに、樺山、桂、児玉は後に全員が台湾総督に抜擢されている。

伊藤の戦争指導と児玉による後方支援

戦勝の果実を確実にし、なおかつそれを拡大するためには短期決戦で速かに決着を付けねばならない。列強の介入を恐れる大本営は清国の死命を制するための直隷決戦、北京攻略作戦を強く志向していた。出征中の山県やその隷下の桂第三師団長も直隷決戦論者であり、桂は鴨緑江を超えて清国領満州に侵入した（一二月一三日、海城占領）。

だが、進撃はそこまでだった。黄海海戦の勝利にもかかわらず、定遠・鎮遠はいまだ健在であり、聯合艦隊は黄海の制海権を十分掌握できなかった。大本営は渤海湾北部への陸兵揚陸作戦を断念せざるを得ず、冬季直隷作戦は実施困難であった。また、海城奪還をめざす清国軍の攻勢を桂は凌がねばならなかった（平野前掲書九一〜一一四頁）。

大本営では伊藤博文が陸軍の〝無謀な賭け〟を断乎として斥けていた。伊藤は総理大臣として大本営に乗り込み、最高国策と戦略との調整に尽力してそれを達成した。彼は大陸への深入りはあまりにリスクが大きく、仮に日本軍が北京を攻略できたとしても、皇帝が蒙塵(もうじん)して大清帝国が事実上の無政府状態に陥れば、講和会議の前提条件——敵国における責任政府の存在——を破壊することになると考えた。

伊藤の戦争指導は水際立っていた。彼は相次ぐ勝利の報せに理性を曇らせることなく、彼我の国力を冷静に比較考量した結果、講和への捷径は、北洋艦隊の拠点たる威海衛(いかいえい)や台湾を占領し、清国を海洋から圧迫することにあると看破した(伊藤「威海衛を衝き台湾を略すべき方略」)。この方針は実行に移され、威海衛は日本の手に落ち(一八九五年二月一二日)、丁汝昌は毒杯を仰いで自決した。長年にわたって、日本本土への直接的脅威となっていた清国北洋水師はここに壊滅、定遠は自沈し、鎮遠は鹵獲(ろかく)された。ちなみに、台湾攻略作戦の準備も進められていたが、その実行は講和後に持ち越されている。

この間、山県は第一軍司令官の任を解かれ、内地に召還されている(九四年一一月二九日、勅使差遣)。戦地で重患に陥ったためであったが、それは伊藤にとって非常に好都合であった。なぜなら、内地で療養させることを通じて、山県が彼本来の慎重さを取り戻すことを促し、伊藤と協力して政戦両略の調整を行わせようというのが明治天皇や伊藤の考えだったからである（平野前掲書一一〇頁）。山県の内地召還は伊藤と山県の相互信頼関係の深さを再確認させるきっかけとなった。以後、山県は伊藤と協力して（三月七日、陸相就任）、下関での講和条約をまとめ上げていく。

日清講和条約

日清両国の講和交渉は広島で始まったが（一八九五年二月一日）、この間、清国軍は南満州内陸部の要衝、海城の奪還をめざして波状攻撃を仕掛けてきた（一月中旬〜二月一杯）。この時もし海城が奪還されていたら、交渉難航は免れなかっただろう。だが、木越安綱（きごしやすつな）参謀長の活躍もあり、桂第三師団長は海城を死守した。それは全権たる伊藤・陸奥に対する恰好の援護射撃となった。

桂を刀筆（とうひつ）の吏（り）（小物の役人）扱いしていた高島鞆之助ら薩派豪傑軍人連は顔色（がんしょく）を失った。だが、桂の得意は高島の反感を買い、彼らは後に陸相ポストをめぐって争うことになる。

黄海の制海権を盤石のものにした日本は、いよいよ直隷決戦の準備を本格化させた。常備軍七個師団すべてが動員される一大決戦を大本営は実行に移そうとしており、征清大総督（小松宮彰仁親王）自ら全軍を率いて出征することになった。すでに、日清講和会議は舞台を下関に移して始まっていたが、伊藤と陸奥は大遠征軍の下関通過を巧みに利用して清国側全権李鴻章に外交的圧力をかけた。それもあってか、一ヵ月という比較的短期間で交渉はまとまった（平野前掲書一一三〜一二二頁）。

出来上がった講和条約では朝鮮の独立に加えて、台湾と遼東半島の領有が講和条件に加えられた。山東領有論は却下され、南満州そのものの領有は遼東半島に局限された。伊藤・陸奥の努力と山県の側面支援によって、陸海軍や民党の野放図な領土拡張要求は相当程度、否、劇的に抑制されたのである。陸奥外相は後に当時を回想して次のように述べている。事後的な弁明の嫌いはあるが、そこには一片の真実も含まれているように思われる。

戦勝の狂熱は社会に充満し、浮望空想殆どその絶巓に達したるにおいて、もし講和条約中特に軍人の鮮血を濺いで略取したりという遼東半島割地の一条を脱漏したらんには、如何に一般国民を失望せしめたるべきぞ（陸奥『蹇蹇録』三六八頁）。

その後の経緯はよく知られている。一八九五年四月一七日、日清講和条約が締結され、一、朝鮮の独立、二、遼東半島・台湾・澎湖諸島の割譲、三、賠償金二億両の支払いなどが取り交わされた。だが、間もなく露独仏三国の干渉に遭遇し、日本は賠償金の増額と引き換えに遼東半島を清国に返還した（五月四日、閣議決定）。露独仏三国は日本の「帝国主義」を容認しなかったのである。

乙未事変とロシアの朝鮮進出

日清戦争の結果、清国の影響力は朝鮮半島から一掃された。この間、日本は日韓暫定合同条款で京仁（京城―仁川）・京釜（京城―釜山）鉄道の敷設権を獲得し、さらに朝鮮と攻守同盟を取り結んでいた。

ところが、三国干渉の衝撃が潮目を変えた。第二次伊藤内閣は対露宥和に大きく踏み込んだ。ロシア政府から朝鮮独立方針の確認を求められた同内閣は、「将来の対韓政略は成るべく干渉を息め朝鮮をして自立せしむるの方針」、すなわち、「他動の方針」をとり、日韓暫定合同条款で日本側が獲得した京仁・京釜両鉄道の敷設権などの諸権益も「強て実行せざることを期す」、との閣議決定を行っている（一八九五年六月四日）。

日本勢力の後退は朝鮮国内における反日的気運を高めた。王后閔氏はその中心人物であった。一〇月八日、日本公使三浦梧楼は領事館・守備隊・日本人壮士らと図って、王后を暗殺した（乙未事変）。これは三浦らが政府の承認を得ずに行った暴挙で、壮士らを王宮に乱入させ王后を惨殺するという蛮行は国際的にも大きな非難を浴び、翌年の朝鮮国王露館播遷事件の伏線となった。

事件には総理大臣金弘集や外部大臣金允植も関与しており、書記官杉村濬と前内部協辦兪吉濬が具体的な計画を立案し、日本軍守備隊とともに韓国軍訓練隊も加わっていた。王后については、朝鮮に「圧制と残忍と腐敗」をもたらした人物であるとの声が朝鮮国内で上がっていたことも事実であり、この事件を「日本側の一方的な蛮行」という評価だけで片付けることはできないが、それにしても暴挙は暴挙である（月脚達彦『福沢諭吉の朝鮮』二〇三～二〇六頁）。

侵略と連帯の間

近代日朝・日中関係史においては、政府間・国家間の関わり合いと同時に、在野勢力同士のそれもまた重要である。両者は複雑に絡み合っており、それらは相互に影響し合いながら総体としての日朝・日中関係を推し動かしている。

その場合、朝鮮・中国に対する優越感・蔑視感が侵略論にストレートに繋がっているわけでは必ずしもない。もちろん、そうしたケースも存在するが、かの国の開明派・革命派に対するシンパシーに基づく「連帯行動」が、成功すればまだしも失敗・敗北に帰し、結果的に「内政干渉」や「侵略行為」という汚名を蒙ってしまった事例も間々ある。

甲申事変などはその好例であろう。福沢諭吉が金玉均ら朝鮮開化派にいかに大きなシンパシーを抱いていたか。そしてそうであったがゆえに、甲申事変後の「反動的」事態に福沢は絶望せざるを得ず、「脱亜論」という激烈な論説を草して、対朝鮮関与の抑制を説いたのであった（坂野潤治『明治・思想の実像』第一章）。

日本は混沌たる半島情勢に巻き込まれていったのか、それとも自ら進んで首を突っ込んだのか。二者択一論や善悪二元論ではすまされない、事態の複雑さがそこには存在している。

とはいえ、この時の三浦には朝鮮および朝鮮人に対するシンパシーは稀薄だったろう。彼の内面を窺い知ることは困難だが、明治一九年の陸軍紛議以来の窮境を一気に挽回しようという政治的野心に駆られていたことは否定できないように思われる。三浦は召喚されて裁判に付せられた（「証拠不十分」で無罪）。朝鮮における日本の勢力はいっそう後退し、ロシアの進出が顕著となった。

一八九六年二月、ロシア公使は在漢城公使館警備の名目で水兵を駐屯させた。全く皮肉にも、日本は清国という前門の虎を撃攘したが、かえってロシアという後門の狼を招き入れてしまったのである。九七年、朝鮮は国号を大韓帝国と改め、国王は皇帝の位に着いた。清国からの独立はここに達成された。しかし、強大なロシアの力が北辺から迫りつつあった。[1]

1　日清戦争での日清および朝鮮政府軍による捕虜や住民に対する虐殺行為については、大澤博明『陸軍参謀川上操六』（吉川弘文館、二〇一九年）に詳しい。当時、第一次条約改正（治外法権撤廃）を済ませたばかりの日本は列国の視線を極度に気にしており、日本軍には「文明の軍隊」としての規範がそれなりに備わっていた。一方、清国軍や朝鮮政府軍、ましてや東学党にはそうした意識は著しく稀薄であった。日本軍による「旅順虐殺事件」（一八九四年）は以上の文脈のなかで発生した報復的不祥事件である。なお、当時の朝鮮社会については、本間九介著、クリストファー・スピルマン監修・解説『朝鮮雑記』（祥伝社、二〇一六年）を参照のこと。

第四章　「憲法改革」と日英同盟

桂太郎

児玉源太郎

日清戦後の陸軍軍備拡張——平時一三個師団計画

一八九六年（明治二九）、陸軍はそれまでの平時七個師団態勢を一挙に一三個師団にまで引き上げる大軍備拡張に着手した。戦時ロシア陸軍が極東に派遣するであろう兵員数（戦列員だけでも三〇万人）を軍備標準として、平時定員は約一五万四〇〇〇人、戦時定員は野戦部隊だけで二九万四〇〇〇人（一・五倍動員）、戦時総兵力は五四万一二〇〇人という軍備整備目標が設定され、一九〇九年度の完成が見込まれていた。その目的は主権線の防衛のみならず、利益線の擁護にもあった。

当初、山県陸相は七個師団という枠組みを維持したまま、師団の戦時戦闘力を現行の約二倍に拡大するという計画を練っていた。一方、川上ら参謀本部は一四個師団整備を主張していたが、財政の関係上一三個師団となった（一八九五年四月一五日付山県「軍備拡充意見書」、『山県有朋意見書』二二八〜二四〇頁、『宇都宮太郎日記』一九一〇年九月一七日）。

一見、薩派の大軍備拡張路線が山県ら陸軍省の消極路線を押し切ったかのような印象を受けるが、山県案でも一個師団当たりの歩兵定員は約一・八倍に拡大されており、両者間の量的ギャップは見かけほど大きくはない。両者の真の争点は、軍団制の再導入に山県が傾いていたのに対して、川上らが師団制の堅持を主張した点にあった。ちなみにこの時新たに、札幌、弘前、金沢、姫路、善通寺(ぜんつうじ)、小倉に師団司令部が設けられている。

ところが、北清事変(一九〇〇年、義和団の乱)にともなうロシア軍の満州占領などにより、この計画は修正を余儀なくされる。当時の財政逼迫状況を勘案して常設師団の増加こそ見送られたものの、一九〇三年秋期までに平時定員は約一六万三〇〇〇人に増強され、〇四年度には当初計画を大幅に繰り上げて五四万人動員態勢が実現した。

海軍の六・六艦隊計画

日清戦後の海軍拡張計画は英仏または露仏両国が極東へ回航可能な海軍力を想定して、甲鉄戦艦四・装甲巡洋艦四を一八九六年度からの一〇ヵ年計画で建造するというもので、その予算規模は一八八三年度に開始された対清軍備一〇ヵ年計画の約一二倍もの巨額に達していた(二億一三二一九万円、「六・六艦隊」計画)[1]。

そして一九〇一年以降ロシア太平洋艦隊が急速に増強されると、それに対抗すべく「第三期海軍拡張計画」が立案・実行された。これによって、戦艦三・装巡三が一九〇三年度からの一一ヵ年計画で建造され(予算総額九九八六万円)、さらに装巡二隻の緊急輸入も断行

1 戦艦六・装甲巡洋艦六からなる艦隊のこと。

された。海軍は六・六艦隊で日露戦争に突入し、戦争終結時までその勢力はおおむね維持された。

海軍の膨張ぶりが印象的だが、それを可能にしたのが清国からの賠償金と英国からの金融的・軍事的支援であった。賠償金はロンドンに在外正貨としてプールされ、一八九九年以降にはポンド建て公債が発行された。日清戦後の日本海軍は主力艦のほとんどを英国から輸入していたが、その背景には金本位制への移行（一八九七年）による日英間の経済的紐帯の強化が存在していたのである。日英同盟成立（一九〇二年）の背景には中国に対する門戸開放原則が存在しており（北岡伸一『門戸開放政策と日本』一～八頁）、その軍事的・経済的前提条件はすでにこの頃から形成され始めていたのである。

帷幄上奏権問題の再燃

話を陸軍に戻そう。平和克復とともに、戦時下凍結されていた帷幄上奏権問題も再燃した。

事の発端は、大山巖陸相が陸軍雇員給与の支給という些細な行政事項を帷幄上奏してから閣議に諮ったことにあった（一八九六年四月）。伊藤首相はこれに激怒し、大山の請議を撥ねつけると同時に、帷幄上奏権の濫用を戒める通牒を陸海軍大臣に送り付けた。

ところが、これだけでは済まなかった。大山は「陸軍平時編制」(平時一三個師団)を参謀総長との帷幄上奏によって制定し(二月。従来の「陸軍定員令」は廃止)、すでに三月三一日付で軍備の「追加」手続きは執られていた。その狙いは平時編制の公示を止めて、軍備の機密を高めることにあったが、当の陸軍内部からも陸軍軍備の聖域化に反対する声はあがっており(前年一二月、長南政義『児玉源太郎』一三八〜一三九頁)、その意見を容れてか、一三個師団整備に関する予算案は第九議会に提出され、その間「平時編制」の勅令公布は見送られていた。つまり、この時まで「定員令」の廃止手続きは見送られていたのである(二月二四日付高級副官通牒、『陸軍省　弐大日記　廿九年六月』)。

すでに陸軍拡張費は第九議会を通過しており、いつまでも事態を放置しておく訳にはいかなかった。結局、大山は雇員給与問題直後という最悪のタイミングで「平時編制」の制定を伊藤に通知する羽目に陥った(五月)。伊藤の面子は丸潰れである。平時編制は国家財政に大きな影響を及ぼす重大事項であり、同様の事案(海軍定員令)を海軍は事前に閣議に諮っていた。

「児玉次官ノ懇請」

これは明らかに「陸軍省の失計」であったが、児玉源太郎陸軍次官は当時たまたま病気療養中であり、事前に手続きをチェックできなかった。実務に復帰した児玉は伊藤に「懇請」して、前年末に首相の承諾を得たように書類上の体裁を整え、どうにか事態を収拾した（伊藤孝夫『大正デモクラシー期の法と社会』二二五〜二二六頁、小林「児玉源太郎と原敬」三九頁）。

無用な混乱を回避するためにも、軍政・軍令の境界線の明確化と帷幄上奏権の行使限定は急がれねばならない。翌九七年には、内閣法制局長官の神鞭知常（こうおちともつね）（第二次松方内閣・進歩党）から児玉次官に対して、かつての児玉案をほぼ踏襲した照会があったが、児玉は、この件は行われ難いので、「当分預リ置クヘキ旨」回答している（三月）。当時の児玉の政治力では、この問題に決着を付けることはできなかったのである（前掲「児玉源太郎と原敬」三九頁で指摘済み）。帷幄上奏権問題は伊藤・児玉―大山の間に小さな、だが、取り扱いのむずかしい溝を穿（うが）ちつつあった。

日清戦争を通じて、児玉陸軍次官は事実上の陸軍大臣として山県出征中の軍事行政全般を統括し、勝利に大きく貢献した。また、臨時陸軍検疫部長として事務官長に後藤新平（ごとうしんぺい）（元内務省衛生局長）を抜擢し、二三万人もの復員軍人・軍属に対する検疫作業を見事に成功させた。文官が軍人を指揮することに部内では異論もあったが、児玉は全く意に介さなかった。

陸軍の権限をいたずらに拡大することなく、委任できる業務は積極的に文官に委ねる。軍隊の非政治化を追求しつつも、行政と軍事とのバランスを統治機構全体のなかで考えていく。こうした児玉の姿勢を伊藤は高く評価しており、伊藤―児玉の連携はやがて国制改革レベルへと展開していく。

日清戦争とは何だったのか――ロシアの朝鮮進出

それにしても、日清戦争とはいったい何だったのだろうか。ロシアの朝鮮進出に直面した多くの日本人は、そう自問自答したに違いない。朝鮮は清国から独立し、日本の本来の戦争目的は達成されたはずであった。だが、清国の急速な勢力後退はロシアの朝鮮進出のきっかけとなった。対韓政策が躓(つまず)いたことで、日本は「殆ど〔日清〕戦争の功果を没却」してしまったのである（山県「北清事変善後策」、『山県有朋意見書』二六二頁）。

新たな事態に日本政府は対応を迫られた。まず、北方ではロシアとの緊張緩和が模索された。一八九六年六月、ニコライ二世の戴冠式に出席した山県はロバノフ外相と会談して、ロシアの駐兵権など、その朝鮮における地歩を一定程度容認した。ちなみにこの会談の席上、山県は北緯三八度線を日露の勢力分界線とすることを提案している。

当時、ロシアは満州を横断して沿海州にまで達する東清鉄道の敷設権を秘密裏に獲得していた（六月、露清密約）。とはいえ、シベリア鉄道は全工程の半分あまりしか開通しておらず、ウラジオストクは孤立した港湾にすぎなかった。ロシアの軍事的脅威は潜在的には大きかったが、いまだ差し迫ったものではなかった。

北守南進論の登場

こうした状況の中で、新たな国策構想として急浮上したのが「北守南進論」である。朝鮮においてはロシアとの勢力均衡を保ち（「北守」）、新領土台湾を拠点として揚子江下流域から福建省にいたるまでの中国本土に対する経済的・貿易的発展を図る（「南進」）という国家戦略である。

陸軍でそれを最初に説いたのが第二代台湾総督の桂太郎であった。桂は言う、朝鮮半島における日本の潜在的勢力は非常に大きいから、万一朝鮮が「瓦解土崩」しても、列強は日本の勢力を慮って容易に手を出せないだろう。むしろ、危ないのは清国である。疲弊した清国の崩壊は列強の予想するところであり、もし事が起これば、彼らは清国の領土的分割に乗り出すだろう。そうなったら、日本もまた「南清福建一帯の地」を領有すべきである（『公爵桂太郎伝』乾、七〇七～七三三頁）。

桂は閔妃惨殺事件以降の日本勢力の全般的後退、ロシア勢力の朝鮮進出をほとんど気にかけていなかった。遼東還付の屈辱は「臥薪嘗胆（がしんしょうたん）」という国民的スローガンを生んだが、それは、韓国や南満州をめぐるロシアとの抗争を歴代政府が覚悟し、それに備えていたということではない。日清戦後の日本政府が国是としていたのは北守南進であり、しかも、それは「国是」化される過程で経済進出論へと変容を遂げ、対象地域も福建省から揚子江下流域、さらには「南洋」全般へと拡大していく。詳しくは後で述べるが、その行きついた先が一九〇二年の日英同盟であった。

台湾経営の混乱と陸軍

北守南進という新国是を実行に移す場合、決定的に重要なのは南進の拠点としての台湾統治の安定である。ところが、当初それは混乱状態にあり、歴代台湾総督はその克服に苦しんでいた。

日本軍が台湾に上陸してその平野部の平定に乗り出したのは、下関講和条約締結後の一八九五年五月下旬のことであった。現地では清国の統治権力は急速に崩壊し、さまざまな武装集団が活動を活発化させていった。なかでも「土匪（どひ）」と呼ばれる土着武装集団の反抗ははなはだしく、日本は「外征」戦争として台湾統治を開始せざるを得なかった。

政府は台湾総督府を「軍事官衙」として位置付け、初代総督には台湾領有論者の樺山資紀海軍大将が起用された（九五年五月）。六月一七日、総督府による軍政が開始された。伊藤は台湾統治が憲法秩序を揺るがすことを懸念しており、軍政継続に名を借りた陸軍政治権力の肥大化を抑止すべく早期の民政移行を求めていた。

一八九六年四月、民政機関としての台湾総督府が設置された。だが、薩派（川上操六参謀次長）の抵抗によって、総督の任用資格は陸海軍大中将に限定され、伊藤らが想定していた文官総督制は実現しなかった（『原敬日記』一八九六年二月二日）。こうして、武官総督が軍事指揮権はもとより、広汎な行政権や事実上の立法権までも掌握する、「内地」とは異質の権力空間が生まれた。

高島による桂排斥

伊藤は総督の権限を掣肘（せいちゅう）すべく新たに拓殖務省（たくしょくむしょう）を設けたが、恐らくは薩派に配慮したのだろう、大臣には豪放で鳴らした高島鞆之助が起用された（九六年三月）。一方、民政移管にともなう新総督に伊藤は気心の知れた桂太郎を抜擢した（六月）。伊藤は桂と連携して台湾経営を進めるつもりであった。

桂の台湾経営論は殖産興業的識見に富み、なおかつ警察力の有効利用を説くという文治主義的なものであった。伊藤と桂それに西郷従道は台湾沿岸部と対岸福建省厦門（アモイ）の視察旅行を済ませており（六～七月）、双方の政策構想のすり合わせは十分であった（『公爵桂太郎伝』乾、七〇七～七三三頁）。ところが、桂は就任早々に総督辞任を余儀なくされる。

第二次伊藤内閣は自由党総理の板垣退助を内相に迎え入れたが（四月）、伊藤が大隈重信の入閣を打診したことに板垣が反発して、内閣は総辞職に追い込まれた（八月二八～三一日）。組閣の大命は松方に降下した。薩派陸軍とむずかしい関係にあった松方は桂に陸相就任を乞うた。しかし、桂嫌いの高島拓殖務相がそれを容認するはずもなく、紛糾の末に高島が陸相を兼任し、桂は東京防禦総督という閑職に追いやられた。

高島は強大な権力を手中に収めた。だが、行政的手腕に乏しい高島に「両刀使い」はもとより困難であった。陸軍軍政のみならず、台湾経営の混乱も目に見えていた。山県は薩派と近しい乃木希典（のぎまれすけ）（長州）を台湾総督に据えて、この窮境を乗り切ろうと考えた。だが、乃木も行政は不得手であり、事態はいっそう混乱した。

松方と薩派陸軍の再衝突——台湾総督文官制問題

台湾統治最大の不安定要因は、「土匪」の拡大再生産が止まらないことにあった。初代樺山資紀から第三代の乃木希典に至るまで、歴代武官総督は軍隊と憲兵の武力で土匪を討伐しようとしたが、それは往々にして一般住民、いわゆる「良民」の無差別的殺戮を誘発してしまった（一八九六年六月、雲林事件など）。被害を蒙った良民は自ら土匪集団に身を投じ、そのため土匪の「猖獗」は一向に止まなかった。

治安状態の悪化は、当然のことながら租税徴収の停滞をもたらす。その結果、台湾経営費、とりわけ本国一般会計からの財政補充金は国庫を大きく圧迫するようになり、第二次松方内閣は財源を補塡するために禁じ手の地租増徴を決意する。

事態を憂慮した明治天皇は、松方に文官総督制の導入を検討するよう指示した（一八九七年夏）。松方は聖旨を拝して文官総督制案を閣議に諮った。第一次内閣で陸軍大臣武官専任制を廃止した松方は、今度は武官総督制にピリオドを打とうとしたのである。ところが、高島はより強力な軍政を布くための総督府の軍司令部化をもくろんでおり、閣議は紛糾、容易に結論を得られなかった。一〇月九日、松方はその苦衷を上奏し、さらに自らを罷免してほしい旨、徳大寺実則侍従長に涕泣しながら申し入れた。

結局、文官制導入は見送られた（一〇月「台湾総督府官制」制定）。なお、この時までに拓殖務省は廃止され、以後、台湾総督府は内閣の緩やかな統制下に置かれるようになった（九月、『明治天皇紀』9、二九五～二九六頁、三一四頁、三一七～三一八頁、三二〇頁）。

この時、与党進歩党が松方を支持していれば、内閣はまだ持ちこたえたかもしれない。しかし、政党勢力は自由党も進歩党も地租増徴には反対であった。一一月六日、大隈外相兼農商務相はついに辞表を奉呈した。薩派と進歩党との提携は崩れた。

高島陸相による壮士・博徒の動員

一方、内閣の実権を握った高島らは自由党との提携を画策しており、陸相自ら自由党の壮士の一部を買収し、さらに博徒をも動員して党議を実力で動かそうとした。

一二月一五・一六日にわたって開催された自由党大会は文字通り「血の雨が降る」有様となった。提携派（松田正久・奥宮健之ら）と非提携派（林有造・片岡健吉ら）双方が動員した壮士（三多摩壮士だけでも一五〇～一六〇人）は、博徒を交えて会場で大乱闘を演じた。この時、議長の片岡は壇上から自派の壮士に対して「斬て仕舞え（中略）正当防衛じゃ、早く斬って仕舞うが宜い」と叱咤したという。結局、巡査の立ち合いのもと討議は再開され、非提携説が多数を占めた。高島らの暴力的介入は失敗に終わった。

一六日の党大会に臨むにあたって、片岡は懐中に短刀を忍ばせていたという。板垣同様片岡もまた士族的エートスを濃厚に引きずっていたのである（川田瑞穂『片岡健吉先生伝』七〇六～七一五頁）。それにしても、高島らの策動があったとはいえ、党議決定に提携・非提携両派が壮士や博徒を動員して臨んだことは、日本の政党政治のあり方を考える上で看過してはならない出来事である。

当時駐米公使の任に就いていた星亨は弁護士出身でもあり、日本の政党のこうしたあり方を内心苦々しく思っていた（有泉貞夫『星亨』二七四頁）。星が伊藤と提携して「知的シンクタンク」（瀧井一博）たる立憲政友会を創立する、その内面的動機はすでにこの頃から萌していたように思われる。

一二月二五日、内閣不信任案に対して松方は議会解散で応え、あらためて天皇に辞表を提出した。組閣命令は再度伊藤に下り、第三次伊藤内閣が超然内閣として成立した（一八九八年一月）。満を持していた桂に伊藤は白羽の矢を立てた。桂陸軍大臣がここに誕生した。

薩派陸軍の没落と山県閥の台頭

第二次松方内閣の崩壊は、薩派全体の影響力の低下を如実に示す出来事であった。同派出身の陸軍大臣は第二次松方内閣の大山・高島をもっていったん断絶し、第二次西園寺公望内閣の陸軍大臣に上原勇作が就任するまで、約一四年間にわたって、陸相ポストは桂―児玉―寺内―石本新六（兵庫）という長州系によって独占された。そして、その後も桂系の木越安綱や高知出身の楠瀬幸彦を例外として、岡市之助―大島健一―田中義一―山梨半造と、長州および山県系出身者が約一〇年にわたって陸相ポストを占め続けた。桂以前の陸軍大臣のほとんどが大山、西郷、高島の三人でたらい回しされていたことと比べれば、桂の陸相就任がもつ画期的意義は明らかだろう。それは長州閥による陸軍省掌握への転換点となったのである。

高島による自由党大会に対する暴力的介入は、もはや「干渉」どころではなく公然たる破壊工作であった。薩派の没落の一因としては、こうした過度の実力行使志向もまた与っていたように思われる。

なお、川上操六は一八九九年五月に急逝するが、この次代のホープを失ったことも薩派陸軍には大きな打撃となった。その勢力は参謀本部に限定されるようになり、一八九八年一月から一九〇六年四月まで、日露戦争中の山県（〇四年六月〜〇五年一二月）を除いて参謀総長ポストは川上と大山が押さえた。

山県閥はたんなる郷党閥ではなく、そこには多士済々たる軍人が集まっていた。その秘密は山県の大局的な人事運営にあった。彼は、軍人の価値は戦場での活躍にすべてを還元できるものではなく、銃後での兵站（へいたん）業務なども戦場での働きと同様に評価されるべきであると考え、陸軍武官進級条例の改正に尽力した（一八九五年四月）。

非戦闘部門に対する周到な眼差しを山県がもっていたからこそ、彼の下には野戦指揮官タイプ以外の多彩な人材が、狭い郷党を超えて集まるようになったのである。実戦重視の論功行賞システムは戦あってのものであって、平和な時代には機能しない。日露戦後の「やや長い平和」の時代に、山県系が薩派を圧倒するようになる所以である。

児玉による台湾統治の立て直し――憲兵政治の排斥

一般的にこの時期の政治史は地租増徴問題を中心に説明されることが多い。だが、それはやや皮相な見方であろう。地租増徴のきっかけとなったのは台湾経営の混乱であり、台湾という異質な権力空間の出現であった。この状態を放置するならば、明治憲法体制は変質を余儀なくされ、内閣の求心力は低下せざるを得ない。伊藤の危機感はいっそう強まっていった。

伊藤は台湾統治立て直しの重任を児玉に託すことにした。一八九八年二月、児玉は第四代台湾総督に就任した（民政局長には後藤新平を抜擢）。

児玉・後藤はまず土匪「討伐」方針を改めて、土匪集団内の元良民に対してはその「帰順」を認め、「真正の土匪」、つまりはアウトローもしくは政治的集団にのみ武力行使を限定した。そしてその過程で、従来膨張に膨張を重ねていた憲兵隊の縮小を断行し（一八九八年一一月「台湾憲兵隊条例」改正、一九〇四年には従来の三憲兵隊は一憲兵隊にまで縮小）、対土匪政策を警察に担わせることにした（『台湾憲兵隊史』一九～二九頁）。土匪は軍による討伐の対象ではなく、警察による「取り締まり」の対象となったのである。また、後藤の職位を局長から長官に引き上げ、総督に継ぐ地位を付与して軍人の民政全般への介入を阻止した。

武力討伐の抑制は土匪集団の自然崩壊を促し、一九〇一年を境にその活動はほぼ終熄した。その結果、総督府官吏による土地調査事業も順調に進展し、租税収入は飛躍的に増大した。財政収支の好転により、総督府による公債発行も可能となった。一八九九年、児玉は台湾事業公債法を成立させ、基隆（キールン）港や台湾縦貫鉄道（基隆―高雄（たかお）間）などの社会資本整備を推進した。こうして、台湾の殖産興業にも目途が立ち、一九〇五年には台湾総督府特別会計は本国からの財政的支援なしに運用されるようになった。いわゆる「財政独立」である。

児玉の治績は顕著であり、伊藤は児玉の中に官僚政治家としての優れた資質を見出した。桂に続いて今度は児玉が、国政の第一線に躍り出ようとしていたのである。

中国分割の危機

この間、清国をめぐる国際情勢は悪化の一途を辿っていた。一八九七年一一月にはドイツが膠州（こうしゅう）湾を占領し、その租借を清国政府に要求した。ついで一二月には、ロシア艦隊が旅順に入港して満州における鉄道敷設権や黄海沿岸の一港の租借権を求めた。日本の朝野は震撼した。伊藤は「東洋危局に処する上奏文」を天皇に奉呈した（九八年一月一〇日）。

伊藤は言う、東洋情勢は風雲急を告げており、「韓国独立の問題」のごときはもはや論ずるに足らない。今や清国の独立そのものが危機に瀕しているのであり、列強はその分割にまで突き進もうとしている。日本は「自国を独立不羈の地に置き」、他国をして我が国を侵略させてはならない。行間からは切迫した危機感が迸っている。

こうして伊藤は、今の日本の軍備・財政状態では特定の国を敵に回すことはあまりに危険であるとして、外交面では局外中立を守ると同時に、内政面では天皇の周りに全国民が結集することを求めた。天皇も山県を始めとする元老も伊藤の意見に賛成した。

第三次伊藤内閣は北守南進策を堅持し、清国との間に「福建不割譲に関する交換公文」を取り交わした（一八九八年四月）。列強による福建省沿岸部の租借を警戒し、それを阻止するための外交的布石である。また、英国からの威海衛租借の打診に応じると同時に（四月二日）[2]、ロシアとの間に新たに西・ローゼン協定を結んで対露宥和に努めた（同月二五日）。日露両国は韓国において政治上対等の権利を有するとされ、ロシアは韓国に対する日本の商業上・工業上の発展を妨害しないことになった。英露等距離外交の追求である。

危機に直面した清朝では伊藤の助言を得て憲法を制定し、なんとかこの国家的頽勢を挽回しようという動きが顕在化する。いわゆる変法自強運動である。だが、西太后のクーデター、戊戌の政変でそれは頓挫してしまった（九月二一日）。

清国の国家的崩壊は避けられそうもない。北京でこの歴史的事件に際会した伊藤は、自らの局外中立政策に対する確信を強めた。そして、山県もまた外交政策はもっとも円満の方針を取り、なるべく外国と「釁を開く」（戦端を開く）のを避けねばならないとしていた。「露と和して英と争はず北守南進の方針を取る」ことこそ、第二次山県内閣の基本的外交路線であった（「山県内閣施政要綱案」、『憲政史編纂会収集文書』七一二）。

ロシアの馬山浦進出

ところがここで、日本側を強く刺激する事件が起こった。ロシアの朝鮮半島南端、馬山浦への進出である。一八九八年三月、ロシアは旅順・大連の租借権と東清鉄道南部支線（ハルビン—旅順間）の敷設権を獲得し、さらにウラジオストク—旅順間の連絡を確実にするために、朝鮮半島南部に港湾を確保しようと画策し始めた。翌九九年五月、ロシアは突如軍艦を対馬の対岸に位置する馬山浦に派遣し、買収予定地の測量を開始した。日本政府はすぐさま対抗的買収策を講じ、結局はそれが功を奏してロシアの馬山浦進出は一頓挫を

2 賠償金支払い完了まで、威海衛は日本の保障占領下に置かれていた。

来した。

対馬海峡に対するロシアの野心は幕末以来のものであり、その後、清国北洋水師の充実等により一時封印されていたが、旅順・大連の租借を契機として今度は馬山浦租借要求として表出したのである。山県はあくまでもロシアとの衝突を避け、「平和主義」による事態の解決をめざしていた。しかしながら、もしそれでもロシアが馬山浦進出を断念しなかった場合にはどうするか。その場合には、「我利益を拋棄する」か否かを御前会議を開いて決定しなければならない（一八九九年一〇月一一日、山県「対韓政策意見書」、『山県有朋意見書』二五四～二五五頁）。

伊藤は山県以上の対露宥和論者であり、山県はそれに苛立ちを募らせていた。伊藤―山県間に小さな意見の食い違いが生じつつあった。

政党内閣の成立と陸軍――桂陸相と板垣内相・星亨との連携

さて、話を国内政治に戻そう。一八九八年三月の総選挙は民党の勝利に終わり、政局運営の見通しを失った伊藤は内閣総辞職を決意し、さらに板垣と大隈に組閣の大命を下すよう奏請する。この間、自由党と進歩党は政権奪取のために合同して、単一巨大政党たる憲政党を結成していた。一八九八年六月三〇日、憲政史上初の政党内閣、第一次大隈重信内閣が成立した。板垣は内相に就任した。

　明治天皇は政党内閣に一抹の不安感を抱いていた。すでに武官専任制は廃止されていたから、陸海軍大臣には政党員が就くことも法制上は可能である。結局、天皇の強い意向により桂と西郷が両軍部大臣に留任した。

　八月一〇日、第六回総選挙が行われ、憲政党は二六〇議席という空前の議席数を獲得した。だが、この頃から党内では旧自由派と進歩派の猟官争いが始まっており、星亨が駐米公使の任を放擲（ほうてき）して勝手に帰国するや否や、党内の抗争はいっそう激化していった。

　桂陸相は板垣内相と共謀して、尾崎行雄（おざきゆきお）文相（旧進歩党系）の舌禍事件、共和演説事件を捉えて彼を辞職に追い込んだ（一〇月二四日）。そして、星が憲政党の解党を宣言し、旧自由派のみで新「憲政党」を結成したことで隈板（わいはん）内閣の命脈は尽きた。一〇月二九日、板垣ら自由派三閣僚が辞表を提出すると明治天皇は大隈らにも辞表を求めた。星と練り上げたシナリオに基づいて、桂は周到な宮中工作を行っていたのである。

　この時すでに星は桂に対して、山県または山県系内閣との提携を約束していた（『利光鶴松翁手記』三六六頁、有泉『星亨』二五〇〜二五四頁）。こうして、第二次山県内閣が成立した（一一月八日）。問題は地租増徴をいかにして憲政党に呑ませるかである。

板垣と山県の歴史的和解――徴兵制否定論の消滅

一八九八年一一月、陸軍は大阪地方特別大演習に特に貴衆両院議員を招いて歓待に努めた。板垣は宮内省主馬寮（しゅめりょう）から貸与された名馬に跨（また）り、首相の山県と轡（くつわ）を並べて演習を陪観（ばいかん）したが、その「古将軍」と見まがうばかりの「英姿」は、民権運動以来の代議士や壮士の心を大きく動かした（有泉前掲書二五八頁、『大阪朝日新聞』九八年一一月一八日）。憲政党内の反陸軍感情はほぼ消滅し、第一三議会での地租増徴の実現に向けての政治的潮流が作り出された。

もっとも、歳入中に占める地租の割合は低下しており、その政治的重要性も相対的に低下していた。増徴も期限付きであり、後にその継続を議会に諮（はか）った第一次桂太郎内閣は撤回と据え置きを余儀なくされている（一九〇三年、第一八議会）。

むしろここで注目すべきは、板垣の陸軍大演習陪観という出来事そのものであろう。というのは、それは明治六年政変で下野した板垣とその幕僚グループ（片岡健吉ら）が、山県ら征韓反対派、つまりは徴兵制推進グループと完全に和解したことを示す一大イベントだったからである。

水面下では和解に向けた動きが進んでいた。片岡は桂邸を訪い、桂が認（したた）めた「三浦子（三浦梧楼子爵）兵事談に対する反論」を秘密裏に入手しており（六月）、桂は、それを演説で使うことは問題ないが、新聞に掲載する場合には自分の「軍人的」の文章を改めるよう、片岡に書翰で注意を促している。その内容は不明だが[3]、板垣も桂の「反論」原稿を所望している点から見て、彼らが山県との最後の和解に完全に舵を切っていたことは明らかだろう（一八九九年六月六日付片岡健吉宛桂太郎書翰、『桂太郎発書翰集』一五三〜一五四頁）。

この年の一二月、西郷隆盛の名誉回復もまた華々しく行われた。高村光雲作の銅像の除幕式が東京上野の恩賜公園で挙行されたのである。明治六年政変を発端とする一連の出来事に、人々はようやく精神的な決着を付けようとしていた。山県は長州出身の陸軍軍人として、それを事実上主催した。

専制政府論の撤回と治安警察法

一八九九年三月二七日、板垣は自由党の後身、憲政党の大演説会で立憲政体の導入こそが日清戦争の勝利をもたらしたと述べ、かつての「専制政府」論――専制政府には徴兵制を布く資格はない――を公然と否定した。それは、板垣が徴兵制の存在を最終的に容認したことを意味する。地租改正（一八七三年）によって土地所有権を公認されたのだから、国

3 「三浦子爵ノ軍備縮小談ノ駁論」（『片岡健吉文書』政治資料53）がこれに該当すると思われる。

民には国土を防衛する義務がある。板垣はそう喝破している（板垣「吾党の方針」、『星亨関係文書』一一七「憲政党大演説会速記」所収）。自由党系の徴兵制反対論はここに消滅した。

近代日本における政党の淵源をたどれば、それは維新政権の「政治的士族軍」に行き着かざるを得ず、政治的士族軍の危険性を除去するために導入されたのが徴兵制軍隊であった（大島明子「明治維新期の政軍関係」三八頁）。以上のエピソードは地租増徴をめぐるたんなる一挿話に止まるものではなく、政党と常備軍＝徴兵制軍隊との潜在的な敵対関係がこの時期ようやく解消されたという、近代日本史上の歴史的画期をも示している。

日清戦争では「玄武門一番乗り」の原田重吉（平壌の戦い）や、その絶命間際の言葉——「まだ沈まずや定遠は」——が軍歌に織り込まれた「勇敢なる水兵」三浦虎次郎（黄海海戦）など、平民出身の兵卒や水兵が一躍大衆の軍事的ヒーローとなった。原田は後に身を持ち崩すが、彼らの登場は士族の軍隊の解体と国民軍の登場を人々に強く印象付ける役割を果たした。日清戦争の勝利によってはじめて、徴兵制軍隊は「国民軍」として認知されたといえよう。

山県と山県系官僚閥の政党観の変化は、第二次山県内閣が第一四議会で成立させた治安警察法（一九〇〇年三月）にも反映されている。同法については、労働・農民運動に対する弾圧法規としての側面が注目されがちであるが、その立法趣旨の一つは政談集会の開催要件の緩和にあり、それまで禁止されていた陸海軍軍人による政談集会の主催・参加なども合法化されている（治安警察法第五条。ただし、政治上の結社への加入は禁止）。また、貴衆両院議員や府県会議員などによって結成された団体（「〇〇倶楽部」の類）に現役軍人が加入することも新たに認められていた（同第一六条、『第十四回帝国議会貴族院治安警察法案外一件特別委員会議事速記録第一号』一頁）。

第二次山県内閣の政治改革――内閣機能の強化と現役武官専任制

だがその一方で、山県は政党内閣の成立に対する備えをも怠らなかった。徴兵制軍隊を原理的に否定していた間は、自由党系政党勢力が陸相ポストを窺うことはなかった。彼らの関心事は「藩閥権力の爪牙」たる警察権力への影響力行使にあり、現に板垣は二度にわたって内務大臣に就任している。ところが、徴兵制否定論の消滅と軌を一にして、自由党系が陸相ポストをもうかがう可能性が高まってきた。

政談集会への軍人の参加は認めてもよいが、政治結社への加入は容認できない。運動レベルでの軍人の政治参加はある程度容認できても、権力中枢レベルでは話は別である。現行官制では文官陸軍大臣（海軍大臣）の出現を阻止できない。もし、万が一政党出身陸軍大臣が出現でもしたら、それをきっかけに陸軍内部に党派性の種が蒔かれるだろう。

一九〇〇年五月、第二次山県内閣は陸海軍大臣の任用資格を現役の大中将に限定した。すでにこの頃、伊藤は自ら模範的政党を結成し、その党首に就くというプランを実行に移そうとしており、現役武官制の導入は、こうした動きに対する対抗策でもあった。とはいえ、山県はたんなる「政治的反動」ではない。権力の微妙な配合や国家機関相互間の力の均衡に終生腐心し続けた山県は、陸軍軍政に対する政党の介入を排除しつつも、帷幄上奏権の肥大化もまた制限しなければならないと考えていた。

六月五日、山県内閣は「内閣官制第七条適用に関する件」(『翠雨荘日記』九一八〜九三二頁)を閣議決定し、帷幄上奏権のなし崩し的拡大に歯止めをかけ、内閣の機能を強化しようとした。たとえ軍機・軍令事項であろうとも、一般の行政または財政に重大な影響を及ぼすものについては、閣議を経ることによって「各国務大臣をして国家行政の全般を通視」させねばならない、というのである。

法制局では具体案を作成して閣議に諮ったが、それはかつての児玉案をほぼ踏襲したものであった。しかしながら、閣議は合意に至らず、陸海軍省で再度協議の上、案を具して再度閣議に諮ることになった。反対論の中心は薩派であった。大山巌参謀総長は、「山県が首相を辞めるのだったら、自分もまた参謀総長職を譲っても構わない」と、その警戒心を漏らしている(「大山巌日記」)。

この時の試みは中途で頓挫したが、山県や陸相の桂が帷幄上奏権のなし崩し的拡大を押し止めようとした意義は大きい。山県は伊藤の大宰相主義に徐々に歩み寄っていたのであり、伊藤・児玉路線は山県閥権力中枢にまでその影響力を及ぼしつつあったといえよう。

北清事変への対応──奉勅命令と予算承認

山東省に起こった義和団(「拳匪(けんぴ)」)の乱はこの年北京・天津にまで拡大した。彼らは「扶清滅洋(ふしんめつよう)」を唱えて外国人を殺害し、ついには北京の列国公使館区域を包囲するに至った(六月二〇日)。翌二一日、清国は列強に宣戦を布告、北清事変が始まった。欧米列強、特に英国は日本政府に対して陸軍の派兵による義和団の鎮圧を強く求めてきた。

第二次山県内閣の対応は慎重に慎重を期したものであった。もし、ここぞとばかりに出兵したら、列強は日本の野心を疑うだろう。だが、いたずらに事態を傍観すれば、日本は列強「キリスト教世界」からの轟然(ごうぜん)たる非難を蒙るだろう。山県内閣はぎりぎりまで粘って出兵に踏み切った(七月六日)。日本陸軍は八ヵ国連合軍の主力として北京に入城し、列国公使館の包囲を解いた(八月一四日)。

ここで注目すべきは、山県内閣が「事変」における出兵手続きのルール化を試みたことである。まず、第一に平時(大本営未設置)における動員なき出兵(「臨時派遣隊」の編成)について、その任務を明確化し、派遣隊の指揮権は陸軍大臣の桂が掌握した（六月一五日、閣議決定）。そして、主力部隊＝第五師団の動員・出兵も内閣によって決定・実行された（六月二五日、閣議決定、斎藤聖二『北清事変と日本軍』四六〜五〇頁）。

さらに、山県内閣は予算承認手続きを通して、出兵政策をコントロールしようとした。陸海軍各主務大臣はまず出兵必要経費について大蔵大臣の意見を質し、大蔵大臣は自らの見解を内閣総理大臣に上申する、「出兵可」の場合には首相→蔵相→陸海軍主務大臣という経路で通知し、大臣はそれを「参謀総長及海軍軍令部長に移し、上裁の手続き〔帷幄上奏〕を為さしむ」という申し合わせが大蔵大臣の松方から閣議に諮られ、承認されたのである（六月一九日）。

大山参謀総長の巻き返し

大山参謀総長はこの決定に抵抗し、「上裁の手続きを為さしむ」という表現は削除された。帷幄上奏権行使の前提条件は慎重に解除されたのである。また、大本営未設置の場合においても、動員部隊に対する軍令は内閣が関与することなく、参謀総長による帷幄上奏→参謀総長による奉勅命令の「奉行」→陸軍大臣への通報という経路で行うこととし、天皇の裁可を得た（七月二〇日）。そして、作戦命令中の「零細事項」については、あらかじめ侍従長から包括的に勅許を仰いでおき、その実施は参謀総長に委任すべきだとの意見を上奏して、これまた勅許を得ていたのである（七月二〇日）。

たしかに、零細事項についていちいち勅許を仰ぐようでは、天皇の政務負担は増す一方であるし、そもそもそれは天皇の権威を毀損しかねない。大山の主張はもっともであったが、しかし、この制度改革の趣旨は統帥大権そのものの参謀総長による事実上の行使へと変質する恐れがある。そして現に、日露戦争時には児玉満州軍総参謀長と山県参謀総長とが、満州事変時には幣原喜重郎外務大臣と南次郎陸相とが、委任命令権の解釈をめぐって対立するようになるのである。

山県・桂の内閣機能強化策は、大山の巻き返しによってその効果を減殺された。しかもその直後に、政略的出兵システムの欠陥が当の児玉の勇み足によって証明されるという皮肉な事態が発生した。いわゆる「厦門事件」（一九〇〇年八月）である。

門戸開放政策と北守南進論の接合

ロシアは義和団の鎮圧を口実に満州に派兵、その要地を占領しており（七月、本格的侵攻開始）、清国の領土的分割はまさに現実のものとなろうとしていた。ロシアの脅威は韓国にも迫りつつあり、閣外では近衛篤麿（公爵・貴族院議長、文麿の父）らが対露即時開戦を唱えて大衆運動を起こそうとしていた。だが、山県内閣は北守南進策を堅持していた。

北清事変の「善後処分」ですら終わっていないのに、韓国問題という「局外の事項」を休戦協定に盛り込もうとしても列国はそれを容れないだろう。北方経営は後回しにし、今こそ「北守南進の国是」に基づく南進策を実行に移すべきである。山県はこう説き、さらに続けて言う。

日本の中国に対する関係は、貿易にあるのであって侵略にはない。中国の領土保全を求めているのであって、分割は望むところではない。先年の福建省不割譲要求も、各国と勢力均衡を保ち、東亜の平和を維持しようとしたにすぎない。したがって、今回も同様の目的の実現を期し、福建省に加えて浙江省をも日本の「勢力区域」に加えるべきである（一九〇〇年八月二〇日付山県「北清事変善後策」、『山県有朋意見書』二五五～二六四頁）。

これはどう見ても「支那分割」論である。山県は「支那保全」＝分割反対論だというが、それは本当なのか。当然の疑問が湧いてくる。

これより先、英国ソールズベリー内閣は「清国の統一を維持するための巨大なコストを考えれば、むしろ勢力圏を確定し、それによってロシアとのバランスを取ることによって、清国の分裂を回避したい」と考え始めていた（北岡伸一『門戸開放政策と日本』二一四～二一五頁）。勢力圏を設定しても、アメリカ政府が主唱していた中国に対する通商上の門戸開放・機会均等さえ保障されていれば、モノとカネの流通によって、本格的な中国分割はかえって効果的に阻止されうる、というのである。

当時こうした議論は、日本でも藩閥主流や自由党（憲政党）系政治勢力で幅広く唱えられていた。彼らは列強による中国の「共同管理」に期待をかけ、日英・日露間の軋轢がその中で調整され、紛争が未然に抑止されることを望んでいたのである（伊藤之雄「日清戦争以後の中国・朝鮮認識と外交論」）。山県の北守南進論もまた、「支那保全論」の一バージョンなのであった。

厦門出兵

八月二一日、山県内閣は「福建省沿岸部に海軍より軍艦を出すので、場合によっては台湾より一大隊の兵を出すかもしれない」として、あらかじめ天皇の允裁（いんさい）（承認）を得ておく旨を閣議決定した。翌二二日、大山参謀総長は閣議決定に従って帷幄上奏し、天皇の裁可を得た（「大山巖日記」、現代語訳）。二三日、桂陸相は児玉台湾総督に対して、軍艦「和泉（いずみ）」の艦長から請求があったら、速やかに所定の兵力を厦門に派遣できるよう準備しておくように、との訓令を勅を奉じて伝達した。

以上はあくまでも出兵準備命令であった。出兵要請に関する権限は出先の艦長が握っており、児玉は艦長の判断に従うしかなかった。だが、逸る児玉はこの命令を事実上の「ゴーサイン」だと受け止めていた。訓令や命令の文面は曖昧であり、台湾からの陸兵派遣について具体的かつ明確な条件は示されていなかった（斎藤聖二前掲書二四三〜二四四頁）。

八月二四日、厦門東本願寺布教所放火事件を口実に、日本側は在泊中の軍艦から陸戦隊を上陸させ、さらに、艦長は児玉に陸兵派遣を要請した。児玉はそれに応えるとともに、桂陸相に対して「訓令に従って、臨機応変に対応する」旨の電報を打ち、さらなる展開に備えた。

児玉総督の「勇み足」

ところが局面は一変する。政府は児玉ら出先の反応に驚愕し、急遽出兵差し止めを訓令してきた（八月二八日）。反対論の急先鋒は閣外にあった伊藤であった。事態の急変に児玉は当惑・憤慨した。彼は政府に対して、自らの転地療養か辞職を認めるよう打電した。政府の一連の不手際によって、児玉は独断専行の汚名を着せられそうになったのである。彼の怒りは伊藤への根廻しを怠った山県に向けられた。結局、事態を収拾したのは明治天皇であった。勅使を台湾に派遣して児玉を慰撫し、児玉は恐懼してその職に留まった。

ここで注意すべきは、児玉は正規の訓令や奉勅命令を受けて動いており、しかも、制止命令にも従っているという事実である。現地での陰謀に始まった厦門事件ではあるが、その一部始終は満州事変とは好対照をなしている。ちなみに、厦門事件の中国側の政治的背景には、中国南方で事を起こそうとしていた孫文ら革命派の動向があった。当時孫文はしばしば台湾を訪れ、民政長官の後藤新平と会談しており（「後藤新平日記」一九〇〇年一〇月四日）、また大陸浪人等を介して日本陸軍の一部との接触を試みている（『宇都宮太郎日記』一九一一年一〇月一七日、同一八日など）。厦門事件はこうした動きの一端が表出したものと言えるかもしれない。

第四次伊藤内閣の成立――伊藤と児玉の連携

この頃、児玉は国制改革に一歩を踏み出そうとしており、台湾総督府を「南洋道」に改組して、南洋道事務大臣（総督兼任）を内閣に置くという官制改革案を練っていた。これは民政長官に台湾統治の実権を付与することを通じて、事実上の文官統治体制に道を開こうとするものであった。このような大改革は山県には期待すべくもない、伊藤の力に俟つしかないだろう。児玉は腹心の後藤にそう漏らしているが（一九〇〇年一月五日付後藤新平宛児玉源太郎書翰、『後藤新平文書』R－83）、厦門事件によって、児玉の山県離れはいっそう顕著となっていった。

一九〇〇年一〇月、山県は伊藤に政権を禅譲して第四次伊藤内閣が成立した。伊藤は児玉を総督在任のまま陸軍大臣に抜擢した（一二月）。第四次伊藤内閣は陸海外三大臣以外はすべて政友会員からなる事実上の政党内閣であった。それにしても、政党嫌いだったはずの児玉がなぜ入閣要請に応じたのだろうか。

伊藤と星、そして児玉の間には軍隊や政党さらには「青年社会」への壮士的暴力の浸潤・跋扈（ばっこ）を憂い、それから解放された軍隊や政党を創らねばならない、という共通の問題意識があった。当初、児玉は政友会に対してそれなりの期待感を抱いており、また、桂軍政の後を担うのは自分であるとの強い自負心も有していたのである。

第四次伊藤内閣の政綱は、児玉もその議論に関わった「大政の方針要目」（前掲、一八九三年）の延長線上にあり、行財政整理による行政の効率化と各省間のセクショナリズムの是正、とりわけ陸海軍の組織改編に力点が置かれていた。具体的には、一、陸軍地方幼年学校の廃止、二、台湾守備隊の減少、三、憲兵の廃止、四、二年兵役制の採用（現行は三年）などである（伊藤之雄『立憲国家と日露戦争』六六頁）。

ところが、第四次伊藤内閣は財政問題をめぐる閣内不統一であえなく瓦解してしまった（一九〇一年五月）。後継首班詮衡（せんこう）は紛糾したが、児玉は水面下で桂太郎の擁立に奔走した。桂と児玉はいわゆる「阿吽の呼吸の仲」である。児玉は桂内閣に自らの改革構想の実現を託そうとしていた。

第一次桂内閣と改革の始動

一九〇一年六月、第一次桂太郎内閣が成立し、児玉は引き続き陸相兼台湾総督として入閣した。しかし、肝腎の行政整理の目途は立たず、政府内からは勅命を奉じて伊藤を推戴し、一気に事を進めるべきであるとの声が上がった。児玉もそれには賛成であった（一九〇二年一月一日付伊藤博文宛伊東巳代治書翰、『大正デモクラシー期の政治・松本剛吉政治日誌』六四〇～六四一頁）。

桂としては、伊藤に出て来られてはやりづらい。しかも、政友会内では、原敬が軍部大臣文官制を論じており、自らの大臣就任意欲をも漏らしていた（一九〇〇年一〇月一六日付西園寺公望宛原敬書翰、『西園寺公望関係文書』五〇頁）。そこで、桂は各省の次官を集めた政務調査委員会で議論を実務的に推進することにした。それは山県との正面衝突を避けるための方便でもあった。

児玉は阪谷芳郎（さかたによしろう）や奥田義人（おくだよしと）ら政務調査委員の面々と連携しながら、陸軍改革を推進しようとしていた。[4] その骨子は、一、帷幄上奏権の縮小、二、陸軍省の文官組織化、三、陸軍経理学校の廃止、である。陸軍省の文官組織化とは、「統帥、軍務軍機、作戦、戦闘行動以外の業務」は文官官僚に委ねるというもので、陸軍総務長官や人事局長への文官任用が検討されていた。陸軍経理学校の廃止は、陸軍の経理を聖域化しないという意思表示であった。

児玉は陸軍幼年学校に「粗野・粗暴の弊風」が浸潤しつつあることも危惧していた。なぜなら、こうした気風は「壮士的軍人」の苗床となりかねないからである。陸軍将校は勇敢な戦士であると同時に紳士たらねばならない。そう考えた児玉は幼年学校の廃止をも視野に入れて、国軍の根幹たるべき将校団の立て直しを模索していた。

児玉と薩派

陸軍軍人たるべき者、「そろばん勘定」に習熟するよりも勇敢な戦士たるべきある。こうした児玉の価値観は、薩派軍人グループの琴線に触れるところがあった。帷幄上奏権問題をめぐる軋轢にもかかわらず、大山や高島が児玉を人間的に信頼し続けたことの背景には、「武人」としての価値観の一致が存在していたように思われる。

ところが、薩派との良好な関係が児玉の判断を曇らせた。台湾統治と南清情勢の安定に鑑み、児玉は「陸軍平時編制」の修正、具体的には台湾守備歩兵部隊の削減を検討していたが、彼は大山参謀総長に事前に打診することなく、関連予算案を議会に回付したのである。

「陸軍平時編制」制定時のトラブル（九六年五月）に鑑みれば、これは「失錯」を装った意図的行為だったのかもしれない。いずれにせよ当然大山は怒り、省部間（陸軍省と参謀本部）の関係は悪化した。薩派の攻撃は実務家たる寺内正毅参謀本部次長に向けられたが、事態を収拾するには児玉に辞めてもらうしかなかった。一九〇二年三月、児玉は陸相を更迭され、台湾総督専任となった（『明治天皇紀』10、二一六〜二一八頁。『秘密日記・参謀本部』一九〇二年自一月至四月、『弐大日記・陸軍省』一九〇二年三月）。

児玉の更迭によって、桂は山県に対する抵抗力の過半を失った。同年七月には政務調査委員会の行政整理案（阪谷・奥田案）もできあがったが、児玉を失った桂は省益を抑え込むための内閣改造には踏み切れなかった。事態が動くにはなお、桂の政治的求心力の回復を待たねばならなかった。だがこの間すでに、桂には追い風が吹きはじめていた。日英同盟の成立である。

4　先行研究では、桂は奥田の急進的行政整理案を握り潰したと解釈されていたが、実際にはそれは児玉の手元に渡っている（『児玉源太郎関係文書』一七二）。

日英同盟の成立をどう見るか

一九〇二年二月一二日、桂と小村が日英同盟の成立を貴衆両院で報告するや、議員たちはそれを万雷の拍手で迎えた。事前の根回しがあったとはいえ、これは前代未聞の出来事であった。二七日、桂ら関係閣僚は一斉に昇爵の栄に浴した。桂に対する明治天皇の信任が厚いことは、もはや誰の眼にも明らかであった。

一般的に日英同盟の締結は日本（第一次桂内閣、外相小村寿太郎（こむらじゅたろう））の対露交渉を強気にさせ、日本は満韓交換論を擁してロシアに迫り、ロシアは韓国北部の中立地帯化という日本が呑みがたい対案を提示し、結局、両者の溝はほぼ埋められないまま日露開戦に至ったと理解されている。論者によって議論の振幅はあるが、日英同盟が日本の「北進」を促したとする点では変わりはない。

対露交渉にのみ視野を限定すれば、「強気」うんぬんは別にしてこれはその通りであろう。だが、当初の同盟締結意図は北進にはなかったし、桂内閣は相当遅くまでロシアとの交渉成立には楽観的であった。それではなぜ、日本は対露先制攻撃（一九〇四年二月八日）に踏み切ったのか。日露戦争への道をもう一度見直してみよう。

児玉による伊藤・桂の政治的仲介

日英同盟の成立過程は、「親露派」伊藤の政治的影響力の減衰と関連付けて説明されることが多い。一九〇三年七月、政友会の統制に手を焼いていた伊藤は総裁を辞任して枢密院議長に就任したが、それは桂・児玉による伊藤の「枢密院祭り上げ」という文脈の中で捉えられてきた。この間、桂内閣との妥協に不満をもつ政友会員は大挙して脱党しており、その数は所属代議士の三割強（一八七名中六一名）にまで及んだ。また、桂が自ら内閣総辞職の意を表明し（七月一日）、それが呼び水となって伊藤が枢密院議長に就任したこともよく知られている（伊藤『立憲国家と日露戦争』一七五～一八五頁）。

だが、伊藤が原敬と西園寺公望という二人の有能な後継者に政友会の後事を託していたということや、伊藤と児玉の水面下での繋がりに着目すれば、伊藤は桂らの筋書きを承知の上で宮中に戻ったと考えるべきだろう。そもそも、伊藤は日英同盟に反対しておらず、同盟原案は伊藤と桂の懇談のなかから生まれているのである（小林『桂太郎』一四六～一四七頁）。

政友会からの脱党者の中には、小川平吉のような対外硬派が多く含まれており、彼らが党外に去ったことは原や西園寺の党内統制にはかえってプラスに作用した。ちなみに、小川を蔭で煽動していたのは警視総監の大浦兼武だったが、桂や児玉は小川らの政友会革新運動には関与せず、むしろそれを抑える側に回っている。特に児玉はこの時期一貫して、伊藤と桂が決定的な対立に陥らないよう腐心しており、海軍拡張問題をめぐって内閣と政友会・憲政本党が正面衝突を演じた時も（第一七議会）、最後まで桂―伊藤間の仲裁者として動いていたのである（前田蓮山『政変物語』五一八～五一九頁。「桂内閣と児玉総督」、『太陽』一九〇二年二月号）。

伊藤と桂の政治的棲み分け――憲法改革と国制改革

たしかに政友会の運営には失敗したが、それで引き下がる伊藤ではなかった。彼は「憲法改革」に新たな政治目標を定め、枢密院や帝室制度調査局を拠点にそれを進めようとしていた。改革の柱は、宮中・府中の明確化――天皇の政治不関与の徹底――と大宰相主義に基づく内閣機能の強化である（瀧井一博『伊藤博文』第五章）。

伊藤は宮中改革を推し進め、桂は政府サイドで国制改革全般を担う。二人の間には政治的分業関係が成立した。桂は山県との距離感を慎重に見極めながら、児玉を内閣の柱に据えて本格的な国制改革に踏み出そうとしていた。

ところで、「大改革」を遂行するためには安定した国際環境は必須である。桂や児玉、そして小村はそれを可能にするのが日英同盟であると考えていた。桂は日英同盟がもたらすであろう「平和の配当」をフルに活用して、内閣制度導入以来の「不治の痼疾（持病）」

(阪谷芳郎)を完治させるべく、根本療法たる国制改革に打って出ようとしていたのである。

山県閥権力中枢の動揺——伊藤・児玉・桂ラインの形成

伊藤の政治的影響力は児玉を介して、寺内や桂といった山県閥権力中枢にまで及ぼうとしていた。桂はその政治的立ち位置を慎重に、だが着実に伊藤寄りにシフトしている。もちろん、山県もこうした動きにうすうす気付いてはいた。だが、それを公然と抑え込むことはできなかった。薩派の動向はやはり気がかりであったし、桂や児玉を切るということは山県閥陸軍にとっての自殺行為である。政友会に対抗するためにも、山県は自派閥の一体性を外部にはことさらに誇示しなければならなかった。

山県の政治権力はこの頃から陸軍や内務省以外にも拡大していく。いわゆる「山県系官僚閥」の形成である。その力は貴族院や枢密院は言うに及ばず、外務・大蔵といった中央官庁や司法機関にまで広がっていくが、それは政党勢力への対抗策であると同時に、山県閥権力中枢における自らの祭り上げを拒否し、その政治権力をなんとかして維持・拡大し

5 「公文式」などの憲法付属法の改正によって「憲法秩序」の変化を促すこと。

ようとする山県の強固な権力意志の現れでもあった。

一方、桂らの側にも山県との全面的対決に踏み切る理由はなかった。なぜなら、山県閥の公然たる分裂は、政友会や薩派に漁夫の利をさらわれることを意味するからである。こうして、山県と桂は双方腹の探り合いを演じながら、桂園時代——第一次桂内閣から第二次西園寺内閣までの(一九〇一年~一九一二年)、官僚閥と政友会が交互に政権を担当した時代——の幕開けを迎えることとなる。

第一次桂内閣の海洋国家構想

第一次桂内閣の国家構想の基本線は海洋通商国家の建設にあった。したがって、大海軍の拡張は目標に掲げられていたが(第三期海軍拡張)、大陸の領域支配に必要不可欠な「大陸軍」の建設は予定されていなかった(小村寿太郎「内政外交に関する十年計画意見」、『小村外交史』二〇六~二一五頁)。

海軍拡張の目的は、一にロシア太平洋艦隊に対する勢力均衡の維持にあったが、それと同時に通商国家・貿易立国を支えるパワーとしても重視されていた。日英同盟の締結を決定した元老会議に提出した意見書のなかで、小村は、「日英協約」は英領植民地の日本への通商的・殖民的開放をもたらし、「日露協約」は満州・シベリアの市場開放に繋がるという観点から、双方の利害得失を論じている。日英同盟は南進論と、日露協商は北進論とそれぞれ結びつけられていたのである（「日英同盟に関する意見書」一九〇一年一二月七日、『小村外交史』二七七～二八〇頁）。そして、児玉もまた日英同盟の主唱者の一人であった。

日英同盟は門戸開放原則をバックボーンとする同盟であり（北岡伸一『門戸開放政策と日本』八頁）、その前文は「清帝国及韓帝国の独立と領土保全」と「該二国に於て各国の商工業をして均等の機会を得せしむること」を謳い上げていた。桂・小村は日英同盟と北守南進論を結合させ、さらにそれを壮大な海洋国家構想にまで発展させていった。その展開方向として想定されていたのは、南清および揚子江流域、英領植民地、南米および大西洋方面であった。

伊藤・桂は貿易立国論では同意見だったが、山県はより「国防」重視であった。桂・小村は伊藤・山県ら維新第一世代に比べれば、日本の国力を過大評価しがちであり、したがって、その国策構想もより積極的なものとなっていった。

大陸への深入りリスク

もちろん、桂・小村の国家構想の中に大陸国家化への契機が含まれていなかったわけではない。桂は韓国についてはその「保護国」化をもくろんでおり、また、京仁・京義鉄道の完成と東清鉄道・清国関外鉄道との接続、南清鉄道の建設（福州〜南昌〜漢口）、「北支那航路」（神戸〜大連）の拡大なども構想されていた。

ただし、右接続線や南清鉄道・北支那航路は日露・日清間の経済的紐帯の強化を目標としており、南清鉄道に至っては「日清共同事業」と位置付けられていた。桂・小村は旅順・大連や東清鉄道などのロシアの「合法権益」は当然容認していたし、それらはすべて日本側インフラとの接続が予定されていた（前掲「内政外交に関する十年計画意見」）。

もちろん、鉄道や港湾は侵略の利器としても使用可能である。経済の論理と軍事の論理とを完全に分離することは不可能である。しかし、極東の平和が損なわれては、貿易立国は実現不可能となる。韓国併合は統治コストが大きすぎるし、第一そのためにはロシアとの一戦を覚悟しなければならない（前掲山県「北清事変善後策」）。

一〇〇年後の今日もそうであるように、朝鮮半島経由の軍事的脅威が一定レベル以下に抑えられて初めて、日本は安んじて海洋方面への発展を期することができるのである。

桂・小村の日英同盟構想もそういった基本的文脈の中で解釈されるべきだろう。

北守南進策の実行

日英同盟の締結によって、「東洋の平和は茲に確保せられた」との現状認識を前提に、桂・小村コンビは清韓二国における事業経営の拡大策に着手した。一九〇二年一〇月、桂内閣は「清韓事業経営費要求請議」（予算総額四七九万円）を閣議決定したが、予算の多くは日清銀行設立費（三〇〇万円）に充てられており、また、日本商品の輸出促進のための「商品大陳列所」の設置が予定されていたのは、韓国や満州ではなく清国本土（〇三年度は天津・上海、〇四年度は漢口など）であった（『日本外交年表竝主要文書』上、二〇六～二一〇頁）。

政府は南清鉄道の敷設予定地域の現地調査を極秘裏に進めており、揚子江中流域の航路開拓を担う湖南汽船会社（一九〇二年九月、発起人は渋沢栄一ら）に対する資金援助も実施している。また、潮汕（ちょうさん）鉄道（広東省汕頭（スワトウ）～潮州間）への出資が閣議決定されたのもこの頃であった（〇三年六月、七〇万円）。[6]

一方、韓国での鉄道建設事業は停滞していた。一九〇一年に発足した京釜（けいふ）鉄道株式会社は資金不足のため、建設工事は遅々として進んでいなかった。渋沢を始めとする出資者は、韓国よりも清国本土への経済進出に注力していたのである。[7]

6　潮汕鉄道は一九〇六年一一月に竣功・開業した。経営主体は日中合弁の事業会社「三五公司」であったが、その実態は台湾総督府のダミー会社であり、後藤らは三五公司を南清地方での植民会社に発展させるつもりであった。だが、政府の満韓経営への集中方針や現地の鉄道利権回収熱によって、三五公司と潮汕鉄道は中国側によって回収されている（鶴見祐輔『後藤新平』2、四八九～五〇四頁）。

門戸開放主義は滔々たる世界の大勢であり、ロシアもまた自国領土や勢力範囲を市場開放するだろう。揚子江流域への熱い視線は満州開放への仄かな期待感と好対照をなしている。だが、ロシアが満州併合の野心をあからさまに見せつけた時（一九〇三年四月以降）、日英同盟や門戸開放に対する日本側の多幸症的気分は急速に色褪せ、日本は否応なく満韓問題に直面せざるをえなくなる。

日英同盟と陸海軍の戦略調整

第一回日英同盟協約は防守同盟であり、第三国が介入してきた場合に限って、日英両国は共同作戦を実施すると定められていた（日露開戦の場合には英国は中立を守る）。とはいえ、共同作戦の準備は進めておかねばならない。

主導権を握ったのは海軍ではなく陸軍であった。参謀本部は「日英連合軍大作戦方針」を策定して（一九〇二年五月）、これを海軍に提示した。当時の戦時大本営条例は「帝国陸海軍の大作戦を計画するは参謀総長の任とす」としており、それゆえにこうした措置がとられたのである。もっとも、海軍はこれに不満を募らせており、最終案には海軍側の意見も反映されている。

大作戦方針は一九〇七年「帝国国防方針」の雛型とでもいうべきものであり、日英連合軍の基本戦略、すなわち、有事の際のロシア艦隊の撃滅と旅順・ウラジオストク攻撃を定めただけで、日本の国是・国策に基づく長期的な戦略見通しや軍備拡張目標は立てられていなかった。一九〇二年七月にロンドンで開催予定の日英軍事協商会議に間に合わせるために、焦眉の急である基本戦略の策定だけが行われたのである。

日英両軍の対露作戦構想は基本的に一致しており、ロンドンでの軍事協商会議はほぼ順調に推移した。唯一の日本側の誤算は、第三国が参戦した場合の英国陸軍一個軍団の満州派遣について、英国側が明確な言質を日本側に与えなかったことである。

山県は「日英同盟の今日、却って陸軍の整備を先にし海軍は補充を目的とすべし」と述べ、日英同盟は陸守海従路線を必然化したと考えていた（『伊東巳代治日記・記録』4、一九〇二年六月一〇日）。大山参謀総長や、やや若い世代に属する田中義一（参謀本部第一部）なども陸軍拡張論を唱えていたが、その背後には日英同盟に対する微妙な不信感が漂っていた。

7　参考までに一九〇二年度の国別輸出入総額を示せば（単位千円、括弧内は％）、「支那」八七四二九（一六・五）、英領印度・香港・海峡植民地・豪州九八五四四（一八・六）、英国六七七一〇（一二・八）、北米合衆国一二八八八六（二四・三）、韓国一八五一二（三・五）、「露領アジア」八一〇九（一・五）である（大蔵省編・刊『大日本貿易年表・明治三十五年』一九〇三年）。「南洋」方面との貿易額は韓国をはるかに凌いでいる。

日英同盟の締結によって、日英海軍勢力に敵対できる海軍はもはや極東には存在しなくなったはずなのに、なぜ、海軍は海軍拡張を呼号し、政府はそれを受け入れたのか、「英国との同盟の効果、其れ何処に存するや」（田中「随感録」、『田中義一伝記』上、二二一頁）。満州派兵問題をめぐる英国陸軍の否定的態度がそこに影を落としていたことは確実だろう。また、門戸開放原則に対する過度の思い込みが陸軍側に存在しないことも見て取れる。桂の海主陸従論は陸軍内部では異質の存在だったのである。

一方、海軍にとって同盟の軍事的メリットは大きかった。山本権兵衛海相の発案になる日英同盟付属の「海軍力条項」によって、日本は英国に対して極東における海軍力の維持を約束させることができた。また、同盟締結によって、日本は国力不相応の大海軍をいっそう効率的に建設できるようになったのである。

日英同盟の殆ど無効なる失錯

一九〇二年四月八日、ロシアは清国との間に満州撤兵に関する協定を取り結び、一八ヵ月以内の撤兵を約束した。そして、一〇月八日には第一次撤兵が実行された。日英同盟は期待された通りの抑止効果を発揮しはじめたように思われた。だが、極東方面へのロシアの軍事的展開はほどなくして再開される。

一九〇三年四月八日、この日は満州からのロシア軍の第二次撤兵の期日であった。ところが、ロシア政府はそれを履行することなく、かえって七項目からなる撤兵条件を清国政府に突き付けた（一八日）。また、ロシア太平洋艦隊も急速に増強されつつあった（同年四月、平野龍二『日清・日露戦争における政策と戦略』一五二頁）。五月にはロシア兵が鴨緑江河畔に現れ、韓国領龍岩浦に軍事根拠地の設営を開始した。

国防環境の悪化は顕著であり、第三期海軍拡張は焦眉の急であった。もはや陸守海従・海主陸従で争っている場合ではなかった。とはいえ、日英同盟の実効性に対する不信感が陸軍内部から消えたわけではなかった。それはその後もくすぶり続け、日露戦後には日露・日独提携論へと発展していく。

第三期海軍拡張に対しては政友会でも当初は反対論が大勢を占めており、第一次桂内閣が地租増徴継続に財源を求めたことにより、政府と議会とは正面から衝突した（一九〇二年一二月、第一七議会解散）。しかしながら、ここでも国防環境の悪化がものを言った。地租増徴継続を撤回し、行財政整理を徹底することと引き換えに、政友会もまた海軍拡張に賛成した（一九〇三年六月、第一八議会で予算案可決）。

それにしても、日英同盟の対露抑止効果とはいったい何だったのか。それは空文にすぎなかったのではあるまいか。原敬は伊藤に対して「現内閣は日英同盟の殆んど無効なる失錯を掩はんが為めに種々の悪策を弄」していると述べている(『原敬日記』六月一二日)。この頃になると穏健な国際協調主義者の原ですら、日英同盟に対する不信感を漏らしていたのである。

無鄰菴会議と児玉の外遊

四月二一日、京都の山県の別邸「無鄰菴」に伊藤・山県・桂・小村の四人が集まり、対露政策を凝議した。史上名高い無鄰菴会議である。だが、そこでは「満韓交換」——満州はロシアの、韓国は日本の勢力範囲であることを相互に承認する——という対露交渉の原則が確認されただけで終わった。

ついで六月二三日、御前会議の議論を経て、桂内閣は「満韓に関する日露協商の件」を決定し、韓国における日本の「優勢なる利益」はできるだけこれを確保するが、ロシアの満州権益は租借地と鉄道経営に限定されるべきだとの交渉方針が定められた(『日本外交年表竝主要文書』上、二二〇〜二二二頁)。一見、強気な対露方針であるが、その背後には満韓問題へののめり込みに対する躊躇の心情が見え隠れしている。

右決定はその前文で日本の大陸との接点として朝鮮と福建とを挙げ、今は満韓方面に関心を集中せざるを得ないが、福建省方面への「帝国勢力の扶植」についても揺るがせにしてはならないと、相当な紙幅を費やして論じている。また、一二月三〇日付「対露交渉決裂の際日本の採るべき対清韓方針」でも同様の見解が示されている。本来の国是は「北守南進」なのであり、満韓問題への深入りは国防上の必要に迫られたやむを得ない措置である、というのである（同右、二一七頁）。

日本政府の危機感は徐々に高まってきていたが、しかし、外交的解決の可能性も十分あると考えられていた。そのことは、児玉源太郎の半年余りにわたる洋行が決まっていたことからもうかがえる（六月一九日、出張仰せ付けらる）。一九〇三年夏、児玉は待望の洋行に出発しようとしていた。行先は欧州・南アフリカ・米国である。南ア訪問の目的はボーア戦争の戦跡視察の外に、当時取り沙汰されていた該方面への日本人移民の可能性を探ることにもあった模様である。

ところが、横浜出帆の数日前に洋行は急遽中止された。桂の懇請により、児玉は台湾総督在任のまま内務大臣兼文部大臣に就任し（七月一五・一七日）、桂内閣の国制改革の主軸を担うことになったのである。桂は清浦奎吾司法相には農商務相を、曾禰(そね)荒助(あらすけ)蔵相には逓信相をそれぞれ兼任させて、異例の権力集中で未曾有の大改革に臨もうとしていた。

桂・児玉の国制改革構想

桂は児玉の内相就任を基礎として内閣改造を行っており、その目的は廃藩置県以来の積弊を一気に押し流す本格的国制改革にあった。具体的には、府県半減（三府四三県を三府二四県へ）・郡制廃止・文部省廃止（内務省に吸収）などであり、児玉内相の膝下では、東京市街鉄道の合併による利便性の向上や都市窮民対策としての社会政策の導入、さらには警視庁の廃止なども検討されていたという。

これらの改革の大まかな流れは、一、府県廃合と地方への権限委譲を通じて中央政府をスリム化し、二、政府行政機関の統廃合により財政健全化を図る、三、その上で大規模な外債を発行し、国内インフラ、とりわけ、国内主要鉄道幹線の広軌化や港湾の整備を重点的に推進するというものであった。また、実業教育の振興と普及も重視されており、それゆえに教育行政は内務省に吸収合併されねばならなかった。

内務省の肥大化は気になるが、先の憲兵廃止論といい、今度の警視庁廃止・社会政策導入論といい、また、帷幄上奏権縮小論といい、それらの政策構想総体には日露戦後の「冬の時代」とは異なる自由主義的雰囲気が感じられる。徳富蘇峰は、桂は「藩閥出身者としては、最も自由進歩の思想を懐抱したる一人」であって、「其の新時代、新要求に応ずる進歩思想に至りては、年と共に寧ろ急進を加へた」と評している。桂側近の言であることを差し引いても、そこには何がしかの傾聴すべきものがあるように思われる（小林「児玉源太郎と原敬」五六〜五八頁、『公爵桂太郎伝』坤、一〇四八・一〇五〇頁）。

児玉と政友会との政策的接近の可能性

だが、桂・児玉の大改革は初っ端から躓いた。文部省廃止は世論の反発によって早々に行き詰まり、児玉は文部大臣兼任を解かれ、内務行政に専念することになった（九月）。一方、「府県廃置法案」は一〇月中に閣議決定され、天皇の裁可も得、後は議会に提出するばかりとなっていた（『公文雑纂・内務省三』巻一三）。郡制廃止については制定者の山県は当然反対だったが、寺内や原は賛意を表していた。また、警視庁廃止には山県系官僚も政友会もともに関心を示していた。警視総監大浦兼武の専横ぶりには、政党勢力はもとより内務省もまた手を焼いていたのである。桂も大浦から距離を置いていたことは、先の政友会破壊工作時の態度からも窺われる。

興味深いことに、比較的遅い時期まで児玉は日露交渉の成り行きには楽観的であった。ロシア政府内部も相当に混乱しているが、独仏両国が戦争回避を勧告しているので結局開戦には至らないだろう、むしろ、内政面での「不統一」、とりわけ「大黒（桂太郎の渾名）之八方破、万事尻抜け之事」、つまり、政治的な詰めの甘さの方が問題である。児玉は対露外交よりも国制改革の失敗を危惧していたのである（一九〇三年一一月一日付後藤新平宛児玉源太郎書翰、『後藤新平文書』R－83）。

帷幄上奏権の縮小はもちろんのこと、郡制や警視庁の廃止は政友会の統治構造改革構想と多分に共鳴し合うものであった。特に郡制の廃止は第一次西園寺内閣の内務大臣に就任した原敬によって、山県系官僚勢力打破の象徴的争点として積極的に推進された政策であった（三谷太一郎『日本政党政治の形成』第一部第一章）。郡制廃止に対する児玉の前向きな姿勢は、児玉と原の政策距離の縮小と相互接近の可能性を予示していた。

日露交渉の行き詰まりとロシア海軍の増強

一九〇三年七月から始まった対露交渉ははかばかしく進展しなかった。争点は多岐にわたっていたが、基本的な対立枠組みは日本側の満韓交換論とロシア側の韓国北部中立地帯化案との間にあり、しかも、ロシアは対馬海峡の自由航行権や日本が韓国領土を「軍略上の目的」に使用しないことをも要求してきた（一〇月三日付ロシア側対案）。ロシアにしてみれば、ウラジオストクと旅順に海軍基地を設営したその瞬間から、海軍戦略上、朝鮮半島南部への軍事的進出は必須であり、「満韓交換」など受け入れられるはずもなかったのである（平野前掲書一六八頁）。

一〇月二八日、ロシア軍は奉天省城を占領し、盛京将軍増祺を拘束するという暴挙に出た。すでに八月には、ロシア政府は旅順に極東総督府を設置していた。満州撤兵どころか、ロシアは満州を併合しようとしているのではあるまいか。日本国内では近衛篤麿率いる対露同志会（八月九日結成）や小川平吉（政友会）ら対外硬派が対露即時開戦を主張して政府に迫った。

ロシア海軍も対日圧力を強めていた。当時、ロシアはウィレニウス提督率いる艦隊（有名な「バルチック艦隊」とは別の艦隊）の極東への増派と太平洋艦隊そのものの増強を行っていたが、それらが完了した暁には（一九〇四年末）、日本側が「戦艦六・装甲巡洋艦八」とほぼ現状維持に止まるのに対して、ロシア側は「戦艦一三（八）・装甲巡洋艦五（五）」（括弧内は一九〇三年一二月現在の隻数）と、その勢力を急増させる予定であり、しかも、戦艦五隻はすべて最新鋭艦であった。

日露間の海軍力バランスは完全に崩壊し、制海権確保の見通しを失った日本は戦わずしてロシアに屈服せざるを得なくなるだろう。海軍力がほぼ均衡している今（一九〇三年一二月）でも、ロシアは満韓交換に応じようとしない。ましてや一年後には、韓国の独立擁護どころか、日本本土防衛すらも危うくなるだろう。対馬海峡の制海権確保という、満韓交換論の絶対的前提条件それ自体が今や崩壊しようとしていたのである（平野前掲書一六四〜

一六五頁)。

対露主戦論の大衆的高揚

一〇月一日、参謀次長の田村怡与造が急逝した。後任人事は紛糾したが、山県は児玉か寺内正毅しか適任者はいないと考え、結局、児玉が内務大臣を辞任して次長職に就いた(一〇月一二日、台湾総督は兼任)。これは破格の降格人事であったが、内閣における児玉の不在は、桂内閣の国制改革構想が事実上棚上げされたことを意味していた。

すでにこの年の春から、参謀本部の井口省吾ら少壮将校は主戦論を部内でさかんに吹聴しており、大山参謀総長はそれをよく抑えていた。また、井口や福島安正・秋山真之といった陸海軍の一部の将校は、山座円次郎などの外務省強硬派や民間の対外硬運動との接触をもつようになった(五月二九日、湖月会議、「井口省吾日記」一九〇三年五月二九日、『日露戦争と井口省吾』所収。湖月とは新橋烏森にあった料亭)。

近衛ら対外硬派は憲政本党や板垣退助ら土佐派クループ、さらには小川ら政友会革新派をも巻き込む形で大規模な政界再編を仕掛けようとしており、対露同志会は政府首脳に直談判したり、あるいは東京市内などで大規模な演説集会を開催して主戦論を煽り始めた(「小川平吉日記」、酒田正敏『近代日本における対外硬運動の研究』二二七~二七一頁)。

これは危険な兆候であった。こうした動きを放置すれば、軍隊内部に下剋上的雰囲気が醸成されかねない。この時勃興した対外硬運動こそは、日露講和反対を唱えて日比谷焼打ち事件を引き起こし（一九〇五年九月）、桂・ハリマン仮協定を破棄に至らしめ（同年一〇月）、ついには第二次大隈内閣をして「対支」二十一ヵ条要求を強行させた（一九一五年）、大衆扇動的な政治運動の萌芽であった。

児玉の参謀次長就任と参謀本部改革構想

参謀本部内の主戦論をコントロールするには、声望ある軍人を次長に据えるしかない。児玉に白羽の矢が立った所以である。そして現に、児玉の次長就任は井口らを歓喜させた。「昨今の時局此有力の次長を得、国家の為め、又本部の為め可歓可祝（よろこぶべししゅくすべし）」（「井口省吾日記」一九〇三年一〇月一二日）。

一方、寺内にはまた別の目算があった。「児玉参謀総長」による統帥権改革への地均し（じならし）である。そもそも、参謀本部が設置されたのは憲法制定以前であり、「組織不備にして改正を要するの点」も少なくない。寺内は明治天皇に、ロシアとの交渉が上手く行ったら、次は児玉を参謀総長に就任させて参謀本部の憲法内機関化に着手させるつもりであると述べていた（『明治天皇紀』10、五〇九頁。一九〇三年一〇月一六日付桂太郎宛徳大寺実則書翰、千

薬功編『桂太郎関係文書』二八八〜二八九頁）。

児玉と寺内はいったいどのような改革構想を練っていたのだろうか。右の徳大寺書翰などから推測するに、それが参謀本部を憲法体制に適合的な組織へと再編すること、具体的には、参謀本部権限の整理・削減とその陸軍省への一部移管を骨子とするものであったことはほぼ間違いない。児玉・寺内コンビのこのような動きは、伊藤らによる憲法改革への動きと相呼応するものだったと考えられる。

日本本土防衛に対する危機感の高まり

だが、以上はあくまでも平和克復後の話である。児玉の当面の任務は大山を補佐しながら、開戦という最悪事態に備えて作戦計画を立案することにあった。

すでに参謀本部では「守勢大作戦計画案」を秘密裏に策定して、ロシア軍の日本本土上陸に備えていた（一九〇三年一月、『宮崎周一史料』）。予想上陸地点は、一、関東地方、二、京阪神、三、北九州・山口であったが、ロシア艦隊の急速な増強により、「三」の可能性が次第に現実味を帯びてきた。参謀本部は、ロシア軍の伊万里湾・唐津湾・油谷湾への上陸を想定し、九州・中国地方を中心に計五個師団の兵力を動員・集中して防衛戦闘に当たらせるという作戦計画を策定して、隷下各都督部に守勢作戦計画の作成を命じていた（小

林『大正政変』三四～三五頁、原剛『明治期国土防衛史』四二五～四三一頁）。

以上の事実を踏まえた時、約一年後の日露開戦時における伊藤の切迫感溢れる言葉はその重みをいっそう増してくる。

> 今度の戦争は、陸海軍ともに成功の見込みはない。（中略）露軍が大挙九州海岸に来襲するならば、自ら卒伍に列し、武器をとって奮斗するだろう。軍人が全滅しても博文は、一歩も敵を国内に入れない覚悟である。兵はみな死に、艦はみな沈むかも知れん（谷寿夫『機密日露戦史』四六頁）。

これは、対米世論喚起のための政府特使に簡抜された金子堅太郎に対して、伊藤が述べた言葉である。日露開戦直前には、国土防衛戦争的な危機感が急速に高まっており、伊藤のこの言葉はそういった状況の中で発せられたのであった。金子が特使の大役を引き受けたことはいうまでもない。

開戦準備過程での山県の祭り上げ

一二月に入り、ウィレニウス艦隊の極東回航の規模と速度が明らかになると日本側の危機感は急速に高まった。児玉も焦慮の色を強めていた。時を費やせば費やすほど、ロシア軍の戦備は充実するだろう。戦争がもし不可避なら、早期開戦を選択するに如くはない。外交交渉によって時を稼ぎ、その間に陸海軍の開戦準備を整えることこそ肝要である。伊藤は児玉の意見を容れ、山県も伊藤に同意した（一九〇三年一二月二〇日付山県有朋宛伊藤博文書翰、『山縣有朋関係文書』1、一三六～一三七頁。同二一日付寺内正毅・児玉源太郎宛山県有朋書翰、『寺内正毅関係文書』三六〇－22）。問題は政戦両略のすり合わせにあった。

この頃、山県は桂に対して「〔韓国問題でも〕断然たる手段、すなわち戦争開始之論は自分は承知していない」と述べている（一二月二一日付桂太郎宛山県有朋書翰、前掲『桂太郎関係文書』三九六頁）。だが、これは避戦論ではない。山県が危惧していたのは、陸海軍の開戦準備が整わないうちに戦端が開かれることであった。彼は韓国皇帝の身柄を確保するための「動員→韓国への先行出兵」にこだわっていたが、桂や寺内、そして児玉はそれには慎重であった。動員＝開戦決意と見なしたロシアに機先を制せられるリスクがあったからである（千葉『旧外交の形成』一二九～一三〇頁）。

「他日臍を噛むことのないことを望む」（一九〇四年一月一四日付児玉源太郎・寺内正毅宛山県有朋書翰、『寺内正毅関係文書』三六〇－23）、「軍機画策は無責任者〔山県〕の容喙すべき余地無之」というのなら、せめて「目下の情勢」や論議の内容だけでも一報すべきだ（一月一六日付桂太郎・寺内正毅宛山県有朋書翰、前掲『桂太郎関係文書』三九八頁)。山県は苛立ちと怒りを露わにしていたが、桂や寺内は山県の反発を巧みにかわしながら、児玉と連携して開戦準備を進めていた。

開戦決意

外交交渉は口舌だけでは動かない。特に軍事的な緊張が高まっている場合にはなおさらであろう。この場合、ロシア政府がウィレニウス艦隊の極東回航を中止するとか、奉天省城から撤兵するとか、なんらかの目に見える具体的な行動に出ない限り、外交交渉上の妥協的提案——例えば、韓国北部の中立地帯化要求の撤回など——だけで事態を動かすことはむずかしい。それどころか、侵略的意図を隠蔽するための外交的策略として受け止められる可能性すらある。戦争回避の可能性を過大評価することはできない。

いざ開戦を決断するとなると、さすがの桂も逡巡した。急遽、伊藤・山県・桂の間で意見調整が行われ、一時は「小康説」(当面の戦は避ける)で三人の意見は一致したかに思われた(一九〇四年一月二九日)。だが一晩沈思黙考した後に、伊藤は首相官邸に山県・桂・山本・小村らを招致して自らの意見を明らかにした。

ロシアが中立地帯設定を撤回し、朝鮮領土を「軍略的」に使用しないことになったとしても、その政略全体より観察すれば、日本にとっては「数年間の小康」を得たに過ぎないだろう。（中略）我国力の不足を顧みて、この際、「小康を得るに安んずる乎」、それとも「国家の運命を懸て彼の政略を阻礙するの手段に出る乎」、今や我々は一刀両断の決をなさざるを得ない境遇にある（現代語訳。『明治天皇紀』10、五九〇頁）。

ロシアが対日宥和政策に転じたとしても、それは仮初のものであり、いずれ極東侵略の爪牙をむき出しにしてくるだろう。一九〇四年一月三〇日、伊藤は自らの開戦決意を示した。日露開戦に際しても、その政治的リーダーシップには確乎たるものがあった。伊藤の決意に山県も同意を表した。

今回の戦は朕が志にあらず

この時、権力の最深奥部ではちょっとした事件が起こっていた。桂が突然辞意を漏らし、伊藤による挙国一致内閣の組閣を打診してきたのである。それが断られると、桂は山県・伊藤・井上馨三元老の入閣を求め、さらに山県にも組閣を打診した（「平田東助日記」二月八日）。もちろん、桂も本気で辞職するつもりはなかった。自ら辞意を漏らし、元老の支持を再確認するというある種の「政治的儀式」の類であったというべきだろう。伊藤と山県がこの提案を断ると、桂は即座に政権継続を表明している。いずれにせよ、この事件は戦争指導の前途多難を予感させるものであった。

二月四日、宮中で開かれた御前会議で開戦が決定された。翌五日、動員令が下令され、日本はロシアとの事実上の戦闘状態に突入した。八日、日本海軍は旅順港外のロシア艦隊を攻撃した。一〇日、日本はロシアに対して宣戦布告を行った。

日清戦争開戦時と同じく、宮中は深憂に沈んでいた。明治天皇は「今回の戦は朕が志にあらず、然れども事既に茲に至る。之れを如何ともすべからざるなり（中略）事万一蹉跌を生ぜば、朕何を以てか祖宗に謝し、臣民に対するを得ん」と述べ、涙を流した（『明治天皇紀』10、五九八頁）。

日露戦争はなぜ起こったのか

日露戦争は日本側に即して言うならば、門戸開放同盟たる日英同盟に対する過度の期待、戦略的誤算に起因する戦争であって、日英同盟が日本の北進を促し、その結果、日露戦争が勃発したのではない。日英同盟の対露抑止効果が不十分であったがゆえに、日本は北守南進＝海洋国家路線を断念せざるを得なかったのである。戦争は日本の勝利に終わったが、これは相当危険な選択であった。

ここで注目すべきは、日本は本土に対する海洋からの軍事的脅威に曝されて初めて、最悪事態、つまり清国やロシアとの戦争を想定した軍備拡張や作戦準備に取り掛かっているという事実である。前者は北洋水師、後者はウィレニウス艦隊である。この辺の評価はむずかしいが、特に日露戦争の場合、ロシアが海軍力で日本を威嚇しなければ、日本が対露開戦という火中の栗を拾うことはなかったように思われる。抑えがたい侵略衝動に駆られて、日本は対露先制攻撃に踏み切ったわけではない。

桂が言うように、「日露戦争は、勢、我の南進を転じて北進せしめ」ることとなった(第二次桂内閣の政綱、『公爵桂太郎伝』坤、三四七頁)。開戦時の政府要路を支配していた沈鬱な雰囲気は、そうした事情を余すところなく物語っている。

第五章　日露戦争と山県閥陸軍の動揺——改革気運の失速

大山巌

山本権兵衛

日露開戦と戦時体制構想

日露戦争は日清戦争以上の国家的危機であり、桂太郎とその周辺では「半戒厳」の全国的宣告が検討されていた。その骨子は、一、軍事行動の開始と同時に「大纛（たいとう）」（大本営）を京都に進めること、二、「外交の本部」は大纛に附随させ、東京の留守政府は大本営の指揮下に置かれること、三、全国に「半戒厳」を宣告すること、四、半戒厳下に発生すべき諸問題については、政府はそのつど大本営の命令に従うこと、というものであった（「日露開戦後の施策意見」一九〇四年一月、『桂太郎関係文書』八三―2）。桂が首相としての大本営入りを想定していたことは間違いあるまい。

戒厳令は「外敵侵攻による国土の分断と地方の孤立という事態に対処するための非常法」に他ならず（大江志乃夫『戒厳令』五〇頁）、「常法を停止し、司法および行政の一部を挙げてこれを軍事処分に委ぬる者」であり（伊藤博文『憲法義解』四四頁）、要塞地帯などに宣告する場合（臨戦地境）と、敵軍などによって包囲された地域に宣告する場合（合囲地境）とで、軍事官衙が行使できる権限にはかなりの相違があった。合囲の場合により多くの専権があたえられていたのである。

日清戦争では、広島市全部および宇品（うじな）を臨戦地境に指定して戒厳令が宣告されている

（一八九四年一〇月五日〜九五年六月二〇日）。これは憲法第一四条、戒厳大権に基く軍事戒厳であり、大本営の広島推進にともなう措置であった。この間、第二次伊藤内閣は第七議会を戒厳令下の広島に召集している（一〇月一八〜二一日）。挙国一致体制を構築するための政治的手段として、戒厳令が利用されたと評される所以である（大江前掲書九〇頁）。

山県の戒厳令慎重論

桂は半戒厳（「準戒厳」と同義）を全国に布くことを検討していたが、それは憲法第八条、緊急勅令に準拠したいわゆる行政戒厳であり（「戒厳及準戒厳の先例」、『入江俊郎関係文書』一‐8）、軍事戒厳を要するほど事態が切迫していない場合における「行政目的のためにする戒厳令の一部準用」であった（大江前掲書八四頁）。

陸軍省では、戒厳令は憲法の人権保障条項を制限する憲法中止法であるが、その行使に際しては、人権の保障のために国家の安危に関する利害を犠牲にすべきではない、としていた（「戒厳令実行に関する大方針」、『明治卅七八年戦役陸軍政史』1、三二八〜三三二頁）。戒厳令が法制上の劇薬であることを、陸軍当局はよく承知していたのである。

一九〇四年（明治三七）二月九日、山県有朋は桂との面談の席上、大本営を至急宮中に設置することや「聖上西下」（京都大本営への天皇の動座）の件について話しあっており、戒厳令および半戒厳の布告については、民政に及ぼす結果を考慮し、活用を誤らないことが肝要であると、その慎重な運用を求めている（二月九日付桂太郎宛山県有朋書翰、千葉功編『桂太郎関係文書』三九九頁）。

結局、桂は全国に行政戒厳を布くことは止め、戒厳令は軍事戒厳として臨戦地境に指定された長崎・佐世保・対馬・函館などの要塞地帯に宣告された。[1] その目的も「間諜（かんちょう）に対する警戒」と「海面の防備」に限定され、陸軍次官の内牒（二月一五日付）では、「地方の行政司法はなるべく平時のままとし、軍事上の必要がない限りはこれに干渉しないこと」といった具合に、その慎重な運用が指示されている（現代語訳、大江前掲書九二頁）。戒厳大権はきわめて慎重に発動されており、大本営の指揮下に政府が置かれるようなことはなかった。憲法中止という由々しき事態は回避されたのである。

ここで注目すべきは、大本営京都移転論がきっかけとなって、日清戦争時と同じくその外地への推進という流れが生まれたことである。そして、この議論を呼び水として、戦時外征軍司令部の制度設計をめぐって陸軍内部で一大論争が勃発し、日露戦争の戦争指導に大きな影響を与えるようになる。

当初、大山巌や児玉源太郎は皇太子（後の大正天皇）を大総督とする陸軍大総督府を外地に推進し、参謀本部スタッフも大総督府に横滑りするという構想を練っていた。すでに、山県は参謀本部付とされており（三月六日）、児玉は山県留守参謀総長を東京の大本営に祭り上げて、現地軍に広汎な権限を集中させようとしていた。これでは大本営の権限は空虚化してしまう。寺内陸相は大総督府案に強く反発し、種々協議の結果、より権限を縮小した外征軍司令部（「陸軍総督府」）を設置することになり、皇太子親征論もやがて立ち消えとなった。

ところが、なおも綱引きは続いた。外征軍に人事権をも含む強い権限を持たせようとする大山や児玉と、東京の大本営にもそれ相応の権限——第三軍（旅順攻囲軍）に対する指揮権など——を確保したいと考えていた山県や桂・寺内が衝突したのである（〇四年四～六月）。制度設計と人事構想との間には強い相関関係が存在する。議論は錯綜・紛糾した。児玉は、桂が総理大臣としてではなく、陸軍大将としてあれこれ意見を述べたことに怒っていた（谷寿夫『機密日露戦史』一八七頁）。桂は明治天皇の内旨により、現役陸軍大将と

1　なお、バルチック艦隊による攻撃に備えて、澎湖列島馬公要塞境域内およびその沿海（一九〇五年四月一三日～七月七日）と、澎湖列島を除く台湾全島（五月一二日～七月七日）にそれぞれ軍事戒厳が宣告されている。

しての身分を保持したまま首相に就任していた。首相として発言しても、文官による統帥権への容喙にはならないのだが、桂はことさらに軍人としての発言を強調していた。

だが、児玉に言わせればそれこそが問題なのである。戦時外征軍司令部をどのように編成するかは、国家の命運を左右しかねない問題である。総理大臣が意見を述べるのは当然だが、陸軍大将――この年の六月に昇進した大将だけでも児玉・乃木希典以下計六名を数える――の一人として発言するのは不規則発言そのものであり、軍律上これを許してはならない。

満州軍総司令部の設置

外征軍司令部の権限強化を図りながらも、統帥事項に関する首相の発言権は担保する。内閣制度の強化を柱とする「明治憲法体制の確立」を伊藤と児玉はともに模索していたのであって、そうした姿勢の一端が桂に対する怒りとなって表出したのである。

首相・陸相との意思疎通さえ確保されていれば、戦時外征軍司令部に相当な権限を与えるのは当たり前である。とりわけ人事権は、野戦に不適任な将校の更迭を迅速に行うためにも絶対に必要である。ただし、戦時外征軍司令部の肥大化を戦後に持ち越してはならない。平和克復とともに政軍関係は迅速に正常化されるべきである。帷幄上奏権は縮小され、内閣による軍の統制が図られねばならない。児玉の基本的な考え方を要約すれば、おおよそ以上のようなものであろう。[2]

結局、双方の歩み寄りの結果、天皇直隷の外征軍司令部として「満州軍総司令部」が設けられ、大山が総司令官に、児玉が総参謀長にそれぞれ就任した（六月）。そして、参謀総長には山県が、参謀次長には長岡外史（ながおかがいし）がそれぞれ任命され、彼らはそのまま大本営に横滑りした。満州軍には人事権は付与されなかったが、第三軍は満州軍の隷下に止まった。だが、この問題はその後も尾を引いており、旅順攻略作戦をめぐる大山・児玉と山県・寺内の対立の伏線となっていく（小林『児玉源太郎』二三五〜二四七頁）。

海洋支配と日露戦争

日清戦争と同様、日露戦争の勝利もまた大陸への深入りを抑制し、海洋支配にその戦略的目標を置いたことに帰せられる（平野龍二『日清・日露戦争における政策と戦略』第六〜終章参

2　児玉は「大権の発動に関する国務と軍務との連絡」を決裁し、それに基づいて「戦略戦術」を裁決する「帷幄会議」なるものを構想していた。帷幄会議と大本営との関係は不明であるが、「国務と軍務との連絡」というからには、首相や陸相・海相・外相の関与が想定されていたことは確実だろう（『児玉源太郎関係文書』二六四頁）。

照)。この戦略の主唱者は元老では伊藤博文、陸軍では児玉源太郎であり、特に児玉はハルビン方面への積極攻勢論の抑制に尽力するとともに、早期講和論を唱えて日露戦争を終結に導いた。

周知のように、開戦劈頭日本海軍は旅順港を攻撃した。だがそれは、日本側が満州侵略の衝動に駆られていたことを意味しない。旅順はロシア太平洋艦隊の軍港であり、日本本土攻撃の策源地(兵站支援を行う後方基地)たりえた。だからこそ、日本海軍は旅順を叩いたのである。

海軍側の権力は山本権兵衛海相の掌中にあったが、彼が戦前「韓国の如きは失ふも可なり。帝国は固有の領土を防衛すれば足る」と嘯いていたことはよく知られている(『明治軍事史』下、一二六二頁)。山本は徹底した海洋国家論者であった。

児玉をはじめとする参謀本部の早期開戦派にも満州権益へのこだわりはなかった。開戦当時の児玉は「ハルヒ[ビ]ンの地を万国共存の商業地となし、黒竜江と東清鉄道を共有の交通機関となす迄を目的」とすべきであり、軍事的占領にはこだわらず、外交による確保でもかまわないと考えていた(児玉「手帳メモ」、『児玉源太郎関係文書』一二二六頁)。井口省吾(参謀本部総務部長)は児玉以上の主戦論者であったが、彼もまた満州の国際的開放とその中立化を唱えていた(小林『大正政変』四一頁)。

日本側の基本戦略

日露戦争における日本側の基本戦略は、一、開戦と同時に旅順港を攻撃して、ロシア太平洋艦隊を港内に封じ込めるか、あるいは艦隊決戦を挑んでそれを撃滅する、二、陸軍を速やかに漢城(ハンソン)に進出させて韓国皇帝の身柄を確保し、朝鮮半島での陸軍の作戦行動にその協力を取り付ける、三、満州に軍を進めて遼陽(りょうよう)方面でロシア軍との決戦を企図する、というものであった。

当初の作戦は順調であった。旅順口の閉塞こそ失敗したものの、仁川沖海戦の勝利によって、陸軍は一気に仁川に上陸して漢城を押さえた。二月二三日には日韓議定書が取り交わされ、韓国は日本側に付くこととなった。第一軍は平壌を占領し(三月)、ついで鴨緑江を越え満州に入った(五月)。第二軍は遼東半島に上陸し、北進態勢を整えた(五月)。

次なる目標は旅順の攻略と遼陽方面でのロシア軍との決戦である。旅順要塞を迅速に落とせば、来るべき欧露からのロシア増援艦隊はその目的地を事実上失い、ロシア側の対日戦略は大きな齟齬をきたす。また、北方でのロシア陸軍との決戦に日本陸軍はその全力を投入できるようになるだろう。

だが、もし旅順が持ち堪(こた)えてしまったら、事態は最悪の方向に向かって転がり始める。聯合艦隊は旅順の海上封鎖に戦力の過半を奪われ、無傷のロシア増援艦隊との艦隊決戦では戦力的にきわめて不利な状況に追い込まれるだろう。陸軍は旅順・遼陽という南北二正面作戦を強いられ、もし、ロシア側に制海権を奪われれば、補給を断たれた日本陸軍は満州の野で壊滅させられるかもしれない（小林前掲書二五一～二五二頁）。

南北二正面作戦と統帥の混乱

当初、満州軍は旅順の攻略には消極的であり、彼らの関心は遼陽方面でのロシア軍との決戦に向けられていた。そして、後に海軍側からの督促によって旅順攻略に乗り出してからも、満州軍は旅順・遼陽という二兎を追いがちであり、大本営もまた虎の子の戦略予備二個師団を内地に控置し、戦況の推移をいたずらに観望していた。「実は遼陽攻略も旅順と略同日になさんとは藤園閣下〔児玉〕の御胸算に候」（一九〇四年八月二二日付長岡外史宛田中義一書翰、『長岡外史関係文書』書簡・書類篇、二〇〇～二〇一頁）。児玉も戦局の前途にははなはだ楽観的であった。彼は遼陽と旅順の同時攻略も可能だと考えていたのである。

ところが、八月一九日に開始された旅順要塞に対する第一回総攻撃は、要塞の最終防衛線たる望台の突破・占領まであと一歩と迫りながらも、兵力不足のため失敗に終わった（平野前掲書二二二頁）。北方の遼陽でも、日本軍はロシア軍主力の撃滅に失敗していた。二正面作戦の長期化という最悪事態に日本は直面した。

しかも、バルチック艦隊東航に関する情報がこのころから頻々と届き始めた。旅順の難戦——一〇月二六日に始まった第二回総攻撃も失敗に終わった——が日本側の短期決戦戦略を狂わせ、それは以前から存在していた大本営対満州軍総司令部、満州軍総司令部対第三軍（旅順攻囲軍、司令官乃木希典）との間のさまざまな対立点に一気に火を付けた。

旅順が落ちなかったので、児玉は北方と南方二正面を同時に担当するという超人的な責務を背負い込むことになった。結果論ではあるが、桂らが主張していたように、第三軍は大本営の隷下に置かれるべきだったのかもしれない（小林前掲書二三九・二八二〜二八三頁）。

最高統帥の危機

その後も旅順の難戦は続いた。一一月一四日に開かれた御前会議ではこの問題が討議され、天皇は大本営（山県・寺内）の二〇三高地攻略論を是とした。だが、満州軍や第三軍は要塞主防御線に対する正面攻撃＝望台占領に固執していた。「巌、猶従はず」（『明治天皇紀』10、九二三頁）。大山は断乎として「聖旨」（天皇の意向）を斥けた。最高統帥は危機的状況に陥っていた。

結局、第三回総攻撃も惨憺たる失敗に終わった（一一月二六日）。大山は乃木の更迭を決意し、全く異例の措置ではあるが、総参謀長の児玉に直率部隊をあてがって二〇三高地を攻略させることにした。現地に赴いた児玉は事実上の指揮権を行使し、大激戦の末に二〇三高地の攻略に成功した（一二月五日）。乃木の更迭は見送られた。そして、二〇三高地からの観測に基づく、正確な砲撃によって旅順港は潰滅し、ロシア太平洋艦隊も撃滅された。その後も激戦は続いたが、一九〇五年元日、旅順はついに陥落した。陸軍は南北二正面作戦の悪夢を終わらせ、北方でのロシア軍との決戦に専念できるようになったのである。

その後、黒溝台（こっこうだい）の戦いを制した日本軍は、三月一〇日、遼陽の北、奉天でロシア軍主力と激突した。日本軍は包囲殲滅（せんめつ）こそ逸したものの、ロシア軍に大打撃（死傷者・行方不明者八万九〇〇〇）を与えた。

早期講和論をめぐる軋轢

奉天会戦には勝利したが、日本軍の戦力も限界に達していた。大山は山県に急遽電信して政戦両略一致の必要性を説いた。児玉は秘密裏に上京して政府要路に早期講和を説いて回った。四月八日、桂内閣は早期平和克復を外交方針と定め、具体的な講和条件の検討に入ることを閣議決定した。

五月二七日、日本海海戦で聯合艦隊はバルチック艦隊を文字通り殲滅した。この時、伊藤は閣議の席に飄然と現れ、閣僚とともにシャンパンを抜いて祝杯を挙げている。「もうこれで日本は大丈夫だ」。奉天会戦の捷報にも眉一つ動かさなかった伊藤もホッと安堵のため息をもらした。彼は海洋支配の重要性をよく理解していたのである。とはいえ、談判をどう開くかについては、政府部内の議論は必ずしも一致していなかった。

当時、政府要路では、早期講和論の伊藤・児玉と一撃講和論の桂・小村とが対立し、容易に結論を得られなかった。日本政府や民間世論の中には、日本はハルビンや沿海州にまで侵攻し、ロシア領の一部を領有すべきであるとの積極論も存在した。その中心勢力は陸軍ではなく、対外硬派と呼ばれた在野の政党勢力と、彼らと一定の関係を保っていた小村寿太郎や山座円次郎であった。山座は小川平吉ら対外硬派と連携しながら、伊藤や児玉を「軟派」として糾弾し、小川らは日露講和の破棄と戦争継続を要求する大衆的な暴動、日比谷焼打ち事件を引き起こすにいたる（『小川平吉関係文書』一九〇五年六月一〇日、七月三日・八日）。

原敬ら政友会首脳部はこうした世論の暴走を危惧していた。国民の期待は到底実現困難であり、講和交渉開始以前にあらかじめ戦争の実情を知らせておく必要がある、原はそう説いたが、対露交渉のハードルを引き上げていた桂・小村の反応は鈍かった。

講和に向けての戦略――「積極的攻勢作戦」の虚実

一方、今後の作戦をどう展開するかについても意見は区々であった。早期講和論者の児玉はここでは積極的攻勢論者と見紛うばかりの議論を展開している。彼は韓国領内からのロシア軍の一掃や樺太攻略はもちろんのこと、ハルビンやウラジオストク方面への攻勢にも言及していたが、その真意は、ロシアの痛い所を突くことで、同国政府を講和のテーブルに着かせることにあった。つまり、それは「談判を速に解決するの主意」に外ならなかったのである（一九〇五年六月一四日付長岡外史宛児玉源太郎電報、『長岡外史関係文書　回顧録篇』一四六〜一四七頁）。

ところが北韓軍（朝鮮東北部に展開した日本軍）の前進や樺太占領には、浮遊機雷による軍艦喪失を恐れた山本権兵衛海相が強く反対しており、山県も薩派に遠慮してか消極論を唱えていた。結局、児玉と伊藤が廟議を動かして樺太占領だけは実現したが（七月）、北韓軍の前進は遅々として進まず、ロシア軍を韓国領内から完全に駆逐することはできなかった（平野前掲書第九章、『長岡外史関係文書　回顧録篇』第二章・第三章）。以上の一部始終を通じて、児玉と山県との関係はいっそう疎隔し、山本との関係はまったく険悪なものとなった。

桂や小村は北満に増強されつつあった新鋭リネウィッチ軍に一撃を加えることを望んで

いたが、児玉は内心ではハルビン攻略は不可能だと考えていた。それには最低三七個師団が必要であり、新たに二四個師団という途轍もない大兵力を捻出しなければならない。また、これだけの大兵力を動かすための兵站整備——鉄道や道路の修築——にはおよそ一年の日数を要するだろう。「強て進入すれはする程〔日本側は〕益ます不利の状況に陥る」のである（『児玉源太郎関係文書』二五六頁）。

大陸内奥部へ引きずり込まれることを児玉は強く警戒しており、それには伊藤も同意していた。講和交渉に向けての戦争指導において、大いにイニシアティブを発揮したのは伊藤―児玉ラインであり、山県と大山もそれに同調した。伊藤は自ら講和会議に赴くことにもやぶさかではなかったが、国内にいて自分を支えてほしいとの天皇の意向もあって、全権の大任は外相の小村が担うこととなった。小村は山座ら全権団中の強硬論をよく抑えて条約締結に漕ぎつけた。

日比谷焼打ち事件と行政戒厳

九月五日、アメリカ大統領セオドア・ローズヴェルトの仲介により、同国東部のポーツマスで日露講和条約が調印された。日本は韓国を勢力範囲に組み込み、関東州（旅順・大連を含む遼東半島南端部）の租借権や東清鉄道南部支線（長春―旅順）の経営権をロシアから継承・獲得し、南樺太を再領有した。ただし、賠償金は一銭も取れなかった。

桂が手をこまねいているうちに、国民の期待値はぐんぐん上昇していった。そして、それは講和反対＝戦争継続を主張する一大大衆暴動を誘発した。群衆は暴徒と化し、市内の警察署やキリスト教会を焼打ちし、内相官邸や政府系新聞社を襲撃した（九月五日、日比谷焼打ち事件）。

翌九月六日、桂内閣は東京市と郡部の一部に行政戒厳を宣告した。軍事戒厳を発動するためには、「帝都」を臨戦地境に指定しなければならない。だが、それは「激昂せる民衆をして却て益激昂」させるかもしれない。「今少し柔かなる方法にて別に大権を傷けず目的を達」するために行政戒厳を宣告する。枢密院書記官長都筑馨六は軍事戒厳の宣告を避けた理由をこのように述べている（大江前掲書一一四頁）。

爾後、関東大震災（一九二三年）、二・二六事件（一九三六年）と戒厳令は二度にわたって地域を限定して布かれているが、それらはすべてこの行政戒厳である（前掲「戒厳及準戒厳の先例」）。結果的にみれば、戒厳大権が発動されたのは日清・日露戦争時だけであった。すでにこれ以前に、桂と政友会との間には平和克復後の政権移譲の密約が交わされており（一九〇四年一二月）、戒厳令の宣布は第一次西園寺内閣の成立（一九〇六年一月七日）をなんら妨げなかった。以後、大正政変や米騒動に際しては戒厳令の適用は見送られ、地方官官制

第八条（知事または警視総監による出兵要請）に拠る軍隊の出動がなされている。ことほど左様に、戒厳令はそれを執行する権力の正当性を問われる「両刃の剣」だったのである。

日露戦後の陸軍内権力状況

日露戦争の勝利によって、陸海軍の権威と声望は大いに高まった。特に長州閥の台頭は顕著であり、寺内は日露戦争を挟んでおよそ九年半の長きにわたって陸相ポストを独占している。だがその反面、陸軍権力中枢での山県の政治的求心力は揺らいでいた。

まず第一に、明治天皇は桂の戦争指導を高く評価し、その信任をますます厚くしており、参謀本部（山県参謀総長・長岡参謀次長）からの帷幄上奏については、まず、陸軍大将たる桂にその当否について下問するようになった。山県は「余は参謀総長に就任してより信を陛下に薄うせり」と長岡にこぼしている（『明治天皇紀』10、八六四頁）。

第二に、日露戦前から始まっていた児玉との確執が、戦時中のさまざまな軋轢を経て徐々に抜き差しならないものになりつつあった。特に、軍令をめぐる対立は深刻であった。児玉はかねてより、山県参謀総長から大山満州軍総司令官に発せられた命令（軍令）において、参謀総長に命令権があるかのような様式（「参謀総長奉ス」とすべきところを「参謀総長」とのみ表記）が多用されていることを苦々しく思っていた[3]。命令権は天皇の統帥権に属する。「我軍建制の本義」を明らかにするためにも、こうした事例は正されねばならない。

右文書様式は日清戦争の頃から始まったものであり、山県の創始に関わるものではない。長岡参謀次長はそう弁明したが、児玉はそれを認めなかった。事理に適さない先例は破棄されるべきであり、「今後の軍令には各種の様式を廃し、一切奉行の様式に改められんことを希望」する。児玉の態度は峻烈であった。

児玉は軍令の様式統一を通じて、参謀総長権限のなし崩し的膨張に歯止めをかけ、政軍関係をめぐる制度改革、帷幄上奏権改革や参謀本部改革への道筋を付けようとしていたのである（一九〇五年八月一三日付参謀次長長岡外史宛満州軍総参謀長児玉源太郎公信。小林「児玉源太郎と原敬」、伊藤之雄編『原敬と政党政治の確立』六三～六五頁）。

こういった児玉の非難に、山県が大いに心証を害しただろうことは想像に難くない。官僚派の多くは「桂の後任は児玉だろう」と予想していたが、桂や児玉に対する反感から山県は西園寺後継首班説に賛成したとの前田蓮山（まえだれんざん）の証言（前田『政変物語』五五四～五五五頁）には、山県の心事に即していえばかなりの説得力が認められる。

児玉の政治的台頭

伊藤は後継首班に児玉を考えていた（〇五年八～九月）。もっとも、児玉にその気はなかったようで、この話は本格的に展開しないで終わっている（伊藤之雄『立憲国家と日露戦争』二六四～二六五頁）。この頃、児玉の政治的存在感は日露戦争での軍功も相俟って日を追うごとに高まっていた。

陸軍省・参謀本部間の年来の「盤根錯節」（込み入った関係）を除去する必要性は政界上層部の共通認識となっており、さまざまな思惑に基づく人事構想が取り沙汰されていた。大山参謀総長の後任人事はその焦点であった。「児玉参謀総長」を嫌う山本権兵衛は桂を擁立しようとしたが、それには児玉と寺内が反対し、伊藤も「桂韓国統監」説を唱えてそれを牽制した。結局、当初の予定通り児玉は参謀総長に就任した（〇六年四月）。

平和克復とともに、児玉・寺内間のわだかまりは解消されつつあった。日比谷焼打ち事件の衝撃がそのきっかけとなった。彼らはともに軍隊の復員に非常に神経を尖らせており、寺内などは復員軍人が革命運動の受け皿になることを強く警戒していたのである（一九〇五年九月二三日付長岡外史宛児玉源太郎書翰、『長岡外史関係文書　書簡・書類篇』一五五～六

3　これは、些細な事項までをもいちいち天皇に上聞し、裁可を得るのは忍びないという趣旨によるもので、参謀総長には統帥権の一部が委任されていると長岡は解釈していた。児玉はそうした委任それ自体に異議を唱えていたのである（本書二〇八頁参照）。

頁)。児玉は戦後陸軍改革構想の腹案を錬っており、参謀本部の業務を純然たる「作戦事項」に限定し、編制動員業務などは陸軍省に委ねるべきだとしていた。それは伊藤・児玉の帷幄上奏権制限論と相呼応する動きであり、後に寺内陸相が精力的に推進した「フランス式軍制改革」に繫がるものでもあった。

戦後陸軍軍備拡張をめぐっても、児玉は山県との一戦を覚悟していた。ロシア軍との量的均衡を重視する山県は六個師団増設（平時二五個師団構想）という未曾有の軍備拡張を唱えていたが、児玉は海軍力の圧倒的優勢を考慮に入れれば、平時一九個師団もあれば当面は十分だと考えていたのである。

すでに陸軍では、戦時急設した四個師団（第一三～一六師団）の常設化以外に新たに二個師団を増設し、平時一九個師団（近衛師団を含む）を整備することを決定していた。児玉の軍備計画は既定計画の枠内に収まっており、井上馨や大蔵省の財政健全化路線や政友会の戦後経営論とも整合的であった。伊藤が児玉を後継首班に擬した理由は、恐らくはこの辺りにもあったものと思われる（前掲『大正政変』第二章、同「児玉源太郎と原敬」）。

伊藤─児玉・寺内ラインによる陸軍軍制改革の推進

山県─児玉の関係は波乱含みであったが、伊藤─児玉・寺内の関係は安定していた。一九〇五年一一月、第二次日韓協約によって日本は韓国の外交権を接収し、韓国統監府を漢城に置いてその保護国化に舵を切った（一二月設置、〇六年二月開庁）。もっとも、それは併合を予定した措置ではなく、伊藤は自ら統監に就任して「韓国政府に独立を教え、其の改革を強促」するつもりであった（一九〇九年七月二三日付伊藤談、『昭和五年秘書課篤行者表彰第一種・冊の28』）。

この時、突発したのが韓国統監府条例第一四条問題である。それは、文官たる韓国統監に軍隊指揮権を付与するか否かという、韓国統治と統帥権改革の接点に位置する一大問題であり、伊藤は出先陸軍を自らの統制下に置かなければ、保護国化による韓国の独立擁護という困難な政策課題に立ち向かうことはできないと考えており、韓国警察の強化を通じての憲兵隊の縮小をも視野に入れていた（松田利彦『日本の朝鮮植民地支配と警察』四六～五一頁）。そして、寺内は伊藤の側に立って、山県や大山の反対論を押し切った（〇六年一月、小林前掲書二九七頁）。

児玉には台湾の憲兵政治を縮小して、その経営を軌道に乗せたという成功体験があった。後年、寺内周辺の陸軍省関係者から憲兵隊縮小論が唱えられ、寺内もそれを黙認していたことを想起すれば、あるいは、当初寺内は台湾統治の前例を踏襲して朝鮮統治を進めようとしていたのかもしれない（松田前掲書四二～六三頁、二二一～二二三頁）。児玉は伊藤統監を積極的に支えるよう、息子の秀雄(ひでお)（統監府秘書官）に指示しているが、それは山県に対する論争的・闘争的態度とは対照的である（一九〇六年三月四日付児玉秀雄宛児玉源太郎書翰、『児玉秀雄関係文書・I』一九頁）。

児玉は外地統治機関の文官組織化を志向しており、満州軍総参謀長として出征する際にも、台湾総督を辞任して後任に後藤新平を充てようとしていた。これは後藤が固辞したため実現しなかったが（『後藤新平』2、五八〇〜五八一頁）、その後も児玉は「遼東総督」に文官を起用して「守備司令官」と「対峙」させようと考えたり、「満州鉄道庁長官」と「遼東総督」との兼任制という文武混交システムを提起したりしており、当然のことながら、関東総督府（一九〇五年九月に設置された臨時的軍政機関、総督大島義昌陸軍大将）の軍政強化論には反対であった（前掲『大正政変』一一一〜一一二・一二三頁）。児玉は外地陸軍権力の突出抑制を一貫して追求していたのである。

だが、ポーツマス講和条約の成立により、満州鉄道庁構想は雲散霧消し、その後紆余曲折を経て、日露戦後の満州経営体制は関東都督府・南満州鉄道株式会社・奉天総領事館という三機関が鼎立(ていりつ)するものとなった（一九〇六年六〜一一月）。都督の任用資格は現役の陸軍大将もしくは中将に限定されたのである（小林『大正政変』一〇一〜一〇二頁）。

公式令制定をめぐる山県と寺内の対立

児玉は軍令の様式統一を志向していたが、それは軍令と一般勅令との境界線の明確化を意味する。つまり、帷幄上奏権の限定に繋がるのである。この間、伊藤は帝室制度調査局総裁として「公式令」を立案し、第一次西園寺内閣はそれを閣議決定した（一九〇七年二月公布）。この時、寺内陸相も自らの花押を据えて賛意を表している。

公式令は公文式に代わる新たな憲法付属法であり、すべての勅令・法律に内閣総理大臣の副署を求めることを通じて、首相の国政全般に対する統制力を飛躍的に高めようとしていた。つまり、総理大臣が関わることのできない帷幄上奏勅令は、この場合すべて無効になるのである（林弥三吉『文武権の限界と其の運用』、二九頁）。それは、かつて山県が否定した大宰相主義の復活であった。ほどなく事の重要性に気付いた山県は、軍機（軍政上の秘密事項）に関する勅令に限って総理大臣の副署を除外する、という公式令改正案を寺内に打診した。だが、寺内はその不可を説いて譲らなかった。交渉は膠着状態に陥り、「数月来軍令上行動之機関無之」という事態が発生した（一九〇七年五月一三日付・同八月二二日付寺内正毅宛山県有朋書翰、『寺内正毅関係文書』三六〇－59）。

事態を収拾するために、伊藤・寺内と山県は長期にわたる折衝を積み重ね、その結果「軍令」第一号が制定された。山県は勅令の外に新たに軍令という法令体系を設けて、軍令には陸海軍大臣のみ署名するとの窮余の一策を案出したのである（九月一一日裁可）。その際、公式令の改正を避けるために、軍令第一号によって軍令を制定するという相当無理な手続きが採られた。内閣法制局は当然これに異議を唱え、制定手続きは一時停頓した。だが、天皇が軍令制定を促したことによって、事態はようやく動いた（林前掲書、三〇頁）。

とはいえ、寺内も軍令制定を丸呑みしたわけではない。寺内の奉答文（八月二三日付）と思しき文書では、これまで帷幄上奏を経て公布してきたものであっても、その事柄の性質が行政の範囲に属すべきものは、すべて勅令とする方針であることが再確認されている（立命館大学編『西園寺公望伝』別巻2、一四七～一四八頁）。原敬が軍令の制定について、「従来よりもその〔帷幄上奏に関する〕権限を縮少したるものとなれり」と評した所以である（『原敬日記』一九〇七年九月一〇日、瀧井一博『伊藤博文』三二三～三三〇頁）。

軍令を伊藤に認めさせる代償として、山県は帷幄上奏範囲の縮小という政治的対価を支払わねばならなかった。軍令の形式的独立は確保されたが、かつての帷幄上奏事項の少なからぬ部分が行政事項として内閣に付議され、勅令で公布されるようになったのである。つまり、内閣の権限はその分だけ拡大されていたのであり、これはその後の二個師団増設問題などにも大きな影響を及ぼすことになった。

児玉の急逝と桂園体制の確立

伊藤―児玉・寺内ラインの改革はその果実を結びつつあった。ところがこの間、思いもよらぬ事態が起こった。一九〇六年七月二三日、児玉が脳溢血のため卒然としてこの世を去ったのである。

それは陸軍改革にとっての大打撃となった。山県に対するバッファーを失った桂は、政友会との水面下での提携をいっそう強めた。原敬と児玉は政治的に接近しつつあったが、児玉の死は原をして桂との提携に向かわせた。こうして、桂園体制[4]と呼ばれる桂と西園寺の政権たらい回し体制は安定度を増した。一方、寺内は児玉の顰に倣って、まずは韓国統治で実績を重ねることを通じて（一九一〇年、韓国統監から初代朝鮮総督就任）、児玉没後の政治的退勢を挽回しようとした。

児玉の死もあって、寺内は参謀本部条例の改正案をいったん手元で握り潰した（「福島安正日記」一九〇八年五月八日、『憲政資料室収集文書』）。しかしその後も、寺内は陸軍省内で条例

4　第一次桂内閣から第二次西園寺内閣まで（一九〇一～一二年）、官僚閥を代表する桂と政友会総裁の西園寺が交代で政権を担当した。第三次桂内閣は大正政変の渦中に誕生した内閣なので「桂園体制」には含めない。

改正問題を検討させており、〇八年五月には倉卒の間にそれを決定しようとしている。寺内案は「参謀本部の権域を削らんとするもの」であり（「福島安正日記」五月一二日）、陸軍省中心の「陸軍統治」を強く志向する、いわゆるフランス式の軍制改革案であった（北岡伸一『日本陸軍と大陸政策』六四頁）。だが、それは山県と参謀本部の猛反対と桂の逡巡によって実現せず、軍制改革はいったん仕切り直しとなった。

一九〇八年一二月、参謀本部条例の改定と同時に陸軍省と参謀本部間の「業務担任規定」が制定された。参謀本部の管掌事項が制約された反面、陸軍省の権限は大幅に拡大された。「平時編制及戦時編制」や「動員計画及動員関係諸条規」の起案権は陸軍省に移され（北岡前掲書六四～六五頁）、平時における国防用兵に関する命令も陸軍大臣がそれを執行することになった。これは参謀総長に権限を委譲したかつての大山参謀総長の制度改革（一九〇〇年七月）を旧態に巻き戻すものであった（『明治軍事史』下、一六五〇頁）。寺内は漸進的に改革を推し進めていたのである。

児玉存命中、伊藤は児玉を通じて山県閥権力中枢にも政治的影響力を行使していた。だが、児玉の急逝によって今やそれが崩れた。伊藤―児玉・寺内ラインという政治改革路線は徐々に失速し始めていた。

「満州経営」をめぐる伊藤―児玉の葛藤

しかも、晩年の児玉と伊藤との関係には微妙なものがあった。その一端は有名な満州問題をめぐる協議会（一九〇六年五月二二日）での伊藤・児玉論争に現れている。この時に議論となったのは、「満州経営」という考え方そのものの是非であった。伊藤は児玉の満州経営機関を中央に設置すべきであるとの発言に反応して、満州は純然たる清国領土であり、そこに「植民地経営」を展開する余地などないと喝破したのである。

この頃、伊藤―児玉間には大陸権益の位置づけをめぐって意見のずれが目立つようになってきた。まず第一に、伊藤が韓国への日本人の入植にはほとんど関心を示さなかったのに対して、児玉は平壌以北への日本人の入植を検討していた。二人の接点に位置していたのが児玉の幕下にいた新渡戸稲造である。新渡戸はプロイセンの内国植民政策――ドイツ領ポーランド（西プロイセンやポーゼン。後のいわゆる「ポーランド回廊」）へのドイツ系移民の導入を通じての「ドイツ化」政策――を参考にしたらどうかと両者に建言したが、伊藤は

5　寺内が児玉の参謀本部改革案を「握り潰した」との記事に拠る児玉・寺内疎隔説も存在するが、参謀本部からの軍政権限の剝奪＝軍令機関としての純化という点では両者の方向性は同じである。「握り潰した」との表現には、福島の認識バイアスが含まれていると解釈すべきであろう。この問題は児玉・山県の軍令論争を前提に分析されるべきである。

それには無関心であった。[6]

第二に、伊藤や井上馨は日米合弁「満韓鉄道株式会社」を設立して、韓国鉄道経営をも事実上アメリカ側に譲渡しようとしており、満鉄の設立に際しても、満鉄は字義通り「鉄道経営」に専念すべきであるとの小満鉄主義を標榜していた。井上などは満鉄の清国への返還に備えて、株主に対する損失補塡のための積立金の計上を考慮していたほどである。

一方児玉や後藤は、満鉄はたんなる鉄道会社ではなく、満鉄付属地での徴税権や行政権をも担う一大植民会社たるべきだとしており、彼らはイギリス東インド会社のインド統治を範と仰いで満州経営を進めようとしていた。いわゆる満鉄中心主義である。

両者の齟齬（そご）は大きかったが、出先陸軍権力の抑制の必要性は伊藤も重視しており、また、台湾財政の独立――一九〇五年を境に台湾総督府特別会計は本国一般会計からの財政補充金なしに運営できるようになっていた――が児玉・後藤の実績として高く評価されていたこともあり、伊藤らの小満鉄主義は結局実を結ばずに終わった（前掲『大正政変』一〇五～一一四頁）。

桂・ハリマン仮協定問題と陸軍

それにしてもなぜ、従来、大陸への深入りを避けていた児玉は大陸経営に没入するようになったのか。その背景に、二〇三高地攻防戦というあまりにも苛烈な戦場体験があったことは間違いないだろう。児玉は「彼らの死」を無駄にしないためにも、満州権益は立派に経営されねばならないと考えるようになっていたのである。

そして、小村寿太郎もまた「日露戦役の結果として帝国の位置一変し、帝国は亜細亜大陸に所領を有する大陸国となるに」至った、として大陸国家建設に大きく舵を切ろうとしていた。満州経営は十分採算がとれると考えていた小村は、南満州鉄道と中国本土・シベリア鉄道との連絡を図り、なおかつ、日本本土の大規模インフラ整備——鉄道広軌化や関門海峡の架橋など——をそれとリンクさせることによって、東亜の物流のハブを神戸もしくは馬山（マサン）に移すという大陸国家構想をまとめ上げた（一九〇五年一〇月付「韓満施設綱領」、『後

6　伊藤は日韓関係をドイツ第二帝政（一八七一～一九一八年）下におけるプロイセン王国とバイエルン王国、もしくはヴュルテンベルク王国に擬していたことさえあれ（瀧井一博『伊藤博文演説集』三八五～三八六頁）、ドイツ国内植民の対象地たるプロイセン王国内の一地方、西プロイセンやポーゼンになぞらえたことはなかった。ドイツ統一によってプロイセン国王はドイツ皇帝となり、バイエルンやヴュルテンベルクは独立性の高い個別諸邦としてドイツ帝国を構成した。一方、西プロイセンやポーゼンは内部に三〇〇万人ものポーランド人住民を抱えており、その民族運動と対峙していたドイツ第二帝政はポーランド人貴族から有償で土地を取得し、ドイツ中西部からのドイツ人の「植民」を促すという政策を推進していた。韓国の「植民地」化を伊藤が最初から構想していたならば、彼は韓国を西プロイセンなどに擬していたはずである。現に朝鮮総督府ではこの後も長らく、西プロイセンを中心とするドイツ「内国植民」研究に余念がなかった。

藤新平文書』R－37）。貿易立国論はここに大陸国家論と一体化したのである。

一九〇五年一〇月一二日、桂首相は来日したアメリカの鉄道資本家ハリマンとの間に仮協定を取り交わして、日米合弁シンジケートによる満州鉄道経営にいったん同意したが、これを破棄させたのはポーツマスから帰国したばかりの小村であった（同月二三日）。講和条約に調印したことで、小村は皮肉にも日比谷に結集した対外硬派の攻撃目標となってしまった。協定破棄という強硬措置に出なければ、小村は彼らとの繫がりを完全に失っただろう。桂・ハリマン仮協定破棄の背景には、対外硬派からの強烈な政治的圧力が存在していたのである。

それにしても、ハリマンに対する元老や陸軍の応対は一貫性を欠いていると言わざるを得ない。特に陸軍の態度は傍観者的としか言いようがない。いったいそれはなぜか。

陸軍の消極的満州経営

日露戦争直後においては、陸軍首脳部の多くは満州経営に多くを期待していなかった。山県曰く、満州の地はきわめて広大ではあるが、その人口は稀薄であり、商工業上の利益を得られる見込みはない。ロシアの再南下に備えて、日本軍はハルビン以南に駐屯せざるを得ないが、満州鉄道の収益性には期待できないから、それは完全な軍用鉄道として経営されるべきである（山県「戦後経営意見書」一九〇五年八月、前掲『山県有朋意見書』二七九頁）。山県の脳裏には、満州における「軍事計画」はあっても、満州の「植民地経営」はさしあたり存在しなかったのである。

田中義一（満州軍参謀）などはもっと割り切って考えている。満州は清国の領土であり、日本が満州防衛の責に任ずるのは不合理である、日本軍は早々に撤兵し、なるべく速やかに多くの清国軍を満州に駐屯させ、満州の防衛はもとより「朝鮮保護の藩蔽」たらしむべきだ、というのである。日清戦前の川上操六や満州事変時の石原莞爾が聞いたら、吃驚仰天するような議論である（一九〇五年八月二九日付寺内正毅宛田中義一書翰、『寺内正毅関係文書』三一五－8）。

満州事変時の「満蒙は日本の生命線」論と比べてみれば、その懸隔の大きさには一驚を禁じえない。日露戦争直後の時点においては、その本来の戦争目的――日本本土防衛とロシアの軍事力の韓国および南満州からの排除――は多くの陸軍軍人の脳裏に刻み込まれており、児玉のような満州経営積極論はむしろ少数派であった。陸軍が桂・ハリマン仮協定の成立に異議を唱えなかった所以である。

対英主敵論と「世界政策」構想の登場

ところがその一方で、日露戦争の勝利によって北方の脅威が軽減された今こそ、本来の国策たるべき北守南進を実行に移すべきだ、との意見が陸軍内部で密かに唱えられていた。しかもそれは、かつての「支那保全」＝門戸開放主義に基づく北守南進論とは似て非なるものであった。山県は言う。揚子江盆地や南清地方の生産力は日本を富ますに十分であり、台湾海峡を支配すれば極東に覇権を振うことができる。我が国の国益を増進し、国民生活を豊かにするためには「北守南進の策」を講ずる以外に道はない、と（山県「帝国国防方針私案」、前掲『山県有朋意見書』三〇〇頁）。

とはいえ、さすがに山県は慎重であった。彼は清国に事ある時こそ北守南進を実行に移す好機であると述べているが、その際、日英同盟を見直すかどうかについては、一に外交当局者の措置に待たねばならないとしている。

一方、田中義一の意見はよりあからさまであった。「日英同盟を破棄して日露同盟を締結し、日本は極東にある英国の利権を奪取し、ロシアをして『英国の宝庫たる印度（インド）』を圧迫させる日がいつかやって来るだろう」（現代語訳、田中「随感雑録」、『田中義一文書』七）。田中は山県よりも一歩踏み込んで、将来的な日英同盟の破棄にまで言及している。これを換言すれば、「日本は列強に伍して国際的なパワーゲームに参加し、ドイツ流の『世界政策』を実行すべきだ」ということであろう。

ちなみに、松石安治（参謀本部第二部長）や福島安正（満州軍参謀、後に参謀次長）などは満韓のみならず、シベリアや「南洋」・中南米への殖民的膨張を説いている（松石「国防大方針に関する意見」、一九〇五年一〇月一七日付長岡外史宛福島安正書翰、『長岡外史関係文書　書簡・書類篇』二七一～二七二頁）。それは日清戦後の北守南進論とは異なり、膨大な軍備拡張計画を伴っていた。[7]

もっとも、これらの議論はいわば将来的な可能性の範疇に属するものであって、日露戦後の国防戦略に即したものではなかった。それは山県や田中も当然弁えており、議論の大半はロシアの復讐戦に対してどのように備えを固めるか、具体的には第二回日英同盟の締結にともなう、陸海軍の戦略調整問題に割かれていた。

7　松石は露独・露清両国を仮想敵国に想定しており、その所要兵力量は、陸軍はロシアを軍備標準として戦時約五〇師団、海軍は露独を軍備標準として五〇万トン（八・八艦隊に匹敵）という膨大なものであった。福島は常備二〇師団と後備一〇師団を想定していた。

「帝国国防方針」の策定

一九〇五年八月一二日に締結された第二回日英同盟協約は、いわゆる攻守同盟であり、英露戦争が勃発した場合、日本は自動的に満州でロシア軍を攻撃することになり、同盟の適用範囲も「極東」から「東亜及び印度」にまで拡大された。日英両軍が協同作戦を実施する可能性はここに飛躍的に高まった。

新たなレベルへの同盟深化は、陸海軍・政軍間の国防方針（軍備計画）の調整を必然化する。その結果、策定されたのが一九〇七年「帝国国防方針」であった。

この時、山県・寺内間の意見調整を行ったのが田中義一であった。彼は「随感雑録」なる長大な意見書を起草し、日露戦争以来の省部間の対立調整を図った。そして、山県は田中の国防方針私案を下敷きにして「帝国国防方針私案」（山県封事）を作成し、それを天皇に帷幄上奏した。山県にとって国防方針の策定は、児玉の台頭によって揺らぎ始めた自らの陸軍内権力を挽回するための絶好の機会でもあった。

国防方針策定作業（一九〇六年一二月〜〇七年三月）は、「山県封事」（「封事」とは密閉して君主に奉る書類のこと）・寺内「戦後陸軍軍備充実計画」の帷幄上奏（〇六年一〇月）に始まり、一、参謀本部と海軍軍令部の協議による原案作成、二、陸海軍大臣を交えての協議、三、成案を天皇に帷幄上奏、四、西園寺首相への下問と奉答、という経路をたどった。当初、陸軍側の主導権は山県と参謀本部が掌握していたが、寺内陸相はそれを相当程度巻き戻している。だが、内閣の関与は事後的・限定的なレベルに押し止められた。

山県の不満と西園寺の留保

帝国国防方針（「日本帝国の国防方針」「帝国軍の用兵綱領」「国防に要する兵力」から成る。『宮崎周一史料』）とは、もともと日英攻守同盟を所与の前提とした陸海軍間の合意枠組みであったから、そこでは島帝国論や北守南進論は建前上否定されている。国防方針が「最も近く有り得べき敵国は蓋し露国なるべし」とし、有事の場合における大陸攻勢作戦を明示していたのはそのためである。

陸海軍の所要兵力量は、陸軍は平時二五個・戦時五〇個師団、海軍は八・八艦隊（五〇万トン海軍、戦艦八・装甲巡洋艦八）と定められた。もっとも陸軍の場合、既定一九個師団整備は明記されていたが、残余六個師団は後日財政緩和した時を待って整備に着手するとされていた。寺内陸相の巻き返しが功を奏して、山県の六個師団拡張案は事実上棚上げされたのである。当然、山県は面白くなかっただろう。後に山県は平時三三〜三四個師団という未曾有の大軍備拡張を主張して寺内と再度衝突するが（一九一一年）、その予兆はすでに現れていたのである。

一方、八・八艦隊計画には財政的制約は課せられておらず、むしろ「本案（八・八艦隊）は列国海軍情勢の変遷に応じ、改定を要することあるべし」と、将来的な計画変更の含みさえ持たされていた。当時は建艦革命——ドレッドノート級戦艦の登場は〇六年——の真っ最中であり、建艦計画を最終確定するわけにはいかなかったのである。ちなみに、軍備標準はアメリカ海軍だったが、この時点では日米戦争は将来的な可能性の範疇に属する問題に過ぎなかった。

一九〇七年帝国国防方針は、海軍に軍備計画上の大きな裁量の余地を与えていた反面、陸軍軍備拡張には財政的な条件を設けていた。また、不確定要素の大きい長期的な軍備拡張計画は事実上棚上げされていた。西園寺も事態を傍観するつもりはなかった。彼は参謀総長および海軍軍令部長の所見に同意しながらも、戦後の財政逼迫状況に鑑みて「暫時猶予を与えられ、国力と相俟って軍備整備の緩急を斟酌(しんしゃく)して欲しい」との奉答文を提出して、軍備拡張に財政的条件を付した。元帥府もまた、それを至当のものと認めた（三月日付不詳）。

元帥府が西園寺の奉答文を承認したことは、後に陸軍にとって大きな政治的禍根となる。一九一二年に二個師団増設が政治問題化すると、時の第二次西園寺内閣と政友会はこの奉答文を逆手にとって、陸軍の軍備拡張要求を拒否したのである。一九〇七年国防方針には軍備拡張目標を内閣に押し付けるだけの強制力などなかった。また、寺内や田中も押し付けが可能だとは思ってもみなかった（室山義正「『帝国国防方針』の制定」、大久保利謙他編『日本歴史大系4・近代1』山川出版社、一九八七年、所収）。

桂園体制の成立と「軍部」

だがそれにしてもなぜ、〝戦勝の栄光に輝く〟陸海軍は軍備拡張計画を内閣側に強制できなかったのだろうか。この疑問に答えるためには、第一次西園寺内閣の権力基盤から解き明かす必要がある。

日露戦争の遂行には莫大な経費を要したが、その約四割は非常特別税の増徴によって賄われた。その結果、直接国税一〇円以上という納税資格をクリアした有権者数は七六万人から一五九万人へと飛躍的に増大した。一九〇〇年の選挙法改正以前と比較するならば、有権者数はほとんど四倍にまで激増したのである。つまり日露戦争の結果、陸軍の対抗勢力たる政党の権力基盤とその発言力は格段に強化されていたのであった（三谷太一郎『近代日本の戦争と政治』四二～四三頁）。

政友会は西園寺と原の卓抜な政局運営、とりわけ、講和問題に対する自制的な対応によって、その政治的存在感をいっそう強めていた。また、政友会は陸海両軍に独自の政治的パイプを有しており、陸海軍の間に立って両者を政治的に操作できるだけの交渉能力を獲得しつつあった。陸海軍が対立した時、政友会は両者の調停者として立居振舞えるようになったのである。

山県系官僚閥と政友会との勢力均衡体制、桂園体制はこうして成立した（〇六年一月、第一次西園寺内閣成立）。ここで注意すべきは、桂園体制の成立は山県排除の論理を内包していたということである。桂は政権を西園寺に直接禅譲することで、元老権力そのものを形骸化させようとしていたのである（伊藤之雄前掲書二六三〜二六七頁）。

この間、薩派陸軍は凋落の一途をたどっていた。桂園時代を通して寺内は九年半もの長きにわたって陸軍大臣の地位を独占し、続く第二次西園寺内閣でも石本新六（長州系）が陸相に就いた。薩派は参謀本部にその勢力をある程度保ってはいたが、大山や高島・川上が威容を誇っていた日清戦後に比べればその衰退ぶりは明らかであった。一九〇八年の寺内陸相によるフランス式軍制改革は、こうした趨勢を推し進めようとしたものでもあった。

薩派陸軍の凋落は、陸海軍間の利害調整を困難なものにした。山県の勢威は海軍には及ばず、西郷従道はすでにこの世を去っていた（一九〇二年没）。そして、日露戦後の大山巌には謙抑的姿勢が顕著であった。大山は旅順難戦時の明治天皇との軋轢について、あるいは恐懼(きょうく)していたのかもしれない。西郷・大山の両者は薩派海軍、とりわけ山本権兵衛を抑え得る貴重な存在であったが、今やそういった交渉力は陸軍から失われつつあった。

伊藤路線の行き詰まり

日露戦争の戦費は約二〇億円、通常の財政規模の約八倍にも上っており、約一二億円もの内外債は戦後経営のあり方を大きく制約していた。平和克復と相俟って、本来なら積極的な行政整理、とりわけ、第一次桂内閣期に検討されたような本格的なそれが実行されて然るべきであった。だが、府県廃合法案はもとより、かつて伊藤―児玉ラインが推し進めようとした、「国のかたち」を変えるような大変革が歴代内閣で検討された形跡は見当らない。[8]そして、児玉らが構想した積極的陸軍改革もほとんどが実行されなかった。

なぜ、改革は失速したのか。その最大の要因は日露戦争の戦勝そのものにあった。〝目も眩(くら)むような勝利〟は自己肯定の温床となり、大規模な国制改革への熱意は失われてい

8 第二次桂内閣では、「地方自治の未だ挙らざるは制度の適否に非ずして、専ら之を行ふ者の未だ自治に慣熟せざる罪に帰す」との理由から「自治に係はる法制は〔中略〕濫りに改廃を為さず」という方針が打ち出されている(『公爵桂太郎伝』坤、三四九頁)。府県廃合は事実上放棄されたといえよう。

く。児玉と伊藤という改革の中心人物が、相次いでこの世を去ったことも致命的であった。もっとも、すでにその存命中から「伊藤路線」は韓国の地で行き詰まりつつあった。

そもそも、統監府は韓国政府の存在を前提としており、保護国化による韓国の独立擁護というそれ自体矛盾に満ちた政策を推進するためのシステムであった。伊藤は、韓国人による上下二院制議会の設置や「副王」の下に「責任内閣」を置くことなどをも考えており、すでに内閣制度の導入は実行に移されていた（一九〇七年六月）。「憲兵政治」の縮小・整理＝韓国警察の強化こそは、その第一歩たるべき一大事業であった（小林『桂太郎』二二四頁、松田『日本の韓国植民地支配と警察』四七〜四八頁、瀧井一博『伊藤博文演説集』四五二〜四五三頁）。

ところが、ハーグ密使事件の突発（一九〇七年六月）――韓国皇帝高宗がオランダのハーグで開かれていた万国平和会議に密使を送り、ロシアをはじめとする列国に日本の韓国統治の実情を訴えた事件――と韓国軍隊の解散に起因する「義兵」の蜂起によって伊藤路線は袋小路に突き当たる。鎮圧には軍隊と並んで憲兵の力を借りざるを得ず[9]、この事件をきっかけとする第三次日韓協約の締結――統監府による内政権の掌握（同年七月）――によって、憲兵政治は縮小するどころか、むしろ拡大・強化されていった。

韓国併合

統監府は「王朝に浸透し、すりかわ」って、皇帝権力を完全に形骸化させた(木村幹『王宮が消滅する日』、『二〇世紀日本の天皇と君主制』三一八~三一九頁)。「韓国政府に独立を教え、其の改革を強促」するはずの内政干渉は、これをきっかけにそれ自体が目的化し、伊藤の意図とは裏腹に併合への流れが作り出されていった。

武装蜂起は韓国全土に拡大し、「討伐隊」(守備隊、憲兵、警官)の戦死者は一三六人、負傷者は二七七人、韓国側の死者は一万七七七九人、負傷者は三七〇六人、捕縛者は二一三九人に及んだ。所在日本人の被虐殺者は討伐隊の戦死者に数倍し、一般韓国人のそれは「到底其精数を知る能はざる」という惨状を呈した(一九〇六年三月~〇八年六月。『明治軍事史』下、一六三一頁)。

伊藤は憲兵政治容認=併合容認へと向かいつつあり、韓国における軍事指揮権も事実上

9 憲兵は「軍令」「軍律」により邦人と韓国人とを問わず、治安に関する一切の取締り」を行なうことができるという点で、もっとも「汎用性」の高い実力組織であった。韓国駐箚軍による治安維持は部隊の小分割と分散配置を必然化するが、それは部隊の統率や訓練にはきわめて不適当であり、往々にして軍紀の弛緩をもたらした。領事館警察は在留邦人の取り締まりを任務としており、韓国人を取り締まることはできなかった(松田『日本の朝鮮植民地支配と警察』四一頁、谷寿夫『機密日露戦史』五七三頁)。

韓国駐箚（ちゅうさつ）軍司令官に委ねられた。鎮定作戦は駐箚軍司令部で画策・実行されることになったのである（一九〇八年五月八日付寺内正毅宛明石元二郎書翰、『寺内正毅関係文書』六－12）。

一九〇九年一〇月二六日、伊藤はハルビン駅頭で韓国人によって暗殺された。韓国併合はこの時すでに既定路線となっており、翌年八月、それはついに断行され、朝鮮総督府が「京城（けいじょう）」（漢城を改称）に置かれた。総督の任用資格は武官（陸海軍大中将）に限定され、初代総督にはすでに第三代統監に就任していた陸軍大将の寺内正毅が横滑りした。

「帝国主義の報復（ネメシス）」

台湾統治と韓国統治の明治憲法体制に与えたインパクトは対照的である。台湾の場合、憲兵政治は縮小され、事実上の文官統治の創出という試みを通じて、伊藤が企図していた憲法改革と連動し、それを補完する政治的潮流を作り出した。第一次桂内閣の一連の政治改革への動きがそれである。

一方、韓国に対する介入はやがて抜き差しならないものになり、義兵の「討伐」は「内戦」的様相を呈した。政治的目的と手段とは交錯・顚倒し、韓国統監府は大韓帝国の国権を内側から簒奪する仕組みへと変貌した。その実権を握ったのは、文官の伊藤ではなく憲兵を擁する陸軍であった。

かつて英国の自由主義者ホブスンは、その属領植民地における専制政治が人的・統治機構的に国内政治に逆流し、本国の民主政治を損なっていくという現象を発見し、それを「帝国主義の報復（ネメシス）」と名付けた（ホブスン著・矢内原忠雄訳『帝国主義論』下、五二頁）。明敏な伊藤は日本での同様のリスクに十分気付いていた。清国情勢が不安定化していくなかで、韓国における陸軍権力の肥大化を放置すれば、それは本国における陸軍の政治的台頭の橋頭堡（きょうとうほ）になりかねないだろう。

伊藤はそれにどう対処しようとしていたのだろうか。ハルビン駅頭の銃声によって、こうした問いかけ自体は虚（むな）しいものとなった。だが、伊藤の危機感は意外な軍人政治家によって受け継がれていた。桂太郎である。この時期、彼は密かに植民地総督文官制の可能性を探っており、原との密談の中で、そうした意向を漏らしていた（『原敬日記』一九〇九年一〇月一四日・一九一一年六月六日）。また、桂は陸軍軍備拡張にも一貫して消極的であった。

陸軍を内側から変革しようにも、「伊藤なき明治国家」における、山県の権力には侮り難いものがあった。だとするならば、もはや陸軍を外からコントロールする方策を考えるしか術はない。桂による桂園体制の自己否定、大正政変に向けての政治過程が桂の内面で静かに駆動し始めていた。

同盟・協商関係の流動化

この間、日露両国政府は二度にわたって日露協約を取り交わして（一九〇七年七月・一〇年七月）、アメリカの門戸開放政策＝満州中立化提案に対抗した。両国は満州に南北分界線を引くことで対立を未然に防ごうとしたが、第二回協約ではそれは日露の特殊利益地域と見なされた。また、日本政府は外蒙古(そともうこ)におけるロシアの特殊地位を認め、ロシア政府は韓国における日本の優越的地位を再確認した。後者は日本の韓国併合に向けての事実上の環境整備であった。

日露関係は改善したが、だからといって日本側がロシアに対する警戒心を解いたわけではない。日露協約は相互不信の産物でもあったのである。

一方、カリフォルニアでの排日運動や満州に対する日本政府の排他的態度によって日米関係は悪化の一途をたどっており、それは清国情勢の動揺に対処すべく改訂された第三回日英同盟（一九一一年七月）にも影を落としていた。英国側の意向によって、同盟の対象からアメリカは事実上除外されたのである。

そしてこの頃から日本の言論界では、日英同盟に取って代わるか、あるいはそれを補完すべき新たな同盟関係を模索すべきだとの論調が目立ってくる。

その一つの潮流が日独同盟論であり、陸軍はその有力な震源であった。日英攻守同盟は日本陸軍に一方的な軍事的負担を強いるだけであり、英露接近によって英国はむしろロシアと結託して中国本土を分割しようとしている。こういった動きに対処するためには、「独逸と政治同盟を策し露国を其の西境に牽制」すべきであるというのである（田中義一「滞満所感」一九一四年、小林『桂太郎』三〇七～三〇八頁）。そして、後藤新平などもこうした世界政策の推進を秘かに唱え始めていた（後藤「新旧大陸対峙論」）。

日露戦後の軍備経営

もちろん、日英同盟や日英米提携を重視する論者や勢力も存在した。加藤高明（かとうたかあき）や政友会がそれである。だが、全体として見れば英米の羈絆（きはん）から脱して、新たな外交的選択肢を模索すべきだとの議論が力を得るようになってきた（小林『大正政変』三二八～三三七頁）。日英同盟の有効性が揺らげば、「帝国国防方針」の政策的拘束力も弱まる。その結果、陸海軍は相前後して国防方針の制約を突破する大軍備拡張計画を立案し、その実現を政府要路に要求するようになる。

第一次西園寺公望内閣はすでに平時一九個師団態勢の整備に着手しており（一九〇六～〇七年度予算）、戦時急設された四個師団以外に新たに二個師団が増設されていた。また、陸軍は二年兵役制の採用にともなって一・五倍動員を二倍動員に改めていた。平時二〇個師団態勢が整備されれば、徴兵システムが着実に稼働してさえいれば、戦時総兵力約一三六万三〇〇〇という大兵力が一七年後には出現することになるのである。世界政策の推進力たり得る大陸軍の登場である。

一方、海軍拡張は順調には進まなかった。財政逼迫状況によって海軍は六・六艦隊水準の維持にまで妥協を強いられており、しかも、一九〇七年恐慌によって、この抑制的な目標ですら達成が危うくなっていた（小林前掲書一二三頁・二八〇〜二八一頁）。

大軍備拡張要求の噴出——国防方針の無効化

第二次桂内閣は一九〇九年に韓国併合を閣議決定しており、翌一〇年八月、それはついに実行に移された。主権線は鴨緑江にまで拡大し、利益線は南満州にまで及んだ。この間、ロシア陸軍は大幅な戦力再編に取り組み始めており、英国海軍に相次いで登場したドレッドノート級・スーパードレッドノート級大型戦艦は、その強力な火力によって在来型の戦艦を一気に陳腐化させた。こうした状況は陸海軍の危機感を募らせた。

海軍軍令部は日米戦争を想定して、八・八・四艦隊計画（戦艦一二隻・装甲巡洋艦八隻、いずれも超ド級艦、海軍軍令部「明治四十三年海軍軍備充実ノ議」、一九一〇年五月）を策定し、斎藤実海相はそれを政府（第二次桂内閣）と議会に示した。また、陸軍では寺内陸相が朝鮮二個師団増設を第二次桂内閣に提出したが（一九一〇年六月）、山県は平時二三〜三四個師団、戦時一・五倍動員＝五〇個師団という大軍備拡張案を作成し、その実現を極秘裏に寺内に迫っていた（山県「陸軍戦闘能力を増加するを要する議」、一九一一年四月。『宮崎周一史料』）。軍令部の国防方針突破、八・八艦隊計画の自己否定が、山県を刺激したことは明らかであろう。

さすがにこれらの破天荒な軍備拡張計画は、それぞれ陸海軍内部で調整され、海軍は八・六艦隊の建設を、陸軍は二個師団の増設（平時二一個師団）をそれぞれ桂・西園寺両内閣に要求している。つまり、形式的には帝国国防方針の枠内に収まったのである。だが、この穏健な計画ですらも桂園体制下では実現せず、特に海軍は、四・四艦隊の実現いかんというところまで追い詰められていった（小林前掲書第三章二）。

なぜ、陸海軍の軍備要求は実現しなかったのだろうか。日露戦後の財政逼迫状況がその主因であることは明らかだが、実は桂園体制下においては、内閣の対「軍部」交渉力もまた着実に強化されていたのである。

帷幄上奏権の抑制的行使と軍備拡張問題

軍令制定の代償として、山県は帷幄上奏権の限定を容認していた。そして、山県自身もまた軍令の濫用を厳しく戒めていた。その結果、当局による帷幄上奏権の行使もまた自ずと抑制されるようになった。増師（二個師団増設を以後このように略称する）要求は帷幄上奏以前に閣議に提出されており、この手続きを最初にとったのは寺内陸相（一九一〇年六月、第二次桂内閣）であった。石本新六陸相・奥保鞏参謀総長の帷幄上奏「朝鮮に二個師団を常設せんとするの議」（一九一一年一〇月六日）でも、増師の実行いかんに関しては内閣との交渉を俟って「後日更に上聞に達すべし」とされていた。山県をはじめとする長州閥陸軍首脳部は、帷幄上奏によって軍拡を既成事実化し、それを内閣に押し付けようとする強引な政治手法は採らなかったし、採れなかったのである。

その結果、内閣総理大臣は陸海軍と個別に折衝することで、軍備拡張問題についての交渉力を相当程度強化することができた。陸軍内部で作成されたある文書は、この件に関して次のように述べている（執筆者不詳「時弊ニ鑑ミ軍令権ノ独立擁護ニ関スル建議」、山口県文書館所蔵『田中義一文書』）。

軍備拡張もしくは充実に関して、陸海軍当局者はたがいにその程度や速度を協定せず、また、事前に天皇の裁可を求めることもせず、個々バラバラにそれを行政部に提出して閣議に諮り、内閣総理大臣はその時の財政状況や世論の趨勢を勘案して、提案の採否、どの程度実行するか、陸海軍どちらを優先するか等々について決裁を下している。国防に要する兵力は、その成立を内閣総理大臣に仰ぐがごとき現状にあるのではないか（現代語訳）。

陸海軍は軍備拡張計画の先後緩急をあらかじめ調整することなく、帷幄上奏を憚って内閣に個別的に諮ったがゆえに、軍備計画の成否はひとえに総理大臣が握るところとなったというのである。

清国は果たしてどうなるのか

軍備拡張問題をめぐる政軍間の軋轢が高まっていたあたかもその時、清国で一大変乱が起こった。一九一一年一〇月一〇日、武昌で革命軍が挙兵し、辛亥革命の幕が切って落とされたのである。

清国の近未来をめぐっては、かねてより日本政府内でもさまざまな観測が飛び交っていたが、特に伊藤と山県・桂の認識ギャップは大きかった。中国ナショナリズムが制御不能の状態に陥ることを憂慮していた伊藤は、それをいたずらに刺激しないためにも、日本の満州経営は抑制されるべきだとしていた。西太后と光緒帝の相次ぐ死去（〇八年一一月）は、帝国の崩壊を加速させるだろう。伊藤はその危機感をいっそう募らせた（平塚篤『伊藤

博文秘録』三九三〜三九六頁、一九〇八年一二月六日付桂太郎宛伊藤博文書翰、前掲『桂太郎関係文書』三五〜三六頁）。

山県は清国は中央集権化し再強国化すると予想しており、対日復讐戦争に備えるためにも日本は大規模な軍備拡張に踏み切るべきだと考えていた。この時までに、山県も田中義一も満州権益の死守を主張するようになっていたが、山県の場合、それは清国の利権回収要求に対する憤激によるところが大きかった。ロシアの満州領有を阻んだのは日本なのに、いまさら日本に出て行けとはあまりに虫がよすぎるのではないか、というのである（山県「第二対清政策」・同「対露警戒論」、『山県有朋意見書』三〇七〜三一四、三三四〜三三七頁）。

桂も伊藤同様、清国の解体を予想していたが、彼は清国の内乱状態は日本が南満州権益を強化・拡充する好機であると捉えていた。清国の崩壊は危機的事態などではない、今日本に必要なことは、軍備拡張などよりも国内インフラ整備、とりわけ新橋―下関間の鉄道を広軌に改築し、それを満州経営と結びつけることである。そうすれば、日本は大いに経済を発展させることができるであろう（『原敬日記』一九一〇年一月四日・一九一一年五月一日。小林前掲書第二章参照）。

辛亥革命の勃発と陸軍

陸軍当局は伊藤同様、清国の崩壊と列強の軍事介入を警戒しており、日本は満州のみならず、中国本土にも出兵する準備を整えておくべきだとしていた。とはいえ、当時の陸軍には独断専行する意思は毛頭なかった。「出兵政策は政府の取るべき政略上の意義に適合し、政戦両略の一致に俟たねばならない」からである（現代語訳。陸軍省・参謀本部「対清策案」一九一〇年一二月、山本四郎編『寺内正毅関係文書・首相以前』六〇一頁）。

武昌蜂起の報に接するや否や、陸軍は満州への単独出兵や北清・長江方面への列強との協同出兵を画策し始める（栗原健『対満蒙政策史の一面』二九〇頁）。参謀本部も内蒙工作を活発化させせつつあった。だが、第二次西園寺内閣はそれら一切の積極策を抑えて、イギリスの対清政策に同調して立憲君主制の樹立による事態の収拾を図った。

ところが豈図らんや、イギリスは日本の頭越しに北洋軍閥の実力者袁世凱と取り引きして、共和制樹立の方向で事態を収拾しようとした。これは日本にとっては思いもよらぬ、最悪の事態であった。なぜなら、袁世凱は甲申事変以来の日本の「宿敵」だったからである（『宇都宮太郎日記』一九一二年一〇月三一日など）。

焦慮した山県や寺内・田中は満蒙問題に関するロシアとの協調を前提に、満州に一・二個師団を派兵しようとした（一九一一年一二月）。だが、それは日英同盟を重視する西園寺内閣や海軍の容れるところとはならなかった。後に第三回日露協約は実現したものの（一九一二年七月）、その前提たるべき満蒙での軍事的プレゼンスの強化に内閣はついに踏み切らなかったのである（臼井勝美『日本と中国―大正時代』五～一〇頁）。

陸軍内部では、政友会や西園寺内閣はもちろん、彼らの後ろ盾と見なされていた山本ら海軍の「海国主義」、さらには日英同盟そのものに対する憤懣が急速に高まっていた。軍備拡張の優先順位をめぐる軋轢に加えて、今度は国家戦略をめぐる対立が露わになった。しかも、そこには政党勢力も一枚嚙んでいる。ここまで条件が揃ったら、何かが起こらない方が不思議である。巨大な政変の足音が忍び寄ってきていた（一九一二年三月一三日付長岡外史宛田中義一書翰、『長岡外史関係文書　書簡・書類篇』二〇六～二〇七頁）。

官革両軍間の休戦が成立したことで（一二月三日）、清国情勢はいったん鎮静化した。日本側にも手詰まり感が漂っていた。ところが翌一九一二年（明治四五）七月、日本を震撼させる一大事件が起こった。夏目漱石のいう「明治の精神」の終焉、明治天皇の突然の崩御（七月三〇日）である。

明治天皇の崩御と権力状況の流動化

明治天皇の急逝は人々に大きな衝撃をもって受け止められた。体制統合の要に位置していた「カリスマ君主」の唐突な不在は、伊藤なき元老集団の調整機能の低下と相俟って、政治状況を急速に流動化させていった（以下、小林『大正政変』三一二～三二七頁、同『桂太郎』二五五～三〇一頁参照）。

この間、桂は自ら政党を組織して、山県の陸軍支配と政友会の衆議院支配を同時に打破しようとしていた。政友会の「我が党本位」の利益誘導策と山県の大軍備拡張主義は新たな政党政治の創出によって克服されねばならない。伊藤―児玉ラインの崩壊以来、事実上封印されていた国制改革を再起動するためには桂園体制の自己否定が必要であった。

七月初め、桂は英国政党政治の実態を学ぶべくヨーロッパへと旅立った。だが、天皇重患の報に急遽帰国を余儀なくされ、さらに、「新帝輔翼（しんていほよく）」のため内大臣兼侍従長に就任する運びとなった。それは山県のお膳立てによるものであり、宮中入りした桂は政治に直接関与することができなくなった。

大正天皇の桂に対する信任は厚く、桂もそれに応えるべく孜々（しし）として近侍していた。だが、大葬も終わり世の中が徐々に落ち着いてくると、桂の心中に政界復帰への野心が鬱勃と湧き起こってきた。どうしたら宮中から脱出できるだろうか。桂は焦慮していたが、そこに思いもよらぬ好機が到来した。第二次西園寺内閣と陸軍の正面衝突、二個師団増設問題である。

石本新六陸相（長州系）はすでに病没しており、その後継には薩派の上原勇作（うえはらゆうさく）が就任していた。当時長州系の人材は払底しており、山県や寺内は上原を起用せざるを得なかったのである。宇都宮太郎（参謀本部第二部長）を始めとする薩派グループはこの人事を歓呼して迎えた。だが、上原の立ち位置は微妙であった。

増師問題の政治過程

山県や寺内は、西園寺内閣を打倒してまでも増師を押し通すつもりはなかった。彼らは、二個師団増設が無理なら充実でも可との意向を有していた。一方、田中義一周辺では、上原の増師要求堅持によって西園寺内閣を総辞職に追い込み、寺内内閣の樹立を図るというシナリオも検討されていた。だがそれを実行に移せば、長らく山県系官僚閥の提携相手であった政友会はもとより、増師に批判的な一般世論をも完全に敵に回すことになるだろう。

すでに、桂の宮中入りによって、寺内と政友会との提携という新たな政治的潮流が生まれつつあった。途中若干の紆余曲折があったとはいえ、山県が最後の最後まで政友会との再提携を模索し続けたのはそのためであった。

薩派では強硬論が高まっていた。上原が西園寺と正面衝突すれば、約一四年振りに薩派は政権を奪還できるかもしれない。また、薩派海軍にしてみれば、陸軍増師要求の頓挫は海軍拡張実現の好機でもある。財部彪海軍次官（山本権兵衛女婿）らは上原に対して、増師要求を貫き通すよう働きかけを強めた。だが、薩派も一枚岩ではなかった。寺内内閣の出現を回避すべく、宇都宮太郎は床次竹二郎ら政友会九州派と連携して内閣との妥協点を探っており、彼らは上原に自重を促していた（『宇都宮太郎日記』一九一二年一一月二六日）。

第二次西園寺内閣は海軍拡張には好意的であり、海軍提出の八・六艦隊計画をそのまま第三〇議会に提出しようとしていた。陸軍軍備が拡大の一途をたどっていたのに対して、歴代内閣の財政健全化政策と「建艦革命」への乗り遅れとによって、海軍の戦力は事実上低下・縮小していたのである。海軍と政友会との提携は次第に深まっていた。だがその一方で、西園寺や原は増師の部分実施や一年延期による妥協の可能性も探っていた。政友会もまた、山県系との正面衝突はなんとかして回避したかったのである。

以上の一連の流れからも明らかなように、増師問題を「政党内閣対陸軍」という枠組みで理解することはできない。この時期、藩閥勢力も陸海軍もそれぞれ内部的に分裂しながら政治的に活性化しつつあったが、伊藤没後の元老集団はその混沌たる状況を有効に制禦できなかった。もちろん、人事権を核とする山県の陸軍支配はいまだ健在であった。だがこの時、山県の権威を大きく揺さぶる事件が起こった。桂の山県閥からの離反、桂新党の結成である。

西園寺内閣の総辞職と陸軍

この間、桂は独自の動きを示していた。彼は増師にも海軍拡張にもそれぞれ否定的であり、後者に対しては「一切中止」を唱えていた。桂は政党政治による陸海軍のコントロールを実現すべく、陸海軍大臣文官制の導入に踏み切ろうとしていた（『田健治郎日記』一九一三年一月八日）。彼はその真意を秘匿して田中らの動きに同調し、「陸軍の大義」に殉ずるよう田中を通して上原に働きかけた（一一月二九日晩、山本四郎『大正政変の基礎的研究』一九〇〜一九一頁）。

もともと「非政治的軍人」であった上原――山県が上原を陸相に起用した理由の一つは彼の「非政治性」にあった――は苦悩し逡巡した。増師に対する上原の態度は二転三転したが、結局、彼は増師要求を閣議に提出し、それが容れられないと知るや天皇に辞表を奉呈した（一二月二日）。

山県や西園寺は事態をなんとか収拾しようとした。山県は、「西園寺の辞職を止め、かつ陸軍にも内閣との妥協を促す意味」の勅語の渙発を宮中の桂に打診したが、桂はそれを秘かに握り潰した（一二月一日）。西園寺も上原の辞表を執行しないよう上奏するとともに、山県と直に会って後任陸相の件を打診した。ところが勅語が下されるのを期待していたのであろう、山県は後任人事には触れないで増師の一部実施による妥協案を述べるに止めた（一二月三日）。

混乱と紛糾のなかで、西園寺は自身と閣僚の辞表を奉呈した（一二月五日）。山県も西園寺も妥協策を模索していたが、桂は宮廷政治家としての力量を存分に発揮してその芽を潰した。そして、大正天皇から「優諚（ゆうじょう）」（天皇の厚い思し召しのおおせ——広辞苑）を引き出して、宮中からの脱出と大命降下に漕ぎ付けた（一二月一七日）。

大正政変

第三次桂内閣はこうして成立した（一二月二一日）。それは「山県系は一切之を退けた」内閣であり（『原敬日記』一二月一八日）、外相には親英派の議会主義者加藤高明（駐英大使）が、陸相には桂の腹心木越安綱がそれぞれ抜擢されていた。

ところが、海相の選任は難航した。桂は新たに「国防会議」を開催して、あらためて陸海軍の軍備拡張計画を調整しようとしたが、前内閣で海軍拡張費の予算化に成功していた海軍はこれに強く反発した。この時、桂は再度優諚を奏請し、天皇はそれに応えて斎藤実前海相に留任の勅語を下した（一二月二一日）。

桂はかろうじて組閣を完了したが、度重なる優諚政策は世論を強く刺激した。すでに西園寺内閣総辞職の直後から、「閥族の横暴跋扈（ばっこ）」を非難する声は政党人や新聞記者の中から上がっており、一二月一九日には最初の憲政擁護連合大会が開催された。第一次憲政擁護運動の始まりである。

だが、桂は非常に楽観的であった。新党結成を宣言して山県系官僚閥からの離脱を明らかにし、文官大臣制の導入や軍拡抑制方針を表明すれば、政友会は分裂するだろうし、世論は一転して自分の味方になるだろう。当初、桂は大衆運動の動向に全く無頓着だったのである。

一九一三年（大正二）一月二〇日、桂は新党結成を表明した。しかしながら、山県と政友会の締め付けによって貴衆両院議員からの同調者はほとんど出なかった。桂の優諚政策はあまりに宮中陰謀的で、政党指導者には相応からぬ政治的行為であった。二一日、桂は開会劈頭（へきとう）議会を停会し、世論の鎮静化を図った。

桂の政治的自滅

二月五日、再開された議会では尾崎行雄（政友会）が手ぐすね引いて待ち構えていた。彼は議会周辺を取り囲む大群衆を意識しながら、桂内閣糾弾の畢生（ひっせい）の大演説を行った。「玉座を以て胸壁（きょうへき）となし詔勅を以て弾丸に代え」という日本憲政史上に残る名演説である。

桂は再度議会を停会するとともに、なんと三回目の優諚を仰いだ。大正天皇は「目下の紛擾を解き、朕の心を安んぜよ」との勅語を下した（二月九日）。桂は自らの政権の正当性が問われているのに気づかず、天皇の支持を背景にその政見を世に問おうとしたのである。これは完全な政治的誤算であった。世論は激昂し、議会周辺では騎馬警官と群衆とが衝突し、さらに騒擾は市内へと広がっていった（二月一〇日）。

この時、桂が帝都に戒厳令を布こうとした形跡は見られない。東京市内の騒擾は軍隊によって鎮圧されたが、それは知事や警視総監による出兵要請（地方官官制第八条）に基づくものであった。もし、桂が解散総選挙に打って出ていたら、「革命的騒動」（『原敬日記』一九一三年二月一〇日）が起こっていただろう。いずれにせよ、新帝の治世の始まりは「銃剣と流血」によって彩られたのであり、桂にはもはや総辞職以外の選択肢はなかった。二月一一日、第三次桂内閣は成立からわずか二ヵ月余りで総辞職に追い込まれた。後継内閣は政変の勝者たる薩派海軍と政友会が組織した。第一次山本権兵衛内閣である（山本四郎前掲書）。

第一次山本権兵衛内閣による現役武官制の廃止

海軍・政友会連合政権たる山本内閣は、「天下の怨府」（宇都宮太郎）と化した陸軍に対して政治的攻勢に打って出た。まず第一に、陸海軍大臣現役武官制を廃止し、予備役・後備役の大中将からも任用できるようにした（六月一三日公布）。制度改革の主導権をとったのは山本で、これに木越も同調した。

改革の動きが表面化するや、参謀本部は強く反発した。長谷川好道参謀総長は反対上奏を行ったが、大正天皇の意向は「総理の申す通に致置け」、つまり、現役武官専任制の廃止にあった。この間、世論の反発を慮ったのか、山県は活動を控えており、寺内はそれに対する憤懣を漏らしている。もっとも山県によれば、文官大臣制を回避するためにはこれ以外に策はなかったのである（『西園寺公と政局』5、五三頁）。

長谷川や大島健一参謀次長は、総長辞任により天皇に「御反省」を促し、さらに木越を動かして官制改正を白紙撤回させようとした。しかしながら、部内では宇都宮ら薩派系将官が猛反発し、結局、「聖意」を尊重して現役武官制は廃止するが、陸海軍大臣の権限は縮小されることになった。

長谷川らは総理大臣や陸軍大臣を悪罵し、彼らを「乱臣賊子」呼ばわりしている。そして、「御反省」と称して「責を陛下に帰」せんとしている。宇都宮は長谷川らに対する怒りを日記に叩きつけている（『宇都宮太郎日記』一九一三年四月二四日）。

新天皇の意向はそれに不満を持つ勢力からは額面通り受け取られず、桂や山本が彼を操っているのだ、との轟々たる非難が起こった。第四議会における明治天皇の建艦詔勅（第二次伊藤内閣）が、官民問わず粛然と受け止められたのとは対照的である。ちなみに、この現役武官制廃止問題は大正天皇の政治的意思が明示されたきわめて稀なケースである。

山本内閣の政治的攻勢

この間、袁世凱政権下において、日英両国は中国本土で経済的暗闘を展開していた。すでに西園寺内閣は、南方革命派に対する武器援助とその代償としての個別的経済権益の獲得へと水面下で舵を切っていたが、それは袁世凱政権を背後に擁するイギリス借款鉄道との競合によって多くは失敗に終わった。

イギリスによる実業借款の推進は列強間の鉄道借款競争を過熱させ、中国分割の趨勢は蘇ったかに見えた。英露両国がチベットと外蒙古の自治権容認を条件に、中華民国政府を承認したこと（一九一三年一〇月）は、該二国による中国支配への第一歩として受け止められた（田中義一「満蒙に於ける露国の行動」、『田中義一伝記』上、五七一～五七三頁）。来るべき「支那処分」に際して、日本はその主導権を握らなければならない。陸軍の増師要求は、よりいっそう帝国主義的な色彩を帯び始めた。山本はこうした動向に危機感を募らせており、山県系官僚閥と陸軍に対してさらなる政治攻勢を仕掛けた。

まず第一に、文官任用令を改めて「自由任用」の範囲を陸海軍を除く各省次官、法制局長官、警視総監、内務省警保局長などにまで拡大した。これは政党勢力の官界進出を促す措置であり、政党内閣制への一歩前進でもあった。

第二に「外地」における陸軍の政治権力を削ぐために、朝鮮総督府官制や関東都督府官制を改めて、総督や都督の任用資格を武官専任制から文官制に改めると同時に、内務省や外務省の監督下にこれら「外地」を置こうとした。ちなみに、朝鮮においては憲兵警察の縮小が実行されるはずであった。

第三に大陸政策全般の縮小が図られた。満鉄を一大殖民会社からたんなる一鉄道会社へと改組し、その経営規模も大幅に縮小される予定であった。また、権益の返還を見越して特別積立金制度（株主への払い戻し基金）を導入することにした（山本四郎『山本内閣の研究』、小林前掲書三五五～三六〇頁）。

一九一三年七月、宋教仁暗殺事件（三月）をきっかけとして中国では第二革命が勃発したが、山本内閣は陸軍出先官憲の蠢動を強く戒めている（『原敬日記』七月二二日）。もっとも、山県も「南北孰れにも左袒（味方）せず、暫時情勢を傍観」する以外に策はないと考えており（一九一三年五月三日付井上馨宛山県有朋書翰、『井上馨関係文書』所収）、この問題が陸海軍間の対立を引き起こすことはなかった。

陸軍の組織防衛

山本はかつて「島帝国論」を主張して、日本が朝鮮半島問題にのめり込むのを阻止しようと試みた（一九〇三年）。そして、自ら総理大臣の印綬を帯びるや、今度は大陸全般への深入りを抑えようとした。総じて言えば、山本はかつての伊藤路線を復活させようとしたといえよう。だが、これらの諸改革の内、実現したのは文官任用令の改正だけであった。ジーメンス事件の勃発がすべてを押し流してしまったのである。

この間、陸軍は組織防衛に汲々としていた。まず、一連の政治的混乱の責を引く形で、陸軍省中枢を牛耳っていた田中義一（軍務局長）、岡市之助（陸軍次官）、宇垣一成（うがきかずしげ）（軍事課長）らが一斉に陸軍省から退いた。そして、六月にはついに木越が陸相を辞任し、薩派が推す楠瀬幸彦（高知）がその後を襲った。

一連の更迭人事を宇都宮ら薩派は歓呼して迎えたが、大山は抑制的な姿勢を堅持し、上原も失意のあまり逼塞状態にあったから、これは薩派陸軍の復活には繋がらなかった。総体的にみれば、むしろ陸軍内部の権力状況は流動化の一途をたどっていたと見るべきであろう。

陸軍当局は、陸軍省の権限を参謀本部に移管して現役武官制の廃止に対応した。七月一〇日、省部間の新たな「業務担任規定」が裁可された。これによって、陸軍省から参謀本部への管掌事項の異動が行われ、参謀本部は「かつての軍令事項の総括的担当者としての地位を、制度的にはほぼ回復した」（北岡前掲書一四六～一四七頁）。そして、大本営未設置の間における海外派兵についても「陸軍大臣に協議の上、参謀総長允裁を仰ぎ之を伝宣す」という原則が準用されることになった（『陸軍省沿革史』上、一九頁）。参謀総長による命令の執行が明記され、しかも、上奏主体から陸軍大臣が省かれたことで、内閣による海外出兵への関与の度合いは縮小されることになった。

ジーメンス事件――テロリズムと議会政治

さて、第二革命は政府軍によって鎮圧されたが、その過程で漢口・兗州（えんしゅう）・南京等において「対日侮辱事件」が頻発した。内田良平（うちだりょうへい）率いる対支聯合会や民間右翼は大衆を動員して山本内閣に迫った。九月五日には外務省政務局長阿部守太郎（あべもりたろう）が右翼の凶刃に斃（たお）れた（犯人の少年はその後、清国地図上に端座して割腹している）。そして、七日には万余の群衆が「支那膺懲（ようちょう）」（中国を懲らしめる）のための出兵を求めて外務省などに押し掛けた。

桂園体制の崩壊をきっかけに大衆のエネルギーは「憲政擁護運動」として解き放たれたが、それは日比谷焼打ち事件以来、逼塞を余儀なくされていた対外硬運動をも活性化させ、世論の対外膨張圧力は今や政界に溢れ出て、ついには政治的テロルを引き起こすに至ったのである。この間、小村寿太郎はすでにこの世を去っており（一九一一年一一月）、外務省と対外硬運動との連携は弱まっていた。阿部の暗殺はそうした状況の産物でもあった。だが、山本も原もそういった圧力には屈しなかった。

もし、海軍・政友会連合政権が続いていたら、その後の日本はいったいどうなっていたであろうか。少なくともこれだけは断言できるが、山本は二十一ヵ条要求（一九一五年、大隈重信内閣）のような外交的大失態を演じることはなかっただろう。だが、山本に天運は傾かなかった。一九一四年一月、山本と海軍中枢を直撃する政治的スキャンダル、ジーメンス事件が摘発されたのである。

海軍のエリート将校が、ジーメンス・シュッケルト（独）やヴィッカース（英）といった外国軍需産業から巨額の賄賂を受け取っていたという一大不祥事件は、海軍に対する国民の信頼感を深く傷つけた。二月五日、憲政擁護会が主催する時局有志大会を皮切りに、山本内閣を糾弾する大衆運動が起こった。二月一〇日、立憲同志会（元の桂新党）を含む野党三会派は内閣弾劾決議案を上程したが、与党政友会の反対によって否決された。激昂した群衆は一年前と同様、議会を包囲して内閣の退陣を迫った。

ここで注目すべきは、この事件をきっかけに集団的暴力の風潮が帝国議会に現れ始めたということである。これ以前にも院内での暴力沙汰はあった。だが、それは個人同士のものであって、集団的なものではなかった。新聞記者として長年政界を観察してきた永松浅造によれば、「帝国議会に、集団的暴力が浸入してきたのは、大正三年〔一九一四〕の第三十一議会におけるジーメンス事件以来のことである」（永松浅造「帝国議会乱闘史」、『中央公論』一九三二年二月号）。

二月一〇日、野党（立憲国民党、同志会など）は日比谷公園で国民大会を開き、院内外相呼応して山本内閣を打倒しようとした。決議案は否決されたが、松田源治（政友会）の、「衆議院の多数が国論を代表しているのであって、議会開設以来、いまだかつて議会が群衆に支配された例はない」との発言に黒須龍太郎（同志会）が激昂、大岡育造衆議院議長は黒須に退場を命じた。これをきっかけに、命令を執行しようとする守衛と野党議員の間に大乱闘が起こった。野党議員は衆議院の門外に迫った群衆を扇動し、門扉を破壊したデモ隊に対してついに歩兵一個大隊が投入された。

議会での乱闘――その原因

議会での乱闘はなぜ発生したのだろうか。まず、大前提として挙げられるのは、日本の政治風土におけるディベート型言論の未成熟であるが、むしろここで注目したいのは「乱闘議会」が二大政党制の形成と同時に発生していることである。すなわち、「短期間のうちに急激に拡大した民衆の政治参加のエネルギーを政党および代議士が制御できておらず、むしろそれに引きずられて」しまったのである。民衆運動の熱気が院内に瀰漫し、政党間対立がそれに拍車をかけたのであった（村瀬信一『帝国議会――〈戦前民主主義〉の五七年』一九七～二〇四頁）。

こういった醜状に直面した陸軍関係者が、政党政治や議会政治に対する軽侮の念を持ったとしても不思議ではない。いったんは克服されつつあるように見えた日本の政治風土の暴力性は、議会内での乱闘というより戯画化された形で、この後「憲政の常道期」にまで持ち越されることになる。

もっとも、陸軍がこうした大衆運動に公然と加担することはなかった。当分は「鳴りを静めて気運を見計ひ、捲土重来を期する」以外にない。田中はそう述べていたし、まして や山県が大衆の力を借りて倒閣運動に奔るなどということはあり得ないことであった。

以後、政界の混乱は一ヵ月余りも続き、三月二四日、第一次山本権兵衛内閣はついに総辞職を余儀なくされた。後継首班には清浦奎吾が指名されたが、海軍が拡張費の予算支出を主張して譲らなかったため、清浦は組閣を断念した。こうして陸海軍の対立は、政党勢力をも巻き込んだ抜き差しならないものとなった。事態を収拾するためには、陸海軍や薩長藩閥・政友会関係者以外の、大衆に受けのよい「非官僚的な」人物に政権を委ねるしかなかった。そこで山県や諸元老は、政界から半ば引退状態にあった大隈重信に白羽の矢を立てた。一九一四年四月、立憲同志会（桂新党）を与党とする第二次大隈内閣が成立した。

第六章　政党政治と陸軍
——軍縮の時代

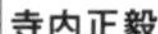

寺内正毅

上原勇作

大隈内閣と陸海軍の相互接近

大隈重信を後継首班に奏薦した山県有朋の動機は、その大衆的人気を背景に衆議院を解散し、第一党の座から政友会を突き落とすことにあった。そして、政権を安定させた大隈が増師を実行することにも期待を寄せていた。外交面で何かを期待していたわけではなかった。だが、第一次世界大戦の勃発という誰もが予想していなかった大事件によって、山県のこうした目算は狂い始める。

この間、一連の政変で大打撃を蒙った陸海軍では双方の歩み寄りを模索する動きが始まっていた。両統帥部（参謀本部と海軍軍令部）間で「国防協議」を開き、国家財政の実況を踏まえて軍備拡張の先後緩急を協定してから、陸海軍共同して政府に迫るべきだというのである（田中義一「国防統一に関する議」一九一三年四月）。

一方、政党勢力の中からも「臨時国防会議」の開設を求める声が上がり始めた。それは国防方針の策定に文官（政党員）も参加させて、軍備計画と外交・財政・経済との調節を図るべしというものであった（第三一議会、「臨時国防会議開設に関する建議案」）。

一連の動きは陸海軍の協調気運をいっそう促進した。連年の緊縮財政と税収自然増によって、軍備拡張の制約要因であった財政上の壁は消失しつつあった。また、ジーメンス事件後の更迭人事によって、山本を中心とする薩派海軍の権力構造は破砕され、海軍の首脳部は八代六郎（海相・愛知）や秋山真之（軍務局長・愛媛）・山下源太郎（軍令部次長・山形）といった非藩閥系の大陸政策論者によって占められていた。両軍の積極的協調を可能とする条件が整いつつあったのである（小林「大正政変期の大陸政策と陸海軍」）。

防務会議

こうした流れの上に成立したのが、大隈内閣の防務会議であった（一九一四年六月）。「防務会議」という名称に明らかなように、これは統帥部が決定した国防方針を所与の前提として、その枠内での軍備拡張計画の調整を図るための機関であり、議長には大隈、議員には加藤高明（外）、若槻礼次郎（蔵）、岡市之助（陸）、八代六郎（海）といった主要閣僚と両統帥部長（長谷川好道、島村速雄）がそれぞれ任命されていた。

国防方針の策定から文官を排除している点では、桂太郎の国防会議構想よりも後退しているが、内閣諸大臣と両統帥部長とが一堂に会して、軍備拡張計画について議論するための場が設けられたことは一歩前進であった。もっとも、議長の大隈に陸海軍を統制する法制的権限はなかった。

大隈内閣期には、それ以前に見られたような陸海軍間の熾烈な権力闘争や鬩ぎあいは見られない。山県・寺内の統制力は一連の政変を通じて後退しており、山本・財部の海軍支配は崩壊していた。しかも、大隈内閣は大衆世論の動向にきわめて敏感であった。もし、対外膨張意欲を著しく刺激するような一大事件に際会したら、世論はどう反応するだろうか。またその場合内閣は、陸海軍はいったいどう動くだろうか。

第一次世界大戦と大隈内閣

それを実地に検証する機会はすぐに到来した。第一次世界大戦の勃発である。サライェヴォ事件（一九一四年六月二八日、オーストリア皇位継承者夫妻暗殺事件）を導火線として、まずオーストリアとセルビアが開戦し（七月二八日）、独墺と露仏英三国は瞬く間に全面戦争に突入した（八月一～一二日）。

大戦勃発は日本の朝野を聳動（しょうどう）させた。すでに前年の兗州事件以来、大隈をはじめとする当時の野党勢力や陸軍、それに新聞世論では「対支強硬外交」が声高に論じられていた。大戦勃発は「大正新時代の天佑（てんゆう）」（井上馨）であり、日本はこの機会を捉えて「支那問題」を根本的に解決しなければならない。政官民さまざまなレベルで、懸案事項がリストアップされた。今こそ積年の勘定書きを袁世凱政権に突き付けねばならない。

この時、冷静な態度を保っていたのは、原敬率いる政友会（一四年六月、総裁就任）と山県をはじめとする元老グループぐらいなものであった。原政友会は対独宣戦には明白に反対の態度を示しており、山県も今しばらく大戦の帰趨を見極めるべきだとの意見を明らかにしていた。しかし、世論の動向に敏感な大隈は拙速に反応した。

政党内閣主導の外交を強く志向していた加藤外相は元老に外交情報を開示せず、日英同盟の誼みに名を借りた開戦外交を推進した。加藤は欧州大戦の年内終結を想定して、早期参戦による権益確保を狙ったのである。八月二三日、日本は対独宣戦布告を行い、山東半島の青島要塞を攻撃・陥落させ、ついで膠済鉄道を占領した。中国のドイツ権益は日本の軍事的占領下に置かれた（奈良岡聰智『対華二十一ヵ条要求とは何だったのか』第二・三章）。

陸軍の「対支政策」構想

大戦勃発直後から、陸軍では明石元二郎参謀次長や田中義一（参謀本部付）などを中心に「支那問題」の根本的解決が高唱されていた。それは、一、山東半島権益の日本への譲渡、二、関東州租借期限の九九ヵ年延長や日本人の土地所有権・居住権の容認などからなる南満・内蒙権益の拡大・強化――明石は日英同盟を改定して、同地方を併合することを最終目標としていた――、三、中国本土における権益の獲得等々を骨子としており、さらに、四、中国の行政・軍事の改善を日本に委任すること（明石）、治安保持に助力すること

（田中）、中国政府の軍事・外交・財政顧問に日本人を登用すること（町田経宇北京駐在武官）といった、中国を事実上日本の保護国とするかのごとき要求も列挙されていた（北岡伸一『日本陸軍と大陸政策』一六七〜一七〇頁、奈良岡前掲書一四六〜一五二頁）。そこにはもはや、門戸開放・機会均等原則に対する配慮などは見られない。

このような要求は、尋常一様の外交手段では貫徹不可能である。彼ら陸軍中堅層は武力による威嚇やその行使をも辞さずという態度を明確化しており、それは対華二十一ヵ条要求交渉で実行に移される。

一方、山県や寺内はより抑制的であり、特に山県は、軍事力で中国を威圧しようとする世論の動向を批判し、財政支援を通じての袁世凱の対日不信感の払拭、つまりは日中関係の修復を重視していた。山県によれば、山東半島権益の中国への還付は当然であり、一連の対中国宥和政策を通じて初めて、大戦後における「人種競争の趨勢」に対して日中両国は連携できるし、また、アメリカの対日猜疑心も払拭されるというのである（一九一四年八月、山県「対支政策意見書」、『山県有朋意見書』三三九〜三四五頁）。これは大隈内閣の二十一ヵ条要求とは、相当に肌合いの異なる中国政策である。

もっとも、陸軍省（岡陸相、大島健一次官）は陸軍部内における強硬論の沸騰を抑えようとはせず、むしろそれらを取りまとめて交渉原案を作成していた（奈良岡前掲書一五二頁）。

大隈—岡の良好な関係（後述）を想起すれば、けだし腑に落ちる話である。また、八代六郎海相や秋山真之軍務局長ら海軍首脳部はいずれも大陸政策派であり、彼らは中国に対する強硬外交に賛成こそすれ反対したことはなかった。

対華二十一ヵ条要求

強硬外交は陸軍の専売特許ではなく、かなり広範な国民的支持を得ていた。特に大隈や立憲同志会をはじめとする非政友系政党勢力、そして内田良平・小川平吉らの対外硬派、さらには大方の新聞世論は陸軍顔負けの強硬論を唱えていた。そして、こうした意見の噴出を大隈内閣は有効にコントロールできず（せず）、その結果、中国に対する要求は日増しに肥大化し、ついに全五号二十一ヵ条にまで膨れ上がった（一二月三日、在中国公使日置益宛加藤外相訓令。奈良岡前掲書一五八〜一九七頁）。この大衆的エネルギーはその後も終熄することはなく、大隈内閣の内外政を押し揺るがすのである。

この時期、山県の政友会に対する態度も微妙な振幅を見せていた。山県は原と増師一年延期で折り合いをつけ、議会の解散はこれを阻止するという妥協案を取りまとめ、岡陸相にその実行を迫った（『原敬日記』一二月一九日）。ところが、岡は大隈内閣による二個師団増設の実現という既定路線を堅持し、山県の要求には結局従わなかった。「岡は大隈等に囚われて何事もなし得ざるものゝ如し」。原は岡をそう冷評している（同右一二月二二日）。すでにこの時までに、伊藤博文と児玉源太郎、そして桂太郎といった、山県のライバルもしくは挑戦者たちはいずれも世を去っており、消去法でいけば山県の陸軍統治能力は回復していても不思議ではなかった。だが、大衆の大隈人気を背景に力のバランスは内閣側に傾いており、山県をはじめとする元老の政治的影響力は、その人的資源の枯渇――井上馨の死去（一九一五年九月）や大山巌・松方正義の政治的逼塞――もあって徐々に低下していった。

山県の陸軍統制力の翳り

山県は大隈と結託した岡陸相を動かせなかったし、山県や寺内が構想していた日中融和外交も実行されなかった。内閣に対する山県の政治的影響力は、首相がレームダック状態に陥った寺内内閣最末期を除いて、この時期ほぼ一貫して縮小し続けていた。

結局、増師関連予算は議会に上程され、政友会は当然のことながらこれを否決した（一二月二五日）。衆議院は解散され総選挙となったが、大隈首相の大衆的人気はすさまじく、政友会は歴史的大敗を喫した（一九一五年三月、一八四→一〇四議席）。与党立憲同志会は議会第一党となり（九五→一五〇、与党全会派では二四三。伊藤之雄『原敬』下、二三〇～二三一頁）、大隈の政権基盤は一躍強化された。

この間すでに、日置益駐中国公使は袁世凱政権に二十一ヵ条要求を突き付けていた（一月一八日）。その内容は明石や田中のそれと同工異曲である。世論は大隈内閣の外交方針を強力に支持し、内閣はそれを受けて強硬外交を推進していった。

その後の経緯についてはよく知られている。袁世凱政権はきわめて巧妙な外交を展開し、国際世論に日本の要求の不当を訴えた。大隈内閣は第五号要求――日本人警察官の任用など、中国の保護国化を彷彿とさせる諸要求からなっていた――を削除して要求を呑ませようとしたが、袁世凱は依然として頑強に抵抗し、日本政府は最後通牒の手交という軍事的威嚇手段に訴えた（五月七日）。同九日、中国政府はついに屈服を余儀なくされた。

それは不承不承の交渉妥結であり、袁世凱政権の「反日的」姿勢はむしろいっそう強化され、中国のナショナリズムも奔騰した。その標的はもはや英露両国ではなく日本であった（奈良岡前掲書第五章）。

亜細亜モンロー主義・人種競争論

二十一ヵ条要求は近代日本外交史上最大級の失策である。日本は国際的な信認を自ら傷つけ、中国、とりわけ北京袁世凱政権との関係は全く険悪なものとなった。それは大隈とその内閣のポピュリズムがもたらした外交上の大惨事であったが、その基底には日露戦争の勝利をきっかけとする大国意識の高揚、とりわけ日本は有色人種の代表として、白人のアジア支配に異を唱えるべきであるとの「人種競争論」、あるいは「亜細亜モンロー主義」が存在していた。

こうした考えは陸軍中堅層はもとより、長州閥陸軍の権力中枢に位置していた寺内などの心をも捉えていた。曰く、「我が指導の下に袁世凱と相一致し、欧州人の跋扈を制して日本の地歩を確立することを第一策とする。その究極の目的はアジアの天下を天皇の統裁下に置くにある」と。(現代語訳、一九一五年月日不明杉山茂丸宛寺内正毅書翰、『寺内正毅関係文書』四二一‐2)。

たしかに、山県や寺内は二十一ヵ条要求とは一線を画していた。だが、第一次大戦期以降の山県や寺内の外交論や国防論では、かつての主権線・利益線論に見られた理性的・抑制的なトーンは影を潜め、むしろ、人種競争論(山県)や亜細亜モンロー主義(寺内)といった枠組みの下に、日本は「支那保全」に自ら責任を負うべきであり、そのための軍事的・経済的負担を避けるべきではないという積極的な論調が前面に出てくる。寺内内閣の対外政策はこうした思想的潮流の上に展開されていく。

対外硬派によるテロの脅威

その後の国内政局では、大浦兼武内相が選挙干渉疑惑によって辞職に追い込まれ、ついで加藤高明外相も内閣を去っていった（一五年八月）。その結果、閣内では尾崎行雄法相（中正会）ら対外硬派が発言力を強め、大隈内閣は袁世凱政権への攻撃的姿勢をいっそう強めていった。

大正政変のほとぼりが冷めたこともあって、かつての渦中の人物、田中義一と上原勇作も軍中央に返り咲いた。田中は参謀次長に（一九一五年一〇月）、上原は参謀総長（一五年一二月）にそれぞれ就任したが、それは参謀本部の政治的存在感を高めた。一方中国では、袁世凱が欧州大戦への参戦を画策し、さらには中華民国を帝政に移行させて自ら皇帝の座に就こうとしていた。彼は協商国陣営（英仏露）に加わることによって日本を牽制し、自らの政治的野心をも遂げようとしたのである。

大竹貫一（おおたけかんいち）（衆議院議員、日比谷焼打ち事件の首謀者の一人）ら対外硬派はこれにいきり立った。彼らは大隈内閣の二十一ヵ条要求交渉を「軟弱外交」だと非難し、大隈を「袁探（えんたん）」（袁世凱のスパイ）呼ばわりし始めた。非難の矛先は、袁政権に対して宥和的であった山県にも向けられていた。大竹らは山県に脅迫状まがいの手紙を送り付けており（『原敬日記』一二月一〇日）、山県はそれを大隈の使嗾（しそう）によるものと疑っていた。

言うまでもなく、それは誤解である。翌年一月一二日深夜、大隈は大陸浪人に爆裂弾を投ぜられたが、幸い不発に終わった。大隈に対する二度目の爆弾テロである。

反袁政策と議会の混乱

院外での不穏な空気は院内にも伝播する。ここでまたしても乱闘事件が起こった。一九一五年（大正四）一二月一八日、原の弾劾演説に対する大隈首相の失言（「政友会の為すところは君主権を侵すものである」）に政友会の代議士が激昂し、武藤金吉（政友会）は壇上に突進して、大隈を小突き回し、これをきっかけに演壇上で与野党議員の大乱闘が始まった。富田幸次郎（同志会）は壇上から転落し、鳩山一郎（政友会、柔道二段）は与党の代議士を「取っては投げ、取っては投げして大いに武勇を発揮」した（前掲永松浅造「帝国議会乱闘史」）。ディベートの名手原敬はこうした事態に苦り切っていた。「議長も威信なく議場整理も出来ず、毎々如此騒動に至るは遺憾の次第なり」（『原敬日記』一二月一八日）。行間からは原の不快感が滲み出ている。

当初、大隈内閣も陸軍も隣国の政体問題に介入するつもりはなかった。大陸浪人が大隈暗殺を企てたのはそのためであった。ところが、中国で第三革命が勃発して袁政権が危機に瀕すると（一五年一二月）、大隈内閣は俄然態度を硬化させ、中国国内の反政府勢力を支援することを通じて、「反日的な」袁世凱政権を公然と打倒しようとした。いわゆる反袁（排袁）政策である。

大隈はこの方針を閣議決定し（一九一六年三月七日）、陸海軍や外務省は一斉に各種の画策を開始した。それは南方革命派への武器援助に止まらず、清朝復辟運動や満蒙独立運動、満州軍閥張作霖への武器援助や反乱幇助など、ありとあらゆる反袁勢力を煽動して袁世凱を失脚せしめようとする前代未聞の干渉政策であった（北岡伸一『官僚制としての日本陸軍』一一八〜一三二頁）。

大衆動員的政治手法の、これが対外政策上の帰結であった。第三次桂内閣を打倒した「護憲運動」の一半は、今やテロリズムをもともなう対外硬運動へとエスカレートしていった。

陸軍部内の軋轢

明石によれば、反袁政策の目標は中国を四分五裂状態に陥れて、日本が後援する一勢力によって局面の収拾を図ることにあった。その際、日本は中国の「最弱者」（明石は宣統帝を想定）を支援すべきである。なぜならそれによってはじめて、日本のような取るに足らない小国が、雄を天下に唱えることができるからである（一九一六年四月二五日付寺内正毅宛

明石元二郎書翰、『寺内正毅関係文書』六－64）。

山県はもともと中国の主権者との提携を重視しており、中国を対等の国と見なして、袁の皇帝即位にもあえて干渉しないとの意向を漏らしていた（『原敬日記』一九一五年一〇月一九日）。だがちょうどこの頃、山県は重篤な病の床にあった。寺内もまた、反袁政策が中国を無政府状態に陥れれば、「漁夫の利を占むる者」が出てくると考え、むしろ袁政権との関係修復を志向していた（三月一一日付後藤新平宛寺内正毅書翰、『後藤新平文書』R－86）。山県・寺内と田中・明石の不協和音は高まっていた。寺内の周囲には大隈内閣の施政に反対する文官勢力（後藤新平や勝田主計、西原亀三など）が結集しつつあった。

だが、陸軍内部の軋轢はこれ以上拡大しなかった。一九一六年三月二三日、袁は帝政を断念し、四月二二日には段祺瑞内閣が成立した。そして、六月六日の袁急逝を受けて、大隈内閣は反袁政策の中止を決定したのである（北岡『日本陸軍と大陸政策』一八一～一九三頁）。

とはいえ、いったん火を付けられた反袁の気勢はそう簡単には収まらない。現地での紛争に日本の大陸浪人や陸軍は深く関わっており、日本側がともに支援していた「蒙古兵」と張作霖麾下の軍隊の衝突に、前者を護衛していた日本軍が巻き込まれるという悲喜劇的事件なども発生している（朝陽坡事件、『原敬日記』一九一六年九月七日）。しかも、張自身もまた宗社党（清朝の復辟をめざす政治結社）を支援する日本人壮士によるテロのターゲットになるという混乱ぶりであった。

それにしても、袁世凱に対する日本側の執拗な敵意はいったい何に基づくものであろうか。恐らくそれは壬午・甲申事変において、漢城で日本軍と対峙し、朝鮮の属国化を進めようとした袁の反日的イメージが彼らにとって牢固たるものだったからであろう。袁の死去により、寺内は陸軍内部を再掌握し、北京政権の後継者たる段祺瑞との提携に向かっていく。

露独同盟——地政学的悪夢

さて、ここで視線をヨーロッパに転じてみよう。

一九一四年八月の対独宣戦布告によって、日本の国運は欧州情勢と密接に結びつけられた。協商国側が万一敗れたならば、いかなる悲運が日本を待ち受けているだろうか。開戦劈頭（へきとう）におけるドイツ軍の攻勢が北フランスで（「マルヌの奇跡」）、ロシア軍の東プロイセン侵攻がマズーレン湖水地方で（タンネンベルクの戦い）それぞれ押し止められ、戦争が長期化の様相を呈し始めると、陸海軍は同盟国陣営の勝利という「最悪事態」に備えて秘かに国防国策の検討を開始する。その際、日本側がもっとも危惧していたのは露独同盟の成立であった。

日露戦争直後の時点から、陸海軍当局者の脳裏には露独同盟の悪夢が潜んでいた。この同盟が成立すれば、ロシアはその大兵力を後顧の憂いなく「東亜」に向けることができる。もし、ロシアがドイツに敗れれば、ドイツはロシアを従えて「東亜侵略」に乗り出して来るに違いない。

こうした地政学的悪夢はロシア軍が東部戦線で守勢に回るにつれて（一九一五年八月、ワルシャワ撤退）、彼らの脳裏にまざまざと蘇ってきた。大戦の長期化が明らかになると、山県は戦後における「白人聯合（れんごう）」の形成に楔（くさび）を打ち込むべく、日露同盟の締結を主張するようになるが、それは露独同盟の成立に備えるための布石でもあった。あくまでも受け身の姿勢ではあるが、山県は日独提携の可能性にも周到に目配りしていたのである（『原敬日記』一九一五年七月八日）。そして、こうした路線には田中や明石もまた賛意を表していた。

日露攻守同盟の成立

一九一六年七月に成立した第四回日露協約はこうした状況の産物であった。それはれっきとした攻守同盟であり、中国が日露両国に対して「敵意を有する第三国」（ドイツもしくはアメリカを想定したものと思われる）の政治的掌握に帰するのを阻止するために、場合によっては軍事力による相互援助も辞さないと謳われていた。この間、ロシアは日露戦争で日本が獲得しそこなったハルビン―長春間鉄道の譲渡交渉の開始に同意し、日本はその軍事的崩壊を阻止するために膨大な銃器・弾薬をロシアに輸出した。以前には全く考えられなかった展開である。

寺内内閣が制定した軍需工業動員法（一九一八年四月公布）は、ロシア関係の軍需に応えるための民間工場の動員を可能にすべく制定されたものであった。周知のように第一次世界大戦は膨大な工業動員を必須とする国家総力戦の様相を呈していたが、対露武器援助を通じて日本もまた総力戦の一端に触れていたのである（森靖夫「イギリスから見た日本の『国家総動員』準備」）。

とはいえ、日本陸軍がロシアに対して気を許したわけではない。ロシアの軍事的崩壊とドイツの「東漸」――ドイツの政治的軍事的な東亜進出――に備えて、新たな「帝国国防方針」が策定されねばならなかった。一九一五年一二月、参謀本部と海軍軍令部はその策定作業に入った。

寺内正毅内閣の成立

山県や寺内にとって、大隈内閣の賞味期限はとうに過ぎていた。それどころか、その中国政策は日に日に独善の色を増しつつあった。山県は大隈を引きずり下ろして、寺内に挙国一致内閣を組閣させようと考えていたが、それは原政友会の望むところでもあった。山県と原の相互接近が始まった。

以後、半年余りにわたって山県と大隈は虚々実々の駆け引きを繰り広げる。大正天皇を籠絡し、元老の存在を有名無実化して、大衆世論に訴えてまでも加藤高明への大命降下を画策する大隈にさしもの山県も手こずったが、一九一六年一〇月四日、ついに大隈は天皇に辞表を提出した（伊藤之雄『山県有朋』四一〇～四一三頁）。後継首班には予定通り寺内（朝鮮総督・陸軍元帥）が就任した（一〇月九日）。

寺内内閣にはシベリア出兵を強行して、米騒動の混乱の中で崩壊した官僚的な非立憲内閣というイメージが付きまとっている。また、中国に対する大規模な経済借款（いわゆる西原借款）や軍需工業動員法の制定は、往々にして「日満支」ブロック経済や国家総動員体制の先駆・雛型として理解されがちである。だが、それらは「昭和期の軍部」イメージを寺内内閣に過度に投影した結果に外ならない。この時期、山県・寺内と原政友会との関係修復は急速に進んでおり、同内閣の下で行われた第一三回総選挙（一九一七年四月）では、政友会は再び第一党に返り咲いている。そして、この提携関係の延長線上に原敬内閣が成立するのである（一九一八年九月）。

一方、立憲同志会は諸会派と合同して憲政会を結成したが（一九一六年一〇月、総裁加藤高明）、加藤の党内統制力はいまだ不十分であった。しかも、加藤が二十一ヵ条要求の正当化にこだわっていたこともあって、憲政会は第一次加藤内閣の成立（護憲三派内閣、一九二四年六月）に至るまで、長期にわたる「冬の時代」を迎えることとなる（奈良岡聰智『加藤高明と政党政治』第五章）。

外交調査会の設立

世界大戦の勃発は欧州列強のアジア市場からの撤退をもたらしたが、その空白を埋めたのが日本の工業製品であった。開戦後ほどなくして日本の国際収支は飛躍的に好転し、日本はかっての債務国から債権国へとその立場を変えていった。財政状態の好転によって、陸海軍の軍備拡張計画の調整は容易になり、防務会議の存在もあって、軍備拡張問題が政軍関係を揺るがすような事態は生じなかった。むしろ問題になったのは、内閣が対外硬的な世論に引きずられ、その結果、二十一ヵ条要求という外交的失態を招いたことであった。

大隈内閣の轍を踏む気など寺内にはなかった。寺内は、天皇に直属する臨時外交調査会を設置して、政党勢力の意向を汲みながら国論を統一しようとした[1]。彼は元老、とりわけ山県の祭り上げを図ると同時に、ポピュリズムの矯正をも狙っていたのである。

憲政会や対外硬派に言わせれば、寺内はその渾名の通り「非立憲（ビリケン）」たるべきであり、現に反山県閥の旗幟を鮮明にしていた加藤は外交調査会への参加を取り止めている。だが、大隈内閣の大衆迎合的政治手法に不満をもっていた原敬や犬養毅（国民党）は、外交調査会に参加することを通じて内閣の対外政策に影響力を行使する道を選んだ。

外交調査会の活動のなかで、とりわけ注目すべきはシベリア出兵問題である。そこでは、出兵の是非はもとより、兵力量や用兵の地理的範囲なども議論されており、政党勢力による統帥権――より厳密には政略出兵――への関与を可能にするものであった（雨宮昭一『近代日本の戦争指導』九五～一二四頁）。北清事変時の第二次山県内閣は内閣による政略出兵のコントロールを図ったが、寺内はそれをさらに進めていたのである。少くとも統帥権の運用に関していえば、寺内内閣は非立憲内閣どころか、桂園体制の延長線上に成立したより立憲的な内閣だったのである。

こうした寺内の政治姿勢は、自ら非政治的軍人を以て任じていた上原勇作参謀総長の怒りを買った。上原は次第に寺内との対立を深めていった。

帝国国防方針の「補修」

両統帥部は露独単独講和によるドイツ勢力の極東およびオランダ領東インドへの進出と

いう、日本にとっての最悪事態を想定して国防方針案の検討を進めていた（一九一六年二〜三月）。その骨子は、中国を確保して露独に当たるが、海軍はアメリカを想定敵国とし、日英同盟はこれを堅持するというものであった。ところが、策定作業は難航した。欧州大戦の先が読めなかったからである。作業がある程度進捗し始めるのは、露暦二月革命が勃発し（一九一七年三月）、ロシアの戦争離脱が現実味を帯び始めてからである。

新国防方針の策定作業は一九〇七年のそれと同様、まず、両統帥部が個別の国防方針案を作成し、両軍内部と陸海軍間でそれをすり合わせるという手順で行われた。ところが陸軍では、軍備拡張の規模をめぐって山県・参謀本部—陸軍省間の意見調整が難航し、なかなか成案を得られなかった（小林「世界大戦と大陸政策の変容」、同「帝国国防方針の補修と日本陸軍」）。

一八年度予算案作成時に寺内内閣が策定した軍備計画は、陸軍は砲兵・航行機等の特殊兵科を増加し（師団増設はしない）、海軍は超ド級八・六艦隊を建設するというものであった（『原敬日記』一九一七年一二月一日）。一方、山県や上原は大軍備拡張（成立案の二倍程度）を

1　総裁は内閣総理大臣、委員には寺内の外には本野一郎外相、後藤新平内相、大島健一陸相、加藤友三郎海相、枢密顧問官牧野伸顕、同伊東巳代治、衆議院議員政友会総裁原敬、同国民党総裁犬養毅が任命された。

主張しており、両者は真っ向から対立した。原敬もまた、内閣の軍備整備計画は不十分だと考えており、航空軍の独立など、軍備の近代化により多く注力すべきだとしていた（同右一二月一〇日）。世界情勢の急変と欧州戦場での各種新兵器の登場、さらには未曾有の大戦景気の継続は、わずか数年前まで二個師団増設に反対していた政友会をして軍備拡張容認へと踏み切らせたのである。山県と原の政策距離は縮小しつつあった。

露独単独講和の衝撃――ブレスト・リトフスク条約

当時山県は、戦後アジアの地は独米による東西からの侵襲に遭うか、英米による南北からの圧迫を蒙るかのいずれかであり、日本は中国を擁護指導して両国の親善を図るとともに、「支那全土を防衛する」軍事力を保有せねばならないと考えていた。「支那全土」に新疆やチベット・蒙古が含まれるかどうかは不明だが、いずれにせよ、日本は欧州大陸列強並みの大陸軍を建設することになる。言うまでもなく、これは「世界政策」を遂行可能な軍事力の保持を意味する。[2]

そして、上記二つの可能性の内、現実味を帯びてきたのが中欧同盟（独墺）の勝利であった。もしそうなったら、戦勝の勢いに乗ったドイツはその絶大な武力を恃んで、ロシアを頤使しその先鋒たらしめ、東亜の富源に殺到してくるだろう（一九一八年六月頃、山県「国防方針改訂意見書」、『山県有朋意見書』三六一～三七八頁)。いわゆる「露独勢力の東漸」である。一九一七年一一月、ロシアで社会主義革命が勃発した。ほどなくロシアは熾烈な内戦に突入し、レーニン率いるモスクワの共産主義政権はドイツとの講和に大きく舵を切った。

第一次世界大戦がドイツの敗北に終わったこと(一九一八年一一月)を知っている私たちは、ブレスト・リトフスク講和条約(同年三月)のことは忘れがちである。レーニン政権が結んだこの対独講和条約によって、ロシアはその「帝国」の外郭部分(フィンランド、バルト三国、ポーランド、白ロシア、ウクライナ)を喪失した。そして、東部戦線から兵力を抽出・転用したドイツは、西部戦線で大攻勢に打って出た(三～六月)。右山県意見書は、こうした状況下で書かれたのである。

この間、ドイツの無制限潜水艦作戦はアメリカ政府および世論を著しく刺激し、すでに同国は対独宣戦に踏み切っていた(一九一七年四月)。そして、アメリカ陸軍の第一陣がフランスに到着したのもちょうどこの頃であった。協商国側の士気は高まり、英仏軍はドイツ軍の大攻勢をどうにか撃退した(一八年八月)。アメリカの巨大な戦力(一八年五月五〇万

2 ちなみに、イギリス海軍による日中海上輸送ルートの寸断を危惧して、山県は台湾海峡の封鎖やシンガポール閉塞の可能性についても言及している(山県「国防方針改訂意見書」)。

人→七月中旬一〇〇万人→一一月二〇〇万人）は協商国陣営の全面的な反攻を可能にした。一九一八年八月を境に事態は一転して、独墺同盟軍の敗色は濃厚となる。

だが、こうした事態の推移を同時代的に見通すのはきわめて困難である。一九八九年のベルリンの壁の崩壊から、九一年のソ連崩壊に至るまでの一連の流れを、いったいどれほどの人々が事前に、あるいは転変する事態の中で予見できただろうか。

日本でも多くの人々はドイツ勝利の可能性は高いと考えており、それはブレスト・リトフスク講和によって半ば確信へと変わっていった。参謀本部などは、ドイツ軍が西部戦線で敗北を喫した後も、その極東侵攻に警鐘を鳴らしていたほどであった（一八年九月）。

軍団制導入問題

山県は大陸での作戦に適合的な軍団制の導入を強く主張しており、山県と参謀本部の強硬論が寺内を押し切る形で国防方針は補修された。こうして、戦時四一個軍団（平時二三個軍団）という軍備整備目標が国防方針に明記された（一九一八年七月二日）。

この場合、一個軍団は二個師団から構成され、師団はいわゆる三単位制（一個師団＝三個聯隊）の〝コンパクト師団〟であった。従来型の師団は四単位制（一個師団＝四個聯隊）であったから、それに換算すれば、戦時六一・五個・平時三三個師団ということになる。一九〇七年帝国国防方針で定められた所要兵力量が戦時五〇個、平時二五個師団であったことに鑑みれば、これがいかに破天荒な軍備拡張目標であったかは容易に推察できよう（北岡『日本陸軍と大陸政策』三二〇～三二七頁、同『官僚制としての日本陸軍』九六～一〇一頁）。山県は辛亥革命時の三三～三四個師団構想（一・五倍動員）を二倍動員に引き直し、その膨大な兵力量をコンパクト師団に分割することで、「支那全土を防衛する」に足るだけの軍事力を機動的に創出しようとしたのである。

寺内もまた露独の脅威を感じてはいたが、山県の大軍備拡張方針には違和感を禁じえなかった。彼が重視していたのは、大戦中に蓄積された日本の経済力を活用して中国情勢を安定化させ、ロシアの崩壊に対するバッファーを築き上げることであった。いわゆる西原借款である。したがって、一九一八年の国防方針も改定ではなく「補修」扱いとされた。

寺内は健康状態の悪化と米騒動の勃発（八月）によって、その辞意をほぼ固めていた。彼は総辞職直前の閣議に国防方針の所要兵力量を開示し（『田健治郎日記』一九一八年九月一〇日、小林「帝国国防方針の補修と日本陸軍」八三～八四頁）、さらに田中義一を通じて、軍備拡張予算は修正可能である旨、原に伝えた（『原敬日記』一九一八年九月二八日）。一九〇七年の国防方針策定過程では見られなかった開かれた政治姿勢である。寺内は原に後事を託したのであった。

一九一八年（大正七）九月二九日に成立した原内閣は国防方針に拘束されることなく、軍備経営方針を再検討している（同一〇月一八・二三日）。原は駐シベリア陸軍部隊の大幅削減を決定すると同時に、一八年国防方針を白紙還元した、全く新しい、しかも実現可能な軍備拡張政策を推進していく。

ロシア内戦とシベリア出兵

国防方針をめぐる山県・参謀本部対寺内の軋轢は、シベリア出兵（一九一八～二二年）をめぐる両者の競合と表裏一体の関係にある。政党による統帥権への介入に参謀本部は不快感を露わにしており、レームダック状態に陥っていた寺内は彼らを有効にコントロールできず、政権交代の間隙を突く形で派兵規模はなし崩し的に拡大していった（『西伯利出兵史』上、二八～二九頁、『宇垣一成日記』I、一七三頁。伊藤之雄『原敬』下、二八〇頁）。

シベリア出兵は、ロシア内戦に対する列強のグローバルな軍事介入の一部であり[3]、ロシア内戦はボリシェヴィキ（赤軍）と白軍（反革命軍）の間で戦われただけではなく、「緑軍」と称された農民軍も加わった一大混戦であった。それはウクライナ、ポーランド、バルト諸国、イスラム勢力といった諸民族・諸国民の独立戦争とも連動しており、欧州正面では、ボリシェヴィキによる「世界革命戦争」の様相を呈した。極東では守勢を余儀なくされたボリシェヴィキは、ポーランドでは反撃に打って出ており、赤軍先鋒部隊は旧ドイツ帝国領の一部、西プロイセンの南東端にまで到達している。

日本軍の兵力は、出兵開始時こそ約七万三四〇〇（三個師団を動員）に達したが、その後は縮小に転じ、原敬内閣期を通じて三万四七〇〇〜二万四七〇〇の幅で推移している（原暉之『シベリア出兵』三七八頁）。

対露支援から露独との全面戦争へ

一九一七年一一月のロシア革命をきっかけに、英仏伊などの協商国陣営ではロシアの戦線脱落を予防もしくは補完するための、日本陸軍の大規模派兵を求める声が湧き起こった。出兵地域には欧露（ロシア西部）やメソポタミアなどが想定されていたが、日本政府は

3　ロシア内戦への軍事介入は、アルハンゲリスク・ムルマンスク方面、バルト海沿岸地域、ウクライナ、黒海・カスピ海方面、アフガニスタン等々から行われており、それには英・仏・米・カナダ・イタリア・中国・ドイツ・ポーランドなどの国々が関与していた（休戦後も、ドイツ義勇兵部隊はバルト諸国に展開していた）。投入された陸上兵力で言えば、日本軍よりもポーランド・ソヴィエト戦争（一九二〇年四〜一〇月）に動員されたポーランド軍の方が大きい。航空機による本格的軍事介入も行われており、英軍航空部隊は毒ガス爆弾二七〇〇発あまりを投下して、北海方面の赤軍を殲滅しようとしている（一九一九年八〜九月、ジャイルズ・ミルトン『レーニン対イギリス秘密情報部』二九八〜三〇三頁）。赤軍も叛乱農民に対して毒ガスを使用したが（一九二一年六月、中部ロシア・タンボフ地方）、これは自国民に対する毒ガス使用の最初の例であろう。

逐一その可能性を否定していた（『日本外交文書』大正六年第三冊一五七〜一六〇、一八三〜一八五、二二二〜二二三頁など）。

山県や寺内が欧露出兵に慎重だったことは、残された史料からも明らかである。一方、宇垣一成（参謀本部第一部長）は日本の国際的地位を欧米列強並みに高める絶好のチャンスが到来したとし、欧州への派兵に乗り気であった（『原敬日記』一九一七年一〇月二〇日、同一二月二六日、一九一八年四月四日、山本四郎編『寺内正毅内閣関係史料（下）』一〇三〜一二九頁、『宇垣一成日記』I一四四・一七九頁など）。ところが、一九一八年三月のブレスト・リトフスク講和によって風向きは大きく変わる。

ロシアはついにドイツに屈した。陸軍が多年恐れていた地政学上の悪夢、「露独同盟」は革命という変則的な形ではあったが、今や現実のものとなったかに思われた。陸軍や外務省（本野一郎外相）・大蔵省（勝田主計蔵相）などでは、対露独全面戦争という最悪事態を想定して各種計画が極秘裏に策定・研究され始めた。山県や寺内もシベリア出兵論に傾いていった。大本営の設置も秘かに検討されており、上原などは自ら「西伯利派遣軍総司令官」に就任して、大戦の陣頭に立とうとしていた。

原敬・牧野伸顕の慎重論

あくまでも冷静だったのは、対米協調を重視する原や牧野伸顕（枢密顧問官）ぐらいなものであった。彼らは露独勢力の東漸には現実味はないと考えており、外交調査会でも出兵反対論を展開した。政友会総裁の意見を無視するわけにはいかなかったし、露独勢力東漸の実態を見極める必要もある。寺内内閣は出兵には容易に踏み切れなかった（以下、シベリア出兵の政治過程については、麻田雅文『シベリア出兵』を適宜参照した）。

ところが、アメリカ政府の出方が変わって事態は動き始める。ウィルソン政権は、シベリア鉄道沿線を占拠したチェコスロヴァキア人部隊を「救出」するために、日米同数七〇〇〇名の陸軍部隊をウラジオストクに派兵することを打診してきたのである（七月八日）[4]。

この間、中国における南北和平の実現を通じて、寺内は日中関係の修復を図ろうとしていた。北京の段祺瑞政権に対するいわゆる西原借款である。それは経済借款を装った事実上の政治借款であり、寺内は大規模借款による中国情勢の安定化をもくろんでいた。また、日中陸軍共同防敵軍事協定を締結して、露独勢力の東漸に備えた（五月一六日）。

4　チェコスロヴァキアはオーストリア・ハンガリー帝国の版図に属しており、東部戦線でロシア軍の捕虜となったチェコ人の多くは独墺軍と戦うことを望んでおり、ロシア革命が起こるや装甲列車を駆使してシベリア鉄道の要点を制圧し、ウラジオストク経由で欧州に戻ろうとしていた。

出兵宣言と参謀本部

外交調査会の議論は紛糾したが、結局、寺内内閣は合計二個師団を動員して沿海州とザバイカル方面に派兵する方針を決定した（七月二〇日）[5]。後者はアメリカの提案には存在せず、その強い反発が予想された。もっとも、当初検討されていた出兵規模（七万人）に比べれば、兵力は六割程度に抑えられている（一九一八年三月参謀本部「極東露領ニ対スル出兵計画」、前掲『西伯利出兵史』上、二〇頁、二二六～二二八頁）。

ザバイカル出兵の背景には、この際、極東ロシアに対する日本の発言権を強化すべきだとの判断があった（『上原勇作日記』一九一八年九月一一日）。参謀本部などは、極東におけるロシア人「自治国」の建設幇助（ほうじょ）までをもその視界に捉え始めていたのである（田中参謀次長「シベリアに関する意見」、『田中義一伝記』下、一四一頁）。

一九一八年八月二日、寺内内閣はシベリア出兵を内外に宣言した。（日本に続いて米英仏も出兵を宣言）。二四日、第一二師団の先遣部隊はウスリー鉄道沿いに沿海州内陸部に進出した。九月八日、第七師団隷下の一支隊は満州里（まんしゅうり）から越境し、ロシア領チタに入った。黒龍江鉄道との分岐点たるチタは、露独連合軍の進撃を阻止するためにも、ぜひとも確保されねばならなかったのである（同右四〇頁。前掲『西伯利出兵史』上、五四頁）。

シベリア出兵は日米関係の枠組みの中で考察される傾向が強く、陸軍の積極論は国際協調からの逸脱として理解されがちである。だが、英国から見た眺めはそれとは全く異なる。

一九一七年から一九一九年に至るまで、英国政府は執拗に日本陸軍の大規模派兵を求めており、出兵希望地域も極東ロシアに止まらず、西シベリアからウラル山脈、果てはヴォルガ河流域にまで及んでいた。当初、参謀本部は英国の要請には否定的であった。シベリア鉄道の東西連絡すらままならない今日、西部シベリア出兵などは「一の空想に止ま」るというのである（六月、参謀本部「西部西伯利出兵に関する研究」、前掲『西伯利出兵史』上、二一頁、五四～五五頁、二二五～二二七頁）。

参謀本部のウラル出兵論

ところが、ドイツの劣勢が明らかになってくると、参謀本部は一転してウラル山脈東

5 同日、政府は第三師団（名古屋）ど第一二師団（小倉）を動員して、ザバイカル（後貝加爾）と沿海州方面にそれぞれ派兵することにした。そして、前者の「応急準備」として、関東都督隷下の第七師団（在満州）と歩兵第四〇旅団（在朝鮮）を東清鉄道経由で満州里方面に展開した（前掲『西伯利出兵史』上、二五～二六頁）。

麓、オムスクにまで派兵すべきだとの空前絶後の出兵論を主張し始める（九～一〇月）。なぜ、参謀本部は豹変したのだろうか。そこには、連合軍の「欧露遠征」が目前に迫っているとの判断があった。そして現に、英国政府は日本陸軍のヴォルガ派兵を再三にわたって打診してきていた。このわずか一ヵ月後にドイツ帝国は崩壊するが（十一月革命）、それは、英国政府にとっても全く意想外の出来事だったのである。

日本陸軍がウラル方面で独墺軍に止めの一撃を加えれば、極東ロシアや東部シベリアに日本の勢力を確実に扶植できるだろう。また、戦後世界秩序の構築にも、日本は決定的な役割を演ずることができるに相違ない。日本陸軍はその総力を挙げて、「東欧新戦線」の構築に当たらねばならない（一九一八年九月、参謀本部「東欧新戦線構成に関する研究」、前掲『西伯利出兵史』上、六二頁、一二三六～一二三九頁。『日本外交文書』大正七年第一冊、一〇〇四～一〇一二頁、「帝国軍の一部を速にオムスクに派遣するの議」、『宇垣一成日記』I、一七九頁）。

伊藤博文や児玉源太郎が堅持していた海洋限定戦略は、ここではもはやその片鱗すらも見られない。参謀本部の「東欧」派兵論は、日露戦争の戦勝によって肥大化しつつあった、日本陸軍の集団的自意識の究極的到達点を示している。

原敬内閣と兵力削減方針

九月二九日、原敬政友会内閣が成立した。それは本格的政党内閣（陸海外三相以外の閣僚はすべて政友会員）であり、陸相には山県の推挽もあって田中義一が就任した。原内閣は西部シベリア出兵の不可を決定し、原と田中はシベリアからの兵力削減でも合意していた（『原敬日記』一九一八年一〇月一五・一八・二二日）。それにしても、田中はなぜ撤兵へと方針を転換したのだろうか。

その背景には、ドイツの敗色が濃厚となり、「露独勢力東漸」の可能性も消滅したという現実的判断があった。露独との全面戦争は杞憂に終わったのである。田中にはもはや、アメリカと戦後世界の覇を競うといった発想はなかった。彼の入閣それ自体が、すでに出兵政策の転換を予示していたのである。

原内閣は大規模な軍備拡張を実行に移しており（予算上では、「日露戦争以後、満州事変以前で最大」。北岡伸一『官僚制としての日本陸軍』六五頁）、海軍の超ド級「八・八艦隊」（戦艦八・巡洋戦艦八）[6]計画が日の目を見たのも原内閣の時代であった（一九二〇年八月、『原敬日記』一九二〇年九月二一日）。財政状態の飛躍的好転がそれを可能にしたのであるが、ともあれ、原のこうした姿勢もまた山県との融和を可能にした政治的条件であった。軍備整備を進めな

6　装甲巡洋艦の後継艦種。大型化・高速化が進んだ。

がら協調外交に路線を転換する。原の脳裏には、「軍事力か外交か」という二者択一的な硬直した発想はない。

非対称戦争としてのシベリア出兵

原は在シベリア兵力（すでに五万人にまで減少していた）をさらに半減すべく、田中と協議を遂げており、これには寺内も賛成していた。兵力は一気に二万程度にまで縮小されることになったが、田中は右方針を参謀本部の頭越しに決定して、一切の議論を封殺した。政略出兵（撤兵）の主導権が内閣と陸軍省にあることを、原は実践的に示したのである（『原敬日記』一九一八年一二月一八・二二・二五・二七日）。

だが、政府の方針が変わったからといって、いったん外地に進出した軍隊を即座に撤退させることはなかなかむずかしい。出先でのさまざまな行き掛かりが、迅速な撤退の阻害要因となるからである。

シベリア出兵は典型的な「非対称戦争」であった。宣戦布告をともなう独立国家間の戦争ならば、相手国政府との外交交渉による戦争終結も可能だろう。だが、内戦状態の国や地域への軍事介入は、現地の特定の政治勢力との間に停戦協定が成立したとしても、第三の敵対的な勢力によってそれが反古（ほご）にされ、際限のない戦闘状態に陥ることがしばしばである。

円滑な撤兵を実現するためには、「白でも赤でも緑でも」よい、とにかく強力な政権が現地に存在しており、その政権との間に撤兵協定を結ばねばならない。現地の事情などは一顧だにせず、強引に部隊を撤収するのも一策だが、それは協商国、とりわけ英仏両国とのさまざまな外交上の問題を引き起こしかねず、さすがの原も容易には決断できなかった。

チャーチルのモスクワ政権覆滅計画と日本陸軍

原内閣はロシア中央部のオムスク政権[7]を支持し（一九一九年五月、正式承認）、ボリシェヴィキを駆逐するという国際的な枠組みの構築に積極的に関与しており、膨大な資金援助（一億六〇〇〇万円）も行っていた（山室信一『複合戦争と総力戦の断層』一三六頁）。

英国の陸相ウィンストン・チャーチルはモスクワのレーニン政権を覆滅すべく、その国際共同戦線の一翼を日本陸軍に担わせようと考えた。日本軍二個師団を西進させ、イルク

7　一九一八年一一月に成立したアレクサンドル・コルチャーク海軍中将による独裁的政権で、コルチャークは「全ロシア最高執政官」と「全ロシア軍最高総司令官」を兼任した。

ーツク以西のシベリア鉄道の守備に当たらせたらどうか、というのである（一九年六月）。だが、原はそれに応じなかった。転変常なきロシア情勢に対処するためには、取り敢えず現状維持策、つまり、駐屯地自衛策をとるしかないと判断されたからである（『原敬日記』一九一九年八月一四・一五日、一一月二一・二四日）。

これは妥当な判断であった。その後、オムスク政権は次第に劣勢となり、ついには崩壊してしまうのであるが（一九二〇年一月）、それにともなってシベリアではボリシェヴィキの勢力浸透が顕著となり、鉄道沿線の治安も急速に悪化していった。気が付けば、撤兵もまた困難になっていたのである。

一九二〇年一月九日、アメリカ政府はついにシベリアからの撤兵を開始した。日本政府にとっては正に寝耳に水である。原と田中は早速、ウラジオストク以外のロシア領からの全面撤退の検討に入ったが（『原敬日記』一九二〇年一月九日）、平和裏に撤兵を行うためには、鉄道警備のための増兵が必要であった。こうして五〇〇〇人余りの増援部隊が北満州に派遣され、いざという場合に備えた（同一三日）。

上原率いる参謀本部は内閣主導の撤兵決定に異議を唱えた。だが、山県もすでに撤兵に同意しており（同二六日）、政府の決定を覆すのは不可能であった。撤兵に向けて、事態は順調にすべりだしたかに思われた。

朝鮮統治の動揺と「不安定の弧」の形成

ところが、この後約二年以上にわたって、日本軍はなおもシベリア鉄道沿線や沿海州に駐屯し続けることになる。その最大の理由は、ロシア内戦の余波が北満州や朝鮮にまで及んで来たことにあった。

すでにこれ以前から、日本の朝鮮統治は大揺れに揺れていた。一九一九年三月一日、当時の「京城」で始まった朝鮮独立を求める人々の示威運動は、瞬く間に朝鮮全土に拡大した。三・一独立運動、いわゆる万歳(ばんざい)事件である。朝鮮総督府は警察力だけでは抑え込めず、憲兵隊や駐箚軍をも動員してようやく鎮圧した。内地からも歩兵六個大隊と憲兵・補助憲兵約四〇〇名が追加派兵され、独立運動に威圧を加えた。

ちなみに、この過程で軍による朝鮮人虐殺事件が起こった。堤岩里(テイガンリ)事件(四月一五日)である。[8] この事件は公的には「虐殺放火」の事実はなかったものとされ、現地部隊指揮官もいったんは行政処分に付されることとなった。もっとも、最終的には軍法会議が開か

8 水原郡堤岩里の「耶蘇教徒、天道教徒三十余名」を現地部隊指揮官が「耶蘇教会堂内に集め、二、三問答の末其三十二名を殺し、同教会並に民家二十余戸を焼棄」した虐殺放火事件である(『宇都宮太郎日記』一九一九年四月一八日)。

れ、あらためて「無罪」判決が下されている（『宇都宮太郎日記』一九一九年四月一八〜二〇日・七月一四日・九月三日）。

騒擾は中国との国境地帯にまで飛び火し、朝鮮人が多く居住していた間島（かんとう）地方では、その中心地琿春（こんしゅん）の日本領事館が暴徒に襲撃されるという事件が起こった（『宇都宮太郎日記』一九一九年三月一九・二〇・二二・二三日）。この時すでに、シベリア・朝鮮・満州・蒙古を繋ぐ「不安定の弧」が形成され始めており、一つの地域の動揺が連鎖的に隣接地域に飛び火するというリスクが高まっていた。しかも、それは「赤化」の脅威と微妙に連動していた。

陸軍権力の縮小と参謀本部解体論

原はもともと出先陸軍権力の肥大化抑制に熱心であり、朝鮮総督や関東都督の武官専任制を廃止して、外地統治システムの文官化を推し進めようとしていた。彼は、総督府という「植民地」統治システムを段階的に解体して、朝鮮や台湾を「内地」と同じ地方制度の下に置くという、所謂「内地延長主義」を適用しようとしていた。

三・一運動の衝撃は制度改革のピッチを早めた。この年の四月から八月にかけて一連のシステム改革が断行され、それまでの植民地総督武官専任制は廃止され、文官総督の起用も可能となった。その結果、「外地」には新たに独立した軍司令部が設けられ（関東軍、朝鮮軍、台湾軍）、各軍司令官は天皇に直属する体制になった。全体として見るならば、外地における軍権力は大きく縮小されたといえよう。

だがその一方で、関東軍が関東庁（関東州租借地に設置された行政機関。長官は文官である）から独立したことは、一抹の危うさを含んでいた。関東軍司令官が「自衛的軍事行動」に出た場合、関東長官がそれを有効にコントロールできる制度的保障は存在しなかったからである。

原はそうしたリスクの存在に気付いており、伊藤同様、外地軍権力の縮小を統帥権改革と結びつけようとしていた。内閣（陸軍省）の統制下に参謀本部を組み込んで、その機能を純粋な作戦用兵事項に限定しようとしていたのである。

政友会内部には高橋是清のような参謀本部廃止論者も存在していたが、原は彼らの存在を巧みに利用しながら田中陸相の妥協を引き出していった。田中は省部間の「業務担任規定」を無効化することで、参謀本部を陸軍省の内局化して、その全面的な廃絶を回避しようとしていたのである。

ちなみに、原は陸海軍大臣文官制の実現に向けて一歩を進めている。彼はワシントン会議（後述）に海軍大臣が全権として出張した、その間の海軍大臣臨時事務管理を総理大臣として行っているのである。

参謀本部の屈服

上原はこうした動きに反撥・憤慨したが、原が山県没後の参謀本部解体を企図していることを察知してからは、内閣や陸軍省に対する闘争的姿勢を断然改めた。上原は田中に妥協することで、参謀本部の解体をなんとか阻止しようとしたのである。

外地における陸軍権力の縮小措置を講じた後に、原内閣はザバイカルと黒龍江方面から陸軍を撤退し、それをおおむね東支鉄道沿線およびウラジオストク方面に再配備して、直接満州・朝鮮方面に対するボリシェヴィキの行動を防止するという、反共駐兵方針に舵を切った（一九二〇年三月二日閣議決定「シベリアの事態に処すべき根本方針」、『日本外交年表竝主要文書』上、五一〇頁）。だが、その後も原の撤兵政策は試練にさらされた。

一九二〇年三月には、黒龍江の河口、ニコラエフスクの日本人居留民と日本軍守備隊が、アナーキスト、ヤコフ・トリャピーツィン率いるパルチザン部隊との戦闘の末全滅するという事件が起こった（尼港（にこう）事件）。トリャピーツィンはロシア人富裕層をも無差別に殺戮しており、パルチザン部隊は劫掠（ごうりゃく）の限りを尽くしたあげく、尼港全市を焼き払って引き上げていった。[9]

この陰惨な事件は、日本の国内世論に非常な衝撃をあたえた。同年四月に突発した浦塩（ウラジオ）

派遣軍による沿海州要地の占領は、尼港事件のインパクトを想定しなければ理解できない（二九日、沿海州臨時政府との間に停戦協定成立）。政府の対応いかんによっては対外硬派の一大反政府運動を誘発しかねない、そうした不穏な社会的雰囲気が醸成されていたのである。

同年一〇月には、琿春の日本領事館が焼打ちに遭い、朝鮮軍はついに独断越境して同地の朝鮮人パルチザンを「討伐」した。これは朝鮮軍司令官（宇都宮太郎）の越軌行為であったが、現地では満州軍閥の張作霖が日本軍の越境を黙認しており、原も宇都宮の意図を十分承知していたので、事件は比較的短期間に収拾された。原は間島地方を中国から租借することで、抗日根拠地を日本の管理下に置こうと考えていた（『原敬日記』一九二一年一月二一日）。

シベリアからの撤兵

すでに、原内閣（内田康哉外相）の国際協調外交に対する不満は危険水域にまで達しつつ

9　後にトリャピーツィンは「共産主義体制への信頼をぶちこわしたかどにより」、地元官憲によって死刑に処せられている。（V・G・ダツィシェン、S・V・グリシャチョフ「ロシア東部における干渉への日本の参加（一九一七—二二年）」、五百旗頭真・下斗米伸夫他編『日ロ関係史』所収、二〇三頁）。

あった。一九一九年一〇月七日には、東京芝の政友会本部が「国民義会」関係者の放火によって全焼するという衝撃的な事件が起こっている。テロの脅威が原や山県の身辺にまで迫っていたのである。

原は政友会をよく統制しており、小川平吉ら党内対外硬派が蠢動できる余地はなかった。野党憲政会の加藤高明も世論に迎合して政府を攻撃することは望ましくないと考えていた。原内閣は、将来の領有を前提に北樺太を保障占領することで尼港事件に対応した（一九二〇年四月）。また、田中とともに第一次東方会議を主催して（一九二一年五月）、浦塩派遣軍・朝鮮軍・関東軍の司令官を始めとする、外地関係の軍人・外交官・高級官僚を東京に招致して、ウラジオストクおよび山東半島からの撤兵方針を明らかにし、外地駐屯軍に対する統制を強めた（小林『政党内閣の崩壊と満州事変』六～七頁）。この間、山県もまた政府の早期撤兵方針に全面的な賛意を表しており、自ら陸軍内部の不満鎮撫に乗り出している（『原敬日記』一九二〇年六月一二日）。

寺内内閣が開始したシベリア出兵は、こうして連鎖的に危機を拡大し、帝国全体の支配秩序をかえって不安定化してしまった。尼港事件と北樺太の保障占領はその予期せぬ終着点であった。一方、レーニン政権は「ブルジョワ・民主主義国の役割を演ずる緩衝政治体」、極東共和国を設置して日本軍の撤退交渉に当たらせている（二〇年四月、『日ロ関係史』

二〇一頁)。皮肉にも、シベリア緩衝国構想はレーニン政権の採るところとなったのである。

その後も日本軍の撤兵は、現地での「小事故」によってしばしば中断を余儀なくされている。だが、原はロシア国内の紛争には中立を守るとの方針を示して、事態の紛糾を防いだ(『原敬日記』一九二一年一月一一日)。反共駐兵は百害あって一益ない、朝鮮統治の立て直しの方が先決だ。原はそう判断したのである。

一九二二年一〇月、極東共和国との間に協定が成立し、最後の日本軍はウラジオストクから平和裏に撤収していった。使命を終えた同共和国は同年一一月に解散し、その管轄地域はソヴィエト連邦に編入された(前掲『日ロ関係史』二〇二~二〇七頁)。結局、日本は北樺太領有も断念して、ソヴィエト連邦と国交を樹立した(一九二五年、日ソ基本条約。北樺太撤兵)。

上原勇作の悔悟――植民地に軍隊を増やしてはならない

シベリア出兵や琿春出兵は対パルチザン「討伐」作戦であり、現地ロシア人や朝鮮人、さらには日本人居留民をも巻き添えにする形で戦闘は行われた。[10] それは討伐軍の軍紀を荒廃させ、国内での厭戦(えんせん)気分も急速に高まっていった。

泥沼の戦いは「天皇の軍人」たる上原勇作の誇りを痛く傷つけた。ドイツ帝国軍やロシア正規軍相手の戦争なら、相手にとって不足はない。しかし、「共産匪」やパルチザン相手の討伐作戦に「皇軍」が駆り出され、その名誉を自ら傷つけてしまったことは不本意この上ない。この後、上原は「植民地軍隊というものを置くと、軍隊の中にバチルス」を培養することになるとして、植民地に軍隊を増やしてはならないと説くようになるが（『鈴木貞一氏談話速記録』上、一八六〜一八七頁）、その決定的な契機となったのが、このシベリア出兵であった。

かつて、朝鮮二個師団増設問題（一九一二年）で第二次西園寺内閣と対立した上原は、満州事変（一九三一年九月、柳条湖事件）直前には朝鮮への増師に断乎反対しており、事変勃発以降も、「馬賊」相手の戦闘に日本陸軍が直接かかわることに強い嫌悪感を示している。彼は昭和天皇の「聖旨」を守って、関東軍の暴走を食い止めるために尽力したのである。

台湾領有初期に児玉源太郎が遭遇した問題に、シベリア出兵以降の上原もまた直面していた。しかも、事態はより複雑であった。台湾の「土匪」は基本的にローカルな存在であった。ところが、朝鮮国境地帯における武力闘争はロシアを震源とする共産主義イデオロギーの伝播という側面を有しており、その国際性は台湾の土匪とは次元を異にしていた

（小林「政軍関係史のなかの上原勇作」）。

原敬暗殺と山県の死——二大政党の形成と陸軍の系列化

一九二一年一一月四日、原敬は東京駅頭で右翼のテロリストによって暗殺された。テロの脅威は宮中某重大事件（皇太子婚約問題）に関わった山県の身辺にも迫っていた。しかし、山県は政治的暴力による死を免れた。翌一九二二年二月一日、彼は小田原の別荘古稀庵で八三歳の生涯を閉じた。

原と山県の相次ぐ死は、陸軍のあり方にも大きな影響を及ぼした。山県や寺内のように政党勢力と提携するのではなく、特定の政党と密接な関係を取り結び、場合によっては自ら政党総裁になるという、桂が創始した政治路線がその後陸軍の主流となっていったのである。

それを担ったのは後に政友会総裁に就任することになる田中義一だが、宇垣一成もまた、憲政会—民政党系内閣で数度にわたって陸軍大臣に就任している。二大政党制の成立

10　日本軍によるロシア住民の虐殺事件としては、アムール州イヴァノフカ村におけるそれ（一九一九年三月二二日）などがある（前掲『日ロ関係史』一九九頁）。

と同時並行的に、陸軍の政党的系列化もまた進行しつつあった。田中や宇垣、特に宇垣は軍縮路線を推進し、政党の期待に応えた。また、陸軍省（軍政機関）中心の陸軍「統治」を推し進めていった。陸軍は緩やかに二大政党制に適応していったのである。

田中義一と上原勇作

陸軍内部には、こうした傾向を快く思っていないグループも存在していた。参謀総長の上原勇作を中心とする「上原派」である。

田中や宇垣が政党政治に呑み込まれていったことへの反撥から、彼ら薩派系陸軍の流れを引く上原派は著しく「反政治的」であった。軍人が政治を研究することは必要である。だが、自ら政治に首を突っ込んではならない、というのが上原の信念であった。

彼らは参謀本部に立てこもることによって、つまり、統帥権を擁護することによって、国軍に対する政治の介入を食い止めねばならないと考えていた。この場合、参謀本部の権限や独立性は強化されることになる。したがって、上原は陸相人事には比較的寛容であり、「大命降下者」（当時は元老の奏薦に依って、首相候補者に大命、つまり天皇の命令が下されていた）に陸相選任を委ねてもかまわないと考えていた。

一方、田中は陸軍三長官（陸相、参謀総長、教育総監）の合議を経て、後任陸相は選任されるべきだとしており、大命降下者への人事権の移譲に強く反対していた。山県と原、そして田中三者間の意見調整という属人的システムが消滅したことを受けて、田中による三長官会議の権威付けが図られていたのである。

田中の本音は陸軍省権限の拡大、参謀本部の陸軍省内局化にあり、したがって、大臣武官制は堅持されねばならず、後任陸相の選任権も陸軍側が掌握しなければならなかった。内閣（陸軍省）による陸軍統治という田中の構想は伊藤博文同様、大臣武官制と表裏一体の関係にあり、田中は自らの陸相再任（一九二一年六月、田中は持病のためいったん陸相を辞任した）と参謀総長兼任――上原の参謀総長更迭――の可能性を探っていた。

清浦内閣陸相選任問題――田中と上原の衝突

原敬内閣時代、陸軍次官や参謀次長などの高級人事には総理大臣たる原も事実上関与しており、田中陸相はそれらを事前に原に打診し、その了解を得てから実行に移していた。山県は陸相人事については事実上の決定権を握っており、原も山県の内意を探ることに留意していた。だが、山県没後の陸相選任方式について、山県が明確な道筋をつけることはなかった。

田中後任には田中の推挽と山県の黙認によって山梨半造（神奈川）が就任しており、爾後、山梨は高橋是清（政友会）・加藤友三郎（海軍）両内閣に陸相として留任している。山梨は上原とともに陸軍軍縮を推進しており、田中との関係も悪くはなかった。

ところが、「山本地震内閣」（第二次山本権兵衛内閣）に田中が陸相として復任し、福田雅太郎戒厳司令官を更迭するに及んで、田中と上原の対立は半ば公然化した。関東大震災（一九二三年九月一日）は帝都の機能を完全に麻痺させ、国家は危機的状態に陥った。山本は挙国一致体制でこの難局を切り抜けるべく、行政手腕に長けた田中の復任に踏み切ったのである。

この時、関東一円で朝鮮人に対する虐殺事件が発生したことはよく知られている。また、さまざまな流言蜚語が飛び交う中で、大杉栄ら無政府主義者が憲兵によって殺害されるという不祥事件も起こっている（一六日、甘粕事件）。政府は戒厳令を関東地方に公布し、戒厳司令官には上原直系の福田が就任したが、田中は甘粕事件を口実に福田の更迭を断行した（二〇日、後任は山梨）。

一二月二七日、虎ノ門事件——無政府主義者による摂政宮狙撃事件——が突発した。裕仁親王は無事であったが、恐懼した山本は即時内閣総辞職に踏み切り、組閣の大命は清浦奎吾（旧山県閥、熊本出身で上原に近い）に下った（一九二四年一月）。そしてこの時、後任陸相人事をめぐって田中と上原は正面衝突を演じた。

田中は三長官会議の決定を盾にとって宇垣一成を、上原は大命を拝受した清浦を抱き込んで自派の福田雅太郎を、それぞれ推して引かなかったのである。だが、田中は貴族院最大派閥の研究会を味方につけており、その意向を、貴族院を基盤に組閣しようとしていた清浦が斥けることなど到底不可能であった。陸相には田中の推す宇垣が就任した。そして、この政治的惨敗をきっかけに上原派の派閥的結集力は急速に弱まった。陸相の参謀総長に対する優位性は決定的となり、陸軍省による陸軍統治が常態化するようになった。

ワシントン体制の成立と陸軍

第一次世界大戦の終結は極東に新たな国際秩序をもたらしていた。一九二一年から二二年にかけて成立した「ワシントン体制」である。それはワシントン海軍軍縮条約、中国に関する九ヵ国条約、太平洋に関する四ヵ国条約という三つの条約からなる国際協調の枠組みであり、中国に対する門戸開放・機会均等原則が再確認され、大戦中に日本が獲得した権益のほとんどが中国への返還を余儀なくされた。また、多国間条約の成立によって、二国間条約たる日英同盟もその廃棄が決定されている。

もっとも、英領香港や旅順・大連など、以前からの「正統的な」権益はその堅持が明記されており、中国側の不満は尽きなかった。

一九二三年に正式に改定された帝国国防方針は、ワシントン体制に適合的な国防政策を策定したもので、陸軍は中国本土作戦を基準に戦時四〇個師団を、海軍はワシントン海軍軍縮条約の枠内での「六・四艦隊」（超ド級戦艦六隻と巡洋戦艦四隻）建設をそれぞれ軍備整備目標として掲げていた。陸軍は有事における鉄資源の自給自足を念頭に、揚子江中流域の大冶（だいや）鉄山――同地の漢冶萍公司（かんやひょうコンス）に日本政府は出資しており、同公司に対する一定の発言権を有していた――の軍事占領を念頭に置いて、戦時兵力を算定していた。ちなみに、この時もまた、国防方針は閣議（加藤友三郎内閣）での承認手続きを経て決定されている。

当時の陸軍は、ワシントン体制には利用価値があると考えていた。なぜなら、彼らがもっとも警戒していたのは、アメリカがその圧倒的な経済力にものをいわせて、「破綻国家」中国の国際管理、当時の言葉では「支那共同監政」に踏み切ることであった。そして、九ヵ国条約が謳い上げていた門戸開放・機会均等原則は、アメリカの企図する中国国際管理を牽制するための恰好の外交的手段たり得ると陸軍では考えていた。陸軍は外務省の唱道する内政不干渉主義を完全には否定しきれなかったのである（小林『政党内閣の崩壊と満州事変』三六～三九頁）。

だが、ワシントン体制は構造的な不安定要因を抱えていた。まず、第一にソヴィエトが体制から疎外されていた。第二に中国では軍閥同士の内戦が激化の一途をたどっており、北京政府の統治能力は著しく低下していた。また、中国ナショナリズムはワシントン体制を不平等条約体制の継続であるとみなし、それに対する反撥を強めていた。

この両者が合流し、中国政府が「革命外交」の名の下に強引な利権回収を開始すると、ワシントン体制は大きく動揺する。同体制は「支那赤化」の脅威には有効に対応できなかったのである（細谷千博「ワシントン体制の特質と変容」、マクマリー原著『平和はいかに失われたか』四七～九〇頁、小林前掲書三三～三九頁）。

朝鮮統治と人口問題

この間、朝鮮統治は束の間安定していた。三・一独立運動をきっかけとして、日本政府は朝鮮総督府特別会計の「財政独立」方針を撤回して、本国一般会計からの財政補充金の再投入に方針を転換した。財政独立の性急な追求は「苛斂誅求」に繋がりやすく、それが独立運動を誘発したと考えられたからである。

総督武官専任制は廃止されたが（一九一九年、原内閣）、朝鮮総督には海軍大将の斎藤実が選任された[11]。原は山県の継嗣で内務官僚の山県伊三郎を文官総督に抜擢しようとしたのだ

11　台湾総督には文官の田健治郎が抜擢されている。

が、山県の反対に遭遇し、海軍の大物で親英米派の斎藤実に朝鮮統治を委ねることで、武断政治の転換に舵を切ろうとしたのである。斎藤は教育部門に注力して朝鮮人の「同化」を推進するとともに、朝鮮事業公債法を活用して社会資本の整備を推し進めた。それは次第に功を奏して、この時期、朝鮮経済は一定の経済成長を遂げた。だが、それは朝鮮社会内部の所得格差を拡大させ、窮乏化した朝鮮人は日本や満州に出稼ぎに出掛け、一部はそこに定住するようになった。

「内地」への人口流入は、歴代日本政府にとっては歓迎すべからざることであった。なぜなら、朝鮮人――言うまでもなく「低賃金労働力」であった――の大量流入は、内地の失業問題を深刻化させると考えられていたからである。一方、中国本土での軍閥内戦もあって、満州への中国人移民は急増していた。本土からの出稼ぎ労働者は少ない年でも一〇万人、多い年には七〇万人余りもが越冬・定住していたのである（一九二三～三〇年の累計で二九一万人）。この間、日本人の満州移民は二三万人余りに止まっていた。満州での人口競争に打ち勝つためにも、朝鮮人の満州「移民」（一九二八年三月の時点で約七八万五〇〇〇人）は促進されねばならない。

だが、それは南満州での朝鮮人と満州人・中国人との間に微妙な軋轢を引き起こすことになる。危機の連鎖が再び形成されようとしていた。

政党勢力の台頭と軍縮世論

さて、国際情勢の相対的安定と政党政治の発展は国内における軍縮気運を促した。山県没後の第四五議会（一九二二年、高橋是清内閣）では、堰を切ったように陸軍に対する政党勢力の政治的攻勢が開始された。二月二日、それまで軍縮に慎重であった政友会の陸軍縮小決議提出によって、全政党勢力は陸軍軍縮の推進で足並みを揃えた。越えて三月二五日には、陸海軍大臣武官制廃止建議が衆議院で全会一致で可決された。

こうした趨勢に対応すべく、山梨陸相と上原参謀総長は相連携して、戦時四〇個師団態勢の維持を前提に軍備近代化のための「山梨軍縮」を推進した（一九二二年八月以降）。それは師団数には手を付けないで、文官を含む兵員六万二五〇〇名、馬匹一万三四〇〇等を整理して、師団火力を若干充実させたものであり、田中や宇垣はその中途半端さを強く批判していた。

軍縮気運をさらに促したのが関東大震災であった。震災による国富の喪失と震災復興事業は軍事費を強く圧迫し、宇垣は戦略単位（師団）そのものの削減を決意するに至る。そしてそれは、護憲三派内閣という連立政権特有の政治力学に助けられてようやく成立する（後述）。

この間、原敬を失った政友会では普通選挙の可否などをめぐって党内対立が激化し、床次竹二郎らは党を割って新たに政友本党を結成した（二四年一月）。一九二四年五月の総選挙では普選推進の「護憲三派」（憲政会、政友会、革新倶楽部）が大勝し、その結果、第一次加藤高明内閣、護憲三派内閣が成立した。陸相には宇垣が横滑りし、いよいよ本格的な軍縮に着手することになった。ちなみに、この時の選挙運動によって大正デモクラシーの政治思潮は農村部にまで広がっていった。この運動を「第二次憲政擁護運動」と呼ぶ所以である。

護憲三派内閣と宇垣軍縮

ところが、護憲三派の軍縮要求は宇垣の予想を越えていた。憲政会は七個師団減、政友会は六個師団減、革新倶楽部に至っては一〇個師団減、つまりは師団半減をそれぞれ主張して止まず、閣内での意見調整は難航した。

野党政友本党はこの機を捉えて、護憲三派と陸軍との離間策を仕掛けた。四〜五個師団削減案という絶妙な妥協案を陸軍に提示したのである。連立政権の崩壊よりは陸軍と妥協した方がましである。三党首（加藤高明、高橋是清、犬養毅）の間で妥協談は急速に進み、陸軍との折衝の結果、四個師団（高田・豊橋・岡山・久留米）廃止という宇垣が想定していた落としどころで話はまとまった。

こうして、陸軍史上唯一の軍縮が政党内閣の下で行われた。宇垣は山梨軍縮をはるかに上回る軍備近代化計画を実質五年間で完成させることに成功した。飛行中隊一〇、戦車隊二(四〇輛)、高射砲隊二などが新設され、毒ガスの研究も開始されることになった。陸軍常設師団は一七個となり、以後日中戦争の勃発(一九三七年)に至るまで、戦時動員兵力はおおむね二八個から三二個の間で推移することになる。

さらに宇垣は、在郷軍人会の組織化に尽力した田中義一の路線を事実上踏襲して、学校教練や青年訓練制度の導入を推進したが、それを実務的に支えたのが、日本陸軍における「国家総動員」研究の第一人者であり、後に陸軍省整備局の初代動員課長に抜擢された永田鉄山(長野)であった。「統制派」というイメージが強い永田だが、彼はもともと宇垣系人脈に連なる存在であった(森靖夫『永田鉄山』一〇一〜一〇三頁)。

幣原外交と陸軍――第二次奉直戦争

中国政策でも政党内閣と陸軍とは歩調を合わせていた。原敬内閣は張作霖(奉天軍閥)を利用して、満州権益を擁護するという方針を打ち出しており、歴代内閣はこの方針を踏襲していた。

もっとも、それは張作霖の中原進出に対する冷ややかな態度と表裏一体であった。内戦リスク避けるためにも、張は満州の「保境安民」に専念すべきだというのである。だが、「二代の俠勇」張作霖は日本側の要請などには耳を貸さなかった。彼は中原進出を繰り返し、内戦の危機は南満州に迫った。その最初の事例が、一九二二年に勃発した第一次奉直戦争である。

これは軍閥同士の内戦であり、戦いの主役は張作霖と呉佩孚（直隷軍閥）である。時の高橋是清内閣は内政不干渉方針を堅持しており、陸軍中央もまた政府の方針を守って、「絶対不干渉主義」を出先に周知徹底させていた。この時にはまだ、戦闘区域は華北に止まっていた。

一九二四年、第二次奉直戦争が勃発した。この時、呉佩孚の軍隊が満州に侵入しそうな形勢を示すや、連立内閣には動揺が走った。宇垣陸相は軍事介入を唱え、政友会や革新倶楽部でも出兵やむなしとの声が上がった。一方、加藤首相や幣原喜重郎外相、そして浜口雄幸蔵相は不干渉主義を堅持して譲らなかった。

一〇月二三日、直隷軍閥の一司令官、馮玉祥が突如、呉佩孚に反旗を翻した。張作霖は危難を免れ、閣内では一斉に安堵の声が上がった。高橋是清は幣原の手を固く握り締めながら、「君が頑張ってくれたので、日本は救われた」と深い感謝の意を示した。

周知のように、馮の寝返りの裏には日本陸軍の謀略工作が存在していた。それを中央で統括していたのが田中義一（軍事参議官）であり、宇垣もそうした事情は掌握していた。宇垣はその日記に「張の戦勝、馮の寝返りが何処に原因して居るかをも知らずして得意がりて居る」幣原らの迂闊さは「笑止の至り」であると書き付けている（『宇垣一成日記』I、一九二五年一二月二二日）。ここだけ見れば、外務省と陸軍との間には二重外交が存在していたことになる。

だが、迂闊なのは実は宇垣の方であった。幣原は馮寝返りの可能性を事前に摑んでおり、陸軍の工作についてもその一端は確実に把握していた。幣原は老獪にも「見て見ぬふり」をして、不干渉主義の建前を守ったのである。

一九二四年の幣原と田中・宇垣は張作霖擁護、ワシントン体制の堅持という共通の枠組みの中で動いていたのであって、一九三一年の幣原と石原莞爾（関東軍作戦主任参謀）のように、ワシントン体制擁護と満蒙武力分離という、相容れない枠組みの間で対立していたわけではなかった。外務省と陸軍とは、結果として巧まざる連携プレイを演じていたのである。

内閣による外交指導―郭松齢事件―

一九二五年一二月、折から勃発した反奉戦争によって張作霖は危地に追い込まれていたが、この時、さらに深刻な事態が勃発した。奉天軍閥の部将郭松齢が突如張作霖に反旗を翻し、奉天に向かって進撃を開始したのである。

第二次加藤高明内閣は、野党政友会の強硬論を抑えて慎重に対応した。関東軍の欠員補充を前倒しするとともに、白川義則関東軍司令官を通じて両軍に警告を試みた（一二月一〇・一五日）。その結果、郭軍の進撃は鈍り、張作霖はからくも危地を脱した。

この時、朝鮮軍は奉天に部隊を派遣し、欠員補充の名目で南満州権益の防衛に当たった。内地からの出兵が憚られたのでこうした措置が採られたのだが、それは「満州の状勢は、朝鮮も国境のみに止まらず、〔朝鮮〕全体に甚大の影響を及ぼす」（斎藤実朝鮮総督）との認識に基づいていた（「奉直問題に対する朝鮮総督府の態度」、防衛研究所図書館所蔵『陸軍省密大日記』大正一五年、所収）。満州―朝鮮間の「危機の連鎖」を未然に断ち切るためも、こうした措置は必要だったのである。外地駐屯軍の「兵力プール」としての流用は、この後、山東出兵などの際にも頻繁に行われている。

事態収拾の主導権は終始一貫内閣が掌握しており、宇垣と白川は密接に連携して事に当たっていた。幣原外交は外務省のみならず、陸軍によってもまた事実上支えられていたのである。奉天軍閥への露骨な肩入れは中国全土の反感を招く。また、張作霖の暴走が中国本土の内戦を誘発すれば、漁夫の利を得るのは「支那赤化」をもくろむソ連だけだろう。むしろ、やや弱体化した張作霖が満州に存在してくれた方が何かと好都合である。

陸軍と外務省の郭松齢事件収拾策——それは取りも直さず、対張作霖政策でもあった——は基本的に一致しており、むしろ満蒙「特殊地位」論を振りかざして、幣原外交批判を展開した政友会の方がこの時点では突出していたのである。

だがこの頃から、陸軍内部には宥和的中国政策に対する不満も燻り始めていた。一九二五年一月に北京で開かれた在支諜報武官会議では、満州政策の主導権が政党内閣によって握られている現状を問題視し、満州政策は軍部によって、つまりは「統帥権の発動」によって行われるべきだとの議論が持ち上がっていた。それは、この時点では小さな動きにすぎなかった。だが、世界恐慌が勃発し、中国で「反帝国主義」運動が燃えさかってくると、こうした議論は統帥権干犯論と相呼応して、やがて大きな政治的うねりとなって政党政治を押し揺るがすのである。

田中政友会と産業立国主義

一九二五年四月、田中義一は政友会総裁に就任した。陸軍軍人が政党党首に就任するのは桂太郎に続いて二人目であった。普通選挙制度の導入を控えた政友会は田中を総裁に迎え入れて、彼が創設に尽力した帝国在郷軍人会、約三〇〇万人の票田を確保しようとしたのである。また、田中を通じて陸軍との間に強力なパイプが確保できることも大きなメリットであった。

田中は政党勢力と陸軍を同時に抑えることで、明治憲法体制の欠陥であった国務と統帥の分裂を克服しようと考えていた。それは内閣(陸軍省)を起点とする「陸軍統治」という原敬路線の延長線上に位置していたが、田中は軍部大臣文官制には踏み込めなかった。また、大正天皇が原に示していた親愛の情に匹敵するほどの信頼関係を、田中が摂政宮(昭和天皇)との間に築けるかどうかも未知数であった。

田中が総裁に就任すると、政友会は満州経営を「産業立国主義」の一環として積極的に位置付けるようになる。日本の農村過剰人口問題[12]を解決するためには都市部への人口吸収が急務であり、そのためには工業化を推進しなければならない。そして、日本の工業化を推進するためには満州の資源開発は必須であるというのである。

政友会の伝統的な政策としてのいわゆる「積極主義」は、鉄道・港湾等の国内社会資本整備を骨子としており、原敬時代にも、満州経営については寺内内閣時代の満鉄放漫経営の是正が図られていたにすぎなかった。そもそも、原は過剰人口問題の存在を認めておらず、国内景気が回復しさえすれば、過剰人口は都市部に容易に吸収されると考えていた。党内自由主義派の重鎮高橋是清に至っては、満州の市場確保よりも中国全体の門戸開放と自由貿易を重視しており、田中の産業立国主義とは明らかに一線を画していた（小林『政党内閣の崩壊と満州事変』三三〜三五頁・四八〜四九頁）。

こうして、田中政友会が満州経営への傾斜を深めていったその折も折、中国情勢もまた流動化しつつあった。蔣介石による「北伐」が開始されたのである。

中国ナショナリズムとワシントン体制の動揺

一九二六年七月、国民革命軍総司令蔣介石は北方軍閥打倒のための統一戦争、いわゆる北伐を開始した。広東を発した北伐軍は急速に北上し、二七年一月には漢口・九江の英国租界を実力で接収した。

ワシントン体制も機能不全を起こしていた。北京の軍閥政権は中国・ベルギー通商航海条約の一方的破棄を通告して、不平等条約体制の打破を図ったが（一九二六年一一月）、それに刺激された蔣介石は、現行条約すべての即時廃止という意向を表明した。中国革命外

12　当時、日本「内地」では年間八〇万人あまりの人口純増を見ており、将来的な食糧確保や失業問題が懸念されていた。

交の始動である。中国をめぐる国際協調枠組みに最初に挑戦状を叩きつけたのは、意外にも日本ではなく中国ナショナリズムであった。そして、もっとも熱心にワシントン体制を支えようとしていたのは実は日本なのであった。

幣原外相は革命外交の不当を鳴らし、中国側に対しては国内秩序の回復と法治の確立による漸進的な条約改正――明治の日本がそうしたような――を説いたが、アメリカを始めとする欧米諸国は徐々に革命外交を容認する姿勢を示すようになる（マクマリー前掲書六四～七一頁）。もっとも、反帝国主義運動のターゲットはもっぱら英国に向けられていた。

上海共同出兵問題

当時の中国の軍隊に一般的に見られたことではあるが、その通過地域における略奪や暴行ははなはだしく、現に南京では国民革命軍の兵士による英米日の領事館に対する襲撃・略奪事件が起こっていた（一九二七年三月二四日、南京事件）。四月三日、今度は漢口の日本租界で同様の事件が発生した（漢口事件）。

事態を重く見た英国政府は、日本政府に対して上海への陸軍共同派兵を打診してきた。だが、時の第一次若槻礼次郎内閣は動かなかった。幣原外相は国民政府内部の蔣介石と共産主義者との内部対立は限界に達しつつあると見切っており、長期的に見ても中国が共産化することはあり得ないと考えていた。

たしかに、それは理性的な対応ではあった。しかしながら、国内世論はフラストレーションを強めており、政友会では幣原「軟弱外交」を非難する声が高まった。

宇垣陸相は共産化の脅威を深刻に受け止めており、幣原の「絶対的不干渉主義」には批判的であった。だが、その宇垣にしても日本単独の軍事介入は考慮の外にあり、実力行使に打って出るにしても、列強海軍による中国沿海要点の封鎖とソ連からの軍需物資の陸揚げ阻止で十分だと考えていた（小林『政党内閣の崩壊と満州事変』五〇〜五二頁・五四頁）。

幣原の予想は短期的には的中した。一九二七年（昭和二）四月一二日、蔣介石は反共クーデターを断行し、党内共産分子を粛清した。ところがまさにこの頃（一九二七年三月）、日本経済は未曾有の金融パニックに直面していた。昭和という時代は——すでに前年一二月に大正天皇は崩御し、摂政宮裕仁親王が新天皇に即位していた——金融恐慌によってその幕を開けたのである。

第七章　「憲政の常道」の終焉と軍部の台頭

田中義一

永田鉄山

田中義一内閣の成立――金融恐慌と中国政策

一九二七年（昭和二）三月に勃発した金融恐慌は、日本の帝国秩序を大きく揺るがした。恐慌の発端は台湾銀行[1]の経営破綻だが、それは比較的安定していた台湾統治を動揺させた。伊東巳代治枢密顧問官は枢密院本会議で幣原外交を激しく攻撃して、第一次若槻礼次郎内閣によるモラトリアム（支払い猶予令）の発令を阻止したが、それはたんなる言いがかりではなかった。

若槻は内閣総辞職に追い込まれ、組閣の大命は野党第一党党首たる田中義一に下った（四月二〇日、組閣）。田中内閣（高橋是清蔵相）は即座にモラトリアムを発動してパニックを終熄させたが（同月二二日）、それは「対支積極外交」の実行と裏腹の関係にあった。台湾総督府は統治の動揺に備えて、島内への陸軍の派兵を極秘裏に検討しており（一九二七年四月一七日付上山満之進台湾総督宛在東京後藤文夫総務長官電報、「昭和二年財界恐慌当時台湾内地間往復電報」七〇～七一頁、『上山満之進関係文書』一八）、それが実施されていたら中国本土への軍事介入は困難になっていただろう。全く皮肉なことに、高橋が金融恐慌を見事に収拾したことが田中内閣の山東出兵を可能にしたのである。

田中本来の中国政策構想は国際協調主義に則った比較的穏健なものであった。組閣に当たって田中は陸相には宇垣一成を、外相には親米派の井上準之助をそれぞれ起用しようとした。井上は中国市場の門戸開放と自由競争の主唱者であり、日本の中国政策は「支那民衆」を相手にしなければならないと考えていた（井上メモ、『井上準之助関係文書』R1所収）。彼は中国ナショナリズムのよき理解者たらんとしていたのである。だが、やがてそれは怒りと失望に変わる。

田中は満鉄への大規模な外資導入を考えており、対英米協調の下に中国の「穏健派」勢力（蔣介石や張作霖）と提携して、産業立国主義に基づく満州開発を実行に移そうとしていた。だが、田中の人事構想は実現せず、田中は外相を兼任し、陸相には気心の知れた白川義則を抜擢した。

すでに政友会では、外務政務次官に就任する森恪を中心に対支強硬論が盛り上がっていた。陸軍から政友会入りした「養子総裁」たる田中は、彼らの意向に配慮せざるを得ず、田中協調外交はしばらくの間封印を余儀なくされることになる（小林『政党内閣の崩壊と満州事変』五四〜五七頁）。

1　特殊発券銀行であり、円と等価の台湾銀行券を発券していた。

第一次山東出兵の決定過程——陸軍中央の慎重論と政友会の内部対立

さて、南京・漢口両事件が勃発するや、関東軍や参謀本部のなかからは、華北や長江一帯、福建省・広東省などの中国沿岸部の保障占領を求める声が一斉に上がった。だが、軍中央は慎重な態度を崩さなかった。宇垣の見解は先に見たが、その後継たる白川もまた同様の態度を保持していた。

第一次山東出兵（一九二七年五月）の決定過程で目に付くのは、田中首相の積極論と政友会の党議紛糾、そして陸軍中央の慎重論である。田中は白川陸相や鈴木荘六（すずきそうろく）参謀総長を通して軍中央をよく統制していた。だが、肝腎の政友会では高橋是清ら自由主義派と森恪ら官僚派とが激しく対立し、田中は党内統制に苦しんでいた。

五月二七日、田中内閣は山東出兵を閣議決定した。党内事情を反映して、内地からの派兵は見送られ（在満部隊の一部を派遣）、出兵規模も当初計画の三分の一以下の二〇〇〇名にまで縮小された。また、内陸部の要衝、済南（さいなん）への進出にも待ったがかけられた。

ちなみに、田中内閣と陸軍はともに京津（けいしん）地方（北京・天津方面）や「北支那」への派兵をも検討しており、前者については、済南進出が行われたら満州から兵力を派遣する予定であった。

政友会と陸軍の方針転換

山東出兵はこうして始まった。だが一度兵を送るや、田中首相や宇垣・白川ら軍首脳部、さらには現地部隊指揮官（第三旅団長郷田兼安少将）らは事態の悪化を恐れて、かえって済南進出などには慎重な態度を示すようになった。一瀉千里の勢いで進むかと思われた山東出兵は、青島の地で停頓してしまったのである。

新聞世論は一斉に、田中「軍閥外交」に対する非難を書き立てた。的外れではあったが、やがてそれは軍部大臣武官制批判にまで飛び火し、政友会でも高橋蔵相勇退後の内紛をきっかけに、軍部大臣文官制導入論が湧き起こった。田中はその火消しに躍起となっていたが、六月七日に設置が決定された行政制度審議会の調査項目には「軍部大臣文官制に関する事項」も含まれていた。

ところが時が経つにつれて、陸軍は徐々に済南進出に対する焦慮の念に駆り立てられるようになる。尼港における邦人虐殺事件の記憶は生々しく、南京・漢口では現に対日不祥事件が起こっていた。手遅れになる前に、済南に兵を進めるべきではないのか。

一方、森は一転して済南進出反対論を唱えるようになった。政友会の出兵政策は、政見公約などの対内的関係に大きく拘束されており、森の豹変も世論の動向に配慮したものであった。白川と森（外務政務次官、外相代理）の対立によって閣議は紛糾し、結局、田中は陸軍省に臨機応変の措置を執るよう指示し、外務省の頭越しに在青島第三三旅団の済南進出と関東軍からの青島への兵力補充が決定された（七月五日）。

第二次東方会議の開催

いったん出兵に踏み切ると、陸軍と政友会の立場は完全に入れ替わった。出兵政策はいよいよ、その混迷の度合いを深めていった。

もちろん、田中もこうした事態を袖手傍観していたわけではない。田中は東京に大陸関係の外交官、軍人、官僚を集めて一大会議を開催した。有名な第二次東方会議である（六月二七日～七月七日）。会議をリードしたのは外務政務次官の森恪であり、彼は「対支政策綱領」（七月六日閣議決定）によって、政友会官僚派の中国政策を会議列席者に示した。すでに、臨時蔵相たる高橋は閣外に去っており（六月二日）、右綱領には「万一動乱が満蒙に波及し、日本の在満権益が侵害されそうになったら、日本政府は相手が誰であろうとも権益を断乎防護する」（現代語訳）との積極論が謳われていた。

だが、転変常なき中国情勢のなかで「対支政策」を無理やり政治綱領化しても、それはかえってさまざまな混乱を政策決定過程にもたらすだけであろう。現に出兵政策の混乱は東方会議の開催中から顕著であった。奉天総領事として東方会議に出席した吉田茂が慨嘆しているように、対支外交に関する政友会の声明を偏重するあまり、田中の中国政策は本来の柔軟性を失ってしまったのである（『牧野伸顕日記』一九二七年七月八日）。

山東出兵の失態

田中内閣が済南への進出を決定した直後に、現地での情勢好転という報告が飛び込んできた。田中は青島への兵力補充を取り止めることにし（済南進出は予定通り）、急遽その手続きを停止した（七月六日午後）。また、京津地方への兵力増強も見送られた。ところが、鈴木荘六参謀総長はすでに青島への増兵を上奏しており（同日午前）、田中の方針転換に激しく動揺した。結局、田中は鈴木を押し切って予定通り奏上し、鈴木も田中に続いて同様の奏上を行った。

この時、天皇は午前中の鈴木の上奏との齟齬について田中に質した。田中はひたすら恐懼の態であった。事態の急変という事情があったとはいえ、この小事件は田中に対する天皇の信任に微妙な影を落としたように思われる。翌年の張作霖爆殺事件をめぐる両者のすれ違いは、あるいはこの事件に端を発していたのかもしれない。

以上見てきたように、第一次山東出兵は混乱と紛糾の内に決定・実行された。[2] 田中の政治力は陸軍方面では安定していたが、政友会に対するそれははなはだ不安定であった。そして、鈴木との諍いをきっかけとして、陸軍に対する田中の統制力にも微妙な翳りが見え始めた。外務省からも「山東出兵の失態」（吉田茂）の原因は、一国の外交が一政党の声明に振り回されたことにある、との批判の声が上がっていた。

出兵経緯の混乱はともかく、この出兵が平和裏に収拾できたことは日中双方にとって僥倖であった。八月三〇日、在留邦人保護の目的は達成されたとして、田中内閣は山東撤兵に関する声明を発表した。

陰謀の始まり――関東軍のクーデター計画

満州では奉天軍閥と日本側との緊張が高まっていた。張作霖が日本側に事前に打診することなく、一方的に「満鉄並行線」の経営強化策に打って出たことがその原因であった（一九二八年三月、奉海線連絡運輸協定破棄問題、洮昂線車両流用問題）。

満鉄も総領事館もそして関東軍も、張作霖の「忘恩的反日行動」には憤っており、関東軍は実力行使による奉天軍閥の打倒を画策しはじめる。その中心人物が関東軍高級参謀の河本大作であり、奉天督軍顧問の土肥原賢二であった。河本の計画の詳細は不明であるが、彼は軍司令官の許可を待たずに一種の「クーデター」に打って出るつもりであった。土肥原らは秦真次（奉天特務機関長）と共謀して、彼らが「親日の権化」と考えていた張学良（作霖の長子）を擁立しようとしていたのである（一九二八年四月一八日付磯谷廉介宛河本大作書翰、相良俊輔『赤い夕陽の満州野が原に』一四八～一五〇頁）。

参謀本部第一部長の荒木貞夫も同様の見解に立っていた。中国の「和平統一」など「痴人の夢」であり、「満州を全然支那本部の政治圏外に置かんとすることこそ」対満政策の根幹に据えられるべきである。荒木は河本と連携をとっており、彼らは共同して事を起こそうとしていた（参本第二部「新対支政策」、近代日本法政史料センター所蔵『荒木貞夫関係文書』所収）。

ところが、関東軍が陰謀を発起する前に張作霖は態度を軟化させた。京奉線（中国側の経営する北京―奉天間鉄道）と奉海線（同奉天―海龍間鉄道）の接続輸送の遮断や軍隊の輸送拒否といった満鉄の経済制裁が功を奏したのである。この間、蔣介石はすでに北伐を再開し、山東省をめぐる奉天軍閥との決戦が迫っていた。張作霖としては、自らの腹背に同時に敵を受けることは避けねばならなかった。彼は一時的弥縫策として、日本側と妥協したのである。

2　青島への増兵は七月八日に改めて閣議で承認され、鈴木参謀総長は同日中に奏上・裁可を仰いでいる。

張作霖をめぐる田中内閣と関東軍の対立

一九二八年二月、最初の普通選挙が行われた。選挙の結果は政友会の事実上の敗北であった。政友会と民政党の議席は拮抗し（政友会二一七、民政党二一六）、議会運営はいっそうの困難さを増した。

与野党伯仲状況は、政友・民政両党をして必要以上にお互いの政策の違いを強調させることになった。北伐が再開され、日本人居留民（山東省方面だけでも約一万六〇〇〇人）の生命財産が脅かされそうになったら、政府は機宜を逸せずただちに出兵に踏み切らねばならない。幣原「軟弱外交」批判を華々しく展開したために、政友会は中国政策の選択肢を自ら狭めてしまったのである。

同年四月、蔣介石は北伐を再開し、その主力は山東省に進入を開始した。政友会では即時出兵論が有力であったが、森恪は今度はそれに反対した。満州で何かトラブルが起こったら、関東軍は治安維持を名目とする付属地外出兵を繰り返して、逐次その行動範囲を拡大していくべきである。そうすれば、「満州の治安は日本が維持する」というステータスが自然と形成されていくだろう、というのである。

サラミの薄皮を剝ぐように、徐々に日本の存在感を高めていく。こうした「サラミ戦術」は森の専売特許ではなかった。この頃、森との連携を深めていた吉田茂や鈴木貞一（すずき ていいち）

（参謀本部作戦課員）もまた同様の構想を抱いていたのである。

一方、関東軍や参謀本部第一部は山東出兵には反対であった。北伐の順調な進展による張作霖の没落こそは、満州における新政権樹立のきっかけとなり、ひいては満蒙問題の根本的解決に繋がるだろう。山東出兵によって北伐が牽制され、張作霖に満州に帰って来られては元の木阿弥である。関東軍と田中内閣の中国政策は、実は真っ向から対立していたのである（一九二八年四月二七日付荒木貞夫・松井石根宛河本大作書翰、前掲『荒木貞夫関係文書』所収。三谷太一郎『近代日本の戦争と政治』一一一～一一二頁）。

第二次山東出兵——政党主導の政略出兵

第二次山東出兵では第一次出兵以上に、政友会による政略出兵色が強まっていた。白川陸相、鈴木参謀総長、軍務局長の阿部信行、そして参本第二部長の松井石根らもまた、軍事合理性の観点から政党主導の政略出兵には反対であり、宇垣にいたっては出兵の必要性そのものについても懐疑的な姿勢を示していた。彼らの多くは対英協調論を唱えており、日本独自の軍事行動には消極的であった。しかし、結局のところ軍中央は田中の意向に従った。政党内閣による陸軍の統制が機能していたことで、陸軍はその意に沿わぬ第二次山東出兵を〝粛々と〟進める破目に陥ったのである。

そしてそれは、田中も同様であった。第一次出兵で懲りたのだろう、田中は陸軍中央の出兵反対論に内心共感を覚えていた。「自分は出兵したくないけれども、どうも政友会の声明で、再び事が起れば兵を出すということを第一次出兵の時の撤兵するときに宣言している。それだから是非出さなければいけない」。田中はその苦衷を鈴木貞一にこう漏らしていた（『鈴木貞一氏談話速記録』上、一二頁）。

一九二八年四月一九日、田中内閣は一七日の閣議決定に基づいて、内地から第六師団（兵力約五〇〇〇）を青島を経て、膠済鉄道沿線（膠州湾～済南間）に派兵することを決定した。また、先遣隊として天津から歩兵三中隊を済南に進めることにした。天皇は即日それを裁可し、ここに第二次山東出兵の幕が切って落とされた。

ところが出兵が決定するや、参謀本部や現地軍は尼港事件類似の事件が起こるのを危惧するあまり、第六師団を一気に済南まで進出させようとし始める。大規模兵力の迅速な派兵によって、紛争はより効果的に抑止できるだろうというのである。四月二六日、軍は青島で待機することなく済南へ直進した。

済南事件

誤解が多いので指摘しておくが、日本軍は中国南北両軍の済南自開商埠地（日本人が多く住んでおり、外国公館なども存在していた開放的な商業地域）への進入を阻止しようとしていたわけではない。むしろ逆であって、斎藤瀏第一一旅団長は中国側との衝突を避けるために、南北両軍を互いに分離した形で、いかにして商埠地を平和裏に通過させるかについて（斎藤はそれを「濾過」と称していた）、種々考慮をめぐらしていたのである（一九二八年五月二八日付陸軍歩兵大佐香月清司「秘・済南事件に関する調査報告」、『昭和三年陸支密大日記』所収）。

当初、済南に入城してきた北伐軍の軍紀は厳正であり、蒋介石と日本側官憲との接触も保たれていた。斎藤は中国側の要求に応えて、いったんは封鎖していた商埠地の防御態勢を解除し、北伐軍の通過を認めた（五月二日）。だが、それは裏目に出た。具体的な発端は不明だが、日中両軍の武力衝突が発生し、それは多くの「日本人」（朝鮮の人々が多数を占めていた）をも巻き込む惨事を引き起こした（同三日）。

事件が誇大に報道されたこともあって、日本の国内世論は激昂した。現地軍はもとより、参謀本部もまた「国軍の威信」を守るための強硬論に転じた。特に、荒木などは内地師団を動員しての南軍（国民革命軍）膺懲論を声高に唱え始めた。

一方、田中は済南事件を一過性の小事件と見なしており、現地軍に対しても北伐の継続に便宜を図るよう促していた。田中や白川は内地師団の動員には反対であり、満州から歩兵一個旅団・砲兵一個中隊を青島に派遣することでお茶を濁そうとしたのである（五月四日、緊急閣議。同日、奉勅命令伝宣）。

出兵の政治利用

国内世論の沸騰は収まらなかった。現地軍や参謀本部は内地師団の動員による膺懲作戦を主張して止まず、他方、帝国議会では鈴木喜三郎内務大臣の更迭問題をめぐって、野党側が総括不信任案を提出しようとしており、田中はそれに衆議院解散で応えるつもりであった。内外の政治的緊張は急速に高まった。

ここで注意すべきは、田中が「出兵費等の予算否決の場合には〔衆議院を〕解散したし」と天皇に内奏していたことである。それは効果的な政治的ブラフとなった。民政党は出兵予算を承認し、田中は内政的危機を乗り切ることができた。だが田中の一連のパフォーマンスは、出兵問題を〝政争の具〟に供したかのような印象を世間一般に与えてしまった（『牧野伸顕日記』一九二八年五月五日、『河井弥八日記』同年五月六日）。

事変は拡大しようとしていた。参謀本部の「支那膺懲論」に押される形で、省部（陸軍省と参謀本部）は「対支政策」を軍事参議官会議に提出したが（五月八日）、そこでは「支那全土を震駭せしむるが如く我武威を示し、彼等の対日軽侮観念を根絶」しなければならないと謳われており、動員一個師団の出兵と済南および膠済鉄道沿線の占領のみならず、南京・漢口両事件その他諸懸案の「急速解決」を促すために、必要ならば南京を動員一個師団で保障占領するとの方針が打ち出されていた（『昭和三年支那事変出兵史』九八〜一〇〇頁）。

負のスパイラルの回避

対外出兵の場合、得てして起こり得ることだが、いったん軍事衝突が起こるや当初の限定的な出兵目的はどこかに行ってしまい、国軍の威信回復といった国民感情に訴求しやすい動機によって戦線が拡大していく、そういった負のスパイラル——一九三七年に「北支事変」を「支那事変」、日中戦争へとエスカレートさせたような——にこの時陸軍は陥りかけていたのである。

軍事参議官会議では異論が続出した。宇垣は「内政の行詰りを外に転嫁して、国民の不満を逸らそうとしているのではないか」（現代語訳）と述べ、田中内閣の姿勢を非難した。白川陸相も同様であった。海軍首脳部や長老の山本権兵衛、さらには牧野伸顕も田中外交に危惧の念を表明した（『宇垣一成日記』Ⅰ、一九二八年五月八・一〇日、『牧野伸顕日記』同年五月一〇日、『元帥畑俊六回顧録』所収「畑俊六日誌」同年五月七日、『財部彪日記』同年五月八日）。

結局、軍事参議官会議では参謀本部の南軍膺懲＝大規模出兵論は抑えられ、追加派兵は済南方面への動員一個師団のみに限定された。五月八日、閣議は以上の方針を承認した。九日、天皇はそれを裁可し、第三師団（名古屋）に動員令が下った（第三次山東出兵）。この間、現地での停戦交渉は不調に終わっており、同日、第六師団はついに済南城に対する総攻撃を開始した。だが、その攻略に日本軍は手間取り（陥落は一一日）、多くの現地住民が戦禍に巻き込まれた。

張作霖爆殺――満州某重大事件

日本側とのこれ以上の衝突を避けるために、国民革命軍は済南を迂回して北上を続けた。五月一八日、田中は北伐軍と国民革命軍が混戦状態のまま満州に雪崩込んで来たら、関東軍は両軍を山海関（さんかいかん）方面で武装解除するとの声明を発表した。その狙いは北伐軍の進撃を牽制し、張作霖軍を平和裏に満州に引き上げさせることにあった。

関東軍はにわかに色めき立った。今こそ、宿敵張作霖を武装解除する絶好のチャンスである。村岡長太郎（むらおかちょうたろう）関東軍司令官は軍司令部と主力部隊を奉天に移動・集中して奉勅命令の伝宣に備えていた。ところが、肝腎の田中は山海関方面への出兵を容易に決断できなかった。田中は鈴木参謀総長とともに参内・拝謁して、満鉄付属地外への出兵の裁可を得る段取りまで整えていたが、それは結局実行されなかった（五月二一日）。

田中の逡巡は正解だった。六月一日、張作霖は戦わずして北京を退去し、専用列車で奉天に向かったのである。田中はホッと安堵の溜息を漏らしていた（前掲「畑俊六日誌」一九二八年六月一日）。一方、関東軍、特に河本大作らにとって、北伐の中断と張の奉天復帰は最悪の事態であった。こうなったら、非合法手段に訴えるしかない。六月四日未明、張作霖は奉天郊外のクロス地点（京奉線と満鉄線の立体交叉地点）で、その坐乗列車もろとも爆殺された。河本らの仕業であった。彼らは張作霖を殺害して、父親との不和が噂されていた息子の学良を擁立しようとしていたのである（小川平吉「満洲問題秘録・秘」、『小川平吉関係文書』1巻、六二六～六三九頁など。前掲「畑俊六日誌」一九二八年六月二七日）。

これもまた誤解が多いので指摘しておくが、河本らの計画は満蒙併合論や独立国家論の類ではなかった。それは、現地親日政権を操縦して権益を擁護しようという「旧来思想」に基づくものであり、奉天軍閥のたんなる「首のすげ替え」に過ぎなかった。後に石原莞爾の懐刀として、満州事変で「活躍」する片倉衷は河本らの計画をそう酷評している（『片倉衷氏談話速記録』上、一〇四頁）。

田中協調外交の展開

田中は予想外の事態に狼狽したが、すぐに態勢を立て直した。彼は張学良との軍事衝突に備えると同時に、水面下でその積極的な抱き込みを図った。一方、軍内部では張学良擁立論が力を得ており、荒木や小畑敏四郎（参本作戦課長）らは、彼らが対南妥協派と見なしていた楊宇霆（張学良側近）の粛清を画策していた。

張学良は日本側を刺激することを巧みに避けながら、田中の制止を振り切って国民政府に合流した（一二月二九日、東三省易幟[3]）。機を見るに敏な田中はここで一転して、奉天軍閥と国民政府の親日化に大きく舵を切った。田中協調外交の始まりである。その決定的な契機となったのは、張学良による楊宇霆らの謀殺であった（一九二九年一月一〇日）。

田中内閣は中国の改定輸入税率の承認（一月）を皮切りに、一連の対中国宥和政策を積極的に推し進め、日中関係を段階的に前進させていった。五月二〇日、済南からの日本軍の撤兵は完了し、六月三日には日本政府は中国国民政府を正式に承認した。第二次幣原外交（浜口雄幸・第二次若槻礼次郎内閣）の前提条件は、実に田中外交末期に準備されていたのである。

それだけではない。田中は武器援助から財政的援助までをも含む、包括的な政策的パッケージで張学良政権を本格的に支援しようとしており、現に田中は満州情勢の安定化を待って、南京国民政府と東北張学良政権に限って武器輸出を全面的に解禁している（一九二九年四月）。付言すれば、最初の武器輸出は浜口内閣期に行われている。

天皇の叱責と田中内閣の崩壊

だが、田中とそりが合わなかった昭和天皇は、田中協調外交を正当に評価できなかった。しかも、文官閣僚の突き上げに遭遇した田中は、張作霖爆殺事件に関与した陸軍軍人を軍法会議で処断するという自らの当初の方針を覆してしまった。河本らは結局行政処分に付せられた。

それは、厳罰方針を支持していた若き天皇の怒りを買った。天意が去ったことを悟った田中は即座に内閣総辞職を決断し、民政党浜口雄幸内閣が成立した（一九二九年七月二日）。田中内閣の致命傷となったのは、田中の政党総裁としての党内統制力の弱さであった。当時はまだ軍部の良識派も健在であり、上原や白川などの陸軍長老層は軍法会議による軍紀の立て直しを主張していた。むしろ、閣議でそれに反対したのは「満州某重大事件」の真相が世界に暴露されることによって、国家と国軍の名誉が損なわれることを恐れた望月圭介内相や原嘉道法相ら文官閣僚であった（前掲「畑俊六日誌」一二月二二日）。さらに、小川平吉ら政友会の対外硬派は民間右翼と連携して、田中から牧野伸顕内大臣へと攻撃の矛先を向けていた（『小川平吉関係文書』2所収、工藤鉄三郎関係書翰）。「君徳」まで持ち出

3　この日張学良は奉天城に青天白日満地紅旗を掲げて（「易幟」）、国民政府との合流を明らかにした。「東三省」とは満州のこと。

して牧野らを攻撃する小川らの動きに、元老西園寺公望は君主制の危機を感じ取った。西園寺は田中と距離を置くようになり、万策尽きた田中は内閣総辞職に追い込まれていったのである。

「天皇の軍隊＝非政治的軍隊」の動揺

田中の失脚は、荒木貞夫や真崎甚三郎らいわゆる「皇道派」[4]の台頭を意味しなかった。それどころか、すでに一九二八年八月人事で、参謀本部を中心とする皇道派系勢力（荒木、小畑ら）はことごとく左遷されていた。張作霖爆殺事件の問責人事（翌年七月、村岡長太郎の更迭と畑英太郎の関東軍司令官就任）と相俟って、荒木・真崎グループは陸軍権力中枢から完全に排除された。浜口内閣の成立にともなう宇垣の陸相復帰によって、穏健派の陸軍支配はほぼ確立したかに思われた。

だが、そうはいかなかった。宇垣の手の届かぬところで、陸軍内部での政治的な動きが始まっていた。二葉会・木曜会・一夕会といった中堅将校の派閥横断的結合（一九二七～二八年）がそれである。そこでは満蒙領有と国家改造が声高に論じられていた。そしてそれは、かつての月曜会同様、徐々にその活動領域を政治的分野にまで拡大していった。陸軍革新運動の始まりである（戸部良一『逆説の軍隊』二六六～二七一頁）。

満州事変の首謀者、石原莞爾と板垣征四郎を「粛軍人事」に名を借りて関東軍に送り込んだのは一夕会であったという（石原は二八年一〇月、板垣は二九年五月にそれぞれ参謀として着任）。彼らは省部や出先の課長以下のポストに同志を送り込むことで、国策を左右しようとしていた。また、畑関東軍司令官の急逝も宇垣にとっては打撃であった（一九三〇年五月）。こうして、関東軍や参謀本部に対する宇垣の統制力は次第に形骸化していった。

日本陸軍は「天皇の軍隊」として制度設計されたが、それは、天皇は世俗の政治的対立から超然とした至高の存在であるという建前を前提としていた。ところが、一九一七年のロシア革命をきっかけに、君主制の存在を真っ向から否定する一連の「危険思想」が内外で大きな影響力を振るうようになると、天皇の軍隊という体制的安定装置それ自体も動揺しはじめる。そして、「赤化」の脅威＝国体そのものの危機は国体論の急進化を引き起こし、ひいては、山県や児玉が非常に厭わしく思っていたところの「政治的運動」そのものを軍内部に産み落とすことになる。陸軍革新運動がそれである。

彼らのすべてが政党政治を嫌悪していたわけではなかった。しかしながら、二大政党制

4　荒木・真崎を中心とする「反長州閥」を標榜していた中堅軍人グループ。対ソ予防戦争を画策する反面、英国に対しては宥和的で、その軍備構想も軍の近代化（機械化や航空戦力の充実等）よりも常備兵力の量的確保を優先する傾向が顕著であった。

の機能不全が明らかになると、多くは政党政治に見切りをつけるようになる。

乱闘議会の常態化

それでは、当時の政党政治の実態はいかなるものであったか。特に、立法府たる帝国議会は〝乱闘議会問題〟を克服できていただろうか。

残念ながら、「大正デモクラシー」期の議会にも乱闘騒ぎはつきものであった。普通選挙法案をめぐる暴力沙汰（一九二〇年二月一四日、原敬内閣）、酩酊した代議士による投票妨害に端を発した乱闘（一九二二年二月一四日、高橋是清内閣）などはその代表的事例である。ちなみに議席机上の角柱状の議員名札が殴打に用いられるのを防止するために、いつの日からか名札は議席に釘付けされるようになっていた。

戦前日本の政党政治はその絶頂期を迎えようとしていたが、議会内での乱闘や暴力沙汰も半ば常態化しており、あろうことか、各党ともそれらを計算に入れた議席配置を行うようになった。議事紛糾の場合、演壇を素早く占拠するために、与野党の議席の境界線や通路側に腕力自慢の議員を配置していたのである（有馬頼寧『政界道中記』、村瀬信一『帝国議会』二〇二～二〇三頁）。

議場での暴力行使を止めるのではなく、それを織り込んだ議席配置がとられていたのである。殺伐とした雰囲気は往々にして政策論争を片隅に追いやってしまった。政権奪取のためなら手段を選ばない、という風潮が政友・民政両党に瀰漫していた。汚職や疑獄の曝露合戦などはその常套手段であった。

衆議院や貴族院では、「『衆』でも『貴』でもない人間が、予算案や法律案を『議』する代りに、殴る。時々間違って人間を殴る。――ではない――時々間違って議案を殴る。いかに間違っても、議案を『議』するほどの間違いは演じない。これは日本のブルジョアジーのディクテターシップの『暴力』的表現だ」。自由主義者長谷川如是閑はこう慨嘆している（「『枢』『密』『院』」、一九三一年。『長谷川如是閑評論集』九一頁）。陸軍少壮将校たちが議会政治に対する不信感を深めていったとしても、それもまたやむを得ないといった社会的風潮はこうして醸成されていったのである。

浜口雄幸内閣の成立

一九二九年（昭和四）七月、民政党総裁浜口雄幸は満を持して組閣の大命を受けた。彼は蔵相に井上準之助、外相に幣原喜重郎、陸相に宇垣一成を起用して、金解禁と産業合理化によって日本経済の体質を強化しながら、世界市場を舞台とする貿易競争に打って出ようとしていた。

そして、以上の政策的枠組みの要に位置していたのが緊縮財政、すなわち、大規模な行財政整理と陸海軍備の整理縮小であり、後者は幣原外交と表裏一体の関係にあった。浜口内閣の施策は田中内閣に比べて「革新」的で、より統制色や官僚色が濃厚であり、見事なまでの政策的体系性・整合性を有していた。だがそれは、政策的硬直性とも紙一重であった。

一九三〇年一月、浜口内閣は金解禁を断行し、国際金本位体制への復帰を宣言した。前年一〇月、ニューヨーク証券取引所の株価大暴落によって、すでに世界恐慌の幕は切って落とされていた。折からロンドンでは、日英米仏伊五大海軍国による軍縮会議が開始されようとしていた。浜口はそれに積極的に参加する一方、陸軍との関係を破綻に導かないよう細心の注意を払っている。彼は満州某重大事件の真相を伏せて、その政治的封印を図った。そして、宇垣陸相の辣腕（らつわん）による陸軍軍備の合理化に大きな期待を寄せていた。

国際金本位制と極東国際秩序

金解禁の断行は極東情勢の安定化と密接な関係がある。井上や高橋是清は「極東有事」の到来に備えるための正貨準備確保という観点から、一九一七年以来の金輸出禁止政策を支持していた。特に井上は、極東情勢の最大の攪乱（かくらん）要因は中国ではなく日本、それも日本陸軍（関東軍）にあると考えていた。だが、今や潮目は変わった。自分と幣原、そして宇垣が政府の枢機を握っている限り、日本陸軍の暴走は絶対にありえない。だからこそ、金解禁を断行するのである（『井上準之助論叢』3、一一三～一一八頁、井上「金輸出解禁論」、『井上準之助関係文書』R7、小林『政党内閣の崩壊と満州事変』一三三頁）。

田中内閣時代に金解禁に反対していた井上が、今度は一転して解禁に転じたのは、「党利党略的変節」や「国際機関での発言力強化を狙ったもの」などではない。彼の政策的信念にブレや動揺は微塵も見られなかった。田中の陸軍統治能力に不安を覚えていたからこそ、井上は政友会内閣への入閣を辞退し、金解禁を一時封印したのである。

浜口内閣の中国政策は満州における特殊利益の確保よりも、中国全土、とりわけ「其の豊饒の中心地たる長江流域に対する貿易の伸張」を通じての日中の経済的紐帯の強化を重視するものであり（『浜口雄幸集　論述・講演篇』四五～四六頁）、満州権益をもっぱら経済権益として捉える見方と表裏一体の関係にあった。井上と幣原の合作による「対支経済外交」はこうして始動された。それは日清戦後の「北守南進論」の再来でもあり、第一次桂内閣を彷彿とさせる大規模な国制改革構想を伴っていた。

政党政治と総力戦・工業動員

この間、政友会は犬養毅を総裁に担ぎ上げていた（一九二九年一〇月）。長年、立憲国民党、革新倶楽部などの小政党を率いて軍縮論を主張し続けていた犬養は、政友会の党内統制に苦慮して「国防の経済化」なる新概念を提唱していた。だがそれは、曖昧模糊としたたんなる政治理念であり、政策的肉付けはまったく不十分であった。宇垣にとって、犬養の国防論は了解困難であり、かえって、民政党の軍縮論の方が明快なだけに対話可能な議論なのであった。

宇垣をはじめとする陸軍首脳部は、民政党内閣に大きな期待を寄せていた。浜口内閣の産業合理化政策は、工業資源の効率的な分配と国家による統制という点で、陸軍が準備しようとしていた総動員体制と相互補完的な関係にあり（一九三一年四月、重要産業統制法）、陸軍における総動員研究の第一人者は、後に陸軍統制派[5]の中心的人物となる永田鉄山（当時は麻布歩兵第三聯隊長）であった。

陸軍こそは国家総動員体制を推進した中心的勢力であり、日本における総動員体制は国家総動員法の制定（一九三八年）と大政翼賛会の結成（一九四〇年、ともに首相は近衛文麿）によって確立する。前者は私有財産制を制限する反「資本主義」立法であり、後者が成立したことで、政友会や民政党をはじめとする「ブルジョア政党」は解党を余儀なくされている。

結果論的観点に立てば、総動員構想は当初から反資本主義的・反議会主義的性格を帯びていたように見える。永田の穏健派的側面が過小評価され、その反議会主義的姿勢がことさらに強調されてきた所以である。しかしながら、昭和初期の二大政党はともに資本主義的秩序を擁護しようとしていたのであって、その法律的表現が一九二五年に制定され、二八年に強化された治安維持法であった（第一次加藤高明内閣、田中義一内閣）。治安維持法と国家総動員法という「二つの悪法は全然性格が違う」ものなのである（大石眞・高見勝利・長尾龍一編『対談集・憲法史の面白さ』一七三頁、長尾談）。

たしかに、工業動員は必然的に計画経済的な方向に向かわざるを得ず、それは国策としての一貫性を要求されるから、二大政党制と必ずしも整合しない側面がある（前掲書一六七～一六八頁、伊藤隆談）。だが、戦前二大政党政治の絶頂期であった浜口内閣期には、こういった矛盾は政党政治の枠内で処理できる問題であると考えられていた。陸軍の総力戦研究グループが政党政治の限界を認識するようになるのはもう少し後のことであろう。

5　皇道派の荒木・真崎が隊付青年将校の政治化を促していたのに対して、永田らは軍の官僚的統制を重視してこれに対抗するようになる（戸部『逆説の軍隊』二七五～二七七頁）。彼らが「統制派」と呼ばれた所以（ゆえん）である。

宇垣系勢力が省部を押さえていたこの当時においては、対抗勢力としての上原派は事実上分裂しており、後の皇道派や統制派も未分化の状態にあった。そして、彼らの一部は実務官僚としての能力を買われて、田中や宇垣の周辺で重用されていた。永田はまさにその典型であった。

第二次宇垣軍政――「軍縮」による機動的戦力の創出

「寄り合い所帯」の護憲三派内閣でも、宇垣軍縮程度の軍制改革はできた。今度は気心の知れた浜口の民政党単独内閣である。宇垣は自らの参謀総長兼任も視野に入れながら、新たな国防環境に適合した、航空機・戦車・毒ガスなどの新兵器をも装備したポスト第一次大戦型の陸軍を建設しようと考えていた。それは、「建軍以来六十年に渉る長き間の施設の根本」を立て直す大改革となるはずであった（『宇垣一成日記』Ⅰ、七五九・七九三頁）。

世界大戦の戦訓に鑑みれば、有事の際の自給自足圏の確保は絶対的に必要である。列強との全面戦争が勃発した場合、日本陸軍は南満州と華北を迅速に占領し、穀物や鉄資源を確保して長期戦への備えを固めねばならず、そのためには、戦略単位を機動力に富む「軽師団」に改編し（歩兵大隊を四中隊から三中隊にする）、有事即応能力を高めておく必要がある

（『宇垣一成日記』Ⅰ、七三〇〜七八〇頁、『畑俊六日誌』一九二九年一二月一七日、三〇年一月四日、二月二一日など）。

すでに満州鞍山（あんざん）製鉄所の本格稼働によって、揚子江中流域への出兵＝大冶鉄山確保の必要性はなくなっていた。満州開発が用兵範囲の限定を可能にし、戦時四〇個師団態勢の確保は不必要となったのである。

だがその一方で、満州とその周辺の軍事的状況は流動化し始めており、朝鮮総督府と在留邦人社会からは朝鮮軍の増強がしきりに唱えられるようになった。とりわけ衝撃的だったのが、一九二九年の奉ソ戦争であった。東北軍（張学良軍）による在満ソ連鉄道権益[6]の接収に端を発するこの局地戦において、ソ連特別極東軍は満州内陸部に散発的な空爆を加え、最終的には東北軍を撃破して内陸部の都市、ハイラルにまで侵攻していたのである。

奉ソ戦争

日露戦争以来のソ連の満州への軍事介入に、日本陸軍は危機感を深めた。宇垣は外地駐（ちゅう）

6　「帝国主義」を非難し、植民地の解放を呼号していたソヴィエトにとって、帝政ロシアの北満権益はその例外だったらしく、ソヴィエトは中東鉄道（旧東清鉄道）の経営権を確保していた。

箚師団を増強して、一連の大陸権益の動揺に備えようとした。こうして立案されたのが、戦時二五～二六個師団（うち、外地六個師団と近衛師団を含む内地二個師団は動員不用の高定員師団）態勢の整備という「軍縮」案である（「覚書　研究事情の統一、飛行隊の拡張」、『宇垣一成文書』一一七）。約六個師団もの戦時動員兵力の縮小を梃子に、ポスト第一次大戦型の軍隊に日本陸軍を改造しようというのである。

ところが、宇垣の軍備近代化政策は参謀本部（鈴木荘六参謀総長）の抵抗に遭遇した。鈴木は常設二個師団の削減（平時一五個・戦時三〇個師団態勢の確保）を速やかに行うことで、政党勢力の介入を最小限にとどめたいと考えていた。一九二九年一二月、参謀本部はこの案を陸軍省側に提示したが、そこには師団の軽量化や外地駐箚師団についての言及はなかった。

宇垣は政略によって対米ソ中三国作戦は回避できるし、また、回避しなければならず、とりあえず「二国標準」で満足すべきだと考えていた。一方、参謀本部はなるべく多くの戦時動員兵力を確保して、多正面戦争に備えるべきだとしていた。結果的に言えば、参謀本部は陸軍軍備の質的向上よりも量的確保を重視していたということになる。それは宇垣にとって、容認できるものではなかった（『畑俊六日誌』一九二九年一二月一四・一六・一七日、一九三〇年一月二五日）。

宇垣と上原の対立

とはいえ宇垣にしろ鈴木にしろ、軍縮世論の存在を意識しながら軍制改革案を立案していたことに変わりはない。満州事変が勃発するわずか二年前までは、参謀本部ですら軍縮を甘受していたのである。昭和恐慌による景気の後退が短期間で終わっていれば、政軍間に妥協が成立していた可能性は高い。

だがそれゆえにかえって、上原とその周辺の人々は、宇垣の親政党的な姿勢に反発を強めていた。宇垣は軍制改革で名を成して、民政党総裁に就任して首相の地位をうかがうのではないか。上原は、宇垣が陸軍を政党政治に売り渡すことに非常な危機感を覚えていたのである。

一方、宇垣にしてみれば、上原は政軍関係の変化を弁えない守旧派そのものであった。そして、両者の対立は鈴木参謀総長後任問題で表面化した。事の発端は宇垣の内奏（一九三〇年二月一三日）の後に、天皇が上原に下問したことにあった。宇垣は金谷範三を、上原は武藤信義を推したが、天皇は宇垣の内奏を嘉納するつもりだったし、上原にも「聖意」を覆す意図はなかった。結局、後任には金谷が就いたが、この事件によって宇垣と上原との関係はますます険悪となった。

「統帥権干犯」問題

浜口も陸軍への対応には腐心していた。政府は海軍軍令部の反対を押し切って、ロンドン海軍軍縮条約に調印したが（一九三〇年四月）、この問題をめぐって海軍では批准賛成の条約派（斎藤実、財部彪）と反対の艦隊派（加藤寛治）が激しく抗争した。政府の行為は憲法第一一条違反であるという、いわゆる「統帥権干犯」論——一種の原則論的護憲論である——が民間右翼（北一輝）によって高唱され、あろうことか政友会までもがそれに同調して、議会で政府を激しく攻撃した。

憲法問題を錦の御旗とする政府攻撃は当時の議会政治では常態化しており、一九二八年の不戦条約調印時には、「人民の名に於て」という語句が憲法に抵触するとして、野党民政党は田中内閣を激しく攻撃していた。今や、その政治的ツケが回ってきたのである。

この政治的危機に際して、浜口と宇垣はよく連携していた。当時、宇垣は中耳炎を患っており、長期にわたる療養を余儀なくされていた。浜口は財部海軍大臣（ロンドン海軍軍縮会議の全権委員）の臨時事務管理を行っており、陸海軍の権衡保持を口実に自ら陸相臨時事務管理を務めることも可能であった。だが、浜口は阿部信行陸軍次官をいったん依願免官とし、その上で特に現役に復帰させて無任所大臣として入閣させ、陸軍大臣臨時代理に任命するという異例の措置を講じて、文官による陸相事務管理をあえて否定してみせた。

そして、宇垣も「倫敦条約上の兵力の決定は政府にありとの総理大臣の答弁は陸軍大臣として異存なし」との議会答弁を行い、政友会による政府と陸軍との離間策を封じた。だが、そのことが宇垣に対する陸軍内部の不信感を募らせていった。

浜口首相狙撃事件——第二次宇垣軍政の動揺

一九三〇年八月、陸軍の定期人事異動により、陸軍省軍務局長には小磯国昭が、同軍事課長には永田鉄山がそれぞれ着任した。宇垣の肝入り人事であったが、彼らは戦略単位を三単位化し（一個師団＝四聯隊を三聯隊に）、軽師団（「旅団」と改称）二〇個の全国的再配備と余剰財源による軍備の近代化（機械化兵団の新設や航空隊の増設）を推し進めようとしていた。そこでは、宇垣軍縮で廃止された四個師団の復活・再編が予定されており、また、三個師団が朝鮮・満州・台湾に常駐することになっていた（一九三一年一月、軍務局案）。永田らは南満州での有事に即応可能な、機械化された野戦軍を建設しようとしていたのであり、革新的な軍制改革による軍内の軋轢打破を狙っていたのである。

病気療養の長期化によって、軍制改革の主導権は宇垣の手からこぼれ落ちようとしていた。世界恐慌の余波は日本経済にも及びつつあり、宇垣は浜口内閣の緊縮財政主義や幣原・井上の経済外交路線にも違和感を覚えつつあった。宇垣と民政党主流派との間には、徐々に隙間風が吹き始めていた。

統帥権干犯問題を乗り切った浜口は、いよいよ陸軍軍備の整理に乗り出そうとした。一一月一一日、浜口は声明書を発表して、行政・財政・税制のいわゆる「三制整理」のための大調査会を設置することを明らかにした。金解禁＝緊縮財政による経済構造の変化に適応し、「経済の合理化」をいっそう促進すべく、浜口は三制整理を通じてより強力な政党政治を創出しようとしていたのである。その中心的課題が陸軍軍縮と政軍関係の再編にあることは、誰の目にも明らかであった。

ところが、ここに一大事件が突発する。一九三〇年一一月一四日、浜口は東京駅で右翼のテロリストによって狙撃され瀕死の重傷を負った。浜口の遭難は民政党内の権力の中心点を失わせた。しかも、浜口内閣の推進していた中国への積極的支援政策もこの頃徐々に行き詰まりを見せていた。

宇垣・永田による新中国政策の模索

中国では北伐終了（一九二八年一二月、東三省易幟）にともなう、軍隊の縮小・再編をめぐる国民政府の内訌が、蔣介石と他の軍閥勢力との全面戦争にまでエスカレートしていた。いわゆる「中原大戦（ちゅうげんたいせん）」である（一九三〇年五～一二月）。それは総計一〇〇万人規模の大軍が干戈（かんか）を交えた近代中国史上最大級の内戦であり、当初武装中立を守っていた張学良率いる東北軍が蔣介石側に付いたことで勝敗は決した。張学良は再び華北へとその勢力範囲を拡大したが、その結果、蔣介石との関係は微妙なものとなった。

中原大戦には中立を守った日本政府であったが、浜口内閣は平和克復とともに、蔣介石の国民政府とそれに形式上合流した張学良政権に対する近代化支援政策に踏み切った。これは、「対支不干渉」という一般的な幣原外交イメージとは全く異なる政策である。宇垣はこの二つの政権に限定して武器輸出を解禁するとともに、軍事顧問の派遣などを通じて国民政府軍の近代化を積極的に支援した（武器輸出の数量的分析については、小林「日本陸軍と中原大戦」参照）。

参謀本部や関東軍には、反蔣軍閥への武器輸出を積極的に行おうという動きがあった。だが、それは宇垣や小磯（陸軍省軍務局長）・永田（同軍事課長）によって握り潰された。陸軍省軍務局、特に永田は南京国民政府との提携関係を積み重ねることによって、日中間になんらかの信頼関係を醸成し、満州問題の解決に繫げたいと考えていたのである（『秘録　永田鉄山』五六頁）。

内務省もまた、治外法権の撤廃を見越して中国人留学生を警察官講習所に迎え入れていた。公僕意識に裏打ちされた近代的警察制度の整備こそは、法権撤廃にともなう喫緊の政治課題だったからである。それは、日本もかつて歩んできた法治国家＝「文明国」への道でもあった。

浜口と宇垣、とりわけ宇垣は中国情勢を安定化させるためには、日本の一定の政治的関与は不可欠であると考えており、したがって、こうした措置が講じられたのである。国民政府による中国統一を日本は支援すべきである。宇垣はそう考えていた。

幣原・井上の「経済外交」

一方、幣原や井上は中国の政情不安に強い印象を受けており、日中双方が非合法的な政治的・軍事的アプローチを抑制しなければ、両国関係の安定化は望むべくもないと考えていた。特に井上は中国の強引な革命外交や関東軍のテロ行為＝張作霖爆殺に露骨な嫌悪感を示していた。しかし、政治がだめでも経済がある。日中間の経済交流が活発化すれば両国関係も自ずと安定するに違いない。そこで推進されたのが、政経分離論に基づく「経済外交」である。

当時、張学良政権はオランダ資本を導入して、渤海湾に面した葫蘆島の築港とそこを起点とする満鉄並行線の建設を進めようとしていた。在満邦人社会はこれを満鉄と関東州の繁栄を奪取するための排日的施設であると見なしており、関東軍や宇垣の見解も同様であった。

ところが、幣原や井上、仙石貢（満鉄総裁）らの見方は全く異なっていた。彼らによれば、日本の満州権益は純然たる経済権益なのであって、「ビジネス」として割り切れば、中国側鉄道との共存共栄も十分可能なのである。仙石に言わせれば、満鉄並行線の建設は、従来独占的な地位に安住してきた満鉄にとって好個の刺激材料なのであり、競争原理による満鉄の経営健全化という観点からも歓迎すべきことだった（「満蒙鉄道問題に関する協議要領」、『村上義一文書』5D―2）。

したがって、世界恐慌の余波が大豆相場の暴落を通じて満州に波及し、在満日本人社会が不況の淵に沈んでも、民政党内閣は積極的に救済しようとはしなかった。むしろ、それは大戦後に叢生した在満「不良企業」を淘汰し、来るべき満州市場の国際化に適応可能な、強い満州経済を作り出すための産みの苦しみとして受け止められていたのである。当然のことながら、現地日本人社会の不満は高まる。

石原莞爾の政経分離論批判

井上らの楽観論は、あまりにも経済的合理主義に偏していた。経済競争は、それが一定の強度を越えれば政治的闘争に転化するかもしれない。また、経済的相互依存関係も一概に政治的安定に繋がるとは限らない。それを政治的に逆用しようという衝動に、権力者や一般大衆はしばしば駆り立てられるからである。中国の日貨排斥運動などはその好例であろう。

経済外交は、それだけでは予定調和的な安定状態を作り出せない。何らかの政治的な、場合によっては軍事的な国際協調枠組みの創出が必要不可欠な所以である。石原莞爾が喝破しているように、「経済的発展と満蒙の政治的問題とは之を分離すること不可能」なのである（石原「満蒙問題の行方」、『石原莞爾資料（増補）・国防論策篇』八九頁）。

また、張学良軍閥のような地方政権が満州に存在し続ける限り、満州の経済的発展が地域の安定化に繋がるとは限らない。経済成長の果実を手にした軍閥政権はそれを軍事部門に投入して、再び中国中原への進出を試みるかもしれないからである。そしてこの点を衝いたのが、石原と関東軍の幕僚たちであった。もっとも、彼らは国際協調枠組みの設定などは一顧だにせず、軍事力の発動による張学良政権の打倒＝満蒙武力分離へと突き進んでいったのである（一九三一年九月、満州事変）。

話を元に戻せば、浜口・宇垣と幣原・井上間の中国政策は十分調整されておらず、浜口狙撃事件は内閣の求心力に致命的な打撃となった。一九三一年四月、健康状態が悪化した浜口は総理を辞任した。政友会への政権移譲は事実上のテロ容認になる。そう考えた元老西園寺公望は、民政党総裁の若槻礼次郎を後継首班に指名した（浜口は同年八月逝去）。浜口の退陣と幣原・井上との政策的齟齬によって、宇垣は政党政治、とりわけ二大政党制に対する関心を失いつつあった。彼は、日本のようなこれから対外的に打って出ようとする国にとっては、むしろ挙国一致体制の方が望ましいのではないかと考えはじめていた。肝腎の軍制改革問題も、浜口と宇垣の療養長期化によって袋小路に陥っていた。

こうして宇垣は陸相勇退を決意し、後任に南次郎を据えた（四月）。そして六月には朝鮮総督に転じて、国内政治から一歩身を引いた。彼はかつての寺内正毅の顰にならって、しばらくは朝鮮の地に雌伏するつもりでいた。だが、それは大いなる政治的誤算であった。

三月事件――クーデターと「憲政擁護」の間

宇垣一成という軍人政治家を論ずる場合、避けては通れないのが三月事件（一九三一年三月）との関わりである。この事件に関しては、宇垣を首相に擁立しようとした陸軍中堅幕僚層（永田、小磯）と民間右翼（北一輝、大川周明）を中心とするクーデター計画で、無産政党の動員なども計画されていたが、計画の杜撰さと宇垣の曖昧な態度とによって頓挫したという見方が一般的である。

結論から言えば、それはやや一方的なイメージである。永田の「クーデター計画」なるものの実態は、大正政変型の政変が起こった場合を想定して、その混乱の中でいかにして宇垣または平沼騏一郎（司法官僚。当時は枢密院副議長）を首班とする超然内閣の成立を図るか、という問題を検討したもので、超然内閣の樹立が困難なら宇垣民政党内閣でも構わないとされていた。政党内閣の擁立はクーデターとは言えないだろう。

計画の粗筋は、議会内外の騒擾によって出兵を要する事態が生じたら、宇垣陸相自ら引責辞任し、内閣を総辞職に追い込んでいくというもので、そこでは武力による政権奪取どころか、元老西園寺公望による後継首班指名という通常の手続きが想定されているのである。これは大正政変の政治過程とそっくりである。この程度の計画なら、一九一二年の田中義一も種々画策している。これをクーデター計画として喧伝したのは、宇垣の声望に傷をつけ、その政治的失脚を図ろうとした旧上原派や皇道派、さらには同派に属する青年将校たちであった。

たしかに、民間右翼や一部の海軍軍人たちはクーデターによる政権奪取をもくろんでいたが、その場合、宇垣の役割は内閣打倒に多くの政治勢力を結集させるためのたんなる「御神輿」であって、最終的には宇垣もろとも既成政党は撲滅される予定であった。こうした動きには政友会の森恪らも一枚嚙んでおり、彼らは大衆的な憲政擁護運動を組織して浜口内閣を打倒しようと考えていた。この場合の目的は政友会内閣の樹立である。

宇垣が北や大川と接触したのは軽率であったが、彼はそこから本物のクーデター計画が飛び出してくるとは思ってもみなかったのだろう。宇垣は北の誘いには乗らずに、浜口内閣を支持して、その「後継ぎに己立たむとする」方向に動き始める（「藤井斉日記」一九三一年三月一七日、原秀男他編『検察秘録五・一五事件Ⅲ・匂坂資料3』所収）。

三月一九日、政友会と院外団（壮士集団の後継組織）は芝公園を中心に大規模な倒閣国民大会を開き（参加者二万七〇〇〇余）、動員された群衆は議会周辺で警官隊と衝突した。政友会の代議士たちは大正政変の先例に倣って胸間に白バラを飾り、浜口内閣こそは「現代の桂内閣」であり、民衆運動にとって打倒されるべき存在であると大衆を煽動した。

だが、浜口内閣は倒れなかった。三月事件は最終的には「第三次憲政擁護運動」の様相を呈したが、結局は政友会のたんなる大衆的示威運動に終わったのである（粟屋憲太郎『昭和の歴史6・昭和の政党』二一四〜二一九頁）。

民政党の急進的制度改革論

一九三一年四月、第二次若槻内閣は発足早々、井上をリード役とする三制整理を起動させた。それに呼応すべく、民政党でも意見の取りまとめに入ったが、党内では急進的な行政整理案が噴出していた。それらの要点をかいつまんで述べれば、一、文部省・司法省・拓務省の廃止と無任所大臣の設置、二、参謀本部・教育総監部・海軍軍令部の廃止、三、陸海軍大臣文官制の導入と帷幄上奏権の廃止、四、国防省（陸軍省＋海軍省）・産業省（農林省＋商工省）・交通省（鉄道省＋逓信省）の新設、五、貴族院改革、六、府県の廃合と知事公選制、七、文官任用令の改正、ということになる（『民政』第五巻六号、一三四頁、『東京朝日新聞』同年四月二九日）。

見ての通り、民政党は陸軍省による参謀本部の統制を参謀本部の廃止によって制度的に完成させようとしていた。帷幄上奏権の廃止は「二重内閣制」の解消に繋がり、内閣総理大臣の権限は軍事部門にまで大きく拡大する。また、国防大臣文官制の導入は、政党内閣による軍のコントロールを最終的に保障する制度的な枠組みであった。もし、これらが実現すれば非常に強力な政党内閣システムが創出されることになる。満州事変が勃発するわずか数ヵ月前まで、このような革新的な制度改革が政府内外で公然と議論されていたのである。これは文字通り、「国のかたち」を変える大改革であった。伊藤博文・児玉源太郎に端を発し、桂太郎が受け継いだ国制改革構想はここに再び政治過程に浮上したのである。その担い手は桂新党の流れを引く立憲民政党であった。

民政党内で議論されていた陸軍軍縮案も、陸軍常備兵力一七個師団を一四個師団にまで縮小し、しかも旅団を廃止するという徹底的なものであった（五月一五日、行政整理委員会）。これが実現すれば、陸軍常備兵力は現行の六割程度にまで縮小されることになる（『東京朝日新聞』同年五月一六日、『民政』第五巻六号、七二〜七四頁）。とはいえ、それらはあまりに急進的であり、民政党内部でもさまざまな妥協案が検討されていた。まず、最初に落とされたのが、先の項目で言えば「二」「三」「四」に該当する一連のシステム改革、特に軍制改革であった。また、師団削減案も撤回された。

陸軍と本格的に一戦交えるためには、当然のことながら文官側の結束が必要となる。ところが、行財政整理の導入部として政府が実施しようとした官吏減俸案に対して、鉄道省・司法省・逓信省などが一斉に反撥、若槻内閣は大幅な妥協を強いられた（五月）。そうした事情もあって、民政党は戦略単位の改編を通じて事実上の軍縮に持ち込むという、姑息的改革に当座の目標を転換した（六月、『民政』第五巻八号、一〇四頁など）。「各省自治」の強さの前に、肝腎の陸軍軍縮の腰が砕けてしまったのである。

朝鮮増師問題の政治争点化――政軍関係の緊張

第二次若槻内閣は、内田康哉満鉄総裁―幣原喜重郎外相、南次郎陸相・金谷範三参謀総長―宇垣一成朝鮮総督という、内外の要職を穏健派で固めた陣容で満州問題の外交的解決を図ろうとしていた。だが、昭和恐慌の長期化にともない、閣内での井上蔵相の求心力は低下しつつあり、幣原外相も経済外交の限界を認識し始めていた（一九三〇年一二月「満洲懸案鉄道問題に関する幣原外相方針」、『日本外交年表竝主要文書』下、一七〇〜一七一頁）。

　大陸情勢も緊迫の度合いを強めていた。そこで陸軍省では、厄介な軍制改革本体よりも外地兵備充実を先行させることにした。朝鮮・満洲に各一個師団、台湾には「一部増加」という方針で政府と交渉するが、それがだめなら朝鮮軍を軽師団三個に編成替えし、現有兵舎に無理に「詰め込む」というのである（一九三一年六月二四日、照沼康孝「南陸相と軍制改革案」三〇九頁）。

　軍事参議官会議（七月一日）では消極論が噴出した。この間、陸軍三長官会議は朝鮮一個師団増設にまで要求を切り下げていたが、白川義則、鈴木孝雄、井上幾太郎といった陸軍長老層から異論が相次ぎ、井上などは、朝鮮移駐は政治問題化するだろうから、むしろ、二個師団を削減すべきだとまで述べていた。彼らは満洲問題と軍縮問題を天秤にかけ、後者の政治的リスクを前者のそれよりも深刻に受け止めていたのである。しかし、金谷は最後まで踏ん張り、結局詰め込み案で臨むことになった。

　ここで興味深いのは、上原勇作の反応である。彼は満洲への兵力常駐（これは増師ではなく、交代派遣制度の廃止にすぎない）には賛成だが、朝鮮への増師には不同意との態度を示していた。「植民地駐屯軍は国軍を堕落させる、ましてやそれを増強するとは」という上原の懸念はこの時期一貫しており、満州事変が勃発して在満兵力が増強されると、彼はその早期撤兵を主張するようになる。上原は満蒙領有論者ではなかった。彼は謀略を巡らしてまで、「皇軍」が領土拡大の尖兵になるべきだとは考えていなかったのである。[7]

政軍間の亀裂の深まり

外地駐箚師団増強問題の登場は、朝鮮二個師団増設問題が火種となった大正政変の再来を人々に予感させた。三月事件が憲政擁護運動と見紛うばかりの大衆運動を引き起こしていたことも、政変の予兆のように思われた。一九三一年夏、政軍間の緊張は徐々に高まりつつあった。

表面的な接近とは裏腹に、この頃政軍間の相互不信は深まっていた。七月一四・一五日の両日、金谷と南は軍制改革問題について帷幄上奏したが、改革方針の既成事実化を警戒

7 「軍備の近代化に無理解な武断的な軍人」という上原のイメージは、荒木貞夫編『上原勇作元帥伝』によるところが大きい。だが、同書は皇道派が自らの正当化のために上原を利用しようとした「政治的伝記」の最たるものであり、犬養や斎藤実と昵懇であった上原の実像をそこから読み取ることは極めて困難である。

した西園寺・牧野ら宮中グループは、天皇にあらかじめ注意喚起すると同時に、陸軍側に対しても帷幄上奏の政治利用を戒めるよう釘を刺した。

南や金谷にはそうした意図はなかった。だが、宇垣が去った後の陸軍中央には、西園寺らの疑念を払拭できる人材はいなかった。三月事件にまつわる黒い噂は、人々の政治的猜疑心に火を付けたが、それが政軍間にもたらした負の遺産は大きかった。一方、右の一部始終を漏れ聞いた皇道派は宮中グループに対する怒りをたぎらせていた。彼らは牧野ら「君側の奸（くんそくのかん）」を除いて、荒木貞夫を天皇側近に送り込み、急進的な国防政策を実現するための政治的環境を作り出そうとしていた。

荒木ら皇道派は、師団の軽量化（三単位師団への改編）や近衛師団の廃止にはもとより反対であり、むしろ、朝鮮駐箚師団の高定員化などを通じて、外地兵力を全面的に増強すべきだと考えていた。彼らは有事即応態勢を整えると同時に、満州の全面占領にも備えようとしていたのである（『荒木貞夫関係文書』所収「国防用兵上の能力充実の為施設重要事項」）。

その後も軍制改革問題は政軍間、そして陸軍内部で延々と妥協案が練られ、ついに九月四日には陸軍省から「軍制改革案大綱」が公式発表されるに至る。だが、その政治過程に踏み込む必要はないだろう。政軍間の対立の焦点はすでに外地駐箚師団問題から満州問題そのものへと移っていたからである。そして、満州事変に端を発する内外秩序の激変によって、結局この時の一連の軍制改革案が日の目を見ることはなかった。第二次宇垣軍政は中途で頓挫したのである。

満蒙領有論の形成

この間、関東軍では石原莞爾を中心に満蒙領有論が具体化されつつあった。もちろん、これ以前にも陸軍で領有論が唱えられたことはあった（二十一ヵ条要求時の明石元二郎など）。だが、石原らの満蒙領有論は行政組織の検討にまで踏み込んだものであり、計画性・政策的具体性という点で従来の議論とは明らかに一線を画している。

石原といえば、その独特な戦争哲学（「世界最終戦論」）が有名である。ここでは、その特異な議論に立ち入ることはしないが、以下の事実だけは確認しておきたい。それは、石原の満蒙領有論はもともとは満州プラス中国本土領有論であったということである。石原は、日米戦争という文明史的対決に日本が勝利するためには、満州のみならず中国本土の要地をも領有し、長期持久戦を戦い抜くだけの自給自足体制を確立しなければならないと主張していたのである（『石原莞爾資料（増補）・国防論策篇』四〇～四一頁）。

さすがに、陸軍部内でもこれに同調する動きはなかった。ただし、張学良軍閥を完全に覆滅するためには、華北への軍事侵攻は不可避であり、現に参謀本部や関東軍のなかには、「北支那また可ならずや」、「日支戦争に導くを得ば最も可」なりといった議論が燻っていた。満州事変が「北支事変」を誘発し、日中戦争にまでエスカレートする可能性がそこでは論じられていたのである（同右七三・八〇頁）。

関東軍内部には「門戸開放、機会均等主義を尊重」しながら、事を進めるべきだとの議論も存在しており、その主唱者が板垣征四郎であった。そしてこうした意見は、事変の長期化にともなう満蒙領有論の後退＝独立国家樹立論の台頭とともに次第にその発言力を増大させていく（『現代史資料7・満洲事変』一六二・一七八・二二八頁）。

関東軍と張学良軍閥（東北軍）

「精鋭」を謳われていた関東軍であるが、その実態は内地から二年ごとに交代派遣される一個師団と独立鉄道守備隊六個大隊からなる比較的小規模な軍隊にすぎなかった。満州事変時の総兵力は公称一万四〇〇〇であったが、実際には第二師団（平時編制の三分の二）と独立鉄道守備隊の合計約八八〇〇にすぎず、しかも、内陸部での戦闘に必要不可欠な輜重（しちょう）部隊（後方兵站部隊）を完全に欠いていた。編制面から見れば、関東軍は鉄道沿線を離れては作戦できない、純粋に権益防衛的な軍隊であった。

一方、東北軍は約二二万の兵力を擁していると推測されており、関東軍には配備されていない戦車や航空機、さらには若干の毒ガス兵器をも備えていた。もっとも、同軍には近代的な軍政システムは欠如しており、多くの雑軍や馬賊の類をも抱え込んでいたから、実際に有事に役立つ戦力は数万人程度であろうと考えられていた。

関東軍の作戦計画は「開戦」劈頭、各部隊を迅速に奉天に集中し、東北軍主力を叩いてその権力中枢を麻痺状態に陥らせるというものであった。そうすれば、張学良麾下の軍隊は四分五裂の状態に陥るだろうから、「討伐」から買収にいたるまで硬軟さまざまな手段を用いてそれらを各個撃破したり、籠絡したりするのはさほど難事ではないと考えられていた。唯一の懸念材料は、関東軍に対する兵力増援を本国政府にいかに認めさせるかということであった。わずか八八〇〇の軍隊で、あの広大な満州を制圧することなど到底不可能である。しかも、本国政府は軍縮と国際協調を標榜している第二次若槻内閣であった。

そこで、石原らはひそかに軍事クーデターの可能性を探り始めていた。この頃、関東軍―皇道派―艦隊派―海軍航空隊の一部―五・一五事件グループとの間には、グループ間で親疎の差はあるが政治的連携関係が形成されつつあり、彼らは内外相呼応して、満州領有と政党内閣の打倒に向けて動き始めていたのである。

満州事変の勃発と「不安定の弧」――朝鮮・満州・「北支」・上海

一九三一年（昭和六）九月一八日、奉天郊外柳条湖で関東軍は自ら満鉄線を爆破し、「自衛」の名の下に奉天全市を制圧し、さらに北満州の中心都市ハルビンまでをも一気に占領しようとした。満州事変の始まりである。

満州事変の拡大過程の分析には、「危機の連鎖」という視点に立つことが重要である。朝鮮―満州―「北支」―上海という不安定の弧の形成と、そこでの地域的な紛争・軋轢の相互作用に注目して初めて、ようやく理解できるような事象が満州事変には非常に多いのである。

一九三〇年五月、共産党系武装集団による「間島暴動」（満州）が勃発し、同年一〇月には同地龍井村で日本の領事館警察官二名が中国兵に射殺されるという事件が起こった。翌年の夏には、長春郊外で朝鮮人入植者と現地中国人との水利をめぐるトラブルが発生し、日中両国官憲が武装して対峙するという事態にまで発展した（六～九月、万宝山事件[8]）。そして、それが日本側メディアによって報道されるや、平壌を始めとする朝鮮全土で華僑排斥暴動が一斉に起こった（七月三～一三日、朝鮮事件）。

朝鮮事件は「内鮮融和」的観点から見れば、きわめて都合のよい事件であった。だが、このような大衆騒擾は往々にしてコントロール不能となり、官憲の取り締まりをきっかけに独立運動に転化しかねない。朝鮮総督府は事態の鎮静化に乗り出さざるを得なくなった。

日本の朝鮮統治は、在満朝鮮人問題によって再び揺らぎ始めた。「大韓民国臨時政府」は上海に樹立されており（一九年四月、ただし国際的承認はされていない）、同地は朝鮮独立運動の策源地となっていた。また、関東軍や参謀本部には、張学良政権完全覆滅のための華北侵攻論が燻っていた。不安定の弧が形成され始めたのである。

危機の連鎖に対応して、外地駐箚軍は相互に連携して対外出兵に臨んでいた。郭松齢事件に際しては朝鮮軍は関東軍に、第二次山東出兵に際しては関東軍は青島に、朝鮮軍は関東軍にそれぞれ増援部隊を送っている。朝鮮―満州のみならず、北支にまで及ぶ軍事的連携が図られていたのである。これら不安定の弧のどこかで発火すれば、それは即座にこの地域全体に燃え広がる可能性があった。そして、事態はまさにそのように展開した。

朝鮮軍の無断越境

柳条湖事件勃発時から、政府（第二次若槻内閣）は陸軍の謀略を強く疑っており、本庄(ほんじょう)

8 在満朝鮮人人口は約七八万五〇〇〇人である（一九二八年三月現在）。

繁関東軍司令官からの増援要求を一蹴するとともに（九月一九日）、閣議では幣原や井上が南陸相に対して部隊の原駐地への帰還を強く迫った。そこで、関東軍は在留邦人保護を口実に、吉長線（吉林―長春。満鉄借款鉄道の一つであり、当時は満鉄が委任経営に当たっていた）経由で吉林に第二師団主力を送り込んだ。奉天の警備をわざと手薄にして、朝鮮軍の越境を促すという算段である。

政府は吉長線を満鉄の延長線として位置付けており、吉林出兵には「対外出兵」としての手続きは必要なかった。一方、朝鮮軍の越境、満州進出には閣議の承認が必要であった。金谷参謀総長は当然出兵を制止したが（一九日）、林銑十郎朝鮮軍司令官は隷下の混成第三九旅団を独断で越境させてしまった（二一日）。

政府内外からは、これぞ「統帥権干犯」そのものであるとの非難の声が湧き起こり、陸軍中央には動揺が走った。南次郎陸相、金谷範三参謀総長、二宮治重参謀次長は一時は辞職をも覚悟した。ところが、肝腎の若槻の腰が折れてしまった。「出たものは仕方がなきにあらずや」（「満州事変機密作戦日誌」九月二二日、『太平洋戦争への道・別巻資料編』所収）。彼はそう述べて、関東軍の付属地内への撤退を条件に越境を事後承諾したのである。天皇もまた、不拡大方針の徹底を金谷に指示した上でそれを容認した（二二日）。若槻は陸軍の陰謀を疑いつつも、居留民の保護に深刻な懸念を抱いていたのである。

政府の不拡大方針と陸軍

関東軍は満鉄沿線の主要都市はもとより、借款四鉄道沿線全域にまで兵を進めていった（九月二一日）。これでは、なし崩し的に戦域が拡大しかねない。政府は吉林—長春—鄭家屯—大凌河の線に不拡大線を設定して、関東軍の作戦行動を地理的に制限した。軍の主力は「南満線上に保持して動かざること」とされたのである（二四日）。

関東軍司令部は憤激・動揺した。部隊が満鉄沿線から出られなければ、満蒙領有など絵に描いた餅である。さまざまな議論の後、関東軍では板垣征四郎らが中心となって「宣統帝を頭首とする支那政権」の樹立をめざすことになった（『石原莞爾資料（増補）・国防論策篇』八五頁）。満蒙領有論はここに封印されたのである。

石原はこれに不満であった。領有がだめなら「独立国家」を建設すべきであり、ソ連との軍事的衝突も辞さない。政府が「我方針」を容れないのなら、在満軍人有志は「一時日本の国籍を離脱して目的達成に突進するを要す」。彼はそう啖呵を切った（一〇月二日、「満

9　吉長線以外には四洮線（四平街—洮南）、洮昂線（洮南—昂々渓）、吉敦線（吉林—敦化）などがあった。これらは満鉄の資金供給によって建設された中国鉄道であるが、中国側の元利未払いにより、日中間の紛争の火種となっていた。

蒙問題解決案」「満洲事変機密政略日誌」［以後「片倉衷日誌」と表記］同日条、『現代史資料7・満洲事変』所収）。だが、それは焦燥感のたんなる裏返しにすぎなかった。

陸軍中央では、張学良に代わる独立政権を樹立して事態を収拾すべきだとの意見が有力であり、それは省部の合意を経て陸軍三長官の了解事項となっていった（一〇月五日）。もっとも、今村均作戦課長ら参謀本部の「関係課長の多くは（交渉相手は）先ず張学良となすべしとの意向」を持っており（「満洲事変機密作戦日誌」一〇月五日）、前記了解事項は今村らの反対を押し切って決定されていた。参謀本部内には、幣原外交と有無相通ずる穏健分子が存在していたのである。

南満州の治安悪化

現地満州の情勢も混迷の一途をたどっていた。関東軍の一撃は奉天軍閥を麻痺状態に陥らせたが、それは満州土着の「馬賊」や「匪賊」の活動を活発化させ、それに東北軍の敗残兵が加わることによって、内陸部はもとより満鉄沿線の治安状況も急速に悪化していった。ハルビン出兵どころか、関東軍はその主力を満鉄沿線に止めて、「治安維持」に汲々としていたのである。

とりわけ深刻だったのが在満朝鮮人問題である。現地在外公館からは敗残兵による朝鮮人の虐殺事件が頻々と報じられており、鉄道付属地には内陸部からの避難民が陸続と流れ込んできていた。日本政府はこの情報が朝鮮に伝播して、第二の朝鮮事件を引き起こすことを懸念していた。幣原によれば、それは「極めて『デリケート』なる問題」であり、「此際、彼等〔在満朝鮮人〕の為め、満州安住の途を講ぜずして撤兵するが如きことありては、日本の朝鮮統治上容易ならざる事態を醸す」だろうというのである（『日本外交文書・満州事変』第一巻第三冊、六一二頁）。

石原らにとって、こうした事態は当然織り込み済みだったろう（一〇月四日、関東軍司令部「公表文」）。いったん事を起こせば、満州の治安は急速に悪化するだろうから、本国政府も増援部隊の派遣を躊躇できないだろうという読みである。だが、若槻内閣はなおも慎重な態度を崩さなかった。

関東軍は手詰まり状態に陥っていた。若槻内閣の基礎はいよいよ固まり、「宮中府中に勢威を張る幣原外相の軟論」が廟議を制している（「片倉衷日誌」一〇月三日）。片倉らは、内閣は態勢立て直しに成功しつつあると見ていた。何とかこの窮状を打破しなければならない。そこで、石原らが勝手に引き起こしたのが錦州爆撃事件であった。

錦州爆撃と「北支事変」の抑止

すでに張学良は錦州に軍政府を設置し、満州における自己の統治の正統性と継続性を国際社会にアピールしていた。これはどうにも目障りである。一〇月八日、石原は本庄に無断で錦州軍政府に爆撃を加えた。陸上部隊の侵攻が無理なら、空爆を加えるしかないというわけである。

錦州爆撃は規模的には小さかったし、「極東地域で最初の都市部に対する無差別爆撃」でもなかった[10]。また、それによって軍政府が機能停止に陥ることもなかった。だが、国際社会はこの事件に大きな衝撃を受けた。国際連盟では、期限付きの撤兵を日本に求める声が高まった。

爆撃が無効に終わったことで、支那駐屯軍[11]（天津軍）は俄然色めき立った。今こそ、自分たちの出番だ。彼らは南方から陸路錦州に侵攻しようとしていたのである（「片倉日誌」・「満州事変機密作戦日誌」一〇月一一日）。支那駐屯軍が動けば事変は南満州から華北にまで拡大し、満州事変は「北支」事変にまでエスカレートするだろう。独走の連鎖反応がまさに始まろうとしていたのである（「片倉衷日誌」・「満州事変機密作戦日誌」一〇月一一日）。

南と金谷の反応は素早かった。彼らは支那駐屯軍を強く戒めると同時に、兵力増強は行わないとの方針を明らかにした（「満州事変機密作戦日誌」一〇月一一日）。支那駐屯軍の暴走は未然に抑えられたのである。そして、海軍当局もそういった方針に賛意を表していた。安保清種海軍大臣や谷口尚真軍令部長は、山海関方面での武力衝突が「日支開戦」に繋がることを深く憂慮しており、特に谷口は「出先陸軍の不法行為」を非難してやまなかった。彼らは政府の不拡大方針を支持しており、山本権兵衛や財部彪ら旧薩派海軍主流派も同様であった。

一方、艦隊派の加藤寛治（軍事参議官）らは安保・谷口に対する反感を強めていた。一〇月二四日、海相官邸での会議の席上、加藤は谷口を公然と面罵した。谷口はかねてより、陸海軍の青年将校が結託して事を起こすことを警戒しており、加藤や末次信正（舞鶴要港部司令官）から見れば、まさに目の上の瘤であった。満州事変の勃発は、海軍内部の条約派・艦隊派の対立に再び火を付けようとしていたのである。

10 極東地域で最初にそれを行ったのは、奉ソ戦争時のソ連特別極東軍航空部隊（約六〇機、大型のファルマン重爆撃機も含む）であり、満州里、綏芬河、ジャライノール、富錦などの国境近辺の諸市邑に爆撃を繰り返している（中山雅洋『中国的天空』五九頁）。毒ガス装備や無差別爆撃は日本軍の「専売特許」ではない。

11 北清事変（一九〇〇年）の結果、北京・天津地区には外国人の生命財産を守るための外国軍隊の駐屯が認められており、それを「支那駐屯軍」と称していた。総兵力は九〇〇名。

十月事件と協力内閣運動

一〇月一七日、国内では橋本欣五郎(参謀本部付・中佐)らによるクーデター計画が摘発され、参謀本部内の急進派、桜会一派に対する一斉検束が行われた。いわゆる十月事件である。これは陸軍軍人と民間右翼による本物のクーデター計画であり、閣僚の暗殺と荒木貞夫政権の樹立がもくろまれていた。「陸軍の有史以来の一大事」(南陸相)に政府は震撼したが、事件の全容が公表されることはなかった。今、参謀総長の金谷に辞められては、関東軍の統制に支障を来すと判断されたからである。

金谷は内々に辞意を表明しており、皇道派はその執奏に期待をかけていた。だが、彼らの術中にみすみす嵌るわけにはいかない。若槻は検束した将校を行政処分に付すことにし、事件の新聞発表も行わなかった。南陸相も辞意を申し出たが、若槻はそれも握り潰した。

こうした弥縫策を執る一方で、若槻の心は大きく揺れていた。もはや、陸軍との全面対決を覚悟すべき潮時なのではないか。その場合には、政友・民政二大政党による強力な連立政権を樹立しなければならない。幸いにも陸軍内部には、宇垣や白川・金谷を始めとする穏健派勢力も存在する。後継陸相の目途が立たないこともない。問題は政友会の動向だが、十月事件に衝撃を受けた犬養は、民政党との連立政権の樹立に傾いていた。

一一月二一日、安達謙蔵(あだちけんぞう)内相は政友・民政両党による「協力内閣」樹立に関する声明を発表した。民間右翼の動向を熟知していた安達は、幣原外交と井上財政を転換し、南陸相ら陸軍の穏健派と提携して陸軍を抑えようと考えたのである。それは政界に波紋を呼び起こしたが、政民連立内閣はついに成らなかった。いったいそれはなぜか。

民政党では井上蔵相が政民連立内閣に猛烈に反撥していた。井上財政＝緊縮財政路線と政友会の金輸出再禁止＝積極財政路線とは、全く相容れないから連立は認められないというのである。また、幣原外相も関東軍の抑制に自信を深めていた（後述）。二人の頑(かたく)なな態度の前に若槻は連立への意欲を失ってしまい、犬養もまた協力内閣の樹立は民政党内閣の延命策に過ぎないと考え始めていた。安達の声明は時宜を逸していたのである。

十月事件は陸軍中央にも大きな傷跡を残した。行政処分にあきたらない白川ら軍長老層、さらに永田・今村らは人事の刷新による軍紀の粛正を主張していた。だがそれは、南や金谷の容れるところとならず、特に南が強く反発した。満州独立政権樹立による事態の収拾を図っていた陸軍穏健派は、白川と南の対立によってその内的連携を徐々に失いつつあった。

一方、関東軍の内部では石原らの独断専行に対する非難の声が高まっていた。第二師団長の多門二郎(たもんじろう)は、錦州爆撃に始まる一連の越軌行為を激しく非難し、石原らの更迭を意見具申して止まなかった。そうした声は他の独立守備隊司令官などからも上がっており、南や金谷は三宅光治関東軍参謀長の更迭に踏み切ろうとしていた。だが、肝腎の本庄繁関東軍司令官がこれに反対し、結局、石原らの更迭人事は執行されなかった。軍中央でも出先でも、陸軍は迷走状態に陥っていた。石原らの独走リスクも消滅したわけではなかった。ただ、南や金谷には最後の切り札があった。統帥権の発動による独走の抑止である。

北満州出兵問題

この間、石原らは北満出兵の機を執拗に窺っていた。あたかもこの時、張学良配下の黒龍江軍の部将馬占山がチチハル近郊の嫩江橋梁を爆破するという事件が起こった（一〇月一六日頃）。馬占山は日本側に寝返った張海鵬軍の進撃を防ぐためにこうした挙に出たのだが、それは洮江線（満鉄借款鉄道）の寸断を意味していた。

この頃、幣原もまた関東軍のコントロールに自信を深めていた。わが軍の勢力下では、新政権樹立の陰謀を厳禁しているから、「一時喧伝せられたる宣統帝復辟或は共和国建設等の策動も次第に勢を失い」つつある（『日本外交文書・満州事変』第一巻第一冊、三六二〜三六四頁）。もはや、関東軍には策動の余地はあるまい。幣原はそう楽観していた（一〇月二八日）。

そこで板垣と片倉は一計を案じた。陸軍からいきなり出兵を要求すれば幣原は猛反対するだろう。だが、満鉄と現地領事からの発議という形にすれば、彼は「橋梁修理」を呑むかもしれない。板垣らは内田満鉄総裁に幣原を説かせた。そして、片倉らの読み通り、幣原は平和裏に事を進めることなど、若干の留保を付した上でそれを承認した（一〇月二七日）。結果から見れば、これは大きな誤りであった。

臨参委命の発令

幣原はかねてより、満鉄線西方の並行線敷設計画には神経を尖らせており、その建設を阻止するためには「凡ゆる手段」を執らねばならないとしていた（三〇年一二月、前掲「満州懸案鉄道問題に関する幣原外相方針」）。嫩江橋梁の修理は、既得権益擁護という〝幣原外交の論理〟からも必要だったのである。

関東軍は嫩江支隊（兵力はわずか八〇〇）を編成して、修理援護を名目に現地に送り込んだ。一一月四日、嫩江支隊と馬占山軍は板垣らの予期のごとく衝突した。好機到来と見て取った関東軍は、第二師団から兵力を抽出派遣してチチハル侵攻作戦を発動しようとした。

事態の急転は政府および陸軍中央を驚かせた。関東軍のチチハル占領は日ソ戦争を誘発する危険性がある。翌五日、金谷参謀総長は臨参委命（臨時参謀総長委任命令）を発令して、嫩江以北、チチハル方面への関東軍の進撃を停止させた。臨参委命とは真に非常の措置であって、参謀総長は天皇の裁可を得ることなしに、たとえ真夜中でも直接現地部隊に作戦中止命令を発することができる。この統制策は永田（陸軍省軍事課長）の発案を受け、今村均（参謀本部作戦課長）が侍従武官長の奈良武次に持ち掛けたものであった。

臨参委命の威力はあらたかであり、関東軍の策動はここに押し止められた。だが、石原らはその後も不拡大方針をなんとか突き破ろうとした。突出目標は北はチチハル、南は錦州である。

参謀本部と外務省の連携

この間、馬占山軍との戦闘で嫩江支隊は包囲殲滅の危機に陥っており、航空部隊の支援によってかろうじて難を逃れていた。南満州全域で治安の悪化もいっそう進んでいた。日本人居留民の間からは兵力増強が声高に叫ばれ始め、南陸相もそれに同調していた。

一一月七日、関東軍の窮状は見るに忍びないということで、若槻内閣は独断越境した混成第三九旅団の朝鮮帰還と引き換えに、混成第四旅団（弘前）の満州派遣を決定した。臨参委命という切り札を握っている限り、混成旅団の交代派遣など何ということはない。

我々は状況を掌握できている。若槻や幣原は高を括っていたのである。

同月一二日、二宮治重参謀次長はチチハル方面への攻勢は「全然国策に反する」ものであり、「参謀総長の絶対に許されざる所なり」と本庄に電訓し、関東軍を強く牽制した(「片倉衷日誌」一一月一三日)。陸軍統治の崩壊は参謀本部の自立を促したが、皮肉にも今や参謀本部は外務省と連携して、関東軍とそれに引きずられがちな陸軍省に対抗しようとしていた。金谷と幣原は統帥権の委任行使によって、関東軍の暴走を抑えていたのである。

一六日の閣議では、南陸相がチチハルへの出兵と兵力増強を主張したが、政府はそれを拒否するとともに(飛行三中隊の増派のみ決定)、チチハルに兵を進める場合には、事前に内閣の承認を得ることとした。関東軍の独断専行の可能性は慎重に封じられたはずであった。

チチハルから錦州へ——関東軍の暴走

ところが翌一一月一七日、関東軍は軍中央の命令を待たずにチチハル方面へ兵を進めた(一九日、チチハル占領)。これが意図的なものだったのか、それとも南が弁明したようにたんなる手続き上のミスだったのか、議論の余地は残されているが、いずれにせよ、激怒した金谷は臨参委命を再度発令して、関東軍にチチハルからの撤兵を厳命した(一一月二五日）。

わずか二日間の戦闘で、冬用装備を持たない第二師団は大損害を被っていた。戦死・戦傷、とりわけ凍傷によって、師団の戦闘能力はほぼ半減した（五九〇〇→三〇九五）。この時、天津で暴動が起こった（二六日夜）。これは該地に隠棲していたかつての宣統帝、愛親覚羅溥儀（あいしんかくらふぎ）を脱出させるための日本側の陰謀であり、現地では日中両軍の間に衝突が起こっていた。北進が無理なら南進がある。石原らはチチハルから軍の主力を撤収すると同時に（二個大隊は残置）、新鋭混成第四旅団で錦州方面への独断攻撃を開始した（二七日）。中途半端な兵力補塡が、石原らに蠢動の余地を与えてしまったのである。戦火は大凌河を越えて拡大しはじめた。

金谷はまたも臨参委命を発令して作戦の中止を命じたが（二七日午前と午後）、これが最後のチャンスと思い定めたのか、装甲列車を擁する混成第四旅団の驀進（ばくしん）は止まらなかった。金谷の怒りはついに爆発した。彼は即時無条件で部隊を撤収せよとの臨参委命第八号を下し（二七日夕刻）、関東軍もようやく錦州作戦を中止した。

政党内閣の勝利——満州委任統治構想の急浮上

以上の一部始終からも明らかなように、一二月初旬には関東軍の作戦行動は南北ともに行き詰まっていた。天皇の事変不拡大の意志は固かったし、政党内閣と参謀本部は連携して関東軍の策動を抑え込んでおり、同軍の戦力も枯渇しつつあった。統帥権の行使によって、関東軍の独走は抑止されたのである。内閣と参謀本部は、戦火の華北への拡大を封じ込めることにも成功していた。

国際連盟の雲行きも変化していた。極東における安定勢力は結局日本なのであり、しばらくは日本の力で満州の「無政府状態」を収拾するしかない。ジュネーブでは満州の委任統治構想が急浮上した。英仏伊三国は錦州方面に中立地帯を設定して、そこに「国際警察軍」を進駐させるという打開策の提示に傾きはじめた。

こうした状況を受けて、第二次若槻内閣も本格的な反転攻勢に出ようとしていた。奉天に内田康哉満鉄総裁を委員長とする「満州対策協議委員会」[12]を設置して、本国政府の意向を出先に周知・徹底させるためのシステムを満鉄を中心に作り上げようとしていたのである。

もはや、満州領有はおろか、独立国家の樹立も不可能になった。観念した石原は、満州

12 満鉄正副総裁、関東庁長官、関東軍司令官、奉天および吉林総領事を構成員とし、満州における「四頭政治」(満鉄、関東庁、関東軍、総領事館)の打破を建前として掲げていた(『東京朝日新聞』一九三一年一二月三日など)。

を国際連盟の委任統治下に置くべきだと唐突に主張し始め、占領地の拡大よりも治安維持活動（匪賊や馬賊の討伐）に注力するようになった。そのあまりの豹変ぶりに、関東軍司令部内でも石原に対する批判の声が上がっていた（一二月二日付石原「満蒙問題の行方」、「片倉衷日記」一二月三・四日）。

石原の豹変をきっかけに、関東軍の主導権は参謀の板垣征四郎が握るようになり、第二次若槻内閣の崩壊とともに、彼は満蒙独立国家の樹立へと部内の意見を取りまとめていく。板垣は満州に門戸開放・機会均等原則を適用して、アメリカ合衆国を範とする独立国家を建設すれば、同国との協調も十分可能であると考えていたのである。

「シルバーライニングが見えた」

昭和天皇はこの間一貫して九月一八日以前への「原状復帰」を唱え、張学良の奉天復帰と張を相手とする停戦交渉の開始を望んでいた。そして、「治安維持」を名目とするすべての軍事行動に反対していたのが吉田茂（駐イタリア大使）であった。「錦州政権は放置して可なり。馬賊の跳梁（ちょうりょう）についても同様である。国際社会は日本によらねば満州の治安維持はできないということを認識しつつある。今こそ日本は、満州連盟委任統治の可能性を追求すべきだ」というのである（現代語訳、小林前掲書二一七〜二一八頁）。

そうした意見は政界・官界および軍部内で力を得つつあり、森恪や犬養毅、さらには上原勇作、宇垣一成も同様の意見を有していた。問題はそれらの意見を現実政治の場で糾合し、推進する権力主体が形成できるかどうかであった。吉田は政友会内閣の成立に期待を寄せていたが、陸軍内部の混乱ぶりはあまりに深刻であった。上原と宇垣が手を携えれば、それなりに陸軍内勢力を結集できたかもしれない。しかしながら、過去の派閥抗争の記憶はあまりに鮮明であった。

一方はるかワシントンでは、出淵勝次（でぶちかつじ）駐米大使が安堵の溜息を漏らしていた。彼はスチムソン国務長官に対して「シルバーライニング」（希望の曙光）が見えたと語り、国務長官もそれに同意していた（「出淵勝次日記」一九三一年一一月二一・二二日）。事態は政党内閣によって収拾されつつあるように思われた。

逆転――幣原外相の「統帥権干犯」

ところが、スチムソン国務長官の記者発表（日本時間一一月二八日午前）によって事態は急転する。スチムソンはフォーブズ駐日大使経由の幣原外相談として、今後、関東軍の錦州攻撃は行われないだろうとの談話を記者団に発表したが、それがワシントン発の外電として日本国内で報道されるや否や（二八日夕方）、幣原は勝手にアメリカ国務長官に関東軍の作戦について約束した、これは「統帥権干犯」に当たるとの非難が殺到した（坂野潤治「外交官の誤解と満州事変の拡大」）。

「統帥権干犯」という恰好の政治的シンボルを得た皇道派や平沼（騏一郎）系右翼は一斉に幣原を攻撃し、内閣は防戦一方に追い込まれた。幣原と南・金谷の政治的求心力は致命的な打撃を受け、臨参委命の権威も失墜した。死に体だったはずの関東軍は息を吹き返し、混成第三九旅団の朝鮮復帰も延期された（一二月一〇日）。陸軍内部では荒木ら皇道派が南・金谷らを激しく攻撃し、金谷は一二月二三日に更迭された。それまで洞が峠を決め込んでいた政友会も、一気に倒閣に向かって動き出した。

こうして、関東軍を土俵際まで追い詰めていたはずの政党内閣は急遽総辞職に追い込まれた。一二月一三日、憲政の常道に則って組閣の大命は犬養毅に降下し、ここに犬養政友会内閣が成立した。

後に牧野伸顕（内大臣）は当時を回想して、「十二月頃、若槻へこたれず、幣原、井上の支持にて猛進せば何とかなりしやも知れず」と漏らしている（「出淵勝次日記」一九三二年九月九日）。統帥権干犯というのだったら、関東軍の一連の行為こそ天皇の大権を蔑ろにするものではないか。宮中の支持の下に若槻が内閣を維持していれば、事態はどうにか収拾できたかもしれないというのである。これは傾聴に値する「歴史的イフ」である。だが、関東軍の暴走に薄々気付きながら、結果的にそれを見過ごしてしまった時点で、すでに若槻は陸軍を糾弾する資格を半ば失っていたのかもしれない。

犬養毅政友会内閣の成立

犬養毅内閣は外相を犬養女婿の芳澤謙吉、蔵相を高橋是清という穏健派ラインで固めながらも、陸軍での地滑り的権力移動――金谷の更迭をきっかけとする宇垣・南系の凋落――を反映して、陸相には荒木貞夫の起用を余儀なくされていた。この間、参謀総長には閑院宮載仁親王が就任していたが（一二月）、参謀本部の実権は次長の真崎甚三郎（皇道派。三二年一月就任）が掌握するようになった。

一九三一年（昭和六）一二月一三日、犬養内閣は金輸出再禁止を断行し、財政金融政策の転換を明らかにした。財界も一般世論もそれを歓迎したが、問題は満州事変をどのように収束させるかであった。

犬養には、中国国民党との間に孫文以来の深い繫がりがあった。前年一二月一五日に蔣介石は下野していたが、犬養は独立国家の建設は九ヵ国条約違反であると考えており、国民党広東派の孫科政権（南京）と連携して満州に新政権を擁立し、日本軍を主力とする国際警察軍によって満州の治安を維持するという線で事態を収拾しようとしていた。

実は中国国民政府内部にも、関東軍を利用して張学良を排除しようという動きがあり――具体的には錦州攻撃の黙認である――（加藤陽子『満州事変から日中戦争へ』一二四頁）、萱野長知（犬養腹心）による秘密交渉の結果、南京国民政府は代表委員五名をひそかに大連に派遣することになった。それを聞いた天皇は大いに喜んだ（『河井弥八日記』一九三一年一二月三一日、『牧野伸顕日記』一九三二年一月一日）。問題は陸軍であるが、犬養はいったん増兵してから手綱を引き締めるつもりでいた。「民政党は馬乗りが下手なり、故に落されたり、予は馬が走る丈走らしめ、然る後鼻つかしめんと欲す」。後に犬養は、自らの意図についてそう説明している（『真崎甚三郎日記』一九三二年二月一二日）。

関東軍の錦州占領と犬養の秘密交渉

一二月一七日、犬養内閣は関東軍に一混成旅団（混成第八旅団）を、支那駐屯軍に一混成連隊をそれぞれ増派することにした。彼は出先軍の暴走リスクよりも、現地の治安維持に対する配慮を優先させたのである。ところが豈図らんや、支那駐屯軍はこの兵力を使って「北支那作戦」を発動しようとした（一八日）。

「北支事変」が勃発すれば、国際世論の風向きは一変するだろう。参謀本部は同軍を強く戒めた（一九日）。犬養内閣は満州への追加派兵を決定（一混成旅団＋重爆撃飛行中隊、第二〇師団司令部も満州へ進出）すると同時に、「匪賊討伐権」に基づく自衛権を発動して錦州を攻撃する旨宣言した（二七日）。一九三二年一月三日、関東軍は錦州を無血占領した。これは、支那駐屯軍の暴発を阻止するための、〝毒を以て毒を制する〟ギリギリの選択でもあった。

だが、昭和天皇はそれを喜ばなかった。天皇は「張学良を満州に復活（勿論新政権主脳者として）」させ、該政権との間に外交交渉を開くことを強く望んでおり、錦州攻撃にも反対の立場を崩さなかった（『奈良武次日記』一九三二年二月六日）。それは明らかに犬養の秘密交渉路線とは矛盾していたが、徹底した不拡大論者の天皇はそれを意に介さなかった。それどころか、満州からの一部兵力の撤退をも陸軍に促していた。管見の限りでは、天皇以上の対中国宥和論者は当時の日本政府や軍部には存在しない。この後、こうした「聖意」が外部に漏れるにつれて、民間右翼や軍部の一部などは、天皇に対する不満を牧野ら「君側の奸」に対する怒りとして爆発させるようになるのである。

昭和天皇の不拡大方針

一月八日、桜田門で天皇暗殺未遂事件が起こった。帝国議会に行幸途上の天皇の鹵簿（車列）に一朝鮮人が爆弾を投じたのである。虎の門事件（一九二三年）の先例に倣えば、犬養内閣の総辞職は必至であった。そして現に、荒木陸相はそれを強く主張していた。だが、犬養とその内閣に対する天皇の信任は微動だにせず、内閣総辞職は行われなかった。

同日、天皇は関東軍に勅語を下賜したが、そこには同軍の軍事行動は「自衛の必要上」行われたものであり、今後とも「堅忍自重」するようにとの抑制的・戒飭的文言が盛り込まれていた。これは錦州無血占領をきっかけに関東軍の作戦行動にピリオドを打たせようという永田の発案によるもので、その真意を読み取った荒木の反対を押し切って下賜されたものであった（『奈良武次日記』一九三二年一月四～七日）。

犬養内閣は天皇の意向を段階的に実現すべく、陸軍省や参謀本部の穏健派（永田鉄山、梅津美治郎、東条英機、今村均）と図って、関東軍の一部兵力の撤退手続きを進めていた。[13] 彼らの多くは九ヵ国条約との関係上、独立国家の樹立は困難だと考えており、永田軍事課長などは荒木に独立政権論を呑ませようとしていたのである（一月二二・二三日「支那問題処理方針要綱」、小林前掲書二三八～二三九頁）。

ハルビン占領と撤兵方針の棚上げ

こうした頽勢を覆すには、もはやハルビン出兵という〝劇薬〟を用いるしかない。同地は北満最大の戦略上の要衝であり、ここを手中に収めなければ満州独立国家構想は画餅に帰す。一月二八日、本庄繁関東軍司令官は歩兵第三旅団にハルビン進撃を命令した。事前に打診された閑院宮・真崎コンビは閣議に諮ることなく出兵を即座に承認した。

ハルビン出兵は対ソ戦を誘発しかねない重大事であり、本来なら内閣の承認を得てから実行に移すべき事案であった（一九二七年七月の「済南進兵」に際しては、田中内閣は上記の手続きをとっている）。だが、統帥権干犯にセンシティブになっていた犬養はそうした措置をとらなかった。否、とれなかったのかもしれない。

いったん国外に出るや、軍は統帥権の独立を盾に「内閣に相談もせず、勝手に増兵したり、先へ先へと出過ぎたがる傾向が顕著」となる（牧野伸顕談、『西園寺公と政局』2、二〇一頁）。荒木陸相は犬養の統制に服そうとせず、荒木と真崎は以心伝心の間柄であった。制度運用者の意志が変わったことにより、統帥権は今度は一転して、軍部が政府を強引に引きずるための手段と化したのである。しかもこの直後に参謀本部内の建川美次（第一部長）、今村均（第二課長）、河辺虎四郎（作戦班長）ら穏健分子は一斉に更迭され、後任には

13　一月六日、重爆撃飛行中隊の内地帰還、一一日、歩兵一大隊を支那駐屯軍から関東軍へ帰還、二三日、関東軍一部兵力（野戦重砲兵大隊一など）の内地帰還。一月八日、参謀本部は関東軍に朝鮮軍の早期撤兵を打診しているが、席上、東条英機参本総務部第一課長は石原に対して、関東軍発の匪賊・義勇軍情報は兵力増加のための「宣伝工作」なのではないかと踏み込んで発言している。

それぞれ古荘幹郎、小畑敏四郎、鈴木率道らが任命されている（二月）。いわゆる皇道派人事である。

ハルビン占領による戦線の拡大によって、関東軍からの一部兵力の撤退も棚上げとなった。天皇の意向を事実上無視する形で、関東軍は満州新国家建設に向けて直進しつつあった。犬養の秘密交渉も行き詰まった。

第一次上海事変の勃発

満州事変が転換点を迎えていた、あたかもこの時、上海で日中両軍の本格的武力衝突が起こった。第一次上海事変（一九三二年一～三月）である。同事変については不明な点が少なくない。たしかに、国際都市上海で事を起こせば、満州の事態から列国の耳目を逸らすことができるかもしれない。だがややうがって考えれば、満州をも含む極東全体に彼らの注意を引き付けてしまうというデメリットも少なくなかったように思われる。

すでに前年秋から、上海では日貨排斥などの抗日運動が盛り上がっており、現地日本人居留民社会（約二万五〇〇〇）の不安と緊張は極度に高まっていた。事変の直接的な発端は日本人僧侶襲撃殺害事件（一月一八日）であるが、田中隆吉（参謀本部付、上海駐在）によればこれは日本側の謀略であった。一部の在留邦人はこの事件に激昂して、抗日運動の拠点と目されていた「三友実業社」を襲撃した（同月二〇日）。上海はまさに一触即発の状態にあった。

一月二六日、犬養内閣は第一水雷艦隊（軽巡洋艦・駆逐艦以下合計一三隻、特別陸戦隊四〇〇）の上海派遣を決定した。そして、上海市工部局（共同租界の行政機関）が戒厳令を布き、大勢の避難民が街路に殺到している真っ最中に事件は起こった。二八日深夜、海軍陸戦隊と第一九路軍が銃火を交えたのである。

陸軍の動員

英仏を始めとする列国はすぐさま介入し、二度にわたって停戦が試みられたが、それはそのつど何者かによって破られた。停戦会議では「コミュニスト」謀略説についても意見が交わされたが、真相究明はもとより困難であった。もっとも、中国共産党の内部攪乱工作によって、国民政府の上海抗戦の足が引っ張られたことは近年実証的に明らかにされている（鹿錫俊『中国国民政府の対日政策』七九〜八二頁）。

以後、閘北（共同租界北側）を中心に連日激しい市街戦が展開された。日本人自警団も便衣兵（非正規兵）の摘発を行ったが、中国人に対する彼らの暴行・虐待ははなはだしく、重光葵駐華公使をして関東大震災当時の朝鮮人虐殺を想起させた。

日本国内では、「支那」に軍事的制裁を加えよとの「支那膺懲論」が高唱されており、陸軍の派兵を求める声も自ずと盛り上がった。一二月二日、犬養内閣は第九師団（金沢）の応急動員と第一二師団の一部（混成第二四旅団）の出動準備を決定した。閣内では高橋是清蔵相や芳澤謙吉外相が、宮中では牧野伸顕が居留民引き上げ論を唱えており、天皇もそれに賛意を表していた。だが、国軍の威信にこだわり始めていた犬養は、ついに強硬論を受け容れてしまったのである。

海軍穏健派の更迭

海軍は空母「加賀」を基幹とする第一航空戦隊を長江下流域に展開させており（一月二九日）、同方面には大小合わせて四九隻もの艦艇が遊弋していた。加藤寛治・末次信正（三一年一二月、第二艦隊長官）ら艦隊派を中心に海軍でも主戦論が高まっていたが、財部彪元海軍大臣、左近司政三海軍次官、谷口尚真軍令部長、百武源吾軍令部次長といった穏健派も巻き返しを図りつつあった。

危機はその頂点に達しようとしていた。国務と統帥の対立、さらには軍部内の諍いも顕在化し始めた。天皇は心労の余り動揺はなはだしく、側近の目にも日々憔悴の色を濃くしていた。思いつめた天皇は、御前会議を開いて時局を収拾しようと考えた。鈴木貫太郎侍従長はそれに賛成して、「元老大官」の結集を促そうとしていたが(「遠藤三郎日記」一九三二年二月五日、『河井弥八日記』二月四・五日)、天皇に政治責任が及ぶことを恐れた西園寺は〝火中の栗〟を拾うことには消極的であり、結局、御前会議は開かれなかった。

艦隊派は皇道派と連携して早速反撃に転じた。彼らは東郷平八郎元帥を担いで穏健派を攻撃し、谷口・百武は相次いで更迭され、その後任には伏見宮博恭王と高橋三吉が就任した(二月二・八日)。陸海両統帥部はともに軍内強硬派によって掌握されたのである。

陸軍の上海派兵

二月七日、上海では海軍が呉淞砲台に航空攻撃を加えた。その真意は早期に中国側の屈服を促し、第九師団の派兵を不用にすることにあった。だが、それは諸刃の剣でもあった。第一航空戦隊には艦隊派はもとより、陸軍革新運動とも気脈を通じている士官が多くおり、隊内には好戦的気分が横溢していた。彼らはまた、空母による戦力投射という新戦術を実地に試みたいという衝動に駆られてもいた。

前年の錦州爆撃と同様、呉淞の爆撃もいたずらに一般住民を巻き添えにしただけに終わった。砲台は落ちず、中国軍の士気はかえって高揚した。この間、日本陸軍の上陸はすでに開始されており(二月七~一四日)、現地では戦機がみなぎりつつあった。そして一連の形式的な交渉を経て、二月二〇日、陸軍の総攻撃が開始された。ところが、それは予期せぬ敗北に終わった。中国軍を撃破するどころか、その堅塁を日本軍は突破することができず、逆に大損害を被ったのである。

同日、国内では衆議院選挙が行われていたが、犬養は争点を経済政策に絞っていた。彼は外交政策を公約化することで、自らの秘密裏の外交交渉が拘束されることを嫌ったのである。結果は政友会の大勝であり（政友三〇一、民政一四六）、議会での政権基盤はようやく強固なものになった。なおこの選挙の最中に、前大蔵大臣井上準之助は血盟団の凶弾に斃れている（二月九日）。内外情勢が騒然とする中で、政党政治もまたテロの脅威に曝されていたのである。

天皇の直接的意思表示

日本の世論は相変わらず熱しやすく、政党内閣としてはその動向に応えないわけにはいかなかった。また、中国軍に一撃を加えねば、〝国軍の威信〟はもはや保てなかった。二三日、犬養内閣は二個師団（第一一・一四師団）の動員派遣を決定し、上海派遣軍の編成が下令された（司令官白川義則）。

二五日、天皇は宮中に参内した白川に対して、上海での戦火の拡大を国際連盟総会開会日の三月三日までに食い止めるよう口頭で直接指示した。これは異例の措置であった。満州事変以来の例を見ても、奉勅命令では戦線拡大を阻止できない。関東軍への勅語下賜も無効に終わった。臨参委命の発令も今の参謀本部スタッフには望むべくもない。だとするならば、朕の意図するところを直接白川に伝えるしかないではないか。軍部に対する天皇の不信感は、かくも深くまた強かったのである（寺崎英成『昭和天皇独白録』三四～三六頁）。

上海では新たな戦火が燃えさかっていた。諜報活動によって中国空軍の攻撃企図を察知した海軍が、空母「加賀」「鳳翔」を杭州湾に侵入させ、同方面の航空兵力に先制攻撃を加えたのである（二月二六日）。当時、ジュネーブでの海軍軍縮会議の席上、日本の松平恒雄全権は航空母艦の全廃を主張していた。第一航空戦隊に国家革新運動に共鳴する将兵が多かったことを考えれば、一連の航空作戦は国際軍縮会議と条約派に対する事実上の政治的挑戦でもあった。

犬養の抵抗

犬養も事態を傍観していたわけではない。彼は時局収拾の主導権を取り戻すために、内閣に「対満蒙実行策案審議委員会」を設けて、内閣官房と各省の課長クラスからなる幹事会（幹事長は外務省亜細亜局長の谷正之）に政策立案を行わせようとしていた。ちなみに、陸軍代表は杉山元（すぎやまはじめ）と永田鉄山である。

また、宇垣や上原を動かして荒木を抑えようとした。彼らはともに満州からの早期撤兵と警察力による治安維持を唱えており、右委員会での最優先審議事項には「治安維持に関する事項」が挙げられていた。犬養は上原に荒木を説得させて満州治安警察構想を呑ませてから、その関係予算を閣議に提出するつもりであった（『西園寺公と政局』2、二一四頁）。だが、宇垣と上原にとって過去の抗争の記憶はあまりに鮮明であった。結局、この構想も上手くは進まなかった。

かくなる上は最後の手段を講ずるしかない。犬養は外務省の頭越しに、上海での日中両軍の相互撤退と中立地帯の設定を中国側に提案し、もし、日本陸軍が撤兵に従わない場合には「或る手段」を講じるつもりだとほのめかしていた。犬養もまた、天皇大権の直接的な行使を考え始めていたのである。だがそれは外部に漏れ、犬養暗殺の一因となったと伝えられる（『牧野伸顕日記』一九三五年六月七日）。

三月一日、日本軍の総攻撃が開始された。第一一師団は撤退要求ラインを超えて進出し、ここに国軍の威信は挽回されたこととなった。参謀本部はなおも攻撃続行を主張したが、白川はそれを受け付けなかった。三月三日、白川は停戦交渉の開始を一方的に宣言した。

満州国の「独立」

三月一日、溥儀を執政とする満州国がその「独立」を宣言した。朝鮮三・一独立運動の記念日に満州国の独立を宣言するとは、関東軍は朝鮮統治に対する配慮に欠けている。事前に情報に接した宇垣は、そう憤慨し慨嘆している（『宇垣一成日記』2、一九三二年二月二七日）。

国内では満州国の承認を求める声が強まっていたが、犬養はそれを何とか引き延ばし、あわよくば本来の独立政権路線に引き戻そうと画策していた。閣議でもこの問題は議論されたが、犬養らの慎重論が勝ちを占めた。三月一二日、犬養は「満州国承認は容易に行わざる件」を上奏し、天皇もそれを嘉納した。

とはいえ、第一次上海事変と満州国建国宣言の後では、果たしてどれほど南京国民政府との間に妥協の余地は残されていただろうか。四月二九日、上海での天長節奉祝式典に一朝鮮人によって爆弾が投ぜられ、全権公使の重光葵は片足を失う重傷を負い、白川は一ヵ月後にこの世を去った。宇垣の危惧は的中した。

白川は良識的な軍人であり、日本陸軍の軍紀・軍律の弛緩・崩壊を深く憂えていた。彼は上海での戦火の拡大阻止に尽力し、軍部内の強硬論を抑えてそれを実現した。天皇は白川の死を深く悼んで、「をとめらの雛まつる日に戦をばとゞめしいさを思ひてにけり」との御製を内密に遺族に下賜している。

結局、この挑発的テロルにもかかわらず、日本側の方針は揺るがなかった。上海での停戦は維持されたのである。

五・一五事件――犬養毅の死

だが、悲劇はこれだけでは終わらなかった。一九三二年（昭和七）五月一五日、犬養は首相官邸で海軍青年将校の放った凶弾に斃れた（五・一五事件）。彼は銃口の前に怯むどころか、「話せばわかる」と青年将校の前に立った。そして、銃弾を身に受けた後も「いまの若い者をもう一度呼んで来い。話してやる」と繰り返した（阿部眞之助『近代政治家評伝』二四五～二四七頁）。

「人の将に死なんとするときは、其の言うや善し」（曾子、「死に臨んだ人間のことばは真実なものだ」、諸橋轍次『中国古典名言辞典』）という。犬養の最期の言葉は彼が本物の言論人であり、政党政治家であったという事実を示している。現代の感覚で言えば、広汎な大衆的抗議運動が起こってもおかしくないだろう。だが、事態はまるで逆であった。

当時の国民世論は犬養の同志や郷里岡山の人々を除いて、彼と〝政党内閣の死〟にほとんど一片の弔意も示さなかった。世論は青年将校の〝純粋な動機〟に反応し、軍人による政治的暴力行使を事実上容認した。彼らは当然軍法会議に処せられたが、軍当局には市井の人々からの膨大な助命嘆願書が積み重ねられた。それかあらぬか、被告に科せられた量刑は比較的軽微なものであった。

こうして世論のお墨付きを得た軍部、とりわけ陸軍革新運動は以後ますます直接行動主義への志向を強めていく。この頃、大衆文化・芸能の世界では幕末維新の「志士」の活躍や尊王攘夷運動が好んで取り上げられていた。大衆は維新の志士の幻を青年将校運動の中に見出し、青年将校の中にも志士的雰囲気は瀰漫していた。一方、「マルクス・ボーイ」は自らの転向に対する虚無的な気分を維新の激動に翻弄された人々の運命と重ね合わせた。三月事件をきっかけに、無産政党内部には軍部の政治介入を歓迎する動きが顕著となっていった（渡部亮『大正デモクラシー』の政党化構想のゆくえ）。そういった社会的風潮の行き着いた先が一九三六年の二・二六事件であった。

もちろん、その後も「狂瀾（きょうらん）を既倒（きとう）に廻（めぐ）らす」チャンスがなかったわけではない。だが、五・一五事件によって、日本と日本社会は「軍人による政治的暴力行使の容認」という決定的な閾（しきい）を越えてしまったように思われる。「昭和維新」の時代は、もうすぐそこにまで迫っていたのである。

第八章　軍部の崩壊と太平洋戦争

宇垣一成

東条英機

皇道派の満州併合論

犬養横死後の政権を、元老西園寺公望は海軍の長老斎藤実に託した。テロによる政権交代の先例を作ってはならない。本来なら組閣の大命は鈴木喜三郎政友会総裁に降下するはずだったが、西園寺は鈴木の右翼的体質を嫌い、天皇もそれに同調した。一九三二年（昭和七）五月二六日、斎藤内閣は政友・民政両党からの入閣を得て、「挙国一致内閣」として成立した。高橋是清は蔵相の座にとどまり、荒木貞夫もまた陸相として留任した。

世論は満州事変を熱狂的に支持しており、斎藤も満州国の承認に踏み切らざるを得なかった（三二年九月、日満議定書）。だが、それは満州問題の決着を意味しなかった。「満州国」という統治の枠組みは決して固まってはおらず、斎藤・岡田（啓介）両挙国一致内閣期（三二年五月～三六年二月）には、陸軍でもさまざまな政治的動きが交錯していた。以下、それらを時系列的にまとめてみよう。

まず、荒木・真崎率いる皇道派であるが、彼らは対ソ予防戦争論を高唱し、満州国の漸進的解体＝満蒙併合論へと傾いていた。したがって、華北への進出には消極的で、英国を始めとする列国との協調を重視していた。また、政党内閣期の陸軍省による「陸軍統治」を改めて、陸軍三長官会議（陸相、参謀総長、教育総監）の合議制にシフトしようとしていた（『西園寺公と政局』第四巻、七五頁、『真崎甚三郎日記』一九三三年二月六日。酒井哲哉『大正デモクラシー体制の崩壊』七〇〜七一頁）。

熱河侵攻

出先では関東軍の肥大化が顕著であった。かつてはわずか一個師団であった関東軍は、この時期、極東ソ連軍の増強に対抗すべく急速に膨張し（一九三三年三個師団、三七年八個、四〇年一二個。山田朗『軍備拡張の近代史』一六四頁）、関東軍司令官も駐満全権大使と関東庁長官とを兼任することとなり（三二年八月）、その権限は飛躍的に拡大した。支那駐屯軍も独自の動きを始めていた。肥大化した外地陸軍の統制は、政府や軍中央にとって喫緊の課題となった。

関東軍は張学良軍を一掃すべく熱河省の完全占領を企てており、すでに長城線の東端、天津を指呼の間に望む山海関にまで進出していた（一九三三年一月）。関東軍が長城線を越えて京津地方（北京・天津方面）に侵攻すれば、今度は支那駐屯軍が暴発するかもしれない。一九三三年二月一七日、斎藤内閣は熱河作戦を承認したが、それは関東軍に対する「瓦斯抜き」であると同時に、京津地方への戦火の拡大を食い止めようとする苦肉の策でもあった。

英仏は日本に対して宥和的であり、有名なリットン報告書も満州国の承認こそ拒んでいたが、満州事変以前への「原状復帰」も求めていなかった。いわば、第三の道の選択を日中両国に促したのであるが、連盟の撤退勧告案に日本の国内世論は強く反発し、三月二七日、日本政府は連盟脱退を宣言した。この時、松岡洋右（日本政府代表）は「十字架上の日本」という演説を行い、〝外交上のヒーロー〟として世間の喝采を浴びた。

現地軍は長城線を越えて作戦を継続していたが、さすがに京津地方への全面侵攻は憚られた（『真崎甚三郎日記』一九三三年一月六日）。一九三三年五月三一日、日中間で塘沽停戦協定が成立し、長城線以南に非武装地帯が設定され、日本軍は作戦を中止して撤退を開始した（酒井前掲書三一～四二頁）。

「満州国」という枠組みの動揺

一九三四年三月一日、満州国は帝政を実施し、執政溥儀が帝位に着いた。翌三五年一月には中東鉄道（旧東清鉄道）の譲渡に関する協定が日ソ間に成立し、満州国―国民政府間の実務的な協定（通車・通郵協定や設関協定）が次々に取り結ばれたこともあって、満州国をめぐる国際環境は束の間安定した。

だが、満州国の「建国」は新たな政治的潮流を生み出していた。溥儀とその周辺（鄭孝胥など）では北京復辟が論じられており、日本側でも小川平吉や鈴木貞一（当初は皇道派、三五年五月から内閣調査局調査官）などは、満州国の中国本土への領土拡大を構想していた。小川などは、大清帝国の復活と日本によるその保護国化まで夢見ていたのである。中国側にもさまざまな動きがあったらしく、真崎はその日記に、板垣征四郎からの話として「執政〔溥儀〕を北支那に移し、満洲を日本に呈す」という「餌」が日本側に撒かれていると述べている（『真崎甚三郎日記』一九三三年二月六日、『小川平吉日記』一九三三年五月一二日、「鈴木貞一日記」一九三四年三月一日、『宇垣一成日記』2、一九三五年一二月二〇日）。

重光葵外務次官とその周辺では、満州国を中国に承認させることの見返りとして、日本は列強在華権益の全面撤廃を求めるという腹案が練られており、日本国内の綿紡績業界ではインドの市場開放を求めて、それに否定的な英国に対する怒りの声が高まっていた。満州国問題が不平等条約体制の打破と連動し、それが反英運動へとエスカレートしていくという「南進」へのモメントが形成されつつあったのである（松浦正孝『財界の政治経済史』一七一～一七八頁、酒井前掲書五八～六二頁）。

「満州国」という枠組みが微妙に揺らぐなかで、日本陸軍、特に関東軍では華北分離への動きが徐々に強まっていった。その中心となったのは、かつての門戸開放論者板垣征四郎である（板垣「満州国ノ対支施策統制ニ関スル意見」一九三四年八月二七日、『木戸幸一日記』一九三五年一月一一日、『牧野伸顕日記』一九三五年一月二二日)。当時、板垣は関東軍参謀副長・関東軍参謀長などを歴任しており、〝満州事変の立役者〟だったこともあってその発言力は大きかった。

陸軍青年将校運動と「統制派」

さて、いったんは「天下をとった」皇道派であったが、それも長くは続かなかった。荒木陸相は露骨な党派的人事を行い、軍中央の要職を自派で固めたが、この〝情実人事〟は荒木軍政に対する軍内部の広汎な反発を引き起こした。一九三四年度予算編成では、対ソ予防戦争論を含意する軍備拡張計画の前に高橋蔵相が断乎として立ちふさがった。また、熱河作戦の抑制に失敗したことも荒木の権威を損なった。こうして、荒木は辞任に追い込まれ(三四年一月、陸相辞任)、軍中央における皇道派の政治力は失速し始める。

だが、それは陸軍青年将校運動を強く刺激し、陸軍全体の分裂と政治化に拍車をかける結果となった。運動に参加した青年将校は昭和恐慌による地方社会、特に農村の疲弊・困窮に強く憤っており、元老・重臣、財閥、軍閥、そして政党勢力による「権力ブロック」を実力で破砕し、天皇親政の実(じつ)を挙げること(「国体顕現」)を強く志向していた。それは純粋に観念的であったがゆえに、著しく行動主義的であった。

「天皇の軍隊」とは、明治期には非政治的軍隊の建設を意味していたが、昭和期の「皇軍」イデオロギーは軍隊の政治化を加速させた。こうした状況を建軍以来の国軍の危機として認識し、それを官僚制的に統制しようとしたのが、永田鉄山（陸軍省軍務局長）を中心とするいわゆる「統制派」である。

高橋是清を中心とする「蔭の内閣」

挙国一致内閣期には、高橋是清蔵相による高橋財政が展開され、日本は工業部門を中心に世界恐慌からの脱出に逸早く成功した。高橋に対する輿望は自ずと高まり、その結果、内閣審議会を中心に高橋―民政党―陸軍統制派―財界という緩やかな提携関係が形成されつつあった。いわば〝蔭の内閣〟である。彼らは満州国を名実ともに真の独立国に成長・発展させ、門戸開放原則を同国に適用することを目指していた。そうすれば、英米資本の導入も容易になるだろうし、「新ワシントン体制」とも呼ぶべき新たな国際協調体制が形成できれば、そこに満州国を組み込むことも可能になるであろう。

斎藤が満州国の承認に踏み切ったのは、こうした政治的見通しに成算があると考えたからである。そして、永田率いる統制派もまたそれに棹差していた。彼は財界とともに、英国産業連盟（ＦＢＩ）の満州国視察をお膳立てし（一九三四年九月来日）、英国資本の対満投資を促し、国家承認に繋げようとしていた。永田は華北分離工作（後述）を一定程度容認していたが、それは河北・察哈爾両省を緩衝地帯化して、満州国の統治の安定を図ることに重点が置かれていた（井上寿一『危機のなかの協調外交』一九〇～一九四頁、松浦前掲書一五八～一五九頁、森靖夫『永田鉄山』二〇九～二一一・二四九頁、来栖三郎『泡沫の三十五年』七〇～七一頁）。

統制派と満州派

「統制派」と一言で言うが、本来それは皇道派の専横を抑え込むために結集した永田を中心とする軍人グループであり、永田没後、とりわけ二・二六事件後の多数派軍人集団（「新統制派」）と同一視すべきではない（北岡『官僚制としての日本陸軍』八五頁）。日中戦争を主導した後者と永田を中心とする軍人グループを「統制派」として一括してしまうと、永田やその周辺の柔軟で協調主義的な傾向を見失うことになり、ひいては高橋を中心とする〝蔭の内閣〟の力を過小評価することにも繫がりかねない。また、永田没後の「新統制派」が「大東亜主義派」とでも呼ぶべき集団へと変貌を遂げ、戦争の拡大を主導したことも理解できなくなる（松浦正孝『「大東亜戦争」はなぜ起きたのか』三七五～三八二頁）。

永田は日本における国家総力戦研究の第一人者だが、そのことをもって永田が議会政治の否定をめざしていたとすることはできない。なぜなら、英米の戦時体制を見れば明らかなように、国家総力戦は議会政治や民主主義の下でも遂行可能なのであり、「総力戦体制＝全体主義的政治体制」という理解は図式的にすぎるからである（森靖夫『日本陸軍と日中戦争への道』）。そして陸軍の政治化を厭うあまり、永田は青年将校運動には抑圧的であり、それが皇道派青年将校の怒りを買ったのであった。一九三四年一一月の士官学校事件[1]などはその一例である（筒井清忠『二・二六事件と青年将校』七六〜七九頁）。

これより以前、永田は文官大臣制が導入された場合を想定してその対策を練っていたが（「陸軍大臣文官制ニ関スル研究」一九二六年四月）、そこでは文官陸相による帷幄上奏権の行使が容認されており、統帥事項の専断や党派的人事を監視するための合議機関を省内に設けることまでもが検討されていた。これはかつての児玉源太郎の軍制改革案よりも一歩踏み込んだ構想である。もちろん、永田が文官大臣制を積極的に導入しようとしていたわけではない。しかし、参謀本部の肥大化ではなく、陸軍省の機構改革によって政党政治の浸透

1 後に二・二六事件の首謀者となる磯部浅一・村中孝次らが、クーデター容疑で憲兵隊に検挙された事件。統制派の片倉衷・辻政信が取り締まりに関与しており、翌三五年七月、磯部らは「粛軍に関する意見書」を発表して、陸軍の内情を暴露した（筒井清忠『陸軍士官学校事件』）。

に対処しようとした永田の姿勢は特筆に値するものであろう（森靖夫『永田鉄山』一一一～一一三頁）。

満州国の「建国」過程の進捗に伴って、石原莞爾（一九三五年八月以降、参謀本部作戦課長・同第一部長などを歴任）ら「満州派」の台頭も著しかった。彼らは、対ソ軍備の充実を図るとともに、「日満支」を打って一丸となす広域経済圏の確立を志向していた。その際、模範になったのはソ連の五ヵ年計画であって、計画経済とそれを推進するための国家権力の再編成、具体的には国務院制の導入（内閣制度の廃止）や一国一党制の導入による党弊打破など、共産主義やナチ・ドイツを彷彿とさせる国家改造が検討されていたという（伊藤隆『近衛新体制』五〇～六一頁）。当初、石原は豊富な地下資源を確保すべく、露骨な華北分離を主張していたが、その後、中ソ二正面戦争を回避すべく大きく方針を転換していく（『石原莞爾資料・国防論策篇』一一三～一一四頁、『西園寺公と政局』4、二七九頁など）。

軍縮体制の崩壊と陸軍

ワシントン・ロンドン両海軍軍縮条約の失効期限を控えて、日本国内では英米と対等の軍備を求める国内世論が盛り上がっており、海軍軍令部も条約の廃棄を主張していた。そこでは、民族的矜持（きょうじ）が前面に打ち出されており、冷静な戦略的判断は後景に退いていた。

海軍とは対照的に、外務省や陸軍は海軍軍縮条約の廃棄には慎重な態度を示していた。外務省は条約の失効を補完すべく、日英米不可侵協定の締結を両国に打診しており、ソ連主敵論に立つ皇道派もまた英米との対立は回避したいと考えていた。統制派の門戸開放＝対英米協調論については先に触れた通りである。一方、皇道派青年将校は両軍縮条約の廃棄を声高に主張していた。

この問題は岡田啓介内閣にまで持ち越されたが、結局、「現下国民の熾烈なる要望」に岡田内閣は押し切られた（一九三四年九月七日、ワシントン海軍軍縮条約の年内廃棄を閣議決定）。外務省や陸軍中央は、日中関係さえ正常化されれば対英米関係の修復は十分可能だと考えていたのである（井上前掲書一四四〜一七六頁）。

ワシントン海軍軍縮条約は日本に西太平洋における支配的地位を暗に認めていたが（第一九条）、だからこそ、それは九ヵ国条約とワンセットであらねばならなかった。門戸開放・機会均等原則は、日本海軍による中国の海上封鎖によって容易に脅かされるからである。九ヵ国条約が反故にされれば、アメリカにとって海軍軍縮条約を遵守する意味はなくなる。裏を返せば、ワシントン・ロンドン両軍縮条約の破棄は、日本が九ヵ国条約を守る意志のないことを暗に表示したに等しかった。満州事変は海軍軍縮体制に対する間接的な攻撃でもあったのである。

陸軍内部抗争の激化

さて、岡田啓介内閣を震撼させた国体明徴運動（三五年）は、美濃部達吉の天皇機関説を葬り去って、神権主義的な憲法解釈を国家運営の機軸に据えようとするものであったが、それは高橋を中心とする〝蔭の内閣〟に対する大衆的な示威運動でもあった（森『日本陸軍と日中戦争への道』一四四〜一四八頁）。だがその一方で、高橋に対する国民の支持も高まっていた。高橋財政による景気の拡大はこの頃徐々に農村部にまで広がろうとしていたのである。

陸軍内部では統制派と皇道派、さらには青年将校グループとの対立が尖鋭化しており、軍内ではさまざまな怪文書が公然と撒布されていた。そして、政治的テロルの可能性が囁かれるなかで前代未聞の事件が起こった。一九三五年八月一二日、陸軍省で執務中の永田軍務局長を皇道派の現役将校が斬殺したのである（相沢事件）。永田暗殺の衝撃は大きかった。自由主義者河合栄治郎はその日記に「同志がやられたという感がして、一日頭を離れなかった」と記しているが、実際のところ、それは蔭の内閣にとって大きな痛手となった。だが、彼らにはまだ国民世論に問うという起死回生策があった。

一九三六年二月、衆議院議員選挙で民政党は大勝し（二〇五議席——以下同様）、国体明徴

運動に加担した政友会は大敗を喫した（一七二）。また、社会大衆党も歴史的な勝利を収めた（一八）。政党内閣復活への政治的な潮流はもはや押しとどめがたいように思われた。「国民の多数が、ファッシズムへの反対と、ファッシズムに対する防波堤としての岡田内閣の擁護とを主張し」た。河合は選挙結果をそのように総括し、そこに「日本の黎明（れいめい）」を見た（河合「二・二六事件に就て」）。

ところがまさにその時、権力中枢を直撃する大事件が起こった。一九三六年（昭和一一）二月二六日早暁、皇道派青年将校率いる叛乱軍が軍事クーデターを引き起こしたのである。

二・二六事件

二・二六事件は昭和史の大きな転換点である。惨殺された斎藤実内大臣、高橋是清大蔵大臣、渡辺錠太郎（わたなべじょうたろう）教育総監は昭和天皇の信任厚い「朕が股肱（ここう）の老臣」であり、また、英米との関係を重視する国際協調主義者でもあった。事件の直接の発端は林銑十郎陸相による真崎甚三郎教育総監の更迭であったが、渡辺は陸相の権限回復に繋がるこの人事を高く評価しており、そういった点が皇道派青年将校の怒りを買ったのである。渡辺は山県有朋の副官を長年務めており、山県が「非政治的陸軍」の維持にいかに腐心していたかを熟知する人物であった。

当初、陸軍首脳部（川島義之陸相）の対応はきわめて微温的であり、叛乱軍を「蹶起部隊」と呼んで、クーデターを半ば肯定する姿勢を示した。青年将校は真崎首班皇道派暫定政権の樹立をさまざまなルートで宮中に働きかけたが、彼らの期待に反して天皇の「震怒」ははなはだしく——「朕自ら近衛師団を率い、此が鎮定に当らん」との天皇の言葉はあまりに有名である——、また、木戸幸一内大臣秘書官長の機敏な対応もあって、こうした動きはことごとく阻止された（筒井清忠『二・二六事件と青年将校』一一一～一六〇頁）。三人の長老軍人（斎藤、岡田、鈴木貫太郎侍従長）が襲撃され、内一人を殺害された海軍は、急遽第一艦隊を東京湾に集結させて叛乱鎮圧の構えを見せた。二九日、叛乱軍は投降を開始し、事件そのものは速やかに収拾された。

二・二六事件は青年将校による国軍の私兵化そのものであり、徴兵制の精神を根幹から揺るがす一大不祥事件でもあった（加藤前掲書一八五～一八六頁）。現に事件後の地方社会では、徴兵された自分たちの子弟が、上官の不当な命令によって「逆賊」の汚名を蒙ることになるのではないかという不安の声が囁かれていた。「志士的軍人」の排除は、徴兵制の動揺を防止するためにも急務中の急務であった。太平洋戦争の「終戦」に際して、陸軍省少壮将校のクーデター計画を抑えた阿南惟幾は当時陸軍幼年学校長であったが、彼は生徒への訓示のなかで、青年将校の行為そのものが「統帥権干犯」に当たるとして、それを厳しく糾弾している。

現役武官制復活の意味

事件後の「粛軍」過程では、皇道派の排除＝陸軍の「非政治化」が追求され、官僚制的統制が強化されていった。永田横死後の統制派は派閥としての実態は失われており、粛軍を標榜する多数派連合とでもいうべき存在と化していた（北岡前掲書八四〜八五頁）。

岡田後継首班問題は陸軍の介入によって混乱を極めた。紛糾の末に大命は外務官僚の広田弘毅に下ったが、陸軍（寺内寿一陸相、正毅の長子）は組閣に公然と介入し、当初予定されていた吉田茂の入閣は阻止され、閣僚リストの半分は差し替えられた。

広田内閣と言えば、軍部大臣現役武官制の復活（一九三六年五月）が有名である。それは一般的には、「軍部の台頭」の制度的表現として解釈されがちである。だが、広田の意図は、現役武官制廃止（一九一三年）に伴って制度化され、田中義一陸相時代に権威付けられた陸軍三長官会議を廃止して、強化された陸相権限によって粛軍を一気に推進するというものであり、さらに「大命降下者」（首相候補）による陸相選任権の掌握までもが視野に入れられていた。

現役武官制が廃止されていても、予備役・後備役から陸相が選ばれることはなかった。制度をその実態に合わせることに何の不都合があろうか。ましてや、それが粛軍に資するにおいてをや。政党勢力が現役武官制の復活を認めたのはそうした理由に基づいていた（加藤陽子『模索する一九三〇年代』二〇九〜二一六頁）。

一方、寺内陸相ら陸軍側の思惑は、三長官会議の廃止による粛軍の貫徹と皇道派系将官の復活阻止にあり、大命降下者による陸相の指名などはもとより論外であった。制度改革の趣旨は玉虫色であり、各政治勢力は自らに都合のよい解釈を採っていた。いずれにせよ、広田内閣の成立過程に明らかなように、現役武官制とは関係なく陸軍は大きな政治力を振るっていたのである（筒井清忠『昭和十年代の陸軍と政治』第二章）。

新国防方針と日独防共協定

広田内閣では、ワシントン・ロンドン両軍縮条約の失効に伴い、新たな国防環境に対応すべく「帝国国防方針」が改訂された（一九三六年六月）。当時、極東ソ連軍の増強には顕著なものがあり、軍部は「一九三五・六年の危機」を呼号していた。新たな国防方針では、米ソ中三国以外に新たに英国も仮想敵国に加えられており、所要兵力量も陸軍は戦時五〇師団・航空一四二中隊、海軍は主力艦一二（戦艦八・巡洋戦艦四）・航空母艦一二・航空兵力六五隊ときわめて膨大なものとなった。

新国防方針は一八年・二二年の国防方針とは異なり、閣議での追認という手続きは踏まれなかったが、策定過程には外務大臣が新たに加わっている。だが見ての通り、それが軍拡への歯止めになった形跡はない。広田内閣（馬場鍈一蔵相）は大軍備拡張に路線を転換し、陸海軍の軍事費は大幅に膨張した。ちなみに、戦艦「大和」「武蔵」の建造が決まったのもこの時であった（一九三七年「第三次補充計画」）。

この間、ドイツではヒトラー内閣が成立しており（一九三三年一月）、ヒトラーは自らの独裁権力を確立すると（三四年八月、「総統」に就任）、再軍備宣言（三五年三月）やラインラント再武装（三六年三月）を強行し、ヴェルサイユ・ロカルノ条約体制を公然と蹂躙した。ところが、広田内閣はこの無法者国家と防共協定を結んで、コミンテルン（国際共産主義）に対抗する姿勢を明確化した。

日独防共協定は日独伊三国同盟の雛型と目されることが多い。結果論的観点に立てばそれはその通りであろう。だが同時代的な視点に立つと、また違った「歴史的景観」が浮かび上がってくる。防共協定には英国や中国国民政府の参加も想定されていたのであり（酒井前掲書二〇三頁、井上前掲書二六九〜二七七頁）、現に英国は英独海軍協定を結んでフランスの頭越しに対独宥和へと踏み切っていたのである（一九三五年六月）。この時期、国際関係はまだまだ流動的であった。

結局、広田内閣は陸軍と衝突して総辞職に追い込まれていった（一九三七年一月）。政権を安定させるためには、政党と陸軍双方に顔の利く軍人政治家の存在が必須であった。一月二五日、組閣の大命は宇垣一成陸軍大将（前朝鮮総督）に降下した。

宇垣一成への大命降下

当時、朝鮮統治はそれなりに安定し、宇垣の声望は内外ともに高まっていた[2]（松浦正孝『「大東亜戦争」はなぜ起きたのか』二〇一～二一一頁）。朝鮮総督は首相への登竜門と見なされており、宇垣は寺内正毅や斎藤実の前例を踏襲して、満を持して大命を拝受したのである。

高橋財政によって日本経済は逸早く世界恐慌からの脱出に成功しつつあり、日本の綿織物製品は英領インドからアフリカ方面へと急速にその販路を拡大していた。また、重化学工業部門もすでに成長軌道に乗っていた。日本の経済力は「日満支」ブロックどころか、世界市場に向けて溢れ出ようとしていたのである。

陸軍の大勢が「一九三五・六年の危機」を高唱していたのとは対照的に、宇垣は日本の国力・経済力に自信を深めており、統制派や満州派から見れば著しく現状維持的であった。彼は、内政では既成政党との融和を、外交では「機会均等、自由競争の二大原則」に基づく、中国との関係改善を強く望んでいたのである（『宇垣一成日記』2、一九三五年六月二三日、一九三六年一月二日、同一〇月二七・二八日。坂野潤治『昭和史の決定的瞬間』九一～九二頁）。こうした主張は、自給自足圏論や政友会の産業立国主義よりも民政党系の発想により近いものであった。

宇垣は「国体の危機」にも懐疑的であった。「思想的侵略を排除するのに他国の協力（日独防共協定）を得ねばならぬ程、我国民精神は薄弱でないと余は確信する」。宇垣はそう断言している（『宇垣一成日記』2、一九三六年一一月二五日）。要するに彼は穏健な「保守主義者」（高坂正堯『宰相　吉田茂』一三四～一三五頁）であり、長州閥ではなかったが、山県有朋―桂太郎―寺内正毅―田中義一と連なる、軍人政治家の最後の正統な継承者であった（北岡前掲書第四章を参照）。

「陸軍の総意」による組閣妨害

だが、宇垣が朝鮮にいるうちに陸軍内権力状況は大きく変わっていた。陸軍内部抗争の

2　高橋財政を追い風として、宇垣は朝鮮工業化政策を推進しており、特に朝鮮北部「開発」は急速に進展した（一九三六年一一月、長津江第一発電所送電開始。松浦前掲書三八四～三九七頁）。

なかで、彼の権力基盤はすでに失われており、石原莞爾らアウタルキー＝計画経済派の発言力は著しく増大していた。宇垣は寺内陸相に留任を要請したが断られ、杉山元や小磯国昭といったかつての腹心にも固辞された。三長官会議での陸相候補の推薦も断られた。彼は天皇の優諚（ゆうじょう）による陸相選任や、自らの現役復帰による首相・陸相兼任までをも検討したが、結局「陸軍の総意」を覆すことはできず、ついに組閣断念に追い込まれた（筒井前掲書、第三章）。

宇垣内閣の「流産」は、二・二六事件での天皇の「毅然たる態度」がその政治的権威を著しく高め、国政に対する影響力も自ずと増大した、との解釈が全く成り立たないことを示している。見ての通り、反宇垣派の蠢動（しゅんどう）は大命をも覆しているのである。軍事的破局や軍人による一大不祥事件などによって、陸軍の権威が著しく損なわれ、その政治力が減退した場合にのみ、天皇大権はその潜在的パワーを発揮できたのであって、そういった意味においては、陸軍にとっての天皇は彼らの多くが非難した美濃部憲法学説の説く「機関説的存在」そのものなのであった。

結局、大命は林銑十郎陸軍大将に再降下したが、林内閣は不用意に議会を解散したことにより短命に終わった。一九三七年四月の総選挙では二大政党の優位は揺るがず（民政党一七九、政友会一七五）、社会大衆党は議席数を飛躍的に増大させていた（三七）。明治憲法体制を円滑に運営するためには、議会・官僚・軍部それぞれの輿望を担い、体制を束ねることのできる人物に組閣させて権力の中心点を創り出すしかなかったが、当時そうした期待に応え得る人物はただ一人しかいなかった。一九三七年（昭和一二）六月四日、第一次近衛文麿内閣が成立した。

日中戦争の勃発

一九三六年一二月、西安事件をきっかけに中国では第二次国共合作が成立した。すでに、永田なき軍中央の出先に対する統制力はいっそう弱まっており、「反宇垣」では一致していた陸軍も、中国政策に関しては統一的な意思形成は極めて困難であった（秦郁彦『盧溝橋事件の研究』三三〇～三三九頁）。一九三七年七月七日、北京郊外盧溝橋で日中両軍の小部隊が銃火を交えた。これは偶発的な衝突であり、一一日には現地で停戦協定が成立した。

国内世論はあい変わらず熱しやすく、政友会や民政党も「挙国一致」を呼号して政府を支持した。陸軍省（杉山元陸相）では「対支一撃論」が盛んであった。一方、参謀本部（多田駿参謀次長、総長は皇族の閑院宮）は対ソ戦に備えるための軍備の充実・計画経済体制の樹立を重視しており、中国との全面戦争には明白に反対の態度を示していた。その中心人物は、かつて満州事変を引き起こした石原莞爾（第一部長）であった。もっとも省部内でも意見は区々に別れており、それぞれが確乎たる方針をもっていたわけではなく、陸軍としての統一的な意思などは形成されるべくもなかった。また、中国側の戦意もきわめて旺盛であった。

七月一一日、近衛内閣は華北への派兵を決定、これを「北支事変」と称した（九月二日、「支那事変」と改称）。七月二八日、日本軍は華北で総攻撃を開始したが、戦火はほどなく上海に飛び火した（八月一三日、第二次上海事変）。

上海での戦いは「第二次日独戦争」の様相を呈した。蒋介石はドイツ軍事顧問団の協力を得て、その中央直轄部隊をドイツ式装備の精鋭部隊に改編しており、日本陸軍を上海近郊の縦深防御を施した陣地帯に誘致して、それを殲滅するという作戦計画を練っていたのである（家近亮子『蒋介石の外交戦略と日中戦争』第三章第二節）。日本に対するある種の「遺恨」――第一次世界大戦での日本の対独宣戦――を抱えていたドイツ陸軍は、当時、中国国民政府に対するさまざまな軍事的支援を行っていた。この後、トラウトマン和平工作[3]の失敗を経て、ナチ・ドイツは日本との提携に踏み切るが、それはヒトラーの意向によるものであった（田嶋信雄「東アジア国際関係の中の日独関係」）。

統帥権の発動による戦線拡大抑止の試み

上海攻略に手間取った日本軍は中国軍を徹底的に「膺懲（ようちょう）」すべく、当初予定していなかった南京攻略に踏み切った（一二月）。中国軍は南京を死守しようとして、かえって重囲に陥り、蔣介石をはじめとする政府や軍の要人は、市民の保護措置を講ずることなく脱出してしまった。南京城内は未曾有の混乱状態に陥ったが、便衣兵と敗残兵、一般住民との識別はきわめて困難であり、作戦行動は往々にして一般住民の殺戮に繋がっていった。また、大量に発生した捕虜の収容について日本側に十分な準備がなく、そのことが不法殺害行為を誘発してしまったことも否定できない。犠牲者の数は諸説あるが、およそ二万人余と推測されている（原剛「いわゆる『南京事件』の不法殺害」）。

以上の戦線拡大を主導したのは現地軍であって、対ソ戦の勃発を恐れる参謀本部はそれには反対であった。参謀本部内には統帥権の発動により、つまり、参謀総長の帷幄上奏によって天皇を動かして早期和平に持ち込もうという動きすら存在したが（三八年一月、多田

3　一九三七年一〇月から三八年一月にかけて、駐中国ドイツ大使トラウトマンの仲介によって進められた和平工作。戦勝の余燼に酔う近衛内閣が和平条件を引き上げ、満州国の承認や非武装地帯の設定などを持ち出したため失敗に終わったとされるが、その背景には早期和平をあせる石原派と英国の仲介に期待する外務省との対立も存在していた（松浦正孝『日中戦争期における経済と政治』一一〜一七頁）。

駿参謀次長)、意思決定手続きにこだわる天皇の容れるところとならず、その結果、和平工作は打ち切られ、かの有名な「爾後国民政府を対手とせず」という第一次近衛声明が出されるに至った(一月一六日)。ここでは、統帥権は内閣の暴走を食い止める手段として用いられようとしていたのである(筒井清忠『近衛文麿』一九五～一九六頁)。

大本営令の公布

近衛は「首相を構成員とする大本営」の設置を考えていたが(『西園寺公望と政局』一九三七年九月一二日)、梅津美治郎陸軍次官の反対によって実現せず(『現代史資料・大本営』資料解説)、政府と大本営との間に随時「協議体」を開いて、政戦両略の一致を図ることとなった。

陸軍省内では「支那事変」を利用して、その終局時に一気に内閣制度を改革することをも検討していた。それは、国務大臣の指揮・監督下に「行政長官」を新設し、内閣総理大臣は「総動員其他非常法運用」に関して各省行政長官を指揮・監督するというもので、内閣の権限強化を通じての各省間の政策調整、とりわけ政軍間・陸海軍間の調整・意思決定の迅速化がめざされていた。太政官潤飾以前の参議・省卿分離体制を彷彿とさせるこの官制改正においては、単独の「国防大臣」が「陸軍省長官」と「海軍省長官」を指揮・監督することまでをも検討されていたのである（「大本営設置に伴ふ政治工作要綱に関する意見」一九三七年一〇月二二日、陸軍省軍務課、前掲書三三九〜三四〇頁）。

実際に公布された「大本営令」（一一月一八日。「戦時大本営条例」は廃止）では、事変に際しても大本営が設置されることが明記されただけで、大本営と内閣の相互不可侵が強調され、内閣制度の改変などは公式に否定されている（一九三七年一一月二〇日、大本営陸海軍部当局談、前掲書三五三頁）。総理大臣などの文官閣僚の大本営への出席は拒まれ、政戦両略の調整は大本営政府連絡会議によって行われることとなった。

だが、日中戦争が長期戦化の様相を呈してくると、政戦両略の一致をも含む、より強力な統治機構の構築が再び模索され始める。

国家総動員法の成立

日中全面戦争のインパクトは、近衛内閣をして国家総動員法の制定に踏み切らせた。それは国民・産業動員に関する強力な委任命令権を政府に付与する「授権法」であり、政友・民政両党では議会権限や天皇大権を蔑ろにする違憲立法であるとの声が一斉に上がった。政党勢力内部では、宇垣を担いだ政民大連立構想や近衛新党による政界再編構想が渦巻いており、近衛は議会解散をちらつかせて法案の成立を図ったが、それは既成政党、とりわけ大連立派には有効な政治的ブラフとなった。こうして、国家総動員法は議会を「無事」通過した（一九三八年四月一日公布）。

国家総動員法の審議過程における「黙れ事件」[4]はあまりにも有名である。それは往々にして、軍部による議会軽視の実例として取り上げられてきたが、当時の陸軍は露骨な政治介入が国論の分裂を招き、挙国一致体制を毀損することを強く警戒しており、法案審議過程においては終始抑制的な姿勢を示していた（古川隆久『昭和戦中期の議会と行政』八～三〇頁）。

むしろ、ここで注目すべきは「政党本部推参事件」である。これは、三多摩壮士の流れを引く防共護国団の団員六〇〇名が政友・民政両党の本部を占拠して、その解党と「挙国的態勢による新党樹立」を要求した事件であり（二月一七日）、彼らはナチ党のＳＡ（突撃隊）さながらに制服・制帽に身を固め、その威圧効果で国家総動員法を早期に成立させようとした。事件は警察力によって鎮圧されたが、その背後の広がりは意外と大きく、近衛や風見章（かざみあきら）内閣書記官長、末次信正内相らと首謀者との間には事前に了解が成り立っており、実力行使による議会の制圧までもがその政治的シナリオには含まれていたという（伊藤隆『近衛新体制』七一～七五頁）。

近衛新体制運動の開始

一九三八年四月、日本陸軍は徐州作戦を発動したが、中国軍が黄河を決壊させたため、その包囲殲滅には失敗した。近衛は和戦両様の構えをとるべく内閣改造に踏み切り、宇垣一成を外相に、池田成彬（元三井合名常務理事、日銀総裁）を蔵相兼商工相にそれぞれ抜擢した（五月）。宇垣の入閣には彼を野に置くことによる、政民大連立構想の再燃を防ぐという意味合いもあった。近衛は来るべき武漢攻略作戦によって、蔣介石政権を軍事的に追い詰め、一気に和平交渉に持ち込もうとしていたのである。宇垣登用に対する陸軍からの反発を緩和するために、近衛は荒木貞夫を文相に（五月）、板垣征四郎を陸相に（六月）それぞれ据えている。

こうして、政治的ウィングを拡大した上で、近衛は国家総動員体制に適合的な憲法体制の手直しにも手を伸ばす。一九三八年の近衛新体制運動である。総動員法制定に伴う、各省庁のセクショナリズムと権限の個別的強化を克服するためにもそれは喫緊の政治課題であった（赤木須留喜『近衛新体制と大政翼賛会』第一章）。

近衛新体制運動は国内ではナチ・ドイツを彷彿とさせる一国一党体制の構築を、対外的

4　説明員として委員会に出席していた佐藤賢了陸軍中佐（陸軍省軍務課国内班長）による暴言事件。

には「東亜新秩序」の建設をめざしており、蔣介石との和平を探ろうとしていた宇垣外交とは明らかに異質のものであった。近衛は東亜新秩序の建設を担う「対支中央機関」（興亜院）を新設しようとしたが、それは宇垣に対する不信任に等しい行為であった。当然、宇垣は辞任し（一九三八年九月）、対中国外交は迷走の度合いを深めていった。一一月三日、武漢三鎮の陥落（一〇月二七日）の余韻のなかで、近衛は「東亜新秩序」の建設を声明したが、アメリカはそれを門戸開放・機会均等原則に対する公然たる挑戦と受け止め、日米関係も急速に悪化していった。

そして、近衛新体制運動もまた迷走し始める。既成政党は近衛新党に相乗りを試みたが、政友会・民政党両勢力の打破を企図していた近衛はそれを潔しとせず、日独防共協定強化問題が紛糾するなかで、近衛は政権担当意欲を急速に失っていった（一九三九年一月、内閣総辞職。伊藤隆『近衛新体制』八九〜九二頁）。

ノモンハン事件と独ソ不可侵条約

一九三九年一月に成立した平沼騏一郎内閣は、平沼自身の強烈な反共主義や皇道派との親密な関係もあって、新党組織や国民運動には至って冷淡であった（伊藤隆前掲書、九六頁）。しかも、一九三九年五月に満蒙国境で勃発した国境紛争は、日ソ間の本格的局地戦争の様相を呈していた（一九三九年五～九月、ノモンハン事件）。

ノモンハン事件については、ここ二〇年余りの間に実証研究が急速に進展し、その結果、日本軍戦車部隊の意外なまでの善戦やソ連航空部隊の奮闘ぶりも明らかになってきている。しかしながら、ソ連軍八月攻勢の前に第二三師団をはじめとする関東軍が大損害を蒙ったという事実に変わりはない。敗北の責任を負う形で、関東軍や参謀本部の首脳部（植田謙吉関東軍司令官、中島鉄蔵参謀次長、橋本群参本第一部長、磯谷廉介関東軍参謀長）は一斉に更迭されている。

この間、ナチ・ドイツはオーストリアを併合し（一九三八年三月）、さらに、チェコスロヴァキアのドイツ人居住地域（ズデーテンラント）を英仏伊三国の承認の下に併合した（同年九月、ミュンヘン会談）。翌年三月、ヒトラーはチェコスロヴァキアを解体し、ポーランドに対してポーランド回廊の「返還」を迫った。もはや英仏の対独宥和政策も限界であった。戦争勃発の危機が迫るなかで、ヒトラーは突如スターリンと独ソ不可侵条約を締結した（一九三九年八月二三日）。

天皇の反撃

それは陸軍にとって大きな打撃となった。満ソ国境で日ソ両軍が局地戦を展開しているその真っ最中に、ヒトラーは「不倶戴天の敵」であったはずのスターリンと手を結んだのである。この明白な政治的背信行為に対して、陸軍からは「一、日独伊ソ聯合にて行くか、二、日英仏米聯合にて行くか、或は孤立独往にて行くか」との、悲鳴にも似た声が上がっていた（伊藤隆編『高木惣吉　日記と情報』上、三三〇頁）。八月二八日、平沼は独ソ不可侵条約成立の衝撃に耐えきれず、ついに内閣総辞職に踏み切った。

昭和天皇と元老西園寺公望はこの機を捉えて、陸軍と日独同盟路線を押し戻そうとした。まず、西園寺は池田成彬・宇垣一成に後継内閣を委ねて（宇垣は内相）、親英米路線に舵を切ろうと考えた。だが、近衛は消極的で、木戸は国内世論を慮って反対の態度を示した。結局、後継首班には陸軍の推す阿部信行陸軍大将が選ばれたが、昭和天皇は参内した阿部に対して、「従来内治外交共に甚だ乱れたるは其の根源陸軍の不統制に在り」と断じ、「朕は自ら一線に立ちて、此の問題の解決に当る決心なるを以て、卿之を補佐せよ」と続け、陸軍大臣には畑俊六・梅津美治郎の内から指名せよとの内意を示した。天皇自ら陸相候補者を指名するのはまさに異例の措置であった（『木戸幸一日記』下、一九三九年八月二八日、前掲『高木惣吉　日記と情報』上、三五二頁、古川前掲書二五一頁）。

だが、天皇による陸相指名は畑陸相による「陸軍統治」をかえって困難にした。「聖上〔天皇〕の大臣にして我等の大臣にあらずとの恐るべき思想」が陸軍中央、特に幕僚層に瀰漫していたのである。結局、畑軍政は上手く機能せず、それは後継米内光政内閣の崩壊への伏線となった（『参謀次長沢田茂回想録』一四六頁、筒井前掲書第六章）。

第二次世界大戦の勃発

一九三九年（昭和一四）九月一日、ドイツ軍はポーランドに侵攻し、三日には英仏が対独宣戦布告を行った（第二次世界大戦の勃発）。九月一五日、ノモンハン事件の停戦協定が成立したが、それからわずか二日後にはソ連軍はポーランドに侵攻を開始した。欧州大戦は事実上、独ソ対英仏という枠組みで始まり、ポーランドは独ソによって分割占領された。

九月四日、日本政府は欧州大戦不介入を宣言し、一八日には独ソ不可侵条約締結についてドイツ政府に抗議している。日本国内ではドイツに対する不信感が突発的に高まっていた。東京市内では「日独伊軍事同盟即時断行せよ」「香港を封鎖せよ」「ソ聯を撃て」といった類のビラは一斉に剝され、東京市役所に掲げられた「反英市民同盟本部」の表札も撤去された（永井荷風『断腸亭日乗』一九三九年八月二八・二九日）。

しかし、親英米路線に日本が国策を転換することはなかった。当時国民世論は、中国の徹底抗戦の背後には英国の蔣介石援助（「援蔣」）が存在していると見なしており、天津租界封鎖問題をきっかけに英国排撃市民大会などが東京をはじめとする日本各地で開催されていた。それは一片の表札撤去だけでは到底鎮静化すべくもなく、陸軍のみならず海軍でも反英的気運は高まっていた。独ソ不可侵条約の締結によって、北方からの脅威は低下・消滅し、日本の本来の国是たるべき南進策実行の機は熟しつつある。今こそ帝国海軍はその陣頭に立つべきだ。そのような意見すら、海軍部内では唱えられていたのである（前掲『高木惣吉　日記と情報』上、三三一・三三五頁など）。

結局、阿部内閣はわずか四ヵ月あまりで総辞職に追い込まれた。一九四〇年一月、天皇は後継首班に海軍大将の米内光政を指名し、なおも国策の転換を試みた（陸相には畑が留任）。だが、折から起こった浅間丸事件[5]（一月二一日）によって、反英運動は再び燃えさかった。

「西方電撃戦」と新体制運動の再起動

対ポーランド作戦は短期間で終わったが、独仏両軍間では不思議な静寂が保たれていた。いわゆる「ファニー・ウォー」(phoney war：まやかしの戦争）である。一方、冬戦争の勃発（一九三九年一一月、フィンランド・ソ連戦争）によって、英仏とソ連との軍事的緊張も急速に高まっていた。「独ソ対英仏」の戦いなら、日本は前者に加勢すべきだ。親独主義は再び息を吹き返しつつあった。米内首相は山本五十六聯合艦隊司令長官らと連携して、陸軍や民間世論の反英＝日独同盟論に抵抗したが、やがてそういった努力を吹き飛ばす「世界史的事件」が起こった。

一九四〇年五月一〇日未明、オランダからフランスに至る戦線でドイツ軍は大攻勢に打って出た。要衝セダンを突破されたフランス陸軍は急速に崩壊し、イギリス大陸派遣軍は英仏海峡に面したダンケルクに追い詰められた。六月一四日、パリは陥落し、ついでフランス政府は降伏した。イギリス軍はかろうじてダンケルクからの撤退に成功し、その全面的な崩壊は免れたが、ドイツの勝利はもはや決定的なもののように思われた。ナチ・プロパガンダのいう「西方電撃戦」である。

多くの奇跡的な勝利がそうであるように、一九四〇年のナチ・ドイツにとっての「輝ける夏」も、いくつかの僥倖によってもたらされたものであった（カール＝ハインツ・フリーザー著、大木毅・安藤公一訳『電撃戦という幻』）。しかしながら、当時の多くの日本人は、それを世界史の大いなる転換、英米中心の自由と民主主義に基づく政治経済秩序の崩壊と、独ソを中心とする指導者原理、一党独裁、計画経済といった全体主義的世界秩序の到来を告げる、ある種の天啓のように受け止めていた。

5　千葉県野島崎沖において、英国軍艦が浅間丸を臨検し、兵役適齢期のドイツ人船客二一名を連行した事件。

近衛新体制運動と陸軍

新体制運動はこうして再び息を吹き返し、陸軍や社会大衆党などの新興政治勢力のなかから近衛待望論が一斉に湧き起こった。そして、既成政党の多くもこの動きに便乗しようとした。参謀本部（沢田茂参謀次長）は閑院宮参謀総長名で畑陸相に要望書を送り付け、米内内閣の「消極退嬰」を非難し、「挙国強力なる内閣」への政権交代を促した（『畑俊六日誌』一九四〇年七月四日）。追い詰められた米内は内閣総辞職を余儀なくされた（筒井『昭和十年代の陸軍と政治』第七章）。一九四〇年七月二二日、巨大な世論のうねりのなかで第二次近衛文麿内閣が成立した。

一九四〇年の近衛新体制運動を支えた基本理念は、世界は「文明史的な大転換期」に際会しており、一九世紀に爛熟した自由主義や議会制度（政党政治）は、今や迅速な国家意志決定の阻害要因になり果てている、「自由放任」主義もまた終焉に向かいつつあり、国家権力による経済過程への積極的な介入が必要となる、日本もまたドイツやイタリアといった「模範国」にならって執行権力の強化を軸に明治憲法体制を再編しなければならない、というものであった（一九四〇年八月、「新体制に関する近衛公爵声明文案」）。

注目すべきは、近衛が新体制創出の梃子として憲法第八条（緊急勅令）、同一四条（戒厳令)、同三一条(非常大権)、同七〇条(緊急財産処分)などの活用を考慮に入れていたことである。これらの規定、とりわけ、戒厳令と非常大権は陸軍という実力組織による直接支配に他ならず、現に陸軍は近衛を「ロボット」にして、自らの国家改造を推進しようと画策していた。もっとも、その辺は近衛もまた察知しており、彼は新体制=一国一党体制を構築するなかで逆に陸軍を抑え込もうとしていた(伊藤隆『近衛新体制』序章)。

日独伊三国軍事同盟

近衛は、英米中心の世界秩序は崩壊の過程に入っており、日本は独伊(そしてソ連)と連携して、新たな世界秩序の創出に向かうべきだと考えていた。日中戦争の行き詰まりも、この世界史的な変動のなかで自動的に解決されるはずであった。そして、外相に起用された「連盟脱退の立役者」松岡洋右は、陸軍や世論の支持を背景に日独同盟に直進していった。

一九四〇年九月、日独伊三国軍事同盟が成立した。それはアメリカを仮想敵国としており、同国の参戦に対する抑止効果が期待されていた。当時、欧州では英独航空決戦(バトル・オブ・ブリテン)が熾烈化し、ドイツ空軍は連日のようにロンドンを空爆していた。大英帝国の崩壊はまさに時間の問題であるかのように思われた。こうした「世界史的景観」のなかで、近衛らは性急にも勝ち馬に乗ろうとしたのである。

近衛らを捉えた「世界史の大いなる転換」論は実は幻想にしかすぎなかった。今となっては、それは火を睹るよりも明らかである。ナチ・ドイツの「計画経済」の実態は、占領地からの人的物的資源の暴力的収奪に他ならず、「総統国家」の実像は、党・軍・官僚機構相互間の競合による政策の急進化と、総統アドルフ・ヒトラーの気まぐれな介入による法治国家の急激な解体に他ならなかった（イアン・カーショー著、石田勇治訳『ヒトラー　権力の本質』、同川喜田敦子訳、石田勇治監修『ヒトラー』下）。ソ連にしても同様である。それは労働者を奴隷化した未曾有の「収容所国家」であり、党による農民からの徹底した収奪体制であった。その結果、途方もない規模の農村破壊と飢餓が引き起こされていた（下斗米伸夫『ソ連＝党が所有した国家』）。

北部仏印進駐

オランダ・フランス本国がナチ・ドイツの軍門に下ったことによって、もう一つ厄介な問題が起こってきた。仏領インドシナ（仏印）やオランダ領東インド（蘭印）に対する英米の先制的保障占領、もしくは「戦勝国」ドイツによる併合リスクである。そこで日本は援蔣ルートの遮断を名目に北部仏印に陸軍を進駐させ（一九四〇年九月二三日）、英領マレーや蘭印に対する武力南進の足掛かりを確保した。すでに、日本陸軍は広東を落とし、南シナ海のスプラトリー諸島は日本領土に編入されており（三八年一二月、新南群島[6]）、南進の意図は明らかであった。一連のこうした動きに、当然英米は強く反発したが、陸軍内部では英米可分論、すなわち、アメリカのアジアへの介入を疑問視する見方が強く、対米開戦リスクは深刻に議論されるには至らなかった。

この時期の一連の対外政策は近衛内閣、特に松岡洋右外相の強力なイニシアティブによるものであり、それは広汎な世論の支持を受けていた。近衛新体制運動に陸軍が加担したことで、「松岡外交」を後押しする体制が出来上がっていたのである。そして、松岡外交の「成果」は陸軍をも幻惑し、対外政策をさらに冒険主義的にしていった。

ヒトラーもまた日本の国力を過大評価し、アメリカのそれを過小評価していた（イアン・カーショー『ヒトラー』下、四七三～四七九頁）。そうしたヒトラーの日本観の一端が彼の口から発せられ、日本側のヒトラー崇拝者（松岡外相、大島浩駐独大使などの外交官や陸海軍の親独主義者）によって増幅・伝播されるや、ある種のミラー効果によって日本側の自己イメージもまた著しく肥大化していった。

6　一九五一年九月のサンフランシスコ講和条約で領有権を放棄。

高齢の西園寺はそうした風潮を深く慨嘆していた。だが、彼は無力感に苛まれており、昭和天皇の孤独感も深まっていた。一九四〇年一一月二四日、西園寺は日本の行く末を案じながら息を引き取った。

松岡外交の破綻

松岡構想は日独伊ソ四ヵ国を中核とし、それに東欧諸国やフランス、満州国などをも包摂するユーラシア大陸ブロックを作り上げることで英米と対峙し、彼らに取って代わる新たな世界秩序を作り上げようというものであった。それは、「世界史の大転換」という文明論的枠組みによって裏付けられており、近衛も陸軍もこうした松岡構想に一枚嚙んでいたのである。

自らの構想を実現すべく、松岡はまずモスクワでスターリンの意向を打診した後、ドイツに向かった。ところが、ヒトラーやリッベントロープ（外相）の態度は明快さを欠いていた。すでにヒトラーは、対ソ侵攻作戦の断を下していたのである。とはいえ、ここで外交方針を転換したならば、スターリンはヒトラーの真意を察知するだろう。松岡は既定路線で突き進むしかなかった。ユーラシア大陸ブロック構想が崩れても、ソ連の中立化は武力南進の後ろ盾となる。一九四一年四月、松岡はドイツからの帰途、モスクワで日ソ中立条約を締結した。

松岡は稀代のポピュリスト的外交官であり、大向こうを唸らせ、ヒトラーの向こうを張ろうとする外交はきわめて演劇的であった。「英雄」は無謬であり、その決断は毅然たるべきである。松岡の特異なキャラクターは、日本を結果的に破滅の淵に追い込むこととなる。

独ソ戦の勃発と武力南進

一九四一年六月二二日、ヒトラーはソ連（ロシア）に対する絶滅戦争を開始した。日本陸軍、特に参謀本部はこの報に浮足立った。「夜築地の治作〔料亭〕に於て痛飲し、独『ソ』開戦を祝しつつ、血湧き肉躍る」（『機密戦争日誌』一九四一年六月二二日）。まさにお祭り騒ぎである。

独ソ戦の勃発と同時に、松岡外相や陸軍の一部は対ソ即時開戦を唱えるようになり、第二次近衛内閣は関特演（関東軍特種演習）の名の下に満州に七〇万の大兵力を動員・集中し、対ソ開戦に備えた。もっとも、政府や陸軍には慎重論も根強かった。対ソ戦は日本のなけなしの石油備蓄を枯渇させるだけで、資源確保には直接結び付かないからである。また、対英米戦争を誘発するリスクも大きかった。さすがの陸軍も、米英ソ南北二正面戦争には躊躇せざるを得なかったのである（牧野邦昭『経済学者たちの日米開戦』一三〇～一三六頁）。七月二日、「情勢の推移に伴ふ帝国国策要綱」が御前会議で決定されたが、それは北進よりも南進を優先し、場合によっては「対英米戦を辞せず」との態度を明確化していた（『日本外交年表竝主要文書』下、五三一～五三二頁）。

たしかに、独ソ戦がヒトラーの計画通り短期戦で終結すれば、話は別だったかもしれない。だがすでに八月の時点で、大本営は独ソ戦の前途には予断を許さぬものがあると判断していた。陸軍中枢（武藤章陸軍省軍務局長、田中新一参謀本部第一部長ら）では、戒厳令によって対ソ開戦に持ち込もうとする動きもあったと伝えられているが（「澤本頼雄海軍次官日記」一九四一年八月一四日）、それはついに行われなかった。陸軍は総体として見れば、武力南進に傾きつつあったといえよう。

松岡外相がこの時、対ソ即時開戦論を唱えたことはよく知られている。かつて、対露開戦を唱えて桂内閣に迫った小川平吉もさすがにこれには匙を投げた。小川は日独同盟にはもともと反対であり、対米国交調整を近衛や松岡に働きかけていた。だが、松岡は聞く耳をもたなかった。「其事の奇怪にして解し難きもの」あり。小川は慨嘆の言葉を日記に書き綴っている（「日誌・辛巳七月起」、『小川平吉関係文書』五一五頁）。

新体制運動の失速と外交の急進化

近衛新体制運動はすぐれて時局的な運動であったがゆえに、英独戦争の長期化が次第に明瞭となり、イタリア軍の敗報が相次ぐと、その前進エネルギーは大きく減退した。そして、近衛らが構想する一国一党体制こそは天皇大権を簒奪する「幕府的存在」に他ならない、との非難によって新体制運動はとどめを刺された。五摂家筆頭の家柄に生まれた近衛にとって、そういった非難は筆舌に尽くしがたい屈辱であった。

強力な一国一党体制が構築されなければ、軍を抑えることはもとより困難であろう。しかも、軍部への潜在的バランサーたる政党勢力は、大政翼賛会の成立とともに(一九四〇年一〇月)、この時までにすべて解散していたのである(七月、社会大衆党・政友会。八月、民政党)。また、翼賛会そのものも「政治結社=幕府的存在」との非難を避けるために、公事結社に改組されていた。つまりは、精神修養団体的性格が強まったのである(一九四一年四月)。一連の「反動」により、議会勢力も一定の復権――旧既成政党に属する議員三二九名によって翼賛議員同盟が結成され(同年九月)、第三次近衛内閣の政府与党となった――を遂げたが、いったん覆された議会政治の枠組みは二度と元には戻らなかった(伊藤隆前掲書、二二一〜二二三頁)。

新体制運動の行き詰まりは、陸軍政治権力の肥大化をもたらした。だが、それは「軍部独裁」とは程遠いものであった。官僚統制が強化されるなかで、軍部内では過激かつ楽観的な議論が競合し、それと「松岡外交」が共鳴現象を引き起こすなかで、気付いた時には日本は対米戦争への引き返し不能点を越えていたのである。この頃、近衛は必死であった。日米戦争をなんとか回避しようと、彼は内閣を改造して松岡を閣外に放逐するとともに（七月一八日、第三次近衛内閣）、日米了解案に一縷の望みを繋いで、アメリカ大統領フランクリン・ローズヴェルトとの頂上会談による事態の打開を試みようとした。

松岡の更迭は〝意思決定過程における不確定要素の排除〟という点では意味があったかもしれない。しかしながら、すでに南進は既定路線となっており、七月に断行された南部仏印進駐はアメリカの決定的な反応を呼び起こした。戦略物資たる石油の全面禁輸である（八月一日）。

「駐兵は心臓である」――「帝国崩壊」への危機感

九月六日、御前会議は「帝国国策遂行要領」を決定し、「十月上旬頃に至るも尚我要求を貫徹し得る目途なき場合に於ては直ちに対米（英蘭）開戦を決意す」とした。席上、天皇は明治天皇の御製「四方の海皆同胞と思ふ代になどあだ波の〔波風の〕立騒ぐらむ」を朗詠して避戦の意思を示唆した。その後も、日米交渉は続けられたが、最大の対立点は中国からの日本軍の撤退問題であった。近衛や豊田貞次郎外相（海軍大将）は、この問題で妥協すれば日米交渉は成立すると判断していたが、東条英機陸相は撤兵に強く反対した。

東条は言う。「日本では統帥は国務の圏外に在る。総理が決心しても統帥部との意見が合わなければ不可なり」、政府と統帥部の意見一致の後、天皇の「御裁断」を仰ぐのである、と。これは建前としてはその通りであろう。また、天皇もこうした手続きを重んじていたはずである。さらに、東条は続ける。撤兵問題は心臓である。中国からの全面撤兵は「支那事変の成果」を壊滅させるし、満州国さらには朝鮮統治をも危うくするだろう。「満洲事変前の小日本に還元」するのならともかく、そうでないのなら、撤兵問題で妥協するわけにはいかない（『杉山メモ』三四五〜三五〇頁）。

満州事変の底流には朝鮮独立問題が存在しており、満州国承認問題は中国における不平等条約体制の打破と結び付いていた。論理的には、日本陸軍の全面撤退が「帝国崩壊」の序曲となる可能性は相当程度存在していたと思われる。もっとも、それは国民党と共産党による中国内戦の可能性を考慮から外した議論でもあった。日本軍撤退と同時に中国が再び内戦状態に突入したら、事態はまた違った展開を示すかもしれないのである。また、日本海軍が西太平洋に厳として存在している限り、アメリカが日本の頭越しに中国情勢に軍事介入することは難しかったであろう。

「過度な悲観論」が統帥権独立論と組み合わされて展開された時、近衛にはそれに抵抗するだけの力はなかった。新党構想の頓挫は近衛にとってつくづく悔やまれる事態であった。もはや、戦争を回避する唯一の道は陸軍軍人である東条に印綬を帯びさせる以外にない。天皇の避戦の意思にじかに接したならば、東条も統帥部を説得できるかもしれない。一〇月一六日、第三次近衛内閣は総辞職した。

東条英機内閣

一九四一年一〇月一八日、東条英機内閣が成立した。東条は陸相と内相を兼任していたが、それは対米妥協によって生ずるであろう国内的な政治危機に対処するための布石でもあった。

だが、この権力集中に見合うだけの政治的キャリアは東条にはなかった。山県—桂—寺内—田中といった旧長州閥の軍人たちは、首相就任以前にいずれも相当な経験を積んでいたのであって、山県や桂に至っては、明治国家建設や陸軍建設を直接担ったという破格の政治的経歴の持ち主であった。だが、東条は第二次・第三次近衛内閣で陸軍大臣を務めただけであり、軍政部門での実務には長けていたが国政全般を「通視」する経験には乏しかった。天皇は東条陸相を高く評価していたが、それは彼が官僚制的な制度的手続きをきちんと踏んでいたからであった。

昭和天皇が立憲君主としての立ち居振る舞いにこだわり、非正規ルートを通じての宮中工作などを忌避していたことはよく知られている。満州事変や二・二六事件を経験した天皇としてはけだし当然の反応であろう。だが、それは結果的に政策的判断や裁量の余地を狭めてしまったように思われる。ちなみに、情報の「濾過係(ろか)」を務めていたのが内大臣の木戸幸一である(鈴木多聞『「終戦」の政治史』六七〜六八頁)。

天皇の意向は、宮中から府中ないしは統帥系統に伝達される過程で、往々にして曖昧化されることが多く、天皇は参内した軍人や外交官に直接口頭で自らの真意を伝達せざるを得なかった。第一次上海事変時における、白川義則上海派遣軍司令官への早期停戦方針の下命などはその一例である。また、二・二六事件時の本庄繁侍従武官長のように、断乎討伐せよとの天皇の意向に抵抗し、翻意を促そうとした事例も存在している。それどころか、陸軍の不同意によって組閣の大命が阻まれたことすらある(宇垣一成内閣流産事件)。

白紙還元の御諚と開戦決意

昭和天皇の政治的権威は微妙に揺れ動いており、東条はこうした弊害を矯正すべく、政治的意思決定手続きの厳格化にこだわり、昭和天皇も東条の官僚的資質を高く評価していた。だがそれは、日米交渉の最終局面において、かえって柔軟かつ機動的な政府の対応を困難にしたように思われる。

天皇は東条に対して九月六日の決定に拘泥せず、再度戦争回避の可能性を探るようにとの「聖意」を伝えた。有名な「白紙還元の御諚」（ご意向）である（『木戸幸一日記』一九四一年一〇月一七日）。今度は東条が統帥部を説得する番であった。だが、杉山参謀総長は即時開戦決意を主張して止まなかった。「外交が上手くいったら兵を引く」というのでは軍隊の士気がもたないというのである。東条は「御上（天皇）はお聞きにならぬと思う」と返したが、結局統帥部の開戦論を押し戻すことはできなかった（現代語訳、『杉山メモ』三七〇〜三七二頁）。

東条はもともと原則論者であり、杉山の説得はあくまでも天皇の御諚に基づくものであった。したがって、杉山があくまでも開戦論を固持するならば、東条がそれを押し切ることは困難であった。結局、東条首相兼陸相は杉山参謀総長の意見を容れた。海軍もすでに開戦止むなしとの結論に到達していた。両統帥部が承知し、省部間の合意手続きに則った国策再検討の結論を「立憲君主」を以て任じていた昭和天皇は覆すことができなかった。国家の最高意思決定システムは、この時一種の自縄自縛状態に陥っていたのである。一一月五日、御前会議において「対米英蘭戦争」の決意と、武力発動の時機は一二月初頭とすることが決定された（「帝国国策遂行要領」）。日米交渉のタイムリミットは一二月一日午前零時とされ、外交交渉それ自体に時間的な制約が課せられた。これは明らかに外交よりも開戦準備に力点を置いた決定であった。

なおこの時、採択された対米外交方針（「乙案」）では、南部仏印からの日本軍の撤退によって対米戦争をとりあえず回避するという「暫定案」が呈示されていた。コーデル・ハル国務長官はこれに関心を示したが、対日宥和政策は英国と中国の反対に遭い、ハルは日本政府が最後通牒とみなした新提案を手交した。有名な「ハル・ノート」[7]である。

一九四一年（昭和一六）一二月八日、日本は対英米蘭開戦に踏み切った（太平洋戦争）。こうして第二次世界大戦は文字通りの「世界大戦」となった。それにしても、軍の士気崩壊を開戦リスクよりも重視するという政策的価値判断とはいったい何なのだろうか。なぜ、そのような論理が通用したのだろうか。人は往々にして「窮極的な破滅的事態」の回避よりも、自分の足下の切迫した組織的利害を重視して、物事を選択してしまうということなのだろうか（開戦論にそれなりの「論理性」が存在していたことについては、牧野邦昭『経済学者たちの日米開戦』を参照されたい）。

7　中国・仏印からの撤兵や三国同盟からの離脱などから成っていた。

国軍と党軍事組織

さてそれでは、日本の戦時体制（一九四〇年成立）は他の「全体主義国家」、ナチ・ドイツや共産主義体制と比較した場合、いかなる特徴をもっていたのだろうか。ここでは政党と党軍、さらには国軍との関係に焦点を絞って、はなはだ雑駁でかつ自明のことではあるが、あえていくつかの基本的事項を指摘しておきたい。

まずドイツの場合、ナチ党の準軍事組織は急速に拡大・膨張し、後には正規軍と並び立つ存在になる。ヒトラーの個人的な身辺警護部隊から発展した親衛隊（ＳＳ）などはその典型だろう。親衛隊は突撃隊（ＳＡ）の粛清（一九三四年六月「長いナイフの夜」）後急速にその勢力を拡大し、ついには武装親衛隊としてドイツ国防軍と並び立つ存在になった。共産主義国家の場合、党軍はこれすなわち国軍である。

日本の場合、政友会や民政党といった「ブルジョア政党」は党軍などはもたない。民権運動期には自由党系地方政社は準軍事組織としての実体を備えていたが、日清戦争をきっかけにその軍事的性格は急速に解消されていった。政友会の壮士や院外団が成長・発展して、帝国陸軍と並存する第二の国軍となって外国軍隊と戦うなどといった事態は、我々の想像をはるかに超えている。また、左右両翼の準軍事組織も、語弊を顧みずに断言すれば

「たかが知れて」いる。[8] 一九二〇年代から三〇年代初頭のドイツでしばしば見られたような、街頭での党武装組織同士の大規模な武力衝突――ドイツにおける「一九三二年、恐怖の夏」のような――は日本ではついに起こらなかったのである（イアン・カーショー『ヒトラー』上、四〇四～四〇七頁）。

党と国家

ナチズムや共産主義体制の場合、党による国家支配が進行・貫徹し、やがてそれは個人崇拝にまでエスカレートしていった。その究極的なあり方は、ヒトラーのカリスマ的支配による法治国家の自己解体、最終的には国家そのものの破壊にまで行きついたドイツ「第三帝国」であろう（イアン・カーショー『ヒトラー　権力の本質』、下斗米伸夫『ソ連＝党が所有した国家』）。

ところが日本の場合、政党が国家を呑み込むどころか、既成政党は大政翼賛会という官

8　いわゆる「武装共産党」にしても、その規模や活動実態はドイツやロシアのそれとは比較にならない（立花隆『日本共産党の研究（一）』講談社文庫、一九八三年、第八章。防共護国団の政党本部推参事件については先に述べた。リチャード・J・エヴァンズ著、大木毅監修、山本孝二訳『第三帝国の到来』下、五六～八五頁）。

制動員組織の成立とともに自主解散していった(一九四〇年一〇月)。だが、この翼賛会ですらも精神運動組織化し、国民義勇隊の結成を通じて究極の国民動員が図られていくなかで、同会とその関連組織もまた解散に追い込まれていく(一九四五年六月、照沼康孝「国民義勇隊に関する一考察」)。そして、相次ぐ敗戦によって本土決戦の可能性が高まってくると、勤労動員組織であった国民義勇隊は国民義勇戦闘隊となって、文字通りの根こそぎ動員が行われることになるのである。[9]

ここで気になるのが、戦時下におけるファナティックなまでの「天皇崇拝」である。それは果たして本音だったのか、それとも建前にすぎなかったのか。あるいは建前という形式が内実を支配していったのだろうか。「玉砕」を強いられた兵士たちから見れば、それは「虚構の大義」(五味川純平)そのものだったであろう。ところがその一方で、戦時における君主制は軍人精神の最後の拠り所でもあった。それは英国のような立憲君主主義国でも変わりはないのである。「女王と国のために死ぬことは厭わないとしても、政治家のために死のうと思う人間はいない筈です」。フォークランド戦争(一九八二年、マルビナス戦争)で凄惨な地上戦を戦った、ある英国海兵隊将校はそのように語っている(「栄光の代償・兵士が語るフォークランド戦争」英国ヨークシャー・テレビジョン、一九八七年、NHK特集「ワールドTVスペシャル」)。

いずれにせよ、国際比較や軍隊内階級秩序分析をも含む、慎重な検討が必要な問題である。ここではただ、問題の所在を指摘するまでにとどめておきたい。

グローバル大戦としての太平洋戦争

対英米蘭戦争たる太平洋戦争（一九四一〜四五年）は地球的規模の大戦であり、その規模と強度は日中戦争をはるかに凌駕していた。戦域は瞬く間に西太平洋からインド洋・豪北方面へと拡大し、フィリピンや東南アジア、さらにはビルマまでもが日本軍によって占領された。

これほど広大な地球表面で陸海軍を運用するためには、大本営と現地軍間はもとより、陸海軍間・政軍間の緊密な意思疎通や相互連携が飛躍的に重要となる。膨大な軍需物資の生産が必要となることも言を俟たない。コミュニケーション手段の高度化はもとより、政治・軍事体制の再編もまた必至とならざるを得ない。東条英機は首相兼陸相・内相として開戦に臨み（内相は四二年二月まで）、四三年一一月からは軍需相を、四四年二月から

9　ナチ・ドイツでは党組織の指揮下、フォルクス・シュトルム（国民突撃隊）なる国民武装組織が編成され、実戦に投入されている。

は参謀総長をそれぞれ兼任したが、それは、もはや統帥権の独立は戦争遂行の桎梏たらざるを得ないという、「グローバル大戦」のインパクトの赤裸々な国制上の表現でもあった。明治以来の陸海軍の分立や両統帥部の独立もまた、戦争遂行上の桎梏となりつつあったのである。

対米戦争で短期的な勝利を収めるためには、アメリカの巨大な工業力がフル動員される前に彼らに決戦を強要し、その継戦意志を破砕しなければならない。そのために立案・実行されたのがMI作戦（中部太平洋のミッドウェー島攻略作戦）であった。だがそれは、主力空母四隻を一気に喪失するという大敗北に終わった（一九四二年六月、ミッドウェー海戦）。山本五十六の短期決戦構想はここに潰えた。

とはいえ、仮にミッドウェーで日本海軍が勝利を収めたとしても、アメリカが講和に応じたとは到底思えない。しかも、日露戦争時とは異なり、太平洋戦争では日米の講和を仲介する「スーパーパワー」などは存在しなかったのである。この頃、ドイツの戦勢もすでに傾きはじめており、やがてそれは、スターリングラードでのドイツ第六軍の壊滅（一九四三年一月）へと繋がっていく。

なぜ、早期講和に踏み切れなかったのか

俯瞰的に見れば、日本に勝算がないのは明らかであった。だが、この時点で講和を切り出すのはほとんど不可能だっただろう。

まず第一に、日本海軍はいまだ健在であった。ミッドウェーでの敗北にもかかわらず、その後約半年余りにわたって日米両国海軍はソロモン諸島方面で激戦を展開し、日本海軍はしばしばアメリカ海軍に苦杯を喫せしめている（一九四二年八月、第一次ソロモン沖海戦、同年一〇月、南太平洋海戦など）。ましてや、日本陸軍にしてみれば、ミッドウェーは海軍の敗北ではあっても、「陸軍の敗北」ではなかった。

第二に広大な領域を日本は軍事占領下に置いており、そういった「戦勝の果実」を戦わずして差し出すことは政治的に極めて困難であった。緒戦での「赫々たる戦果」が政治的決断を難しくしていたのである。現に翌一九四三年五月には、御前会議で「大東亜政略指導大綱」が決定され、戦勝の暁には英領マレー、シンガポール、そしてオランダ領東インドが「帝国領土」に編入されることとなった（『日本外交年表竝主要文書』下、五八三〜五八四頁）。同年秋に東京で開かれた大東亜会議に、当該地域の代表が招聘されなかったのはそのためであった。

第三に早期講和派の形成はようやく始まったばかりであった。それは近衛文麿を中心に、牧野伸顕や吉田茂（牧野女婿）、鳩山一郎・芦田均・斎藤隆夫ら旧政党人、そして、真崎甚三郎・小畑敏四郎ら旧皇道派軍人グループなどからなっていたが、彼らが公然たる活動を開始したのは、レイテ沖海戦で聯合艦隊が壊滅し（一九四四年一〇月）、ドイツ本土での地上戦が本格化した一九四五年になってからであった（伊藤隆『日本の内と外』三一三～三一九頁）。

統帥権独立制度の自己否定――東条による権力の集中

戦争や大災害といった国家的危機に際して、君主の存在感が増すのは「君主制国家」では当然のことであろう。また、大本営内部での陸軍と海軍、あるいは中央と出先との間で、調整困難な紛争もしくは意見対立が起こった場合、天皇は好むと好まざるとにかかわらず、統帥権の総攬者としてそれに「介入」せざるを得なくなる。そして、相次ぐ敗報は内部対立をより尖鋭化させ、大元帥としての天皇の役割も自ずと増大していった。

一九四三年一一月、海軍はブーゲンビル島沖航空戦でなけなしの母艦航空戦力を失い、ギルバード諸島のマキン・タラワ両環礁はアメリカ軍によって攻略された。翌四四年二月、聯合艦隊の一大泊地であったトラック島は空襲で潰滅した。

東条はこの窮境を打開すべく、明治以来の統帥権独立制度を自ら破った。渋る杉山参謀総長を押し切って、東条陸相が参謀総長を兼任し、嶋田繁太郎海相も軍令部総長を兼任してこれに倣った（二月二一日）。これほどの権力集中が可能となったのは、昭和天皇と東条が切迫した危機感を共有しており、また、天皇が東条を厚く信頼していたからでもあった。もっとも、東条はその権力を「政治と軍事の統合」には用いなかった。国家指導のグランド・デザインを持ちあわせていなかった彼は、各部局間の「衝突回避」と「事務の進捗」を図ったにすぎない（戸部良一『自壊の病理』五五〜五九頁）。

太平洋戦争は、明治建軍以来の国軍のあり方そのものをも大きく揺るがしていた。この間、参謀本部と軍令部は陸海軍を統合する研究案を作成したが、それは両統帥部を合体して「大本営幕僚部」を置き、大本営幕僚部総長によって「国防用兵の大綱」を一元化するというものであった。また、「海軍の空軍化」も海軍部内では研究されていた。だが、陸海軍の軍事戦略思想の齟齬（そご）は大きく、結局これらの案は実現しないで終わっている。

そして、東条もまた自ら「大本営幕僚総長」（任用資格は陸海軍大将一名。天皇直属）に就任し、軍政権と軍令権を一手に掌握して、両統帥部長・陸海両大臣を指揮権下に置くという計画を練っていた。天皇の信任厚い東条だからこそ、この「統帥権独裁」とでも呼ぶべきプランを立案できたのであるが、さすがに嶋田海相兼軍令部総長もこれには異議を唱え、結局、この計画もまた画餅に帰している（鈴木前掲書二二四〜二三〇・二三八〜四一頁）。

サイパン島失陥と東条内閣の崩壊

さて、これほどの権力を集中したからには、来るべきマリアナ方面での決戦では必勝を期さねばならない。もし、万が一大敗を喫すれば、その責任が東条に及ぶことは必定である。そして、事態はそのように進展した。マリアナ沖海戦での大敗（六月一九〜二〇日）とサイパン島の失陥（七月七日）によって、日本本土はアメリカの戦略爆撃機B29の爆撃圏内に入った。重臣や議会勢力、さらに海軍は東条を一斉に非難し始めた。作戦の失敗は専任参謀総長の不在にある、というのである。

東条は起死回生策として、反東条派の米内光政を国務大臣に起用し、皇族を「大本営幕僚長」とし、大本営政府連絡会議に新たに外務大臣や軍需大臣、そして特定の国務大臣を列せしめるという制度改革を提起した。しかし、米内は入閣を拒否し、岸信介（きしのぶすけ）無任所国務大臣も内閣改造のための辞任を拒否したことで、七月一八日、東条内閣はついに崩壊した（『東条内閣総理大臣機密記録』四六五頁、鈴木前掲書七二頁）。

一九四四年七月二二日、小磯国昭・米内光政連立内閣が成立した。重臣会議が小磯を推したのは、小磯（朝鮮総督・予備役陸軍大将）が現役に復帰して陸軍大臣を兼任し、大本営の構成員として国務と統帥を一元化することに期待をかけたからであった。だが、小磯は現役復帰を固辞し、陸相には前参謀総長の杉山元が、参謀総長には梅津美治郎がそれぞれ就任した。[10]陸相・参謀総長兼任制はこうしてあっけなく終わったのである。

小磯は大本営政府連絡会議を「最高戦争指導会議」に改めて（一九四四年八月五日）、首相の大本営出席への道を開いたが（四五年三月一六日）、小磯にはかつての伊藤博文に匹敵するほどの政治力は望むべくもなく、秘かに進めていた対重慶和平工作（繆斌工作）は正規交渉ルートを重視する天皇の忌むところとなり、さらに陸軍の意思を統合することにも失敗し、一九四五年四月、総辞職を余儀なくされている（鈴木前掲書八〇〜九五頁）。

この間、アメリカ軍は硫黄島に上陸し、一ヵ月余りにわたる激戦の後、同島を完全占領している（二〜三月）。また、アメリカ機動部隊による日本本土への攻撃も開始されていた。有事における軍人内閣存続の最大要件は軍事的勝利である。敗報が打ち続くなかでの制度改革は、たとえそれが運用上の変更であろうとも権力闘争の火種となり、政権基盤を揺るがしかねない。東条・小磯両内閣もまた、そうした宿命から逃れ得なかったのである。

10 海軍でも同様の措置が執られ、海相には米内が、軍令部総長には及川古志郎がそれぞれ就任している（米内は現役に復帰）。

近衛上奏文──「軍部内一味」による共産革命の脅威

戦局の急速な悪化に伴い、近衛とその周辺では早期終戦構想が唱えられるようになり、近衛はそれを天皇に上奏した（一九四五年二月一四日）。いわゆる「近衛上奏文」である。

それは端的に言えば、「統制派＝アカ」論である。「そもそも満洲事変、支那事変を起こし、これを拡大し、ついに大東亜戦争にまで導き来たれるは、これら軍部内一味の意識的計画なりしこと今や明瞭」なのであって、彼らを囲繞（いにょう）する「一部新官僚及び民間有志（中略）は意識的に共産革命にまで（日本を）引きずらんとする意図」を有している。こういった事態を回避するためにも、早期終戦と「軍部内一味」[11]の一掃は急務である（近衛文麿『最後の御前会議／戦後欧米見聞録』一七八～一八三頁）。軍部主導の統制経済の進展は、ソヴィエト流の「計画経済」を想起させるものがあり、近衛はそこに「赤化の影」を見出した。近衛はかつての新体制運動を明白に自己否定したのである。

実際、政府や軍部にはソ連の仲介による早期講和と、日ソ提携を中軸とした戦後極東秩序を模索する動きも存在していた。木戸幸一もこうした意見に傾いており（伊藤隆『日本の内と外』三二四～三二二頁）、海軍の一部などでは、海軍残存艦艇とバーターでソ連から航空戦力の提供を受けるという、いささか荒唐無稽（こうとうむけい）なプランさえもが議論されていた（鈴木前掲書一二二頁)。ゾルゲ事件[12]を体験した近衛らの危機感には、それなりの根拠があったのである。

付言すれば、ソ連仲介論は憲兵隊による吉田茂らの検挙によって(四月)、早期講和派が一時的後退を余儀なくされたことにより、全く皮肉にも近衛特使のモスクワ派遣構想として実現の運びとなったが、結局はソ連側の了解を得られず頓挫している。

鈴木貫太郎内閣と講和への動き

一九四五年四月七日、鈴木貫太郎内閣が成立した。鈴木は良識的な海軍軍人であり、二・二六事件(一九三六年)では、凶弾を身に受けながら一命を取り留めている。鈴木内閣は陸相に阿南惟幾、海相に米内光政を配しており、参謀総長には梅津美治郎が就任してい

11 この時、近衛は「彼の一味」以外の軍人として、宇垣一成、真崎甚三郎、小畑敏四郎、石原莞爾、阿南惟幾、山下奉文などの名を挙げ、彼らの起用による粛軍を進言している。満州事変を策謀した石原を挙げていることなど、近衛の立論には混乱や矛盾もあるが、彼らの多くが「支那事変」の拡大に反対していたことを想起すれば、近衛の言う「軍部内一味」とは永田没後の広義の「統制派」を指すと見て大過ないように思われる。なお、「近衛上奏文」には「統制派」という言葉は登場しない。

12 近衛側近の尾崎秀実はソ連のスパイとして機密情報をモスクワに流しており、同じくスパイであったドイツ人リヒャルト・ゾルゲとともに検挙され(一九四一年一〇月)、死刑に処せられている。

たが、彼らは程度の差こそあれ講和の可能性を考慮に入れており、阿南と梅津は徹底抗戦論者を軍の要職から段階的かつ慎重に遠ざけていた（古川『昭和天皇』二九六頁）。

四月三〇日、ヒトラーは廃墟と化したベルリンで自殺し、五月八日、ドイツ軍は連合軍に無条件降伏した。欧州大戦はここに終結した。

昭和天皇は沖縄でアメリカ軍に痛撃を加えることに期待をかけたが、それは惨憺たる敗北に終わった（四〜六月）。本土決戦は時間の問題となり、もはや「皇土」の保衛どころか、「玉体（ぎょくたい）」の保全そのものも危惧される状況となってきた。六月、天皇は過度の心労から病に倒れた。天皇が一撃講和論から即時講和論へと転じたのは恐らくこの頃のことであろう（鈴木前掲書一二六〜一二七頁）。鈴木内閣はなおもソ連を仲介とする和平交渉に望みを託していたが、スターリンはすでに対日参戦を決意しており、交渉は不調に終わっている。

朕には確証がある

その後の経緯についてはよく知られている。七月二六日、連合国はポツダム宣言を発して、日本に無条件降伏を迫った。阿南陸相は条件付き受諾を主張し、特に「国体護持」（皇統と君主制の存続）の確証を求めた。天皇は二度にわたって「聖断」を下し（八月一〇・一四日）、日本はポツダム宣言を受諾したが、この間、広島・長崎には原爆が投下され（八月六・九日）、ソ連も対日宣戦布告を行い（八月八日）、ソ連軍は満州・朝鮮に進撃を開始した（九〜一二日）。沖縄に続いて、南樺太・千島列島も戦場と化した。

もはや時間的な猶予はなかった。ポツダム宣言受諾に際して、あくまでも「国体護持」の確証を求める阿南に対して、天皇は「阿南心配するな、朕には確証がある」と述べたという（『機密戦争日誌』八月一二日）。阿南の周辺には本土決戦論者が多く、彼らは軍事クーデターによって鈴木貫太郎内閣を打倒し、天皇を擁してあくまで徹底抗戦しようとした。阿南もまた、そういった意見に心動かされたが、彼はついにクーデター計画には同調しなかった。[13] 天皇が「米国と『国民の自由に表明する意志』〔ポツダム宣言では、日本の将来の政体は「国民の自由に表明する意志」によるとされていた〕を信頼し、阿南陸相が昭和天皇・鈴木首相・梅津〔参謀〕総長を信頼していた」ことによって、「終戦」はかろうじて実現したのである。まさに紙一重であった（鈴木前掲書一八六頁）。

13　八月一四日から一五日にかけて、陸軍省軍事課の将校たちはクーデター計画を実行に移し、近衛師団長を殺害して皇居に乱入し、玉音放送の録音盤を奪取しようとしたが、それは失敗に終わっている。なお、阿南陸相は陸相官邸で自刃を遂げた。

歴史的イフの問題

それにしても、もっと早く講和に舵を切れなかったものであろうか。小磯内閣の時に講和が成っていれば、沖縄や南樺太・千島での地上戦や東京大空襲（三月一〇日）などの悲劇は回避できたかもしれない。そして、広島・長崎に対する原爆攻撃は行われずにすんだであろう（人類初の核実験は一九四五年七月一六日）。ただこれらもまた、歴史の結末を知っている、後世の一日本人ならではの「痛惜の念」なのかもしれない。[14]同時代的な視野に立って、歴史をリアルタイムで認識するという方法論に立つならば、「早期講和」の可能性は薄かったと言わざるを得ない。

一九四五年八月一五日正午、天皇は玉音放送で日本の降伏を告げた。その後も、南樺太や北千島ではソ連軍に対する日本軍の防衛戦闘が続けられたが、それも九月までには終結した。ソ連軍の北海道侵攻（留萌への上陸作戦が八月二四日に決行される予定であった）は、現地軍の抗戦とトルーマンアメリカ大統領の介入（八月一七日）によって辛うじて阻止されたのである。[15]九月二日、東京湾のアメリカ戦艦「ミズーリ号」上で降伏文書の調印式が行われ、太平洋戦争はここに正式に終了した。

敗戦の結果、帝国陸海軍は解体され、陸軍省や参謀本部もやがて消滅した。ほどなくして、さまざまな憲法草案が起草され始めたが、それらの多くは、参謀本部の解体や帷幄上奏権の縮小など、かつて政党内閣期に政友会や民政党で検討されていた制度改革案を踏まえたものであった。だが、「マッカーサー草案」の採択により、それらが新憲法に活かされることはなかった（一九四六年一一月三日、日本国憲法公布）。

14　日本の降伏は結果的に朝鮮半島の分断を招いたが、日本がもっと早く降伏していれば、あるいは分断は免れたかもしれない。また、本土決戦に踏み切った場合、日本は確実に分割占領されただろうが、朝鮮にはソ連を背後に擁する共産主義者の単独政権が樹立されていた可能性がある。さらに言えば、戦時下の朝鮮でポーランドのワルシャワ蜂起（一九四四年八～一〇月）に匹敵するような、大規模な民族叛乱が起こっていれば、太平洋戦争はいかなる結末を迎えたであろうか。いずれにせよ、これらはみな「歴史的イフ」の領域に属する問題であろう。

15　八月二二日には、樺太からの避難民を乗せた輸送船三隻が、留萌沖でソ連潜水艦二隻の雷撃を受け、内二隻が撃沈されている。その後、ソ連潜水艦一隻は宗谷海峡で恐らくは触雷のため沈没した（「樺太地上戦　終戦後7日間の悲劇」ＮＨＫスペシャル、二〇一七年八月など）。

おわりに――明治憲法体制と軍部

明治憲法は全七六条からなる簡潔なものであり、運用者による裁量の余地はすこぶる大きかった。内閣に関する規定が存在しなかったにもかかわらず、早くも一八九八年（明治三一）には憲政史上初の政党内閣が成立し（第一次大隈重信内閣）、さらに、昭和初期には「憲政の常道」と呼ばれる二大政党政治の時代を迎えた。

統帥権の運用にしてもそうであって、日清戦争時には、伊藤首相は大本営の一員として作戦計画の立案に公然と関与したが、当時それを問題視する風潮は皆無であった。原敬内閣では原首相は田中義一陸相と連携して、参謀本部の意向を無視してシベリアからの撤兵を推進した。以上は文官による統帥権への介入の事例であるが、昭和期には逆の事例、すなわち、軍令機関の統帥権行使による戦争拡大抑止の試みも散見される。参謀本部は政党内閣と連携して関東軍の暴走を抑止しようとしたし（満州事変）、日中戦争開戦時には統帥権の発動を通じて、内閣や陸軍省の暴走を食い止めようとしていたのである。

憲法第一一条（統帥権）の存在それ自体が、「破滅と戦争への道」を必然化したわけではない。問題は制度運用者の政治的意思のあり方にかかっていたのであり、文官が好戦的で軍部が慎重な場合には、統帥機関による「平和の克復」ですらあり得たのである。

明治期における首相による統帥権への介入は、元老の存在によって支えられていた。明治憲法の分権的性格は、国家機構横断的な政治勢力の存在なくしては克服できなかった。明治期の元老はまさにそのような存在であって、彼らは武士として維新に臨んだ体験に基づく相互的信頼感を共有しており、それは文官であろうと軍人であろうと区別はなかった。また、日清・日露戦争を経て明治天皇のカリスマ的権威も確立していた。

一方、「不平士族」から生まれた日本の政党は、その来歴からして「反徴兵制的存在」であり、彼らは人民武装権にそうとう長いことこだわっていた。それは当時の私擬憲法草案を一瞥（いちべつ）すれば明らかであろう。藩閥政府と民党との対立が往々にして抜き差しならないものになったのは、その根底に徴兵制軍隊（平民的軍隊）と義勇兵（士族の軍隊）という互いの存立をかけた「実存的対立」が横たわっていたからである。だが、「百姓町人の軍隊」が清国軍に勝利したことによって、そういった対立も徐々に解消していった。一九〇〇年における伊藤の政友会創立はそういった潮流の一つの到達点であった。

昭和天皇が「模範国」としていた英国では、政治家と軍人、議会と軍部との間に相互的信頼関係が歴史的に形成されており、それが安定的な国家経営を可能にしていた。その基底には、政治家と軍人の供給源としての牢乎たる貴族社会が存在していたのである（細谷雄一「イギリスにおける政軍関係」、細谷編『軍事と政治　日本の選択』二一〇〜二一九頁）。そのことは、ヒトラーの脅威から西側文明世界を救ったウィンストン・チャーチルの経歴を見ても明らかだろう。彼は名門ハロー校から陸軍士官学校に進み、文筆家として活躍しながら政界入りしており、陸軍出身でありながら海軍大臣や大蔵大臣をも務めている。

果たしてもう少し長命を得ていたら桂太郎は、「日本のチャーチル」たり得ただろうか。つい、こう問いかけたくなるが、桂の抜群の調整能力を以てしても、政党政治家と軍人、議会と軍部との間に相互的な信頼関係を創り出すことは困難だったに違いない。なぜなら、それは一政治家の「調整能力」の域を超えた、日本の歴史的政治風土に深く根差した問題だったからである。ともあれ大正政変による桂の失脚は、そうした検証の機会を「日本の近代」から奪い去ったという意味においては、ある種の「歴史的悲喜劇」の様相を呈している。

近代日本の転換点

明治憲法の起草者伊藤博文は、明治天皇のカリスマ的権威と元老の存在に依拠した明治憲法体制に一抹の危うさを感じていた。属人主義の限界は明らかであった。彼は大宰相主義に基づく「憲法改革」を試みたが、それに呼応したのが児玉源太郎であった。彼らの連携は第一次伊藤内閣期にさかのぼるが、当初は帷幄上奏権問題に限られていた。だが、日清戦後になるとそれは国制レベルにまで拡大し、しかも、児玉という稀有な軍人政治家の存在を通じて、伊藤の政治的影響力は山県系官僚閥の権力中枢ともいうべきライン（桂太郎―寺内正毅）にまで浸透していく。

彼らの政治改革構想は世代によって若干異なるが、その基本線は貿易・海洋国家路線であり、そのための国制改革を強く志向していた。朝鮮半島は安全保障上の「利益線」ではあったが、市場としての魅力には全く乏しかった。桂太郎や小村寿太郎は中国本土や「南洋」への経済発展をめざしており、それはアメリカが主唱し、英国も追随した中国に対する「門戸開放・機会均等」原則と親和的であった。一九〇二年の日英同盟はまさしく門戸開放同盟であり、第一次桂内閣は同盟によって確保されるはずの平和的国際環境を利用して、「国のかたち」を変えるような大規模な国制改革に着手しようとしていた。

だが、日英同盟の対露抑止効果は限定的であり、日本は否応なしに「満韓問題」への対処を余儀なくされていった。日露戦争が日本本土に対する軍事的策源地、旅順港に対する先制攻撃として始まった所以である。もともと、それは「防衛戦争」だったのだが、「赫々たる勝利」は戦争目的を変化させる。日本もまた、「帝国主義」の誘惑から逃れ得なかったのである。こうして、日露戦後の日本は「国のかたち」を真剣に検討することとなしに大陸国家への道を歩み始め（一九一〇年、韓国併合）、「帝国主義の報復（ネメシス）」を自ら招き寄せた。朝鮮統治での「憲兵政治」の横行は日露戦前の憲兵廃止論の対極に位置しており、日露戦争の勝利という「目も眩（くら）むような成功体験」は、国家的自己肯定の培養基となり、その結果、国制改革に向けての気運は急速に萎（しぼ）んでいった。いわゆる「冬の時代」の到来である。

筆者は近代日本の歴史のなかで、内政的ストレスを極小化して憲法秩序の再編が可能だったのは、明治天皇というカリスマ君主が健在で、明治憲法の起草者伊藤博文が憲法改革に取り組もうとしており、なによりも軍部にそれに呼応する潮流（児玉―桂―寺内）が存在していた、日清戦後のこの時期を措いて他になかったのではないかと考えている。近代日本最大の歴史的転換点は、日露戦争の勝利のなかに胚胎していたように思われる。

政党政治と軍部

もちろん、日本でも議会と軍部との間に相互的な信頼関係を構築しようという試みは存在した。桂太郎による新党結成や原敬内閣の一連の試み、さらには田中義一の政友会総裁就任などはその最たるものであろう。この間、陸軍も二大政党制に適合すべく徐々に変容を遂げていた。永田鉄山の軍制改革構想などはその最たるものであった。

だが、近代日本の二大政党制は上手く機能していたとは言いがたい。与野党は過剰なまでに政策的差異を強調し、時にそれは政党政治の自己否定ともいうべき事態を引き起こした。不戦条約批准問題やロンドン海軍軍縮条約をめぐる「統帥権干犯」問題などはその好例である。二大政党は政策論争ではなく、違憲論を政争の具に供して優位に立とうとした。ところが、統帥権干犯問題は軍を著しく刺激し、その政治化の一因となった。政党政治の腐敗もはなはだしく、「危険思想」の影響力拡大は「国体」の危機を思わせた。その結果、陸軍は急速に政治化していったのである。明治期の「天皇の軍隊」は非政治的軍隊の建設を意味したが、昭和期の「皇軍」イデオロギーは軍隊の政治化に帰着した。陸軍は内部分裂を遂げながら、その潜在的パワーを国政上に解き放っていったのである。

昭和天皇の政治的権威は揺らいでおり、元老西園寺公望は天皇が政治の第一線に出ることが、かえって天皇の権威に傷を付けることになるのではないかと考え、大権の発動による危機の収拾にはきわめて消極的であった。一方、内大臣の牧野伸顕は、大権による内外秩序の安定化をすでに満州事変の頃から考えていた。ところが、近衛文麿や木戸幸一といった若い世代の宮中グループは、軍部に対してより宥和的であり、西園寺や牧野の親英米的傾向とは明白に一線を画していた。宮中の政治的意思も多様であり、そうした権力状況のなかで天皇の政治的意向は曖昧化されていった。危機が切迫するたびごとに天皇は事態の掌握を試みたが、官僚的統制が強化されることによって、天皇自らが政治を動かす可能性もまた低下していったように思われる。

明治憲法体制は昭和期に入ると、一種の機能不全に陥り始めていた。その分権的性格を克服し、統一的な国家意思を形成するためには、天皇による親政を行うか、総理大臣に体制統合能力を付与するかのいずれかであった。だが、昭和天皇は時に親政論に傾きつつも、「立憲君主」としての閾を超えることには慎重――もしくは及び腰――であった。とするならば、総理に強力な統制権限を付与し、軍部をもコントロールさせねばならない。近衛はそれを「一国一党」制度の導入によって実現しようとしたが、新党＝幕府的存在論に牽制され、結局は既成政党を解体し、官僚的な統制組織、大政翼賛会を作っただけに終わった。

多くの先行研究が指摘しているように、昭和天皇はほぼ一貫して親英米的姿勢を貫いており、中国への武力行使や対英米開戦にも慎重な態度を示していた。とはいえ、太平洋戦争が苛烈さを増すにつれて、省部間・政軍間はもとより、陸海軍間の軋轢・対立も深刻化しており、天皇は否応なしにそれらの最終的意志決定に関与していった。天皇を介することなく、東条首相が海軍を動かすことなど制度的に不可能だったからである。そのことが天皇の「積極的戦争指導」といえるのかどうか。今日でも学界における論争は続いている。

あとがき

言うまでもなく、小著は多くの方々からの学問的恩恵を蒙っている。ここでは紙幅の関係上、ごく限られた範囲内での謝辞にとどめざるを得ないが、この点、関係者各位のご海容を乞う次第である。

まず第一に感謝申し上げるべきは瀧井一博氏である。「明治四〇年の憲法改革」という氏の枠組みに本書は多くを負っている。また、国際日本文化研究センター瀧井班に共同研究員としてお誘いいただいたことは（二〇一六〜一八年度）、筆者にとって真に得がたい知的経験となった。

大島明子氏には、明治初年の軍事史について貴重なご教示を賜った。陸相時代の児玉源太郎の軍制改革構想について、最初にその画期性を指摘されたのは大江洋代氏である。氏の発見もまた、本書執筆の大きなモメントとなった。

クリストファー・スピルマン、フレデリック・ディッキンソン、西田敏宏、奈良岡聰智、森靖夫の諸氏からは、質量ともに筆紙に尽くしがたい学問的刺激を受けている。ここに改めて感謝の意を表したい。

本書執筆に際しては、北九州市立大学から二〇一七年度のサバティカルをいただいた。一年は長いようで短い。期間終了後も延々と執筆を続けた結果、「陸軍政治権力の消長」という特定の分析視角を通してではあるが、「近代日本」（一八六八〜一九四五年）に関する概説書を何とか書き上げることができた。貴重な研究時間を与えて下さった、北九州市立大学と関係者各位に深謝申し上げる次第である。

それにしても、概説を書くのがこれほどの難行苦行だとは思いも寄らなかった。タイムスパンが長いので、勢い公刊史料に多くを頼ることとなったが、その折々に思い起こされたのは、佐藤進一先生との「雑談」の一コマであった。「歴史研究の真の醍醐味は、誰もが利用できる、ごく基本的な史料を独自の視点から読み替えることを通じて、全く新しい歴史解釈をそこから導き出すことにある」。談偶々「歴史研究における実証ということ」に及んだ時、先生はそう明言された。「醍醐味」という言葉が強く印象に残った。これを換言すれば、歴史叙述の成否はそれを描く側の「歴史的構想力」[1]に懸かっている、ということだろう。

史料のデジタル化は、史料の大海の中で歴史研究者を溺れさせるリスクを高めている。「新史料」に基づく「細部にわたる精緻な実証」は——もちろん、それを必要とする研究テーマや分析対象も存在するが——歴史的構想力の衰弱や瑣末（さまつ）主義の横行、さらには

「実証主義的ニヒリズム」と紙一重の危うさをも孕んでいる。

しかし、かく述べたからといって、新史料の探索や史料館や図書館での史料調査が不必要であるわけがない。歴史的構想力を絶えず更新・強化していくためにも、歴史研究者はつねにそうした努力を怠るべきではない。要は歴史的構想力という体幹を鍛えながら、細部を彫琢していかねばならないのであるが、これは言うは易く、行うは非常に困難な課題である。わたしも醍醐味を多少なりとも味わうべく、今後とも研鑽を続けていきたいと思う。

本書執筆に当たっては、国立国会図書館憲政資料室ならびに防衛省防衛研究所図書館、宮内公文書館、国立公文書館、憲政記念館、近代日本法政史料センター（東京大学）、そして、社団法人尚友倶楽部に史料閲覧上大変お世話になった。特に尚友倶楽部の上田和子氏には格別なるご配慮を賜った。厚く御礼申し上げる次第である。

講談社現代新書編集部の山崎比呂志氏には、本書執筆を直接慫慂して下さり、また、編集のプロとしてのご意見・ご感想を忌憚なく述べていただいた。本書に多少見るべきとこ

1　歴史的構想力については、瀧井一博「『伊藤博文関係文書』のデジタル化に寄せて」（『国立国会図書館月報』六九六号、二〇一九年四月）をも参照のこと。

ろがあるとするならば、それはひとえに山崎さんのご指導の賜物である。改めて深謝の意を表したい。

最後に。もっと早く本書を書き上げていれば、ここ数年間に遠逝されてしまった佐藤先生を始めとする諸先生方、そして、若くして亡くなった「学友」にも一読してもらえたかもしれない。否、そうであればよかったと切に思う。〃出し遅れの証文〃もいいところだし、「新書」のあとがきに大仰なことを書き連ねるのもどうかと思うが、あえて「研学ノ志を壮ニす」ることを銘記して、ここに結びの言葉としたい。

二〇一九年一一月九日

小林道彦

国立国会図書館憲政資料室　『井上馨関係文書』、『入江俊郎関係文書』、『宇垣一成関係文書』、『大山巌関係文書』、『小野梓関係文書』、『片岡健吉関係文書』、『桂太郎関係文書』、『川上操六関係文書』、『憲政史編纂会収集文書』、『憲政資料室収集文書』、『児玉源太郎関係文書』、『寺内正毅関係文書』、『斎藤実関係文書』、『三条実美関係文書』、『財部彪日記』、『原保太郎関係文書』、『平田東助関係文書』、『星亨関係文書』、『三島通庸関係文書』、『陸奥宗光関係文書』、『山県有朋関係文書』。

近代日本法政史料センター原資料部（東京大学）『荒木貞夫関係文書』、『井上準之助関係文書』、『上山満之進関係文書』。

防衛省防衛研究所図書館　『秘密日記・参謀本部』、『陸軍省密大日記・大正十五年』、『弐大日記・陸軍省』、『宮崎周一史料』。

慶應義塾大学三田メディアセンター　『村上義一文書』。

憲政記念館　『宇垣一成文書』。

国立公文書館　『公文雑纂・内務省三』。

狭山市立博物館　『遠藤三郎文書』。

東京都公文書館　『昭和五年秘書課篤行者表彰第一種・冊の 28』。

鶴岡市郷土資料館　『石原莞爾文書』。

柳川古文書館　『曾我祐準関係史料』。

山口県文書館　『田中義一文書』。

以上

年。

寺崎英成／マリコ・テラサキ・ミラー『昭和天皇独白録』文春文庫、1995 年。

角田順編『石原莞爾資料（増補）・国防論策篇』原書房、1984 年。

角田順校訂『宇垣一成日記』全 3 巻、みすず書房、1968 〜 71 年。

永井荷風『断腸亭日乗』第 4 巻、岩波書店、1980 年。

長岡外史文書研究会編『長岡外史関係文書　回顧録篇』吉川弘文館、1989 年。『長岡外史関係文書　書簡・書類篇』吉川弘文館、1989 年。

日本史籍協会編『大久保利通文書』8、東京大学出版会、1929 年。

波多野澄雄・黒沢文貴編『侍従武官長奈良武次　日記・回顧録』全 4 巻、柏書房、2000 年。

林弥三吉『文武権の限界と其の運用』兵書出版社、1936 年。

原奎一郎編『原敬日記』全 6 巻、福村出版、1965 〜 67 年。

原秀男他編『検察秘録五・一五事件Ⅲ・匂坂資料 3』角川書店、1990 年。

原田熊雄述『西園寺公と政局』全 9 巻、岩波書店、1950 〜 52 年。

平塚篤『伊藤博文秘録』原書房、1982 年。『続・伊藤博文秘録』原書房、1982 年。

広瀬順晧監修・編集『伊東巳代治日記・記録』第 3 巻、ゆまに書房、1999 年。

町田市立自由民権資料館編『武相自由民権史料集』第 3 巻、町田市教育委員会、2007 年。

水沢市立後藤新平記念館編『マイクロフィルム版・後藤新平文書』雄松堂、1980 年。

陸奥宗光著、中塚明校注『新訂・蹇蹇録』岩波文庫、1983 年。

山崎有恒・西園寺公望関係文書研究会『西園寺公望関係文書』松香堂書店、2012 年。

山本四郎編『寺内正毅日記』京都女子大学、1980 年。『寺内正毅関係文書・首相以前』京都女子大学、1984 年。『寺内正毅内閣関係史料』全 2 巻、京都女子大学、1985 年。

陸軍省編『明治卅七八年戦役陸軍政史』全 11 巻、湘南堂書店、1983 年。『明治天皇御伝記史料・明治軍事史』全 2 巻、原書房、1966 年。『陸軍省沿革史』上巻、巌南堂書店、1969 年。

立命館大学西園寺公望伝編纂員会編『西園寺公望伝』別巻 2、岩波書店、1997 年。

新聞・政党機関誌　『東雲新聞』、『東京朝日新聞』、『朝野新聞』、『自由党党報』柏書房、1979 年。文献資料刊行会編『政友』柏書房、1980 年。『民政』柏書房、1986・87 年。

未公刊史料

岡義武・林茂校訂『大正デモクラシー期の政治・松本剛吉政治日誌』岩波書店、1959年。

小川平吉関係文書研究会編『小川平吉関係文書』全2巻、みすず書房、1973年。

大久保達正監修『松方正義関係文書』第8巻、大東文化大学東洋研究所、1987年。

外務省編『日本外交文書』。『日本外交文書・満州事変』第1巻第1冊・第3冊。『日本外交年表竝主要文書』全2巻、原書房、1965・66年。『小村外交史』原書房、1966年。

川田稔編『浜口雄幸集　論述・講演篇』未來社、2000年。

木戸孝允関係文書研究会編『木戸孝允関係文書』第3巻、東京大学出版会、2008年。

木戸日記研究会校訂『木戸幸一日記』全2巻、東京大学出版会、1966年。

木戸日記研究会・日本近代史料研究会編『片倉衷氏談話速記録』上巻、日本近代史料研究会、1982年。『鈴木貞一氏談話速記録』上巻、日本近代史料研究会、1971年。

軍事史学会編『大本営陸軍部戦争指導班　機密戦争日誌』全2巻、錦正社、1998年。

小林龍夫編『翠雨荘日記』原書房、1966年。

小林龍夫他編『現代史資料7・満洲事変』みすず書房、1964年。

参謀本部編『昭和三年支那事変出兵史』巖南堂書店、1930年。『杉山メモ』全2巻、原書房、1967年。『秘　大正七年乃至十一年　西伯利出兵史』上巻、新時代社、1972年。

尚友倶楽部編『上原勇作日記』芙蓉書房出版、2011年。『児玉源太郎関係文書』同成社、2015年。『児玉秀雄関係文書』第1巻、同成社、2010年。『品川弥二郎関係文書』第8巻、山川出版社、2017年。『山縣有朋関係文書』全3巻、山川出版社、2005～2008年。

尚友倶楽部・櫻井良樹編『田健治郎日記』第2巻、芙蓉書房出版、2009年。

高橋勝浩「資料翻刻・解題　出淵勝次日記（3）昭和六年～昭和八年」（『国學院大學日本文化研究所紀要』第86巻、2000年9月。

高橋紘他編『昭和初期の天皇と宮中・侍従次長河井弥八日記』全6巻、岩波書店、1993・94年。

瀧井一博『伊藤博文演説集』講談社学術文庫、2011年。

田中義一伝記刊行会編『田中義一伝記』全2冊、原書房、1981年。

谷寿夫『機密日露戦史』原書房、1966年。

千葉功編『桂太郎関係文書』東京大学出版会、2010年。『桂太郎発書翰集』東京大学出版会、2011年。

鶴見祐輔『後藤新平』全4巻、勁草書房、1965～67年。

寺内正毅関係文書研究会編『寺内正毅関係文書』1、東京大学出版会、2019

永松浅造「帝国議会乱闘史」(『中央公論』1931年2月号)。

古川隆久『昭和天皇』中公新書、2011年。

本間九介著、クリストファー・W.A.スピルマン監修・解説『朝鮮雑記』祥伝社、2016年。

前田蓮山『政変物語』文成社、1917年。

三浦梧楼『観樹将軍回顧録』中公文庫、1988年。

渡辺幾治郎『明治天皇と軍事』千倉書房、1936年。

執筆者不祥「桂内閣と児玉総督」(『太陽』1902年2月号)。


公刊史料(編纂者五十音順、編者が三人以上の場合には筆頭編者を採録した。また、本文中での出典表記に際しては、略称を適宜用いた(例、『日本陸軍とアジア政策・陸軍大将宇都宮太郎日記』→『宇都宮太郎日記』)。


井口省吾文書研究会編『日露戦争と井口省吾』原書房、1994年。

板垣退助監修、遠山茂樹・佐藤誠朗校訂『自由党史』全3巻、岩波文庫、1957・58年。

市川正明編『日韓外交史料』第7巻、原書房、1980年。

伊藤隆・尾崎春盛編『尾崎三良日記』全3巻、中央公論社、1991・92年。

伊藤隆・佐々木隆復刻「鈴木貞一日記・昭和九年」(『史学雑誌』第87編4号、1978年4月)。

伊藤隆・照沼康孝編『続・現代史資料4　陸軍・畑俊六日誌』みすず書房、1983年。

伊藤隆・広瀬順晧編『牧野伸顕日記』中央公論社、1990年。

伊藤隆他「澤本頼雄海軍次官日記」(『中央公論』1988年1月号)。

伊藤隆編『高木惣吉　日記と情報』全2巻、みすず書房、2000年。

伊藤隆他編『東条内閣総理大臣機密記録』東京大学出版会、1990年。

伊藤隆他編『真崎甚三郎日記』第1巻、山川出版社、1981年。

伊藤博文著、宮沢俊義校註『憲法義解』岩波文庫、2019年。

伊藤博文編『秘書類纂・兵政関係資料』原書房、1970年。

伊藤博文編『秘書類纂・帝国議会資料』下巻、原書房、1970年。

伊藤博文関係文書研究会編『伊藤博文関係文書』全9巻、塙書房、1973～81年。

稲葉正夫編『現代史資料第37巻・大本営』みすず書房、1967年。

稲葉正夫他編『太平洋戦争への道・別巻資料編』朝日新聞社、1988年。

宇垣一成文書研究会編『宇垣一成関係文書』芙蓉書房出版、1995年。

宇都宮太郎関係資料研究会編『日本陸軍とアジア政策・陸軍大将宇都宮太郎日記』全3巻、岩波書店、2007年。

奥州市立後藤新平記念館編『後藤新平書翰集』雄松堂、2009年。

大山梓編『山県有朋意見書』原書房、1965年。

飯田泰三・山領健二編『長谷川如是閑評論集』岩波文庫、1989年。

家永三郎編『植木枝盛選集』岩波文庫、1974年。

伊藤之雄『明治天皇』ミネルヴァ書房、2006年、『伊藤博文』講談社、2009年、『山県有朋』文春新書、2009年、『昭和天皇伝』文藝春秋、2011年。『原敬』全2巻、講談社、2014年。

井上準之助論叢編纂会編・刊『井上準之助論叢』第4巻、1935年。

井上寿一『山県有朋と明治国家』日本放送出版協会、2010年。

岩井秀一郎『多田駿伝』小学館、2017年。

カーショー、イアン著、石田勇治監修、川喜田敦子訳『ヒトラー』全2巻（白水社、2015・16年）。

宇田友猪著・公文豪校訂『板垣退助君伝記』全4巻、原書房、2009年。

宇野俊一校注『桂太郎自伝』東洋文庫、1993年。

大澤博明『児玉源太郎』山川出版社、2014年。

小田急電鉄株式会社編・刊『利光鶴松翁手記』1957年。

片岡健吉「土佐藩兵制改革談」（『太陽』第7巻第12号、1901年10月）。

川田瑞穂『片岡健吉先生伝』湖北社、1978年。

木村幹『高宗・閔妃』ミネルヴァ書房、2007年。

宮内庁編『明治天皇紀』全13巻、吉川弘文館、1968〜77年。

来栖三郎『泡沫の三十五年』中公文庫、1986年。

軍事史学会編『元帥畑俊六回顧録』錦正社、2009年。

高坂正堯『宰相　吉田茂』中央公論社、1968年。

近衛文麿『最後の御前会議／戦後欧米見聞録』中公文庫、2015年。

西郷都督樺山総督記念事業出版委員会『西郷都督と樺山総督』台湾日日新報社、1936年。

相良俊輔『赤い夕陽の満州野が原に』光人社、1978年。

佐々木雄一『陸奥宗光』中公新書、2018年。

沢田茂著、森松俊夫編『参謀次長沢田茂回想録』芙蓉書房、1982年。

勝田龍夫『重臣たちの昭和史』全二巻、文藝春秋、1981年。

台湾憲兵隊編『台湾憲兵隊史』龍渓書舎、1978年。

多田好問編『岩倉公実記』下巻、原書房、1968年。

谷寿夫『機密日露戦史』原書房、1966年。

千葉功『桂太郎』中公新書、2012年。

長南政義『児玉源太郎』作品社、2019年。

筒井清忠『近衛文麿』岩波書店、2009年。

ディキンソン、フレドリック・R.『大正天皇』ミネルヴァ書房、2009年。*War and National Reinvention*, Harvard University Asia Center, 1999.

徳富猪一郎編述『公爵桂太郎伝』全2巻、故桂公爵記念事業会、1917年。『公爵山縣有朋伝』全3巻、山県有朋公記念事業会、1933年。

永田鉄山刊行会編『秘録　永田鉄山』芙蓉書房、1972年。

丸山眞男『忠誠と反逆』ちくま学芸文庫、1998 年。

御厨貴『日本の近代 3・明治国家の完成』中央公論新社、2001 年。

三谷太一郎『日本政党政治の形成』東京大学出版会、1967 年。『近代日本の戦争と政治』岩波書店、1997 年。

三宅正樹『日独伊三国同盟の研究』南窓社、1975 年。

宮田昌明『英米世界秩序と東アジアにおける日本』錦正社、2014 年。

宮地正人「廃藩置県の政治過程」（坂野潤治・宮地正人共編著『日本近代史における転換期の研究』山川出版社、1985 年）。

ミルトン、ジャイルズ著、築地誠子訳『レーニン対イギリス秘密情報部』原書房、2016 年。

村瀬信一『明治立憲制と内閣』吉川弘文館、2011 年。『帝国議会』講談社、2015 年。

室山義正『近代日本の軍事と財政』東京大学出版会、1984 年。「『帝国国防方針』の制定」（大久保利謙他編『日本歴史大系 4・近代 I 』山川出版社、1987 年）。『松方正義』ミネルヴァ書房、2005 年。

毛利敏彦『台湾出兵』中公新書、1996 年。

森靖夫『日本陸軍と日中戦争への道』ミネルヴァ書房、2010 年。『永田鉄山』ミネルヴァ書房、2011 年。「イギリスから見た日本の『国家総動員』準備」（『同志社法学』第 69 編 7 号、2018 年）。

モーゲンソー著、原彬久監訳『国際政治』全 3 巻、岩波文庫、2013 年。

山室信一『複合戦争と総力戦の断層』人文書院、2011 年。

山田朗『軍備拡張の近代史』吉川弘文館、1997 年。

山本四郎『初期政友会の研究』清文堂出版、1975 年。『大正政変の基礎的研究』御茶の水書房、1970 年。『山本内閣の基礎的研究』京都女子大学、1982 年。『評伝　原敬』全 2 巻、東京創元社、1997 年。

由井正臣「日本帝国主義成立期の軍部」（中村政則他編『大系日本国家史』5・近代Ⅱ、東京大学出版会、1976 年）。

楊天石（陳群元訳）「1937　中国軍対日作戦の第 1 年」（波多野澄雄・戸部良一編『日中戦争の国際共同研究 2・日中戦争の軍事的展開』慶應義塾大学出版会、2006 年）。

鹿錫俊『中国国民政府の対日政策』東京大学出版会、2001 年。

渡部亮「『大正デモクラシー』の政党化構想のゆくえ」（『史学雑誌』第 128 編 8 号、2019 年 8 月）。


伝記・評伝、回顧録、全集など（執筆者・編纂者五十音順）

阿部眞之助『近代政治家評伝』文藝春秋、2015 年。

荒木貞夫編『上原勇作元帥伝』全二巻、同伝記刊行会、1937 年。

有馬頼寧『政界道中記』日本出版協同、1951 年。

中村赳『新説明治陸軍史』梓書房、1973年。

中山雅洋『中国的天空』サンケイ出版、1981年。

奈良岡聰智『加藤高明と政党政治』山川出版社、2006年。『対華二十一ヵ条要求とは何だったのか』名古屋大学出版会、2015年。

西田敏宏「幣原喜重郎と国際協調」(前掲『日本政治史の中のリーダーたち』)。

羽賀祥二「明治初期太政官制と『臨機処分』権」(明治維新史学会編『幕藩権力と明治維新』吉川弘文館、1992年)。

秦郁彦『盧溝橋事件の研究』東京大学出版会、1996年。

服部龍二『広田弘毅』中公新書、2008年。

英修道『門戸開放機会均等主義』日本国際協会、1939年。

原剛『明治期国土防衛史』錦正社、2002年。「いわゆる『南京事件』の不法殺害」(軍事史学会編『日中戦争再論』錦正社、2008年)。

原暉之『シベリア出兵』筑摩書房、1989年。

坂野潤治『明治・思想の実像』創文社、1977年。『近代日本の外交と政治』研文出版、1985年。『昭和史の決定的瞬間』ちくま新書、2004年。『明治デモクラシー』岩波新書、2005年。『未完の明治維新』ちくま新書、2007年。『日本近代史』ちくま新書、2012年。『西郷隆盛と明治維新』、講談社現代新書、2013年。

平野龍二『日清・日露戦争における政策と戦略』千倉書房、2015年。

藤田嗣雄『欧米の軍制に関する研究』信山社、1991年。

カール゠ハインツ・フリーザー著、大木毅・安藤公一訳『電撃戦という幻』全2巻、中央公論新社、2003年。

古川隆久『昭和戦中期の議会と行政』吉川弘文館、2005年。

保谷徹『戊辰戦争』吉川弘文館、2007年。

細谷千博『シベリア出兵の史的研究』岩波現代文庫、2005年。「ワシントン体制の特質と変容」(細谷千博・斎藤真編『ワシントン体制と日米関係』東京大学出版会、1978年)。

細谷雄一編『軍事と政治　日本の選択』文春新書、2019年。

ホブスン著、矢内原忠雄訳『帝国主義論』下巻、岩波文庫、1952年。

牧野邦昭『経済学者たちの日米開戦』新潮社、2018年。

マクマリー、ジョン・V.A. 原著、アーサー・ウォルドロン編著、北岡伸一監訳、衣川宏訳『平和はいかに失われたか』原書房、1997年。

松浦正孝『日中戦争期における経済と政治』東京大学出版会、1995年。『財界の政治経済史』東京大学出版会、2002年。『「大東亜戦争」はなぜ起きたのか』名古屋大学出版会、2010年。

松沢裕作『自由民権運動』岩波新書、2016年。「地方自治制と民権運動・民衆運動」(大津透他編『岩波講座日本歴史』第15巻、岩波書店、2014年)。

松下芳男『明治軍制史論』全二巻、有斐閣、1956年。

松田利彦『日本の朝鮮植民地支配と警察』校倉書房、2009年。

書、2018年。「教科書の記述はもう古い？『明治憲法』をめぐる歴史の新常識」（2019年6月13日、gendai・ismedia.jp/articles/-65154）。

佐藤進一「合議と専制」（同『日本中世史論集』岩波書店、1990年）。

清水唯一朗『政党と官僚の近代』藤原書店、2007年。『近代日本の官僚』中公新書、2013年。

下斗米伸夫『ソ連＝党が所有した国家』講談社、2002年。

季武嘉也『大正期の政治構造』吉川弘文館、1998年。『選挙違反の歴史』吉川弘文館、2007年。

鈴木淳「官僚制と軍隊」（大津透也編『岩波講座日本歴史』第15巻、岩波書店、2014年）。

鈴木多聞『「終戦」の政治史』東京大学出版会、2011年。

髙杉洋平『宇垣一成と戦間期の日本政治』吉田書店、2015年。

高橋秀直「陸軍軍縮の財政と政治」（近代日本研究会編『年報・近代日本研究8　官僚制の形成と展開』山川出版社、1986年）。「征韓論政変と朝鮮政策」（『史林』第75巻2号、1992年3月）。『日清戦争への道』東京創元社、1995年。「江華条約と明治政府」（『京都大学文学部研究紀要』37号、1998年3月）。「幕末長州における藩官僚と有志」（『日本史研究』524号､2006年4月）。

瀧井一博『文明史のなかの明治憲法』講談社、2003年。『伊藤博文』中公新書、2010年。「『伊藤博文関係文書』のデジタル化に寄せて」（『国立国会図書館月報』696号、2019年4月）。

竹本知行『幕末・維新の西洋兵学と近代軍制』思文閣出版、2014年。

田嶋信雄「東アジア国際関係の中の日独関係」（前掲『日独関係史1890－1945』Ⅰ所収）。

立花隆『日本共産党の研究（一）』講談社文庫、1983年。

千葉功『旧外交の形成』勁草書房、2008年。

長南政義『新史料による日露戦争陸戦史』並木書房、2015年。

月脚達彦『福沢諭吉の朝鮮』講談社、2015年。

筒井清忠『昭和十年代の陸軍と政治』岩波書店、2007年、『二・二六事件と青年将校』吉川弘文館、2014年、『陸軍士官学校事件』中央公論新社、2016年。

照沼康孝「国民義勇隊に関する一考察」（前掲『年報・近代日本研究1　昭和期の軍部』「南陸相と軍政改革案」（原朗編『近代日本の経済と政治』山川出版社、1986年）。

戸部良一『日本の近代9・逆説の軍隊』中央公論社、1998年。『自壊の病理』日本経済新聞出版社、2017年。

永井和『近代日本の軍部と政治』思文閣出版、1993年。『日中戦争から世界戦争へ』思文閣出版、2007年。

中澤俊輔「一九三〇年代の警察と政軍関係」（北岡伸一編『国際環境の変容と政軍関係』中央公論新社、2013年）。

中村隆英『昭和史Ⅰ』東洋経済新報社、1993年。

代軍の建設」参照。

大日方純夫『日本近代国家の成立と警察』校倉書房、1992 年。

大前信也『政治勢力としての陸軍』中央公論新社、2015 年、『陸軍省軍務局と政治』芙蓉書房出版、2017 年。

カーショー、イアン著、石田勇治訳『ヒトラー　権力の本質』白水社、2009 年。

勝田政治『大久保利通と東アジア』吉川弘文館、2016 年。

加藤陽子『模索する一九三〇年代』山川出版社、1993 年。『徴兵制と近代日本』吉川弘文館、1996 年。『戦争の日本近現代史』講談社現代新書、2002 年。『満州事変から日中戦争へ』岩波新書、2007 年。

河合秀和『チャーチル・増補版』中公新書、1998 年。

川田稔『昭和陸軍全史』全三巻、講談社現代新書、2014・15 年。

北岡伸一『日本陸軍と大陸政策』東京大学出版会、1978 年。「陸軍派閥対立（1931 ～ 35）の再検討」（近代日本研究会『年報近代日本研究 1・昭和期の軍部』山川出版社、1979 年）。『日本政治史』放送大学教育振興会、1989 年。『日本の近代 5・政党から軍部へ』中央公論新社、1999 年。『官僚制としての日本陸軍』筑摩書房、2012 年。『門戸開放政策と日本』東京大学出版会、2015 年。同編『国際環境の変容と政軍関係』中央公論新社、2013 年。

木村幹「王宮が消滅する日」（伊藤之雄・川田稔編著『二〇世紀日本の天皇と君主制』吉川弘文館、2004 年）。

清沢洌『外政家としての大久保利通』中央公論社、1942 年。

工藤章・田嶋信雄編『日独関係史 1890－1945』Ⅰ、東京大学出版会、2008 年
黒沢文貴『大戦間期の日本陸軍』みすず書房、2002 年。

栗原健『対満蒙政策史の一面』原書房、1966 年。

小林和幸『谷干城』中公新書、2011 年。

斎藤聖二『日清戦争の軍事戦略』芙蓉書房出版、2003 年。『北清事変と日本軍』芙蓉書房出版、2006 年。

酒井哲哉『大正デモクラシー体制の崩壊』東京大学出版会、1992 年。

坂本一登『伊藤博文と明治国家形成』講談社学術文庫、2012 年。「明治二十二年の内閣官制についての一考察」（犬塚孝明編『明治国家の政策と思想』吉川弘文館、2005 年）。

櫻井良樹『辛亥革命と日本政治の変動』岩波書店、2009 年。『華北駐屯日本軍』岩波書店、2015 年。

酒田正敏『近代日本における対外硬運動の研究』東京大学出版会、1978 年。

佐々木隆『藩閥政府と立憲政治』吉川弘文館、1992 年。『日本の歴史 21・明治人の力量』講談社、2012 年。

佐々木隆「陸軍『革新派』の展開」（前掲『年報近代日本研究 1・昭和期の軍部』）。

佐々木雄一『帝国日本の外交』東京大学出版会、2017 年。『陸奥宗光』中公新

事典』同上、2002 年。

諸橋轍次『中国古典名言辞典』講談社学術文庫、1979 年。


研究書・概説書、学術雑誌掲載論文（著者五十音順）

赤木須留喜『近衛新体制と大政翼賛会』岩波書店、1984 年。

浅川道夫『明治維新と陸軍創設』錦正社、2013 年。

麻田雅文『シベリア出兵』中公新書、2016 年。

雨宮昭一『近代日本の戦争指導』吉川弘文館、1997 年。

荒邦啓介『明治憲法における「国務」と「統帥」』成文堂、2017 年。

有泉貞夫『星亨』朝日新聞社、1983 年。

栗屋憲太郎『昭和の歴史 6・昭和の政党』小学館、1983 年。

家近良樹『西郷隆盛と幕末維新の政局』ミネルヴァ書房、2011 年。

家近亮子『蔣介石の外交戦略と日中戦争』岩波書店、2012 年。

五百旗頭真・下斗米伸夫・A.V. トルクノフ・D.V. ストレリツォフ『日ロ関係史』東京大学出版会、2015 年。

一坂太郎『長州奇兵隊』中公新書、2002 年。

伊藤孝夫『大正デモクラシー期の法と社会』京都大学学術出版会、2000 年。

伊藤隆『近衛新体制』中公新書、1983 年。『日本の近代 16・日本の内と外』中央公論新社、2001 年。同編著『山県有朋と近代日本』吉川弘文館、2008 年。

伊藤之雄「日清戦争以後の中国・朝鮮認識と外交論」（『名古屋大学文学部研究論集』119 号、1994 年）。『立憲国家の確立と伊藤博文』吉川弘文館、1999 年。『立憲国家と日露戦争』木鐸社、2000 年。『昭和天皇と立憲君主制の崩壊』名古屋大学出版会、2005 年。『元老』中公新書、2016 年。同編著『原敬と政党政治の確立』千倉書房、2014 年。

井上寿一『危機のなかの協調外交』山川出版社、1994 年。

猪木正道『軍国日本の興亡』中公新書、1995 年。

臼井勝美『日本と中国—大正時代』原書房、1972 年。

エヴァンズ、リチャード・J. 著、大木毅監修、山本孝二訳『第三帝国の到来』下、白水社、2018 年。

遠藤芳信『近代日本の戦争計画の成立』桜井書店、2015 年。

大石眞・高見勝利・長尾龍一編『対談集・憲法史の面白さ』信山社、1998 年。

大江志乃夫『戒厳令』岩波新書、1978 年。

大江洋代『明治期日本の陸軍』東京大学出版会、2018 年。

大澤博明『近代日本の東アジア政策と軍事』成文堂、2001 年。『陸軍参謀川上操六』吉川弘文館、2019 年。

大島明子「一八七三（明治六）年のシビリアンコントロール」（『史学雑誌』第 117 編 7 号、2008 年 7 月）。「明治維新期の政軍関係」（前掲『日本政治史のなかの陸海軍』）。※大島氏の業績について、詳しくは前掲拙稿「危機の連鎖と近

参考文献

ここでは、主に本文中に（　　）で示した典拠の書誌的情報を採録した。なお、本書に関連する筆者の既発表論文（研究書、論文集・学術雑誌掲載論文、評伝等）と、対応する章数とを示せば下の通りである。先行業績や史料的根拠について、すでにそれらで触れている場合、本書での註記は大幅に割愛させていただいた。詳細に関しては下記「既発表論文（文献）」をご参照いただければ幸いである。

既発表論文（文献）

『政党内閣の崩壊と満州事変』ミネルヴァ書房、2010年→6～8章。

『大正政変』千倉書房、2015年（『日本の大陸政策』南窓社、1996年の増補・改訂版）→4・5章。

『桂太郎』ミネルヴァ書房、2006年→1～5章。

『児玉源太郎』ミネルヴァ書房、2012年→1～5章。

「大正政変期の大陸政策と陸海軍」（『日本史研究』363号、1992年11月）。

「世界大戦と大陸政策の変容」（『歴史学研究』656号、1994年3月）。

「日本陸軍と中原大戦」（『北九州市立大学法政論集』第32巻1号、2004年6月）→7章。

「危機の連鎖と日本の反応」（中西寛・小林道彦共編著『歴史の桎梏を越えて』千倉書房、2010年）→6・7章。

「政軍関係史のなかの上原勇作」（尚友倶楽部編『上原勇作日記』芙蓉書房出版、2011年）。

「日露戦争から大正政変へ」（慶應義塾福沢研究センター『近代日本研究』第29巻、2012年）→4・5章。

「児玉源太郎と統帥権改革」（黒沢文貴・小林道彦編著『日本政治史のなかの陸海軍』ミネルヴァ書房、2013年）→2・3章。

「児玉源太郎と原敬」（伊藤之雄編『原敬と政党政治の確立』千倉書房、2014年）→2・3章。

「危機の連鎖と近代軍の建設」（伊藤之雄・中西寛共編著『日本政治史の中のリーダーたち』京都大学学術出版会、2018年）→1章。

研究の基本的ツール

秦郁彦著、戦前期官僚制研究会編『戦前期日本官僚制の制度・組織・人事』東京大学出版会、1981年。秦郁彦『日本陸海軍総合事典』東京大学出版会、1991年。同『日本官僚制総合事典』同上、2001年。同『日本近現代人物履歴

N.D.C. 210　546p　18cm
ISBN978-4-06-518744-9

講談社現代新書　2564
近代日本と軍部（きんだいにほんとぐんぶ）　一八六八—一九四五
二〇二〇年二月二〇日第一刷発行

著　者　小林道彦（こばやしみちひこ）

発行者　渡瀬昌彦
発行所　株式会社講談社
東京都文京区音羽二丁目一二—二一　郵便番号一一二—八〇〇一
電　話　〇三—五三九五—三五二一　編集（現代新書）
〇三—五三九五—四四一五　販売
〇三—五三九五—三六一五　業務
装幀者　中島英樹
印刷所　株式会社新藤慶昌堂
製本所　株式会社国宝社
定価はカバーに表示してあります　Printed in Japan

「講談社現代新書」の刊行にあたって

教養は万人が身をもって養い創造すべきものであって、一部の専門家の占有物として、ただ一方的に人々の手もとに配布され伝達されうるものではありません。

しかし、不幸にしてわが国の現状では、教養の重要な養いとなるべき書物は、ほとんど講壇からの天下りや単なる解説に終始し、知識技術を真剣に希求する青少年・学生・一般民衆の根本的な疑問や興味は、けっして十分に答えられ、解きほぐされ、手引きされることがありません。万人の内奥から発した真正の教養への芽ばえが、こうして放置され、むなしく滅びさる運命にゆだねられているのです。

このことは、中・高校だけで教育をおわる人々の成長をはばんでいるだけでなく、大学に進んだり、インテリと目されたりする人々の精神力の健康さえもむしばみ、わが国の文化の実質をまことに脆弱なものにしています。単なる博識以上の根強い思索力・判断力、および確かな技術にささえられた教養を必要とする日本の将来にとって、これは真剣に憂慮されなければならない事態であるといわなければなりません。

わたしたちの「講談社現代新書」は、この事態の克服を意図して計画されたものです。これによってわたしたちは、講壇からの天下りでもなく、単なる解説書でもない、もっぱら万人の魂に生ずる初発的かつ根本的な問題をとらえ、掘り起こし、手引きし、しかも最新の知識への展望を万人に確立させる書物を、新しく世の中に送り出したいと念願しています。

わたしたちは、創業以来民衆を対象とする啓蒙の仕事に専心してきた講談社にとって、これこそもっともふさわしい課題であり、伝統ある出版社としての義務でもあると考えているのです。

一九六四年四月　野間省一

日本史Ⅰ

1258 身分差別社会の真実——斎藤洋一 大石慎三郎
1265 七三一部隊——常石敬一
1292 日光東照宮の謎——高藤晴俊
1322 藤原氏千年——朧谷寿
1379 白村江——遠山美都男
1394 参勤交代——山本博文
1414 謎とき日本近現代史 野島博之
1599 戦争の日本近現代史 加藤陽子
1648 天皇と日本の起源 遠山美都男
1680 鉄道ひとつばなし——原武史
1702 日本史の考え方——石川晶康
1707 参謀本部と陸軍大学校 黒野耐
1797 「特攻」と日本人——保阪正康
1885 鉄道ひとつばなし2——原武史
1900 日中戦争——小林英夫
1918 日本人はなぜキツネにだまされなくなったのか 内山節
1924 東京裁判——日暮吉延
1931 幕臣たちの明治維新 安藤優一郎
1971 歴史と外交——東郷和彦
1982 皇軍兵士の日常生活 一ノ瀬俊也
2031 明治維新 1858-1881 坂野潤治 大野健一
2040 中世を道から読む——齋藤慎一
2089 占いと中世人——菅原正子
2095 鉄道ひとつばなし3——原武史
2098 戦前昭和の社会 1926-1945——井上寿一
2106 戦国誕生——渡邊大門
2109 「神道」の虚像と実像 井上寛司
2152 鉄道と国家——小牟田哲彦
2154 邪馬台国をとらえなおす——大塚初重
2190 戦前日本の安全保障——川田稔
2192 江戸の小判ゲーム——山室恭子
2196 藤原道長の日常生活 倉本一宏
2202 西郷隆盛と明治維新 坂野潤治
2248 城を攻める 城を守る——伊東潤
2272 昭和陸軍全史1——川田稔
2278 織田信長〈天下人〉の実像 金子拓
2284 ヌードと愛国——池川玲子
2299 日本海軍と政治——手嶋泰伸

日本史Ⅱ

2319 昭和陸軍全史3——川田稔
2328 タモリと戦後ニッポン 近藤正高
2330 弥生時代の歴史——藤尾慎一郎
2343 天下統一——黒嶋敏
2351 戦国の陣形——乃至政彦
2376 昭和の戦争——井上寿一
2380 刀の日本史——加来耕三
2382 田中角栄——服部龍二
2394 井伊直虎——夏目琢史
2398 日米開戦と情報戦——森山優
2401 愛と狂瀾のメリークリスマス 堀井憲一郎
2402 ジャニーズと日本——矢野利裕
2405 織田信長の城——加藤理文
2414 海の向こうから見た倭国 高田貫太
2417 ビートたけしと北野武 近藤正高
2428 戦争の日本古代史——倉本一宏
2438 飛行機の戦争 1914-1945——一ノ瀬俊也
2449 天皇家のお葬式——大角修
2451 不死身の特攻兵——鴻上尚史
2453 戦争調査会——井上寿一
2454 縄文の思想——瀬川拓郎
2460 自民党秘史——岡崎守恭
2462 王政復古——久住真也

世界史Ⅰ

世界史Ⅱ

959 東インド会社──浅田實
971 文化大革命──矢吹晋
1085 アラブとイスラエル　高橋和夫
1099 「民族」で読むアメリカ　野村達朗
1231 キング牧師とマルコムX　上坂昇
1306 モンゴル帝国の興亡〈上〉──杉山正明
1307 モンゴル帝国の興亡〈下〉──杉山正明
1366 新書アフリカ史──宮本正興 松田素二 編
1588 現代アラブの社会思想　池内恵
1746 中国の大盗賊・完全版──高島俊男
1761 中国文明の歴史──岡田英弘
1769 まんが パレスチナ問題　山井教雄
1811 歴史を学ぶということ　入江昭
1932 都市計画の世界史──日端康雄
1966 〈満洲〉の歴史──小林英夫
2018 古代中国の虚像と実像　落合淳思
2025 まんが 現代史──山井教雄
2053 〈中東〉の考え方──酒井啓子
2120 居酒屋の世界史──下田淳
2182 おどろきの中国　橋爪大三郎 大澤真幸 宮台真司
2189 世界史の中のパレスチナ問題　臼杵陽
2257 歴史家が見る現代世界　入江昭
2301 高層建築物の世界史　大澤昭彦
2331 続 まんが パレスチナ問題　山井教雄
2338 世界史を変えた薬　佐藤健太郎
2345 鄧小平──エズラ・F・ヴォーゲル 聞き手＝橋爪大三郎
2386 〈情報〉帝国の興亡──玉木俊明
2409 〈軍〉の中国史──澁谷由里
2410 入門 東南アジア近現代史　岩崎育夫
2445 珈琲の世界史──旦部幸博
2457 世界神話学入門──後藤明
2459 9・11後の現代史　酒井啓子

J